担保物権法

松岡久和

日本評論社

はしがき

　本書は、民法の「第2編　物権」のうちの担保物権法 (295条-398条の22) の部分および関連する特別法に規定された制度やルールがどういう目的で作られ、具体的にどういう形で機能しているかについて、判例・学説の現状を概説し、私なりに批判的な考察を行うものである。本書は、京都大学法学部での2009年度後期及び2010年度後期の民法第2部の講義を基礎として連載した「物権法講義1～42」法学セミナー670号～714号 (2010年10月～2014年7月) のうち担保物権法の部分を、さらに2014年度後期の講義と共同研究を踏まえて、加筆修正して出来上がった。狭義の物権法部分は、ほぼ同時に成文堂から刊行され、本書の姉妹編となる。

　2社から分けて出版するという異例の形になったのは次のような経緯による。日本評論社の法学セミナー編集部からは、2010年よりずっと前から民法の講義の連載を打診されていたが、私はお引き受けすることを渋り続けていた。常に目先の仕事に追われていて定期的な長期連載をする自信がなかったことが最大の理由であった。しかし、鄭鍾休さん、高橋眞さん、中田邦博さんら畏友から私の考え方をまとめた本を早く出版するべきであるという強いお勧めがあり、私自身もその責任を強く感じるようになってきた。そこで、法学セミナーの当時の編集長の上村真勝さんから何度目かの連載の打診をいただいた際に、事情をお話しし、連載とその後の出版とを切り離して考えてよいのであれば、思い切ってお引き受けすると申し上げた (つもりであった)。ただ、医者の不養生、紺屋の白袴の類で、明確な合意として記録しなかったために、後に両社にたいへんご迷惑をおかけしてしまった。それにもかかわらず、両社が寛容にも私の思いを尊重して下さったので、こういう形で出版することができた。何よりもまず、日本評論社社長・串崎浩さん、法学セミナー前編集長 (法律時報編集長)・上村さん、現編集長・柴田英輔さん、成文堂社長・阿部成一さん、土子三男さん、飯村晃弘さんに、心より御礼を申し

上げる。この連載の以前から教科書執筆を企画して励ましていただいた土子さんは、2014年5月に逝去された。本書をお見せすることができなかったのが悔やまれる。

　連載では誤記なども少なくなく、読者にもご迷惑をおかけしてしまった。連載の途中から、妻の昌子や当時私のところで研究をしていた中塚敏光さん（現弁護士）、堀竹学さん（現大阪経済大学准教授）、和田勝行さん（現京都大学准教授）、吉原知志さん（現京都大学大学院博士課程院生）に、原稿を適宜チェックしていただくことでミスが減った。また、本書をまとめるに際しては、堀竹さん、和田さん、吉原さんと大槻健介さん（弁護士）に全体を読み直してコメントをしていただくという手間のかかる作業をしていただいた。さらに、抵当権の実行に関する部分について、平野哲郎立命館大学教授に実務と理論の両面で多数のご助言を賜った。お忙しい中で、非常に細かい点にまで丁寧で的確なコメントをくださったお陰で、完成度が著しく向上した。お力添えをいただいた皆さんに心より御礼を申し上げる。

　2015年5月に病気で長期休むという初めての経験をした。幸い、同僚の皆さんや家族の支えによって1か月で復帰できたが、連載を見直して本にまとめる作業が中断し、著しく遅延してしまった。見直すたびに不完全なところが目について、本にまとめること自体に自信をなくしかけたこともあった。大学のゼミ以来の恩師である前田達明先生に強く励ましていただいたお陰で、刊行することができた。最後に厚く御礼を申し上げる。

　本書が多少とも今後の議論の発展に寄与できれば幸いである。

　　2016年12月

　　　　　　　　　　　　　　　　　　　　　　　　　松岡　久和

＊本書は、科学研究費基盤研究（A）「財産権の現代化と財産法制の再編」（研究代表：潮見佳男、課題番号24243014）の研究成果の一部である。

担保物権法

目 次

はしがき　i

本書の特徴と参考文献　xiii

第1章　担保物権法全体の概観 …………………………………………1

第1節　担保の中の担保物権の位置 ………………………………2

第1項　債権者平等の原則と無資力危険　2
第2項　人的担保と物的担保　4
第3項　担保物権の種類　7

第2節　担保物権の性質と効力 ……………………………………11

第1項　物権に共通する性質　11
第2項　担保物権に共通する性質　12
第3項　物権としての効力　12
第4項　担保物権としての効力　13

第2章　抵当権 ……………………………………………………………15

第1節　抵当権の意義と機能 ………………………………………16

第1項　抵当権の意義　16
第2項　非占有担保性　17

第3項　登記による公示　17

第2節　抵当権の設定……………………………………………………18

　　　第1項　抵当権設定契約　19
　　　第2項　設定者の処分権限　28

第3節　対抗要件としての登記……………………………………………29

　　　第1項　抵当権設定登記　30
　　　第2項　登記の手続　31
　　　第3項　無効登記の流用　32

第4節　抵当権の効力………………………………………………………34

　　　第1項　競売・収益執行による優先弁済効の実現　36
　　　第2項　優先弁済効を主張できる被担保債権の範囲　38
　　　第3項　抵当権の効力が及ぶ対象の範囲　43
　　　第4項　物上代位　53

第5節　抵当権の実行手続…………………………………………………77

　　　第1項　公的実行と私的実行　77
　　　第2項　競売手続の概要　79
　　　第3項　収益執行　86
　　　第4項　抵当不動産所有者の倒産　90

第6節　抵当権侵害に対する保護…………………………………………92

　　　第1項　抵当権の侵害　92
　　　第2項　手続法上の保護　94
　　　第3項　侵害に対する実体法上の保護　98

第7節　抵当権と他の権利との調整………………………………………115

　　　第1項　対抗関係　116

第2項　抵当権者と抵当不動産の第三取得者　117
　　　第3項　抵当建物賃借人の保護　125
　　　第4項　法定地上権　131
　　　第5項　一括競売権　156

第8節　抵当権の処分 ……………………………………………………161
　　　第1項　抵当権の処分の諸態様　161
　　　第2項　狭義の抵当権の処分　162
　　　第3項　抵当権の順位の変更　168

第9節　抵当権の消滅 ……………………………………………………169
　　　第1項　多様な消滅原因　169
　　　第2項　抵当権の消滅時効の制限　172
　　　第3項　抵当不動産の時効取得による消滅　174

第10節　共同抵当 …………………………………………………………180
　　　第1項　共同抵当の意義と機能　180
　　　第2項　共同抵当権の設定と公示　182
　　　第3項　共同抵当権の効力　182
　　　第4項　392条の適用に関する諸問題　186
　　　第5項　関連する応用問題　192

第11節　根抵当権 …………………………………………………………195
　　　第1項　根抵当権の意義　195
　　　第2項　根抵当権の設定　197
　　　第3項　実行手続の前提としての元本の確定　199
　　　第4項　元本確定前の法律関係　204
　　　第5項　共同根抵当権　208

第12節　特殊な抵当権 ……………………………………………………209

第3章　質　権 ……………………………………………………………211

第1節　質権の意義と機能 ……………………………………………212

第1項　質権の意義　212
第2項　質権の機能　213

第2節　質権の設定 ……………………………………………………214

第1項　質権設定契約　214
第2項　物の引渡しなど　217
第3項　質権設定者の処分権限　219

第3節　質権の対抗要件 ………………………………………………219

第1項　動産質権　220
第2項　不動産質権　220
第3項　権利質権　220

第4節　質権の効力 ……………………………………………………222

第1項　権利行使制約力　222
第2項　質権者が対象に対して有する権利および義務　224
第3項　優先弁済権　225

第5節　質権者と第三者との関係 ……………………………………230

第1項　質物の無権限占有者等との関係　230
第2項　他の債権者による執行との関係　231
第3項　他の担保権との関係　231

第6節　質権の処分および消滅 ………………………………………232

第1項　転　質　232
第2項　質権の消滅　235

第4章　留置権 ……………………………………………………… 239

第1節　留置権の意義と機能 ……………………………………… 240

第2節　留置権の成立要件 ………………………………………… 242

第1項　他人の物の占有　242

第2項　対象物と被担保債権との牽連性　243

第3項　被担保債権が弁済期にあること　247

第4項　占有が不法行為によって始まったものでないこと　247

第3節　留置権の効力 ……………………………………………… 249

第1項　留置的効力　249

第2項　果実収取による優先弁済権　253

第3項　形式競売権　253

第4節　留置権と同時履行の抗弁権の関係 ……………………… 254

第5節　留置権の消滅 ……………………………………………… 254

第1項　義務違反を理由とする消滅請求　254

第2項　代担保の提供による消滅請求　255

第3項　占有の喪失　255

第4項　対象物所有者の倒産　256

第5章　先取特権 …………………………………………………… 259

第1節　先取特権の意義と機能 …………………………………… 260

第1項　先取特権の意義　260

第2項　先取特権の根拠　260

第3項　先取特権の性質　263

第2節　先取特権の種類と成立要件 ………………………………263

　　第1項　一般の先取特権　264
　　第2項　動産の先取特権　268
　　第3項　不動産の先取特権　271

第3節　先取特権の効力 ………………………………………………272

　　第1項　優先弁済権　272
　　第2項　先取特権相互や他の担保権との優劣関係　278

第4節　先取特権の消滅 ………………………………………………284

　　第1項　物権や担保物権に共通の消滅原因　284
　　第2項　各種の先取特権に固有の消滅原因　285

第6章　仮登記担保 ………………………………………………287

第1節　仮登記担保の意義と機能 ……………………………………288

　　第1項　仮登記担保の意義と基本的な仕組み　288
　　第2項　判例の展開と仮登記担保法の制定　289
　　第3項　仮登記担保権　289

第2節　仮登記担保権の設定と対抗要件 ……………………………290

　　第1項　仮登記担保契約　290
　　第2項　対抗要件　292

第3節　仮登記担保の効力 ……………………………………………292

　　第1項　仮登記担保権の二面的効力　293
　　第2項　私的実行による権利取得的効力　294
　　第3項　強制競売等における優先弁済権　302
　　第4項　設定者の倒産　304

第 4 節　仮登記担保権の消滅 …………………………………………………305

第 5 節　仮登記担保法の功罪 …………………………………………………305

第 7 章　譲渡担保 …………………………………………………………307

第 1 節　譲渡担保の意義と機能 ………………………………………………308

　　第 1 項　譲渡担保の意義と担保の仕組み　308
　　第 2 項　譲渡担保の機能　309
　　第 3 項　譲渡担保の有効性　311
　　第 4 項　譲渡担保の法的構成　312
　　第 5 項　譲渡担保権　316

第 2 節　譲渡担保権の設定と対抗要件 ………………………………………317

　　第 1 項　譲渡担保権設定契約　317
　　第 2 項　譲渡担保権設定者の処分権限　318
　　第 3 項　対抗要件　319

第 3 節　譲渡担保権の効力 ……………………………………………………323

　　第 1 項　対象物の利用関係　323
　　第 2 項　担保目的による当事者の拘束　324
　　第 3 項　優先弁済権　324
　　第 4 項　譲渡担保権の実行　327
　　第 5 項　譲渡担保権者と第三者との関係　334

第 4 節　譲渡担保権の消滅 ……………………………………………………346

　　第 1 項　譲渡担保の特殊性による付従性等の制限　346
　　第 2 項　抵当権や質権の規定の類推適用の制限　346

第 5 節　譲渡担保の法的構成 …………………………………………………347

第 1 項　譲渡担保の法的構成と具体的問題の帰結　347
　　　第 2 項　譲渡担保の法的構成によって結論が異なりうる場合　347

　第 6 節　流動財産譲渡担保 …………………………………………351

　　　第 1 項　流動財産譲渡担保の意義と機能　351
　　　第 2 項　流動財産譲渡担保権の設定　355
　　　第 3 項　流動財産譲渡担保権の対抗要件　361
　　　第 4 項　流動財産譲渡担保権の効力　366
　　　第 5 項　流動財産譲渡担保権の消滅　372

第 8 章　所有権留保 …………………………………………………375

　第 1 節　所有権留保の意義と機能 …………………………………376

　　　第 1 項　信用売買の発展と無資力危険　376
　　　第 2 項　所有権不移転の形式と担保の実質　377

　第 2 節　所有権留保の成立要件と対抗要件 ………………………377

　　　第 1 項　所有権留保特約　377
　　　第 2 項　設定者の処分権限　379
　　　第 3 項　対抗要件　379

　第 3 節　所有権留保の効力 …………………………………………381

　　　第 1 項　対象物の利用関係　381
　　　第 2 項　優先弁済権　381
　　　第 3 項　留保所有権の実行　382
　　　第 4 項　第三者との関係　383

　第 4 節　所有権留保の消滅 …………………………………………387

第9章　物権法の意義と限界 389

第1節　物権の概念 390

　第1項　担保物権の物権性　390
　第2項　物権概念の再定義　398

第2節　物権的効力の拡張 399

　第1項　「格下げ問題」とは　399
　第2項　対処の構想　402

第3節　物権法の限定性と有用性 411

事項索引　413
判例索引　419

本書の特徴と参考文献

　法学セミナーでの連載の初回には、次のようなことを標榜して自分を鼓舞した。その部分を付属するコラムを付けたままで再録する（誤記等の若干の修正・補足を行った）。

....

1　この連載の特徴としたいこと

　物権法については、すでに定評のある体系書がいくつもあり、またとりわけ法科大学院の開設以降、基本を丁寧に説くなど、読者に親切な工夫を盛り込んだ優れた教科書も数多く出版されている（後で紹介する）。また、本誌でも、河上正二先生が、うんちくに富む物権法講義を連載されている（本誌640号（2008年）66頁以下。後に本にまとめられた）。そうした中でこの連載の機会をいただいたので、私らしい個性の反映するものにしたい。そこで、今の時点で考えていることをあえて書いて、長期連載する自分を叱咤激励することにしたい。

　第1に、私は、これまで物権法を中心にかなりの数の論文を書いており、教科書等も分担執筆しており、ホームページ（http://matsuokaoncivillaw.private.coocan.jp）の「業績一覧」には、要旨付で主要著書・論文のリストを掲載している（その物権法の項を参照）。しかし、物権法全体を見渡す形で見解を述べたことはなかった。研究書や論文集の企画を友人から勧められ、「そろそろまとめをして君の考えの到達点を示すべきだ」と言われることが多い年齢となってしまった。これを機会に、これまでの考え方を再検討し、詰めて考えてこなかったことを新たに考え、わかりやすくそれを伝えることに挑戦しようと思う。目標として、物権法の諸問題全般について私の考えていることを明快に示し、読者が「目から鱗が落ちる」と実感できる機会を増やすように努めたい。

　第2に、教育的な観点から、講義で取り上げる順序は、民法の条文順とは異なる。通常の教科書や講義は、物権法全体に関する総論的な論述から始め、おおむね民法の条文の順序に沿って説明を進めている。このような説明の順

序は、民法典制定直後の啓蒙的で逐条解釈的な体系書・教科書の名残であろう。しかし、各種の権利の内容を理解する前に、それらを抽象化した概念や諸原則の説明を受けても、初学者の頭には定着しない。もちろん最低限の前提知識は最初に説明しておく必要があるが、学習の順序としては、具体的な制度やルールがどういう目的で設けられ、それが実際どのような紛争でどのように争われるのかを先に学習し、その蓄積をもとに定義や原則に抽象化していく方がよいと思う。また、原則には、通常、多くの例外が伴う。例外まで含めて最初にまとめて説明しても理解が困難で、むしろ、加賀山茂『現代民法　担保法』（信山社、2009年）が各所で強調するように、よく考える者ほど前後の記述の矛盾に悩むことになる。例外にはそれを必要とする特定の場面と理由があり、そのような具体的場面で原則との関係を説明する方が適切である。

　さらに、私は、物権法は財貨帰属法の最も重要であるがその一部でしかなく、物権に属しない権利についても第三者に対する一定の効力（通常、物権的効力とされる）を一定の要件の下に認めるべきではないか、という考えを持っている。これは私の講義の中心的なモチーフの1つであり、読者の皆さんにも一緒に考えてもらいたいと思うが、そのためには、具体的な制度や各物権の内容の理解が前提となる。

　以上の理由から、この講義では、物権の典型である所有権についてまず説明を行い、それに続いて、それ以外の物権の特徴と、所有権との違いに基づく例外の必要性を検討し、最後に、講義のまとめの段階で、学習したことを振り返りながら、原理・原則について考えてみる、という構成を採る。また、担保物権法の部分では、実際上の重要度を考慮して、約定担保物権の中で抵当権・質権の順に説明し、次いで非典型担保、最後に約定による担保物権の設定に困難がある場合をカバーする法定担保物権を取り上げる（担保物権法の講義の順序は連載中に典型担保を先に取り上げるように変更した）。このような教育的配慮は、鈴木禄弥『物権法講義』（創文社、初版は1964年、現在は著者の死去後に刊行された2007年の5訂版）が先駆的に試みている。私は、その教育的配慮や、機能を重視した（かといって概念や理論構成を軽視しているわけではない）考え方に、強い影響を受けており、永田眞三郎ほか『物権　エッセンシ

ャル民法＊2』（有斐閣、2005年）でも同様の叙述順序の配慮を試みた。ただ、そこには入門書であり共著であるという制約があったので、この連載ではもう1歩踏み込んでみたい。

なお特徴として言うほどではないが、教育的観点からは、親切がすぎないようにし、読者に自分で作業をしてもらうことも一定程度必要である。私の文章を読んで、重要な概念にマークを付けたり、要旨をまとめるのは、考える端緒として読者自身が行うべき作業である。重要な概念のゴシック表示や内容の要約は、原則として、意識的に行わないことにしている。

第3に、基本設例により、読者に具体的なイメージを持っていただくとともに、時に、考え方によって答えが分かれる少し難しい試験問題のような応用設例によって読者自身に考えてもらうようにする。スポーツは、観戦したり本で練習法を読んでも、実際に練習を重ねなければちっとも上達しない。技術は反復練習によって体に覚え込ませないと身につかない。私は、法も社会統制の道具・技術であり、法の理解の深さは法をめぐる様々な知識や認識の量や自分の頭で考えた経験値の量に比例する、と思う。問題の社会的・歴史的背景を理解して、きちんと理屈の筋道を立てて考えることが大事で、大量の情報を効率的に「覚える」努力をするより、「理解すれば必要な知識は自然と身に付く」というのが理想である。事例を検討するには、後に紹介する演習書等も活用するとよい。

法の道具性・技術性

法の道具性や技術性を強調すると、試験対策を連想させ、安直・浅薄な技術論につながらないかとの懸念もあろう。しかし、逆である。道具には道具に内在する論理がある。法における制度やルールは、古くはローマ法に由来する2000年以上の歴史のある人間の叡智の結晶であり、そうした歴史的背景を持った独自の概念と論理によって構成される。概念や論理の持つ歴史の重みは簡単には無視できない。法の解釈は、そうした制約の中で、その時々の社会の需要をどのように実現し、対立する利害をどう調整するか、という課題を負っている。それまでの考え方で対応できないときには、立法による新たな制度や考え方の導入や、既存の考え方の転用（ときに誤用）などが行われ、伝統の承継と断絶が微妙に入り交じる。法や判例・学説の変遷を知ることで、そうした対応の妙を実感できる。また、歴史・社会・政治・経済・思想・哲学・心理など、法と関わる領域の知識も、法のより深い理解に役立つ。

> 法律を深く学んだ者ほど、概念や結論に至る論理の一般性・整合性にこだわりを持つようになる。概念や論理の整合性は、法適用結果の予測可能性と公平性を高め、国家権力の恣意的な行使を縛る役割を果たしているほか、価値観や利害の相違を超えて冷静で合理的な議論が成立するための共通の土俵を提供しているからである。
> よい職人は、よい道具をその目的に適う合理的な方法で巧みに使いこなす。法という道具の使い方に習熟することは、リーガル・マインドや法的センスを身につけることであり、法学が「大人の学問」と呼ばれるのは、習得にこのような知の深さや総合性および人間としての成熟を要するからであろう。

　第4に、判例は、紙面の制約から重要なものに限られるが、事実と争点との関係や訴訟の帰趨を説明するように努める。判例の作り出すルール（判例の準則と呼ぶことが多い）は、法律の規定とは異なる。判例準則には、あくまで当該具体的な事件の解決を正当化するものとしての制約があり、その射程がどこまで及ぶかを考えるうえで、事実と争点との関係や訴訟の帰趨には常に留意する必要がある。

　第5に、学説については、登場してきた時間的な先後関係や議論の展開に意を用いたい。平板に並べると、なぜそうした対立があるのかが理解しにくい。どういう紛争を想定し、なぜその点が争われるのか、それは他に波及する大きな問題かそれともその場面だけの小さな問題かなどの視点で、重要性の大小や議論の意味を意識する叙述を心がけたい。つねになぜという疑問をもってのぞむことや、他の問題との関連性を意識することが、深い理解と応用力に結実するだろう。

　第6に、面白い視点、新しい問題の指摘、うんちくなども補足やコラムの形で加え、読者に知的刺激を与えるように努めたい。真面目なだけでは退屈であろう。私自身は、ホームページの「自己紹介」をご覧いただくとわかるように、多趣味で好奇心旺盛のつもりだが、講義では時間に追われてこうした余裕が欠けがちだと反省している。

　第7に、読者の意見を講義内容にフィードバックしたい。上記の6点を書いている間に、すでに、私はどこまで実現できるか心許ない気分になっている。批判や積極的な要望・提案を編集部に届けていただければ、それを反映するよう心がける。

今読み返すと汗顔の至りであるが、このうちかなりの部分は実現しているように思う。ただ、最初はかなり大胆な省略をしたが、連載を続けるほどに細かい点も気になるようになって、叙述が膨らみ、当初予定より毎回の頁数が 1-2 頁増え、連載回数も 4 割増になってしまった。参考文献の引用の体裁も少しずつ変化して統一性を欠いた。そこで、本書をまとめる際には、前半部分について叙述を補充し、後半部分を少し圧縮してバランスが取れるように努めた。

主要な参考書

民法のゼミで報告をする場合や講義で疑問を抱いた点をはっきりさせたい場合など、さらに一歩進んだ検討をする際に、どういう本を参考にするとよいかを簡単に紹介しよう。個別のテーマについての研究書や論文は必要な箇所で比較的新しいものを数点に絞って紹介するとして、ここでは、体系書・教科書（両者の違いについては後記の補足）・注釈書・演習書などを中心に、略語を付して 50 音順に列挙する。3 名以上の共著の場合には 1 名のみを代表として表示している。次頁以下のリストは、おおむね 2004 年の民法の現代語化の改正以降にそれを反映する形で出版された比較的新しいものを中心とし、それ以前に出版されたものの中から、現在の通説の形成に大きな影響を与えている若干の体系書で本書で引用することがあるものおよび 3 回以上引用している文献を加えた。

教科書には担保物権法を含んで 1 冊の物権法の本とするものが多い。しかし、狭義の物権法と担保物権法とでは、同じ物権法といってもかなり性質が異なり、詳細な体系書や教科書は、両者を別の巻で扱っている。本書は、担保物権法を扱うので、狭義の物権法のみの参考書の紹介は、姉妹編の『物権法』に譲る。

補足 **体系書と教科書**
体系書は学問的考察に重点を置いた網羅的で詳細なもの、教科書は教育目的に重点を置き、判例・学説の引用・検討もその目的に沿って取捨選択されたもの、という一応の基準があると思われる。物権法と担保物権法が 1 冊になっている本は、通常、体

系書とは呼ばれないが、両者の違いは相対的なものである。たとえば、今では最も詳細な体系書の1つと評価されている我妻栄『新訂担保物権法（民法講義Ⅲ）』（1968年、初版は1936年）の序には同書が講義用テキスト・ブックとして書かれたとある。他方、教科書の中にも判例・学説状況の客観的な整理・紹介にとどまらず、詳細な考察や新たな解釈提言を多数含むものもある。本書は基本的には教育目的の教科書であるが、独自の視点での問題の考察などをできるだけ織り込むことをこころがけた。

淡路ほか	淡路剛久ほか『民法Ⅱ　物権〔第3版補訂〕』（有斐閣、2010年）
石田	石田穣『担保物権法』（信山社、2010年）
生熊	生熊長幸『担保物権法』（三省堂、2013年）
石崎＝渡辺	石崎泰雄＝渡辺達徳『物権・担保物権法』（成文堂、2010年）
伊藤	伊藤眞『破産法・民事再生法〔第3版〕』（有斐閣、2014年）
内田	内田貴『民法Ⅲ　債権総論・担保物権〔第3版〕』（東京大学出版会、2005年）
近江	近江幸治『民法講義Ⅲ　担保物権〔第2版補訂〕』（成文堂、2007年）
大村	大村敦志『新基本民法3　担保編』（有斐閣、2016年）
奥田＝鎌田	奥田昌道＝鎌田薫編『法学講義民法3　担保物権』（悠々社、2007年）
加賀山	加賀山茂『現代民法　担保法』（信山社、2009年）
加賀山・講義	加賀山茂『債権担保法講義』（日本評論社、2011年）
角	角紀代恵『はじめての担保物権法』（有斐閣、2013年）
鎌田	鎌田薫『民法ノート物権法①〔第3版〕』（日本評論社、2007年）
川井・物権	川井健『民法概論2　物権〔第2版〕』（有斐閣、2005年）
川井	川井健『担保物権法』（青林書院新社、1975年）
河上	河上正二『担保物権法講義』（日本評論社、2015年）
北川	北川善太郎『物権（民法講要）〔第3版〕』（有斐閣、2004年）
基本	遠藤浩＝鎌田薫編『基本法コンメンタール物権〔第5版新条文対照補訂版〕』（日本評論社、2005年）
後藤ほか	後藤巻則ほか編『プロセス講義民法Ⅲ　担保物権』（信山社、2015年）

講座(3)	星野英一編『民法講座3』(有斐閣、1984年)
小林＝山本	小林秀之＝山本浩美『担保物権法・民事執行法』(弘文堂、2008年)
コンメ	我妻栄ほか『我妻・有泉コンメンタール民法：総則・物権・債権〔第4版〕』(日本評論社、2016年)
七戸	七戸克彦『物権法Ⅱ』(新世社、2014年)
清水	清水元『プログレッシブ民法　担保物権法〔第2版〕』(成文堂、2013年)
清水ほか	清水元ほか『新・民法学(2)　物権法〔第4版〕』(成文堂、2011年)
新注民(9)補訂	柚木馨＝高木多喜男編『新版注釈民法(9)　物権(4)〔補訂版〕』(有斐閣、2007年)
新注民(9)	柚木馨＝高木多喜男編『新版注釈民法(9)　物権(4)〔改訂版〕』(有斐閣、2015年)
新注民(15)	幾代通＝広中俊雄編『新版注釈民法(15)　債権(6)〔増補版〕』(有斐閣、1996年)
斎藤	斎藤和夫『担保物権法』(中央経済社、2007年)
鈴木	鈴木禄弥『物権法講義〔5訂版〕』(創文社、2007年)
争点	内田貴＝大村敦志編『民法の争点』(有斐閣、2007年)
速記録二	法務大臣監房司法法制調査部監修『法典調査会民法議事速記録二』(商事法務、1984年)
田井ほか	田井義信ほか『新　物権・担保物権法〔第2版〕』(法律文化社、2005年)
高木	高木多喜男『担保物権法〔第4版〕』(有斐閣、2005年)
高橋	高橋眞『担保物権法〔第2版〕』(成文堂、2010年)
田髙	田髙寛貴『クロススタディ物権法』(日本評論社、2008年)
田髙ほか	田髙寛貴ほか『担保物権法』(日本評論社、2015年)
田山	田山輝明『通説物権・担保物権法〔第3版〕』(三省堂、2005年)
注民(8)	林良平編『注釈民法(8)　物権(3)』(有斐閣、1965年)
注民(9)	柚木馨編『注釈民法(9)　物権(4)〔増補再訂版〕』(有斐閣、1982年)
道垣内	道垣内弘人『担保物権法〔第3版〕』(有斐閣、2008年)
倒産法概説	山本和彦ほか『倒産法概説〔第2版補訂版〕』(弘文堂、2015年)

永田ほか	永田眞三郎ほか『物権　エッセンシャル民法＊2』（有斐閣、2005年）
中野＝下村	中野貞一郎＝下村正明『民事執行法〔第7版〕』（青林書院、2016年）
中山ほか	中山知己ほか『民法2　物権・担保物権』（不磨書房、2005年）
能見＝加藤	能見善久＝加藤新太郎編『論点体系判例民法3　担保物権〔第2版〕』（第一法規、2013年）
野村	野村豊弘『民法II　物権〔第2版〕』（有斐閣、2009年）
百選I	潮見佳男＝道垣内弘人編『民法判例百選I物権・総則〔第7版〕』（有斐閣、2015年）
百年	広中俊雄＝星野英一編『民法典の百年　第2巻　個別的考察(1)　総則編・物権編』（有斐閣、1998年）
平野	平野裕之『民法総合3　担保物権法〔第2版〕』（信山社、2009年）
平野・担保	平野裕之『担保物権法』（新世社、2011年）
平野ほか	平野裕之ほか『民法3　担保物権〔第2版〕』（有斐閣、2005年）
『物権法』	松岡久和『物権法』（成文堂、2017年）
本田ほか	本田純一ほか『物権・担保物権法』（法律文化社、2007年）
松井	松井宏興『担保物権法〔補訂第2版〕』（成文堂、2011年）
松尾＝古積	松尾弘＝古積健三郎『物権・担保物権法〔第2版〕』（弘文堂、2008年）
槇	槇悌次『担保物権法』（有斐閣、1981年）
宮本ほか	宮本健蔵ほか『マルシェ物権法・担保物権法〔改訂第2版〕』（嵯峨野書院、2005年）
森泉＝武川	森泉章＝武川幸嗣『担保物権法〔第3版〕』（日本評論社、2005年）
森田	森田修『債権回収法講義〔第2版〕』（有斐閣、2011年）
安永	安永正昭『講義　物権・担保物権法〔第2版〕』（有斐閣、2014年）
山川	山川一陽『担保物権法〔第3版〕』（弘文堂、2011年）
山野目	山野目章夫『物権法〔第5版〕』（日本評論社、2012年）
柚木＝高木	柚木馨＝高木多喜男『担保物権法〔第3版〕』（有斐閣、1982年）

本書の特徴と参考文献　xxi

吉田	吉田邦彦『所有法（物権法）・担保物権法講義録』（信山社、2010年）
ロープラ	千葉恵美子ほか編『Law Practice 民法Ⅰ　総則・物権編〔第2版〕』（商事法務、2014年）
我妻	我妻栄『新訂担保物権法（民法講義Ⅲ）』（岩波書店、1968年）

(1) 教科書・体系書

　以上の中から体系書を中心にいくつかを簡単に紹介しておきたい。**我妻**は、現在も多くの点で通説的見解の基礎を構成している。**柚木＝高木、川井**は、これと並ぶ体系書である。この講義では解釈の歴史的な変遷について詳しく触れる余裕が乏しいので、以前の議論を顧みる際には、こうした体系書を紐解いてほしい。

　高木は現在の代表的な体系書と思われ、根本から丁寧な検討を加える**高橋**にも多くの影響を与えている。**道垣内**は、動きの激しい担保物権法の議論をリードする鋭い洞察と大胆な主張を多く含む。**平野**も鋭い指摘を多数含み、判決文の引用・検討が丁寧な教科書とも言える。**石田**は、重厚な体系書で、多くの点で独自の主張を展開している。

　加賀山は、物的担保と人的担保その他を担保法として統括して論じる新しい体系的整理を目指すほか、担保物権の物権性や保証債務の債務性を否定したり、非典型担保における処分清算原則を主張するなど、きわめて斬新である（詳しくは拙稿の書評・法時84巻6号105頁以下を参照）。また、**森田**も「債権回収の集団的秩序」をキー概念とし、実体法と倒産法を連続的に捉え、ゲーム理論を応用するなど、斬新な分析を示している。法科大学院のテキストとしても相当難しい（この初版についても拙稿の書評・法時80巻8号105頁以下を参照）。

(2) 執行・倒産関係の関連書

　小林＝山本は、実行手続の理解がなければ担保物権法はわからないという考え方に立って担保権実行手続についてのかなり詳しい解説を併せて行って

いる。たしかに、民事執行法や倒産法（破産法、会社更生法、民事再生法等の総称）を受講したり、下記の関連文献を読むと担保物権法の理解が格段に深まる。このうち、**中野＝下村**（版を重ねた名著である中野貞一郎『民事執行法』を下村正明教授と共著の形で改訂されたもの）および**伊藤**の 2 冊は定評のある代表的な体系書であるが、きわめて詳細で高度なので初心者には手に余る。会社更生も含めた全体をカバーする**倒産法概説**や、下記に挙げた入門的な教科書や概説書のうち読みやすいと感じるものを 1 冊ざっと読むことをお勧めする。

福永有利『民事執行法・民事保全法〔第 2 版〕』（有斐閣、2011 年）

生熊長幸『わかりやすい民事執行法・民事保全法〔第 2 版〕』（成文堂、2012 年）

高須順一『民法から考える民事執行法・民事保全法』（商事法務、2013 年）

中野貞一郎『民事執行・保全入門〔補訂版〕』（有斐閣、2013 年）

平野哲郎『実践民事執行法民事保全法〔第 2 版〕』（日本評論社、2013 年）

上原敏夫ほか『民事執行・保全法〔第 4 版〕』（有斐閣、2014 年）

徳田和幸『プレップ破産法〔第 6 版〕』（弘文堂、2015 年）

(3) 判例教材

本書で多数引用している判例について事案の詳細には立ち入れないので、深い学習のためには、引用した判例のうちで重要なものを、直接原文で読むという経験を強く推奨する。ただ、大審院の漢文読み下し文は読者の手に余るかもしれないし、たくさんの判例の内容を知るには、ダイジェストや解説付のものを参考にしていただければよい。少し古いが担保法関係の判例のみを選び出した椿寿夫ほか編『担保法の判例Ⅰ・Ⅱ』（有斐閣、1994 年）がある。より一般的な教材として、上記**百選Ⅰ**のほか、潮見佳男＝松本恒雄編『判例プラクティス民法Ⅰ　総則・物権』（信山社、2010 年）、瀬川信久ほか編『民法判例集　担保物権・債権総論〔第 2 版〕』（有斐閣、2014 年）、奥田昌道ほか編『判例講義民法Ⅰ　総則・物権〔第 2 版〕』（悠々社、2014 年）、松岡久和＝山野目章夫編『新・判例ハンドブック　物権法』（日本評論社、2015 年）などがある。

(4) 演習書

演習書など設例や特定の論点について一歩深めた議論をするものには、前掲の**鎌田・田髙・ロープラ**に加えて、山田卓生ほか『分析と展開Ⅰ　総則・物権〔第3版〕』（弘文堂、2004年）、山野目章夫『初歩からはじめる物権法〔第5版〕』（日本評論社、2007年）、鎌田薫ほか編『民事法Ⅱ　担保物権・債権総論〔第2版〕』（日本評論社、2010年）、法科大学院の教材である松岡久和＝潮見佳男＝山本敬三『民法総合・事例演習〔第2版〕』（有斐閣、2009年）などがある。

(5) 注釈書・講座等

条文毎に解説を加える注釈書（コンメンタール）や特定の論点について研究を掘り下げた論文や解説を集めたものがある。まず、一般的なものとして、前掲の**講座**や**百年**は、立法の沿革や趣旨の確認から、以後の判例・学説の歴史的展開を客観的に整理する。判例・学説につき最も詳細に議論を整理している前掲の新旧『注釈民法』シリーズ（とりわけ新版）とともに、深い検討を行う際には必ず出発点とするべきものである。ただ、留置権・先取特権・質権を扱う第8巻は新版が出ていない。また、これらの文献は分量が多く内容も高度なので、初学者には手に余るかもしれない。

担保関係だけに関する詳細な研究・解説をまとめた講座等も多い。いずれも少々古くなっているが、鈴木禄弥＝竹内昭夫編『金融取引法大系』（全6巻。有斐閣、1983年-1984年）、加藤一郎＝林良平編『担保法大系』（全5巻。金融財政事情研究会、1984年）、椿寿夫編『担保法理の現状と課題』（商事法務、1995年）、野村豊弘ほか『倒産手続と民事実体法』（商事法務、2000年）などがある。

(6) その他

加藤雅信ほか編『民法学説百年史』（三省堂、1999年）は、民法学史上で画期的な意味のある著書や論文の概要を紹介し、現在の目から見た意義を論じており、学説史の基礎知識を得ることができる。**争点**は、民法の主要な論点に関する判例学説の現在の状況を簡潔に要約しているので、概観を得るのに

適している。池田真朗編『民法 Visual Materials』(有斐閣、2008年) は、登記簿・内容証明郵便・各種書式・申請書・判決書など民法に関係する書類や、著名判決に関する写真・資料などを簡潔な解説付きで収録している補助教材である。

第1章…担保物権法全体の概観

　本章では、担保物権法を学ぶに当たって、まずその全体をざっと見渡し、詳細な議論の理解に必要な基礎的な概念を説明する。具体的には、担保の中の担保物権の位置（第1節）、担保物権の性質と効力（第2節）を扱う。

　物権と債権の基本的な区別については、すでに学んでいることを前提としている。学説上、一般的には、物権は「特定の物を直接に支配することができる権利」、債権は「特定の者（債権者）が特定の者（債務者）に対して一定の給付行為を請求することができる権利」と解されている。しかし、物権の定義において、対象を特定物に限定する点に問題があることはすでに本書の姉妹編の『物権法』でも示した。

　本書は、担保物権も物権の一種であるが、「権利の交換価値を直接に支配することができる権利」であり、対象はむしろ有体物ではなく、所有権その他の権利である、と解するべきことを主張する。詳細は、各担保物権の具体的内容を説明したうえで、それをふまえて最後に389頁以下の第9章で検討する。

第 1 節　担保の中の担保物権の位置

　この節では、担保が必要となる理由としての無資力危険の回避（第 1 項）、人的担保と対比される物的担保の典型として担保物権が占める位置（第 2 項）、担保物権の種類（第 3 項）について説明する。

第 1 項　債権者平等の原則と無資力危険

> Case 1　S に対して 3000 万円の貸付金の返還を求める債権（以下、「貸付金債権」と略す。簡略化のため利息や遅延損害金は問題にしない）を有している G_1 と 2000 万円の損害賠償債権者である G_2 がいる。
> ［1］G らは S の唯一の財産である不動産甲を相次いで差し押さえた。甲が競売に付され手続費用などを差し引いて配当できる金額は、3000 万円であった。G らは自己の債権をどれだけ回収できるか。
> ［2］S から融資を頼まれた G_3 は、S の債務額については知らないがめぼしい財産が甲だけだと知っている。このとき、G_3 は、どのようにすればどれくらいの額まで比較的安心して融資することができるか。

　債務者が借りた金を返さなかったり代金を支払わなければ、債権者は、まず、債務者を相手取って自己への支払を命じる確定判決を得なければならない。判決に従って債務者が支払えばよいが、それでも支払わなければ、債権者は民事執行法に従って強制執行の手続を採る必要がある。すなわち、債権者は、確定判決という債務名義（民執 22 条 1 号。強制執行によって実現されるべき請求権の存在および内容を公証する文書のことをいう）により債務者の財産を差し押さえて強制的に売却する競売などの処分（換価処分という）を行い、競売代金からようやく債権を回収できるのである。

物の引渡しや役務提供など金銭の支払以外を内容とする債権も、債権の内容が実現できない場合には、（債務者に免責事由がない限り）債務不履行に基づく損害賠償債権という金銭債権を有することになる（415条・417条）。いずれにしても、債権者にとっては、強制執行の可能な債務者の財産（責任財産という）が、自らの債権の実現のための最後の頼りである。

債務者が責任財産以上の債務を負う状態を無資力という（次頁の補足）。こういう状況になると、債権には物権のような排他性が認められないから、債権者は自分の債権が他の債権者の債権より先に成立したからといって、優先的に弁済を受けることはできない。各債権者は、原則として、債権発生原因やその時間的順序に関係なく、債権額に応じた平等な弁済（按分弁済）を受けられるにすぎない。これを債権者平等の原則という。

たとえば、前頁のCase 1の［1］の場合、総責任財産の3000万円を債権額で分けるので、G_1が1800万円、G_2が1200万円の配当を受けるにとどまり、G_1は1200万円、G_2は800万円が回収できずに損失を受ける（税法上、損金控除により納税額を多少圧縮することはできる）。もっと債権者の数が増える破産では、全額が回収不能になることがほとんどで、配当が行われても、債権者は債権額のせいぜい1割程度しか弁済を得られない場合が多い（図表1）。言い換えれば、債権者は、債務者が無資力になって自己の債権が完全に満足されない危険（無資力危険）を負っているのである。

図表1 配当が行われた5,728件の破産における通常の破産債権者に対する配当率

5% 未満	5〜10%	10〜25%	25〜50%	50〜75%	75% 以上
3,098 件	954 件	1,021 件	417 件	134 件	104 件

2004（平成16）年度司法統計年報第107表より作成。平成17年度以降はこの項目が見当たらない。この年度に処理された破産事件数は224,005件である。配当が行われた5,728件は、破産事件の2.5%程度にすぎず、97.5%の事件では債権全額が回収不能となっている。

担保制度は、以下で説明するとおり、債権者が無資力危険に対処し、債権（担保される債権を被担保債権と呼ぶ）の回収を確実にするための最も重要な仕組みである。担保制度は、債務者にとっても利益となる。担保があれば債権

者は安心して融資することができるため、債務者がより低い利率で融資を受ける機会も拡大する。さらに、金融取引は資本主義経済の中核を構成するため、担保制度には資本主義経済を支えるものとしても重要な意味がある。

なお、無資力危険に対処するには、取引信用保険をかけるとか、多数の債務者から高い利息を取ることで危険を分散する方法もある（無担保金融はこのようにして回収不能となる分を高利で補っている）。また、担保を持たない債権者（一般債権者という）にも責任財産を保全する手段が用意されている。債務者が行使を怠っている権利を代わって行使して責任財産を確保する債権者代位権（423条）や、責任財産を減少させる債務者の行為の効力を否定して責任財産を回復する債権者取消権（424条-426条）・否認権（破産160条-176条、会更86条-98条、民再127条-141条）などである。

> 補足　無資力＝債務超過
> 「無」という字の印象から、一見、責任財産がまったくない状態を指すかのように感じられる。しかし、無資力とは、総責任財産をもってしても債務のすべてを弁済できない債務超過の状態をいう。法人や相続財産等の破産原因である債務超過（破産16条1項）は無資力と同じ意味である。「無」は、「責任無能力」が完全な責任能力までは備わっていないことを表現するときの「無」と同じ用語法である。

第2項　人的担保と物的担保

1　人的担保

(1) 債務者の追加による担保

債務者以外の第三者の責任財産から弁済を受けることができるようにする、言い換えれば責任財産を追加することによって、無資力危険に対処しようとする制度として、保証債務（446条以下）や連帯債務（432条以下、新436条以下）がある。2頁のCase 1の［2］で、たとえば資産家のB_1にSの債務の保証人や連帯債務者となってもらい、Sが弁済できない場合にB_1が支払ってくれるなら、G_3はB_1に融資するのと同じ程度の額まで安心してSに融資することができる。このように債務者を増やす担保を人的担保と呼ぶ。

(2) 特　徴

人的担保は、G_3 と B_1 の間の契約だけ（ただし保証契約は書面が要件である。446条2項・3項）で成立するから迅速・簡便であり、人的担保があれば債務者自身が担保に適した財産を持っていなくても融資を受けることができるため、主として少額金融に適する。しかし、人的担保それ自体からは優先的に弁済を受けられる権利（優先弁済権）は発生しない。B_1 と S が生計を同一にする家族であったり、共同の事業を営んでいたりする場合には、両者はいわば運命共同体であり、Sと同時に B_1 も経済的に破綻する事態が生じやすく、G_3 は無資力危険を免れない。

2　物的担保

(1) 優先弁済権の確保による担保

債務者または第三者の財産からの優先弁済権を確保する仕組みが物的担保である。他人の債務のために特定の財産を担保として提供する第三者を物上保証人という。

抵当権などの担保物権は物的担保の中心をしめる。2頁の Case 1 の［2］で、S が G_3 のために甲に抵当権を設定し登記をしてくれれば、G_3 は、甲を競売して得られる代金から G_1 や G_2 に先だって自分の債権の弁済を受けることができるから（369条1項）、3000万円程度までなら比較的安心してSに融資できる（甲が値下がりしたり、建物の場合に火災等で消失してしまう危険はある）。物上保証人 B_2 が1億円以上の価値のある不動産乙に抵当権を設定してくれれば、G_3 は、乙の担保評価額（時価の70%-80%程度）までSに融資をしても、被担保債権の回収が期待できて安心である。

このように、責任財産の中にある特定の財産の交換価値を他の債権者を排除して独占する仕組みは、物権の典型で代表である所有権の直接支配性・絶対性・排他性・優先的効力などの特徴（『物権法』11頁以下の2）を応用していることから、担保物権と構成される。他方、担保物権者が優先すると、他の債権者らは配当を受けられなくなるおそれが高くなる。そのため、隠れた担保物権の優先により他の債権者らが不測の損害を受けることを防ぐため、物的担保には公示の原則が適用され、公示を伴う対抗要件を備えなければ第

三者に対抗できないものとされる。たとえば2頁のCase 1の［2］の場合、抵当権の設定を受けたG₃は、対抗要件である登記を備えない限り、［1］の場合のように差押えをしてきた債権者G₁・G₂らに対する優先を主張できない（177条）。G₁・G₂らも抵当権の設定を受けたとすると、Gらの抵当権の順位は、設定の前後ではなく登記の前後によって定まる（373条）。

(2) 特徴

物的担保は、対象財産の価値の維持にだけ注意しておけば確実な債権回収が図れる（債権者のモニタリング・コストの節約）。その反面、担保として提供できる財産を持っていない人や物上保証人を頼めない人からは、そもそも物的担保の設定が受けられない。またその設定や実行には時間と費用がかかるので、物的担保は主として長期・高額の融資の担保に適する。

以上のように人的担保と物的担保には、それぞれに長所と短所があるので、実務では併用されることも多い（21頁の補足）。なお、担保的機能を有するものとして相殺（505条-512条）があり、さらに相殺の仕組みを応用したものとして相殺予約・代理受領・振込指定がある。

補足 相殺の仕組みとその応用

債権総論の講義で詳しく学ぶので簡略に説明する。自ら図を書きながら読むと理解しやすくなるので、あえて説明図は付けない。

【簡易決済機能】 同種の債権（金銭債権が普通）が向き合う形で存在し、ともに弁済期にある場合（このような場合を相殺適状という）には、いずれの当事者からでも一方的な意思表示で両債権を対当額で消滅させることができる。これを相殺という（505条1項）。たとえば、AがB銀行に1000万円の定期預金債権αを有し、逆にBがAに800万円の貸付金債権βを持っている場合、双方の弁済期が到来すれば、いずれの当事者が相殺の意思表示をしても、α債権・β債権はともに対当額800万円の限度で相殺適状になった時に遡って消滅し、200万円のα債権のみが残る。この場合、相殺は、それぞれの債権を回収する手間を省く簡易決済機能を有する。

【公平維持機能】 相殺は、さらに、当事者の公平を保つ機能を有する。すなわち、たとえばAにめぼしい財産がほかになく、AがAの債権者C（実際の紛争事例の多くが国税債権を有する国）にα債権を差し押さえられたとする。相殺ができないとすれば、Bは1000万円をCに支払わなければならないのに、Aに対する800万円のβ債権はAが無資力であるためほとんど回収できない。相殺を認めることで、α債権・β債権が対当額で消滅するとの両当事者の期待が保護され、公平が保たれる。

【担保的機能】　相殺の結果、1000万円のα債権という責任財産の中から、Bがβ債権800万円をCに先だって回収し、Cは、残ったα債権からせいぜい200万円を回収できるにすぎないことになる（他にも差押えに配当加入する債権者が出てくれば原則として按分弁済を受けるのみ）。このようにして、Bは、相殺により、あたかもα債権を対象とする質権という担保物権を有しているかのようにCに優先する債権回収ができる。これが相殺の担保的機能である。

【相殺予約】　担保的機能は意識的に活用されている。B銀行は、Aの定期預金債権の額の限度までは（現実にはその90％までとされている）安心して貸付ができる。総合口座の当座貸越（自動貸越）や、保険会社が解約返戻金の一定の範囲内で行う契約者貸付は、このように相殺の仕組みで支えられている。ただ民法による法定相殺は相殺適状にならないとできない。そのため、融資契約において、顧客Aに差押えや倒産手続の開始の申立てがあったなどの一定の事情が生じれば、137条が定める期限の利益の喪失事由がなくてもAはβ債権の期限の利益を失う、との特約をしておく。所定の事情が生じた場合、α債権の債務者であるB銀行は、期限の利益を放棄すれば、この特約により、その時点で相殺適状となって、直ちに相殺ができるようになる。相殺予約は、このように相殺の担保的機能を活用するもので、融資相手方が自分に対して有している債権の上に質権の設定を受けたに等しい。

【代理受領】　代理受領は、債権者Bが債務者Aに融資する際に、Aが第三債務者Cに対して有する債権について、Cからの弁済を受領することを委任してもらい、受領についてBをAの代理人とする代理権を発生させるAB間の契約である。Bは、CからAに代わって受領した金銭をAに対する債権の弁済にあてることで、債権を回収することができる。代理受領した金銭の返還債務と貸付金債権を相殺したものとみることもできる。代理受領は、AのCに対する債権について譲渡や担保設定が禁じられている場合に、担保的機能を果たすために使われる。

【振込指定】　振込指定は、金融機関にしか使えない相殺予約の応用型である。すなわち、振込指定とは、債権者である金融機関Bが債務者Aに対して有する債権を担保するため、Aが第三債務者に対して有する債権の弁済方法として、Bに開設したAの口座宛の振込を指定するAB間の契約である。Bは、預金返還債務とAに対する貸付金債権を相殺してAに対する債権を優先的に回収できることになる。

第3項　担保物権の種類

1　典型担保

　民法の物権編には、留置権・先取特権(さきどりとっけん)・質権・抵当権という4つの担保物権が定められており、典型担保と呼ばれる。鳥瞰図を頭に描いてもらうため、それぞれの内容を簡単に眺めておこう。

(1) 留置権

留置権は、他人の物の占有者が、その物に関して生じた弁済期にある債権を有する場合に、その債権の弁済を受けるまで、その物の返還を拒むことができる権利である（295条1項）。留置権には法律上の優先弁済権は認められていないが、事実上、優先弁済を受ける機能がある。

(2) 先取特権

先取特権は、一定の種類の債権について、債務者の財産から優先弁済を受ける権利である（303条）。先取特権には、債務者の総責任財産を対象とする一般の先取特権（306条-310条）、および、債務者の特定の動産または不動産（の所有権）を対象とするもの（311条-324条の動産の先取特権、325条-328条の不動産の先取特権）の3類型、合計15種類がある。

(3) 質 権

質権は、債務者または物上保証人（両者をまとめる場合には「設定者」と呼ぶ）から対象物の占有を移転させるなどしてその財産権の行使を制約することで被担保債権の弁済を促し、弁済がない場合にその物や財産権から優先弁済を受ける権利である（342条・362条）。定義がすこし複雑になっているのは、質権が、動産・不動産（の所有権）のみならず、譲渡できる権利一般を広く対象として成立するからである。

(4) 抵当権

抵当権は、債務者または物上保証人から対象物の占有を移転させることなく、物（の所有権）や地上権・永小作権から優先弁済を受ける権利である（369条）。抵当権は原則として不動産にのみ成立するが、特別法により登記・登録のある動産等にも拡張されている。抵当権は、質権と異なって占有・使用を設定者に委ねておく非占有担保権であり、価値支配権としての性格が純化されている。

2 約定担保物権と法定担保物権

　1で概要を示した4つの典型担保は、約定担保物権と法定担保物権に分かれる。当事者の契約によって設定される質権と抵当権は約定担保物権である。無資力危険に対しては契約で約定担保物権を設定してもらって自衛すればよい、というのが基本である。しかし、さまざまな理由で約定担保物権の設定が期待できないことがある。当事者間に担保設定の約定があったとみなすことが合理的な場合もある。そのような場合に、民法は、契約によらず一定の要件をみたせば法律上当然に成立する法定担保物権を認めている。留置権と先取特権は法定担保物権である。

3 非典型担保

　典型担保は、いずれも設定者の有する所有権などの権利の上の制限物権として構成されており、債権者に被担保債権の回収以上の利益を与えない点で合理的である。しかし、一方で、公的な競売手続は必ずしも適切に機能してこなかった。また、質権と抵当権だけでは、経済発展に即した新たな信用創造を支える要請に応えきれない。とりわけ、動産や債権にまとめて担保を設定することは典型担保では足りない。かといって、当事者の契約で新しい担保物権を作り出すことは、物権法定主義（175条）によって禁じられている。留置権や先取特権も法律で認められない限り、新しい需要に機敏には応えられない。特別法においても、民法の担保物権の要件や効力の特則を定める法律は多いが（各担保物権の説明で適宜触れる）、まったく独自の担保物権の創設は企業担保権くらいである（267頁の補足において先取特権との関連で説明する）。

　そのため、取引界は、こうした典型担保の不備や不便を補うため、買戻しなどと同様に権利移転の形式を借りて（これにより物権法定主義の制約を免れようとした）、実質的には新たな担保物権を慣習法上発展させ、判例・学説もその効力を認めてきた。仮登記担保・譲渡担保・所有権留保の3種があり、まとめて非典型担保と呼ばれる。このうち仮登記担保については、後に「仮登記担保契約に関する法律」（昭53年法78号）が制定された（以下では「仮登記担保法」と略称する）。各非典型担保の概要は次のとおりである。

(1) 仮登記担保

仮登記担保は、金銭債務の不履行があれば債務者または物上保証人に属する権利を債権者に移転するとの契約を結び、それに基づく権利移転請求権を仮登記を用いて保全する仕組みである（仮登記担保1条）。

(2) 譲渡担保

譲渡担保は、債権担保のために債務者または物上保証人の有する権利を債権者に移転し、債権が弁済されればその権利を返還すると合意する仕組みである。譲渡できるあらゆる権利を対象とすることができる。

(3) 所有権留保

売買契約において売った物を引き渡して買主に使用を認めるが、買主が代金を完済するまでその物の所有権を移転しないとする旨の所有権移転時期の合意である。

以上をまとめて、物権法の中における担保物権と物的担保の位置を示したものが次の**図表2**である。

図表2　物権の分類と担保物権および物的担保の位置

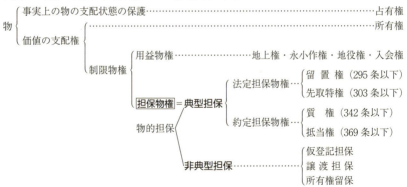

補足　**担保の発展**

物的担保の古い形は譲渡担保のような所有権を移転するものだった。しかし、債権担保である以上、債権者が債権額を超えて所有権（の価値）全部を奪ってしまうのは

不当であることから、清算義務が課されるようになった。また、担保権の実行手続が整備されるに伴い、債務が弁済されなければ対象物を換価処分して債権を回収できれば十分と考えられるようになり、抵当権や質権のように、設定者に所有権が残り、その上の負担としての制限物権という法律構成が定着した。

もっとも、現在でも民法には、所有権移転により担保の機能を果たす買戻し（579条-585条）や再売買の予約（556条）がある。買戻しは、売却代金と費用を返還すれば売主が売買契約を解除して不動産の所有権を買主から取り戻せるというものである。再売買の予約は、物を売却する際に、売った物を買主から将来売り戻してもらう権利を売主に与えるものである。いずれも、売買代金相当額を買主が売主に融資するのと同じ機能を発揮する。

非典型担保は、債権担保のための手段として権利移転形式を用いるもので、そこには古い形の復活という側面があった。その弊害を避けるため、形式にこだわることなく担保という実質に即して規律することが非典型担保法の最重要課題となってきた。歴史は繰り返すのだろうか。

第 2 節　担保物権の性質と効力

本節では、担保物権に共通する性質や効力として一般的に説かれているところを説明する。具体的には、所有権や用益物権を含めた物権一般に共通する性質（第1項）、担保物権にのみ共通する性質（第2項）、物権としての効力（第3項）、担保物権としての効力（第4項）を扱う。このような抽象化した理解の適否は、各担保物権の内容を学んだ後に最終章で検討するので、ここでは一般的な理解を知って、通常の用語法に慣れるだけでよい。

第 1 項　物権に共通する性質

所有権を典型として、物権には次のような共通の性質がある（詳細は『物権法』12頁以下）。担保物権は所有権の一部の権能を独立させたもので物権の下位類型として位置づけられるという一般的な理解によれば、各担保物権の性質に応じた修正を受けつつ、担保物権にも物権の性質が当てはまる。

①直接支配性・譲渡性　物権は他人の行為を介することなく対象物を直接に支配できる権利であり、権利者は原則としてその物権を自由に譲渡する

ことができる。ただし、担保物権は、付従性・随伴性（後述）があるため、被担保債権と共に譲渡しなければならず、被担保債権から独立して担保物権だけを譲渡することは、原則としてできない。

　②絶対性　　物権はだれに対しても主張でき、侵害者に対して侵害状態の解消を求めることができる（物権的請求権）。

　③排他性　　同一の対象上に内容的に両立しない物権は並び立たたない。

第2項　担保物権に共通する性質

　担保物権は、さらに、次のような共通の性質を持つといわれる（①～③は人的担保にもあてはまるため、より広く担保全般に共通する性質といえる）。

　①付従性　　担保物権が債権回収という目的のための手段としての権利であることから、担保物権は被担保債権に依存する。これを付従性という。すなわち、被担保債権が成立しなければ担保物権は成立せず、被担保債権が消滅すれば担保物権も格別の行為を行うことを要せずに自動的に消滅するのが原則である。

　②随伴性　　被担保債権が移転すれば、担保物権もそれに伴って移転することをいう。随伴性は、付従性の1つの現れにすぎないともいえる。

　③不可分性　　担保権者が、被担保債権の全額の弁済を受けるまで、担保物権の対象である権利の全部について担保物権を行使できることをいう（296条・305条・350条・372条）。

　④物上代位性　　担保権者は、対象物の売却・賃貸・滅失・損傷により設定者が受ける金銭その他の価値変形物に対しても、一定の要件の下に担保物権を行使できる（304条・350条・372条）。これを担保物権の物上代位性という。物上代位は優先弁済権を拡張するものであるため、優先弁済権を欠いている留置権には認められない。

第3項　物権としての効力

　物権一般の効力として、通常、優先的効力と侵害に対する物権的請求権が

あげられる（範型としての所有権に基づく請求権につき詳しくは、『物権法』26頁以下の第2節）。物権一般の優先的効力は、担保物権において次項で述べる優先弁済的効力として現れる。物権的請求権の内容は、各担保物権の内容によって異なる（抵当権につき100頁以下の2、質権につき230頁の第1項、留置権につき255頁の第3項、先取特権につき272頁の第1項、仮登記担保権につき293頁の第1項の末尾、譲渡担保権につき334頁の(1)、流動財産譲渡担保権につき367頁の1末尾および369頁以下の(1)、留保所有権につき384頁の1）。

第4項　担保物権としての効力

　担保物権はそれぞれに特有の効力を持っているが、その中心的な効力は、次の4つの効力のいくつかを組み合わせたものである（担保物権法全部を一通り学習してから自分で表を作って整理してみることをお勧めする。知識が確認できて理解も深まる）。

　①優先弁済的効力　　これは、対象である権利を公的な競売手続により売却または収益執行により収益を収取し（この機能を換価権という）、その代金（換価金という。競売の場合には売得金ともいう）から、他の債権者に先だって被担保債権の弁済を受けることができる効力である（以下、「優先弁済効」と略す）。優先弁済効は、対象である権利の交換価値を支配できる権利であるという担保物権の性質の表現であり、典型担保のうち、先取特権・質権・抵当権についての中心的で最も重要な効力である。非典型担保は、公的な競売手続によらずに対象となる権利を取得または売却できるが（私的実行と呼ばれる）、典型担保と同様に、その換価金からの優先弁済効が認められる。すなわち、優先弁済効は物的担保に共通する中心的効力である。

　②留置的効力　　これは、対象物を債権者が直接占有し、債務者等にその使用をできなくすることで心理的圧迫を加え、それにより債務の弁済を間接的に促す効力である。留置権は留置的効力だけを持ち、動産質権・不動産質権は優先弁済効と留置的効力を併せ持つ。権利質権が対象である権利の行使を制約することも留置的効力の変形とみることができる。

　③収益的効力　　これは、対象物を積極的に使用・収益して債権を回収す

る効力であり、不動産質権・買戻し・再売買の予約に認められる。歴史的には、権利移転型担保の効力として収益的効力が最も古くからあり、担保物権の発達と共に留置的効力、優先弁済効へと転換し、純化していった（10頁の補足）。2003（平成15）年の改正により、抵当権や不動産の先取特権などにも、担保不動産収益執行（以下、本書では「収益執行」と呼ぶ）が認められるに至った。もっとも、抵当権などの非占有担保権の収益的効力は、被担保債権の債務不履行後の担保権の実行として初めて認められる。これに対して、不動産質権の収益的効力は、設定後直ちに債務不履行がなくても認められる特有の効力である。

　④権利取得的効力　　債務の弁済がない場合に、担保物権の対象である権利を確定的に取得することができる効力である。質権では原則として否定されているが（流質禁止）、抵当権では可能で（流抵当。「ながれていとう」または「りゅうていとう」と読む）、非典型担保では中心的効力である。ただ、非典型担保においても、清算義務が次第に厳格化されたため、権利取得的効力は優先弁済効と接近している。

第2章…抵当権

　本章では抵当権について学ぶ。民法典の順序と異なる順序で取り上げるのは、抵当権が4種の典型担保物権の中で実際に頻繁に使われていて最も重要であり、その規律も詳細で、担保物権の中核となるものだからである。

　本章は、まずは基本となる普通の抵当権（第1節～第9節）について詳しく述べ、次いで、その応用型として共同抵当権（第10節）、根抵当権（第11節）、民法以外が定める特殊な抵当権（第12節）を概説する、という構成を採っている。

　分量の多い普通の抵当権については、意義と機能（第1節）、要件（第2節・第3節）、効力（第4節～第8節）、消滅（第9節）という枠で説明する。この構成は、他の担保物権についても基本的には同じである。ただ、抵当権は、規律が非常に複雑・精緻であるため、要件を、設定（第2節）と対抗要件としての登記（第3節）に分ける。効力については、より複雑で、まずは、抵当権の中心的な効力である優先弁済効（第4節）と優先弁済効を実現する抵当権の実行手続（第5節）を取り上げる。その後、効力に関連する問題として、抵当権の侵害に対する保護（第6節）、抵当権と他の権利との調整（第7節）、抵当権の処分（第8節）を論じる。

第1節　抵当権の意義と機能

本節では、抵当権の意義（第1項）およびその特徴ある機能としての非占有担保性（第2項）と登記による公示（第3項）について説明する。

第1項　抵当権の意義

抵当権は、設定者から占有を移転しないで不動産の所有権、地上権または永小作権を対象とし、債務が履行されない場合に、これらの権利を換価した金銭から、他の債権者に先だって自己の債権の弁済を受ける権利であり（369条）、当事者の約定によって設定される約定担保物権である。すなわち、抵当権は非占有担保であり、抵当権の設定後も、抵当権の設定者（以下、「設定者」と略す）から抵当権者に対して対象の占有は移転されず、抵当不動産所有者（抵当不動産の取得者を設定者に加えた総称としてこの語を使う）は対象の使用・収益を続けることができるのである。

なお、「対象」は、通常、「目的（物）」とか「客体」とも表現されるが、目的の語はやや紛らわしいし、有体物ではなくそれに対する権利（所有権等）が担保物権の対象だと考える本書では、目的「物」という表現を意識的に避けている（『物権法』2頁の補足＊）。

抵当権の中心的な効力は、他の債権者より優先して弁済を受ける権利、すなわち優先弁済権である。優先弁済権のうち弁済受領権は債権の効力であるから、債権者平等の原則を破り他の債権者を押しのけて対象である権利の交換価値を支配する優先弁済効こそ抵当権が物権とされる理由である（高木91頁-92頁。高橋84頁は抵当権プラス被担保債権が優先弁済権を構成すると説明する）。こうした通説的見解に対して、抵当権等の物的担保が担保物権でないとする見解がある（加賀山26頁-36頁）。その当否は物権という概念をどう理解するかという問題として最終章（391頁以下の第1節）で取り上げる。

第2項　非占有担保性

　古い時代の担保は、設定者から債権者に所有権も占有も移転させる買戻しのような権利移転型の担保か、設定者に所有権は残しておくものの占有は債権者に移転させる質権のような占有移転型担保であった。このような担保は、公的な担保権の実行手続としての競売制度が整備されていない時代には、対象物の使用・収益や私的な売却によって債権者の債権回収を容易にする点で一定の合理性があった。

　しかし、不動産の占有を債権者に移転してしまうと、その不動産を設定者の生活や生産に活用することができない。他方、債権者としても不動産の占有に伴う維持・管理は負担となるから、占有取得は必ずしも歓迎されない。とりわけ生産のための信用供与の需要が高まった資本主義経済の下では、担保として提供した後も対象物を設定者の生産活動のために使用・収益できる担保が債権者と設定者の双方から望まれた。こうして非占有担保としての抵当権が担保の王座を占めるに至った。抵当権は、質権から占有移転や留置的効力・収益的効力を取り去って優先弁済権に純化した担保だと表現してもよい。

第3項　登記による公示

　占有を債権者に移さず抵当権の存在が外部からは見えない状態であるにもかかわらず抵当権者に優先弁済権や抵当不動産の取得者（「第三取得者」という）への追及が認められると、そのような抵当権の存在を知らず、十分な責任財産があると考えて後から信用を与えた他の債権者や第三取得者には、不測の損害を与えかねない。そこで抵当権の存在を公示し取引の安全を図る登記制度が考案された。登記による所有権譲渡の公示も抵当権の設定登記が拡大したものである。日本民法が採用したのは、ボアソナードの考案した抵当制度であった。以前のフランス法にあった公示を伴わない法定抵当権や設定者の総責任財産を対象とするローマ法の一般抵当権は日本民法では認められず、その機能の一部が先取特権として再編されている。

民法上、不動産所有権、地上権、永小作権のみが抵当権の対象となるのは、これらだけが登記によって公示されるからである。このことから逆に、登記や登録による公示制度が整備されれば、抵当権の対象を拡張することが可能であり、現に特別法によって船舶・航空機・自動車・建設機械等の大型動産の所有権や財団化した集合的な財産権の上に抵当権が設定できるようになった（209頁の第12節）。

第2節　抵当権の設定

抵当権は、抵当権設定契約（以下、見出し以外では原則として「設定契約」と略する）によって生じる約定担保物権であり 補足 、抵当権を設定する契約が不可欠である。それに加えて、抵当権が有効に設定されるには、対象となる権利を処分する権限が設定者にあることが必要である。以下では、抵当権設定契約（第1項）と設定者の処分権限（第2項）に分けて説明する。

> 補足 **遺言による抵当権設定**
> 　旧民法債権担保編212条は、遺贈による債務や第三者に対する債務を担保する場合に限って、遺言による抵当権の設定を認めていたが、この規律は現行民法には引き継がれなかった。また、遺言による財産処分も遺贈（964条）と一般財団法人の設立（一般法人152条2項）に限定されたため、遺言による抵当権設定を認めない見解が多数と思われる（高木104頁、近江118頁など）。
> 　これに対して、立法趣旨は遺言による抵当権設定を否定していないとして肯定する見解もある（高橋91頁、清水22頁-23頁）。たしかに遺言による抵当権の設定は遺贈に準じる財産処分と解する余地があり、認めても実害はないようではある。ただ、遺言による抵当権設定を含めて統一的に理解しようとすると、抵当権は、約定担保物権とは呼びにくくなる。また、この場合を含めた説明のために、抵当権設定行為を債権契約とは別個の単独行為としての物権行為であるとするのも（清水23頁）、例外をもって原則の理解を難しくする過度の抽象化となるおそれがある。
> 　必要があれば、遺言による処分の個所に特別の規律を設けて、契約によって設定される抵当権に準じて扱うことを明記するべきであろう。

第1項　抵当権設定契約

1　抵当権設定契約の性質

　抵当権設定契約は、書面を要するとする規律が存在しないため、原則どおり諾成不要式の契約である。もっとも、実務では契約書を作成するのが常であり、それが登記申請の際に必要な登記原因証明情報（不登61条）として使われる。

　設定契約を物権契約と理解する学説が現在も多い（安永244頁、高橋93頁など）。しかし、一般に物権行為の独自性を認めないのであれば（『物権法』86頁以下の(c)）、ここでも抵当権の設定を約する債権契約により抵当権が発生すると解すれば足りる（道垣内122頁、石田278頁など）。

　たとえば他人の未登記建物を自己の所有物として抵当権の設定を約した場合、設定者に処分権限が必要であるため（28頁以下の第2項）、設定者がその不動産の所有権を取得するか所有者が追認しないと抵当権の効力は生じない。この点では、債権契約説と物権契約説では違いがない。しかし、物権契約説では設定者に義務づけを行うことが難しい。これに対して、債権契約説によれば、売買契約の場合などとの統一的な理解が可能となる。すなわち、抵当権という物権に基づく登記請求権が発生しなくても、設定契約に基づいて登記請求権が発生すると考えることができる。他人物に抵当権を設定した上記の例で、他人物売主の権利取得義務（560条＝新561条）と同様、設定者が権利を取得するか所有者の追認を得て抵当権の効力を生じさせる義務を負うことも根拠付けやすい。

2　抵当権設定契約の当事者

> Case 2　S社がGから8000万円の融資を受けるに際して、不動産を所有していなかったため、代表取締役BがSの債務につき、時価1億円の自己所有不動産甲に抵当権を設定し、抵当権の設定登記が行われた（簡略化のため利息は考えない）。
> 　Sの業績が悪化してGに返済ができず、甲の時価も5000万円に下が

った。
[1] Gは、Bに8000万円の支払を求められるか。
[2] Gは、抵当権を実行して5000万円を回収した後に、さらにBに対して何らかの主張ができるか。
[3] Gが抵当権を実行する前に、Bは5000万円を提供して抵当権設定登記の抹消を求められるか。

(1) 債権者および債務者または物上保証人

債権を担保する制度であるため、契約当事者の一方は債権者である。もう一方の当事者である設定者は、債務者であっても、それ以外の第三者であってもよい。他人の債務のために抵当権を設定する第三者を物上保証人と呼ぶ。Case 2のBが典型例である（次頁の補足）。

物上保証人は、多くの場合、債務者から委託されて（債務者と同人の委任契約）、債権者との契約で抵当権を設定するが、委託は不可欠ではない。それゆえ、委託を受けていなかったり、委任契約が無効であっても、債権者と物上保証人の間の契約は、それとは別個独立のものであり、有効に成立する。

物上保証人は、一般に、被担保債務の支払義務を負わず、抵当権の対象の交換価値の限度で責任を負うにすぎないと解されている。Case 2の [1] の場合、Gは債務者でないBには支払を求めることができない。[2] の場合でも、Bは甲の価額の限度で責任を負うにすぎず（物的有限責任）、GはBとの関係では抵当権を実行する以上のことはできない。いずれの場合でもBがSの債務を第三者として弁済することはできる（474条1項）。

一方、[3] の場合、Gは、抵当権の不可分性（372条で準用される296条）を理由に、被担保債権の全額の弁済を受けるまでは、抵当権設定登記の抹消請求に応じる必要はない。Bは甲の価額の限度での債務を負うとして、Bの抹消登記請求を肯定する見解があるが（鈴木226頁・233頁-234頁の物上債務説）、不可分性とは整合せず、抵当権設定時の甲の価額を正確に評価することは困難であり、また、設定後の価額の変動を債務額に反映しないのは適切でない。

(2) 物上保証人の求償権

物上保証人が債務者の債務を弁済したり、抵当権が実行されて所有権等を失ったときは、保証に関する規定に従って、債務者に対する求償権を取得する（372条が準用する351条）。これに対して、委託を受けた物上保証人に事前求償権（460条）が認められるかには議論がある。弁済や抵当権の実行前に求償するというのは奇妙に思われるかもしれないが、債務者が破産しても債権者が抵当権による債権回収を期待して破産手続上の権利行使をしない場合があり、抵当権が実行された後で物上保証人が債務者に求償しても、もはや破産手続には間に合わないことが多い。そのため、求償権を確保させるために事前求償権が必要になるのである。

これに対して、判例（最判平2・12・18民集44巻9号1686頁）・多数説は、①351条の文言が弁済や担保権実行後の求償のみを示し、事前求償権を根拠づける規定がないこと、②物上保証人の事務処理は担保権を設定するところで終了しており担保権が実行されることは委任事務処理の内容ではないので受任者の費用前払請求権も成り立たないこと、③物上保証人の求償権は担保権実行時の売却価額によるので求償権の存否や範囲が予め確定できないことを理由に、否定説を採る。

しかし、いずれの論拠も決定的ではない。すなわち、①事前求償権を否定する規定もなく保証の規定は性質の許す限り物上保証にも類推適用しうる。②保証債務も物上保証人の責任も継続的に担保された状態を続けることを委託内容としており、費用前払請求権を等しく観念できる。③概算による請求を認めて事後に精算することで調整も可能であり、また、担保提供や物上保証人の免責という債務者の行動（461条2項）を導くためには必ずしも額が確定している必要はない。さらに、破産法104条5項は事前求償権を認めているとも読め（伊藤290頁。ただし、事後求償権の現在化とする理解が多数のようである）、物上保証人は保証人と同程度に保護が必要である。本書は肯定説（高橋92頁-93頁。平野31頁も免責請求の限りで肯定）を支持する。

> 補足 物上保証と保証の併用
> 物上保証人にさらに保証債務を負わせるという両者の併用もみられる。被担保債権全額について責任を負わせることが主眼である。それによって、債権者は保証債務の

支払請求ができ、任意売却に対する協力も取り付けやすくなる。任意売却とは、公的な競売によらず、関係者全員の同意により対象不動産上の抵当権等の負担を消滅させて売却し、代価で被担保債権を弁済するものである（田井ほか269頁［磯野英徳］）。

　経営者の保証や物上保証は、会社の信用力の補完という本来の機能のほか、有限責任である会社について経営責任を自覚させる効用もある。その反面、会社が倒産した場合には経営者も再起不能となりがちだし、経営状態の悪化にもかかわらず責任を顕在化させないように経営者が倒産手続の適用申請を回避し、結果的に倒産手続の開始が遅れて企業再生が困難になるとの弊害もある。

3　被担保債権

(1) 被担保債権にできるもの

　被担保債権になるのは、通常、貸付金返還債権（貸金債権と略される）や売掛代金債権などの金銭債権である。しかし、金銭債権以外の債権も、最終的には不履行を理由とする損害賠償債権という金銭債権に変わるので、被担保債権とすることができる。この場合、債権の金額に代えてその債権の価額を登記しなければならない（不登83条1項1号括弧書き）。

　現在の債権のみならず、条件付であったり将来発生する可能性のある債権も、現在の時点で被担保債権として抵当権を設定し登記をすることができる（不登88条1項3号は条件付債権を被担保債権とすることを認めている。また、最判昭33・5・9民集12巻7号989頁は、現在債権と将来債権をまとめて担保することも可能とする）。被担保債権が発生して債務不履行となるまでは抵当権は実行できないが、設定契約の時点で登記をして順位を確保できる点に意味がある。

　将来債権についての抵当権の設定で現在よく用いられる例は、求償債権の物上保証である。すなわち、中小企業Sの金融機関Gに対する借入金債務を保証機関Bが保証する。Sが被担保債権を弁済すればBの求償権は発生しないが、Bは、この保証債務を履行させられればSに対して求償権を取得する。発生するかどうか不確実なこの求償権を担保するため、Sの経営者Cに抵当権を設定させるのである（次頁の**図表3**）。Sが債務不履行になった場合、GはBから容易に貸金債権を回収できるので安心して貸付けができる。SやCはBが保証人となってくれることで融資を受けやすくなるものの、Bに対する保証委託料を払う分の負担は重くなる。

図表3　将来の求償権の物上保証

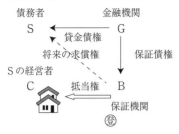

　同一の債務者に対する複数の債権を1つの抵当権で担保することも（前頁の最判昭33・5・9）、1つの債権の一部額について抵当権を設定することもできる（一部抵当。たとえば「×年×月×日金銭消費貸借による債権額1000万円のうち700万円について同日抵当権設定」という登記原因で登記する。昭30・4・8民事甲683号民事局長通達・先例追Ⅰ327頁）。

(2) 付従性

　抵当権は被担保債権の回収を確実にするための手段であるから、被担保債権が有効に発生しなければ抵当権も成立しない（成立における付従性）。以下ではこれが問題になった例を検討する。

Case 3　AはYから借り入れをする前にYのために抵当権を設定し抵当権設定登記をしたが、実際に貸付金がYからAに交付されたのは3か月後だった。Yに続いてAに融資し第2順位の抵当権の設定を受け登記を備えたXは、Yの第1順位の抵当権の無効を主張できるか。

Case 4　Y組合はXに500万円を貸し付け、この貸金債権を担保するため、X所有の不動産甲に抵当権を設定する旨の合意をしたが、この融資は、組合員以外への貸付け（員外貸付け）を禁じる法規に反していた。
　［1］YはXに甲についての抵当権設定登記を請求することができるか。

[2] すでに抵当権設定登記がされている場合、XはYにその抹消を請求できるか。
 [3] Yが抵当権を実行して、Zが買い受けて引渡しも所有権移転登記も備えた場合、XはZに甲の明渡しと移転登記の抹消（またはそれに代わる移転登記）を求めることができるか。

(a) 消費貸借元本交付前の抵当権設定登記

Case 3の場合、消費貸借契約は貸付金が交付されて初めて契約が成立し、貸金債権が発生するので（587条。消費貸借契約の要物性）、この要物性を厳密に考えると、債権発生前のYの登記は無効ではないかと疑われる。しかし、判例は古くから要物性を緩和して、最終的に貸付金が交付されている限り、抵当権は無効ではないとしている（大判明38・12・6民録11輯1653頁）。

学説も、要物性は沿革が理由となっているにすぎず、貸付金交付前に貸付義務と貸金債権を発生させる諾成的消費貸借契約も当事者の意思によって可能であるし、被担保債権は貸付金交付を条件とする債権と考えることもできるなどの理由で、貸付金交付前の抵当権設定登記も有効としている（もっとも、清水17頁は、貸付実行と抵当権設定は同時にすればよく（533条）、抵当権設定を先行させる取引慣行は、貸主に一方的に有利で、有効性に疑問の余地がないわけではないとする）。

民法改正案では、書面による場合には要物性を緩和する提案がされている（新587条の2）。

(b) 被担保債権の不存在

利息制限法に反する高利の契約では、制限を超過する利息債権を被担保債権とする抵当権設定登記の請求は認められない（最判昭30・7・15民集9巻9号1058頁）。同様に、Case 4の消費貸借契約は無効であり、[1]の場合のYは抵当権設定登記を請求できない（最判昭41・4・26民集20巻4号849頁）。

一方、[3]に類する事例において、最高裁は、Xが抵当権の無効を主張することは信義則に反して認められないとした（最判昭44・7・4民集23巻8号1347頁）。これに対して、相当多くの学説が異なる見解を採る。すなわち、消費貸借が無効でも交付した貸付金相当額の不当利得返還債権が生じる。こ

の債権は有効な消費貸借契約に基づく貸金債権と経済的には等価値で両者には社会関係としての連続性があり、有効な抵当権の成立を認めることが抵当権者の利益に適う。また、それを認めても他の関係者には不利益がない。それゆえ抵当権は有効であるとする（高橋98頁が詳しい。山野目286頁は付従性の緩和という理由で十分だとする）。

たしかに、この事例では事情を知らなかった買受人Zは、抵当権の無効主張を封じないと保護されない。しかし、たとえばY自身が買受人となった場合には、第三者の保護を考慮する必要がないから、抵当権の無効を認めてもよい。また、第三者が登場しない［2］の場合にも、有効説ではXの抵当権設定登記の抹消請求や抵当権実行に対する異議を一律に否定する結論になって硬直的である。むしろ、債権者の要保護性、設定者の予測、第三者の有無や要保護性等を考慮して、場合によっては抵当権の無効を主張することが信義則に反する、という枠組が妥当であろう。こういう考慮から判例に賛成する学説も同数近くあり（道垣内126頁、平野36頁など）、本書もこれを支持する。

(c) 1つの抵当権による複数債権者の債権の担保

複数の金融機関が協調してプロジェクト遂行資金を貸し付ける場合に、登記実務は、債権者が異なる複数の貸金債権を1つの抵当権によって担保することはできないとしている（昭35・12・2民事甲3280号民事局長通達・先例集追Ⅲ419頁）。各債権者が他の債権者の被担保債権について抵当権を持つことになって付従性に反するという理由である（これに対して、複数の債務者に対する複数の債権を1つの抵当権で担保することは付従性の問題を生じないので可能とされている。昭37・7・6民事三発646号民事第三課長回答・先例追Ⅲ914頁）。

しかし、通説は、この場合の抵当権は複数の債権者に準共有されている1つの債権を担保していると解すれば、各債権者は自らの出資額の割合で債権と抵当権上の持分権を有するだけなので付従性には反せず、登記を認めてもよいとする。

なお、各抵当権者について同順位の複数の抵当権を設定すれば、1つの抵当権を準共有とするのと同じ機能を果たすことができる。また、非常に多数の債権者がいる場合や債権を小口に分割して流通させたい場合を念頭に置い

て、信託を用いる手法がある。これによれば、設定者＝委託者は、多数の債権者を受益者とし、受託者を抵当権者とする1つの抵当権を自己の財産上に信託的に設定し、抵当権の保有・管理・実行を受託者に委ねる（信託3条1号・2号。山田誠一「セキュリティ・トラスト」金法1811号16頁以下）。セキュリティ・トラストは、債権者と抵当権者を分離する点で、付従性原則の例外でもある。

4 抵当権の対象

(1) 対象となる権利

抵当権の設定が可能であるのは、民法上は、不動産所有権と地上権と永小作権に限られる（369条。もっとも、376条1項の転抵当権の理解次第で、抵当権も抵当権の対象と考えてよい。不動産質権も理論的には抵当権の対象と考えられるが根拠規定がない）。369条に限らず民法は不動産とその所有権を区別していないが、対象となる権利の有する交換価値を支配し、その権利の負担となる制限物権が担保物権だと考えれば、対象は不動産という物自体ではなく不動産所有権・地上権・永小作権と考える方が正確である（道垣内120頁・122頁の表記も同趣旨か）。不動産上の物権のうち、事実的な支配状態を内容とし登記によって公示されない占有や留置権、および内容が慣習により多様で登記できない入会権は、抵当権の対象とならない。地役権は支配権であり登記可能であるが、要役地の所有権に付従するため（281条）、その上に独立して抵当権を設定することはできない（道垣内118頁）。ただ、要役地所有権に抵当権を設定すれば、地役権にもその抵当権の効力が及び、その限りで地役権も抵当権の対象となっている。

地上権と永小作権には質権の設定も可能であるが、地上権者や永小作権者から土地の使用・収益を奪わない非占有担保権として抵当権の設定が認められている（加賀山282頁-285頁・314頁-315頁・331頁-332頁）。もっとも、地上権や永小作権の設定自体が稀なので、その上の抵当権はほとんどみられない。

地上権と一括して借地権と表現される建物所有目的の土地賃借権は、地上権に代わって多用され、借地借家法によりその保護が強化されている。しかし、賃借権に単独で抵当権を設定することは認められていない。借地借家法

の目的は、建物のための敷地利用権を安定的に確保することにあり、建物所有を離れて土地賃借権を独立の物権的支配権とするものではないからである。もっとも、建物所有権に設定された抵当権の効力は、所有権に従たる権利である賃借権にも及び（最判昭 40・5・4 民集 19 巻 4 号 811 頁、最判昭 52・3・11 民集 31 巻 2 号 171 頁）、その限りで賃借権も抵当権の対象となる。

(2) 不動産所有権を対象とする場合の諸問題
(a) 複数の不動産
　土地と建物は独立別個の不動産であるから、建物とその敷地が同一所有者に属する場合でも、どちらか一方だけに抵当権を設定することが可能である。しかし、どちらか一方のみでは競売しても売れにくいので、多くの場合には両方に抵当権を設定する。この場合に限らず、1 つの債権について複数の不動産所有権に共同抵当権を設定することが可能である（180 頁以下の第 10 節）。
(b) 不動産の一部
　土地の一部にも抵当権は設定可能であるが、抵当権の登記をする前提として分筆登記をする必要がある。建物の一部についても、それに独立性があれば抵当権の設定が可能であるが、付属建物では主たる建物からの分割の登記（不登 54 条 1 項 1 号）、区分所有にできる建物の場合は区分の登記（同項 2 号）が必要である。
(c) 共有持分権
　共有持分権は所有権の一種と考えられ、持分権にも抵当権の設定は可能である（組合財産持分は、そもそも処分できないので（676 条 1 項）、抵当権も設定できない。共同鉱業権の例だが最判昭 37・6・22 民集 16 巻 7 号 1389 頁）。もっとも共有持分のみでは競売しても買受人が現れることが期待しにくいので、共有持分権への抵当権設定は、実際には、ほぼ区分所有建物の場合に限られる（しかも、敷地利用権の持分権には、建物の専有部分と一体として抵当権を設定する必要がある。区分所有 15 条・22 条 1 項本文）。他の共有者の同意を得ずに共有不動産全体に抵当権を設定し追認を得られなければ、結果的に設定者の持分権にのみ抵当権が成立する（最判昭 42・2・23 金法 472 号 35 頁）。

(d) 所有権や共有持分権の一部

所有権や共有持分権の割合的な一部に抵当権を設定すること（たとえば所有権の1/3や共有持分権の1/3を対象とした抵当権の設定）は、認められない（昭35・6・1民事甲1340号民事局長通達・先例追Ⅲ187頁、道垣内123頁。高木109頁は登記技術が開発されれば可能とする）。

(e) 未完成の建物

未完成の建物は独立の不動産ではないので、抵当権は設定できないとされ、登記実務は建物完成後にあらためて設定契約をすることを要するとしている（昭37・12・28民事甲3727号民事局長回答・先例追Ⅲ1128頁。その合意を示すものを登記原因証明情報とすることになる）。しかし、当初の契約により建物完成を条件として抵当権が設定されたと解してよいだろう（債権契約説では当然可能であるが、道垣内123頁の理解とは異なり、物権契約説でも条件を付けるのは可能であろう）。

第2項　設定者の処分権限

設定契約が効力を生じるためには、抵当権の対象となる権利について設定者が処分権限を有していなければならない。この要件に関連して、この権利と処分権限の関係、処分権限の欠如と設定契約の効力、抵当権の多重設定と処分権限などが問題となる。

1　所有権等の権利と処分権限の関係

通常は、不動産所有権に抵当権が設定されるため、設定者が対象不動産の所有者（共有者である場合を含む。前頁の(c)）であることが必要である。もっとも、地上権または永小作権に抵当権を設定する場合には、設定者がそのような権利を有していればよく、所有者の同意や承諾は要しない。

権利者であっても、その処分が制限されている場合には抵当権は無効である。たとえば、倒産手続の場合（破産47条1項、会更54条1項、民再79条1項・81条1項）や差押えや仮差押えがされた場合（差押えの処分禁止効（民執45条・46条の解釈）、民保47条）、永小作権につき処分制限の合意と登記があ

る場合（272条ただし書、不登79条3号）などである。

2 処分権限の欠如と抵当権設定契約の効力

　上述のように抵当権の対象となる権利を有しない者や権利を有していても処分権限のない者が結んだ設定契約によっては、抵当権は生じない（大判明32・11・13民録5巻10輯40頁ほか多数）。無権代理行為や登記名義の冒用などによって自己の権利に無断で設定契約をされた第三者は物上保証人とはならず、抵当権設定登記の無効を主張できる。

　ただし、94条2項が類推適用される場合、設定者が後に所有権を取得した場合（大決大4・10・23民録21輯1755頁）または無権限行為をされた第三者が設定を追認（最判昭37・8・10民集16巻8号1700頁）もしくは追完した場合には、抵当権は有効に成立する。こうした扱いは、他人物売買や無権代理による売買の場合と同様である。

3 抵当権の多重設定と処分権限

　所有者が抵当権を設定し、設定登記がされても対象不動産の処分権は失われない。所有者は、対象となる権利の担保価値を十分に活用し、さらに後順位の抵当権を設定して融資を得ることができる。このように非占有担保である抵当権の場合には多重設定が容易である。

第3節　対抗要件としての登記

　この節では、抵当権設定登記の効力（第1項）、登記の手続（第2項）、特別な問題としての無効登記の流用（第3項）を扱う。

Case 5　Aは建物甲（時価2500万円）に抵当権を設定してXから1600万円を借りたが、Xが抵当権の設定登記を備える前に、Yが先に被担保債権額800万円の抵当権設定登記を備えた。その後、抵当権が実行された時には、甲にAからの賃借人Zが居住していた。X・Y・Zの関係

はどうなるか（簡略化のため利息や費用は考えないものとする）。

第1項　抵当権設定登記

1　登記のない抵当権の効力

　意思主義（176条）の原則どおり、抵当権は設定契約だけで成立するが、抵当権の設定を「第三者」に主張するためには登記を要する（177条・373条、不登4条1項）。これに対して、抵当権の侵害者のような「第三者」に当たらない者に対しては登記がなくても妨害排除や損害賠償の主張ができる（92頁以下の第6節。所有権を範型とする物権変動一般については『物権法』127頁以下の2、とくに130頁以下の(2)）。

　抵当権を実行するには原則として登記事項証明書の提出を要し、登記がなくても実行できるのは確定判決や公正証書があるごく限られた場合のみである（民執181条1項1号-3号。石田280頁は登記を効力要件と主張し、1号・2号も登記がある場合と解釈するがいかにも不自然である）。未登記の抵当権につき、実行を申し立てることができても、他の債権者が配当要求をすると優先弁済効が主張できないため、対抗力のない未登記の抵当権には法的な意義が乏しい。

2　登記による優先順位の決定

　抵当権相互の優劣や抵当権とその他の権利との優劣は、原則として対抗要件の先後で決まる（177条・373条）。前頁のCase 5を用いて説明する。XとYは設定契約の先後ではなく登記の先後で順位が決まり、この例ではXは2番抵当権者で、1番抵当権者はYである。競売の売得金が時価の80％の2000万円だと仮定すると、Yがまず800万円の配当を受け、Xは1200万円を回収できるだけであり、400万円は無担保債権として残る。

　X・YとZとの関係は、広義の対抗問題として扱われ、第1順位であるYの抵当権の設定登記とZへの引渡し（借借31条）の先後で異なる。第2順位のXの抵当権設定登記は、第1順位のYの抵当権が被担保債権の弁済等によって消滅しない限り独自の基準とはならない。

Yの登記がZへの引渡しより先だと、競売によって賃借権は消滅し、買受人は賃借権の負担のない甲の所有権を取得する（加賀山325頁は、抵当権相互の順位のみが373条によって決まり、競売によっても賃借権は消滅しないとするが、395条や民執59条と整合せず、解釈論の限界を超えている）。Zは明渡猶予期間の限度で占有を継続できるにすぎない（395条。127頁以下の(b)）。逆に、Zへの引渡しがYの登記より先だと、競売によっても賃借権は消滅せず、買受人が賃貸人の地位を引き継ぐ（いずれの場合も民執59条2項）。

第2項　登記の手続

　登記手続は所有権移転登記とおおむね同様である（『物権法』103頁以下の**4**。抵当権の登記事項証明書の例は35頁の**図表4**）。
　記録される登記事項のうち、不動産所有権を対象とする普通の抵当権に典型的なものは次のとおりであり（権利の登記一般の不登59条・83条1項・88条1項）、抵当権は乙区に記録される（不登規4条4項）。
　①申請の受付の年月日および受付番号
　②登記原因（通常は設定契約）とその日付
　③債権者（＝抵当権者）の氏名（自然人の場合）または名称（法人等の場合）
　　および住所
　④債権額（担保される元本債権の額）
　⑤債務者の氏名または名称および住所
　⑥利息に関する特約
　⑦損害賠償額に関する特約（遅延損害金の利率など）
　⑧債権に条件が付されている場合にはその条件
　⑨付加一体物に関する特約
　弁済期は期限の利益喪失特約などにより繰り上げられたり、合意により延期されたりするので公示してもあまり意味がなく、1964（昭和39）年の改正で登記事項でなくなった。
　登記申請時までに一部の弁済がされていても、被担保債権を特定する意味で、債権者はその債権全額および利息金について抵当権設定登記手続を請求

しうる（最判昭 39・12・25 民集 18 巻 10 号 2260 頁）。もっとも、この場合、抵当権の担保の範囲は、付従性によって、残存する被担保債権額に限られる（大判大 9・1・29 民録 26 輯 89 頁）。

第 3 項　無効登記の流用

1　前提となる問題状況

　債権者＝抵当権者と債務者の間に継続的な取引関係があり、多数の債権が発生・消滅を繰り返す場合には、通常の抵当権では不便である。被担保債権が弁済等によって消滅すれば抵当権も付従性によって消滅し、その登記は無効となり、抵当不動産所有者は抹消請求ができる。抵当権を設定した被担保債権がまだ弁済されていない場合であっても、新しい貸付けによる債権については、従前の被担保債権を増額変更する登記ではなく、新しく抵当権の設定登記をしなければならず（明 32・11・1 民刑 1904 号民刑局長回答・登記先例上 116 頁）、従前の抵当権の順位を維持することはできない。取引の展開に対応して債権の発生・消滅の度に被担保債権の変更の登記をすることは、手間と費用（登録免許税や司法書士の報酬）がかかる。

　そのため、一定の範囲に属する不特定の債権を極度額という一定の限度額までまとめて担保する根抵当権（195 頁以下の第 11 節）が早くから慣習的に使われ、判例・学説によってその効力が承認されてきた。しかし、細部には議論があって不明確であったため、普通の抵当権を根抵当権のように使うことも行われてきた。すなわち、いったん弁済により消滅し無効となったはずの登記を流用して、登記された被担保債権額と同額の貸付けが行われていた。民法の一部改正（昭 46 年法 99 号）により根抵当権の制度が定められた後は、無効登記の流用という議論は基本的には役割を終えた（清水 19 頁。平野 29 頁もこの登記流用は現在の実務では行われていないとして、詳細を登記の流用一般の問題に譲っている）。本書でも次の設例を使用した概要説明にとどめる。

> **Case 6**　A は B 所有の不動産甲に抵当権の設定登記を得て 500 万円を B に貸し付けた。B がこの債務を弁済した後、A は再び同様の条件で B

に500万円を貸し付け、残っている抵当権設定登記をそのまま用いた。この2番目の貸付けにおいてBが債務を弁済しなかったので、Aは抵当権の実行を申し立てた。

[1] 他に利害関係人がいない場合、Bは抵当権の実行を阻止できるか。
[2] 流用前にすでに甲に後順位抵当権者Cや甲の第三取得者Dがいた場合は、AとCやDの関係はどうなるか。
[3] 上記［2］の場合とは逆に、流用後に甲に後順位抵当権者Eや第三取得者Fが登場した場合はどうか。

2 判例・学説の概要

判例・学説は、おおむね、第三者の利益を害さない限り有効という制限的有効説を採っていると解されている。

すなわち、他の利害関係者が登場していないCase 6の［1］の場合には、流用の当事者であるBは抵当権の無効を主張できないため（最判昭37・3・15集民59号243頁）、結果的に登記は有効なものとして扱われる。また、［3］の場合のように、登記の流用された抵当権が有効に存在することを前提に利害関係に入ったEやFも、Aの登記の無効を主張する正当な利益を欠く（大判昭11・1・14民集15巻89頁、仮登記担保の登記の流用の例であるが最判昭49・12・24民集28巻10号2117頁）。

これに対して、［2］の場合のDには、Aの抵当権の消滅によって所有権取得を確実にできる利益がある。Cも第1順位のAの抵当権が消滅することで自らの抵当権の順位が第1番に上昇し、抵当権の実行により受けられる配当額が増大するという順位上昇の利益を有する。そのためCやDは、Aの抵当権の登記の無効を主張することができる（大判昭8・11・7民集12巻2691頁）。

以上の判例は、流用登記を一定の場合に積極的に有効と認めているのではなく、むしろ流用登記は無効であるが、設定当事者や無効を主張する正当な利益を欠く第三者は信義則上、無効を主張できない、とするものと理解する方が正確であろう（道垣内134頁、高橋102頁。清水18頁もこの理解に近い）。

> **近代的抵当権論**
>
> 　ドイツ法やスイス法は、フランス法や日本法の抵当権に相当する保全抵当のほかに、付従性がなく被担保債権とは独立した流通抵当・所有者抵当・土地債務など多様な制度を設けている。付従性が否定されると、第1順位の抵当権は被担保債権が弁済されても消滅せず、第2順位以下の抵当権の順位は繰り上がらず（順位確定の原則）、所有者自らが抵当権者となる。所有者は優先順位の高い第1順位の抵当権を譲渡する形で価値支配権の枠を再利用し、低金利の融資を得ることができる。また、被担保債権と切り離した抵当証券が発行され、登記には公信力が認められ、投資対象として抵当権の流通を確保する仕組みも整えられた。
>
> 　昭和初期の大恐慌の頃、このドイツのモデルを理想としてわが国の抵当制度の不備を指摘し、制度の改正を目指す近代的抵当権論が唱えられた。抵当権を純粋に価値権だと捉える理解も学説に広がった（ 文献 の石田文次郎や我妻）。しかし、その後の研究で（ 文献 の松井）、ドイツの抵当制度は、遅れて資本主義化したため農業金融を基礎として信用拡大を目指す必要があったドイツの歴史的な特殊性を反映しており、理想として一面的に普遍視するべきではないとの理解が広がっている。
>
> 　投資対象としての流通についても、抵当権を被担保債権から切り離さず、抵当権付債権を小口の証券にして分売する手法によって実現することができる。このような方法が、近年企業の資金調達方法として重要性を高めている（道垣内120頁）。

 文献

　抵当権を中核とする担保制度の発達の概略や機能については近江71頁-85頁が有益である。フランス・ドイツ・スイスの制度については石田256頁-264頁が簡潔に紹介している。近代的抵当権論については、石田文次郎『投資抵当権の研究』（有斐閣、1932年）、我妻栄『近代法における債権の優越的地位』（有斐閣、1953年、我妻214頁以下はその概要）がある。これへの批判として、松井宏興『抵当制度の基礎理論』（法律文化社、1997年）。ボワソナード草案については、藤原明久『ボワソナード抵当法の研究』（有斐閣、1995年）が詳しい。

第4節　抵当権の効力

　この節では、抵当権の中心的な効力である優先弁済効を論じる。まず、前提知識として、抵当権者が優先弁済権を実現する方法を概観する（第1項。詳細は77頁以下の第5節で扱う）。これをふまえて、抵当権の優先弁済効が被担保債権のうちのどの額まで主張できるかという問題を扱う（第2項）。さら

第4節　抵当権の効力　35

図表4　抵当権の設定された建物の登記事項証明書

表　題　部	（主である建物の表示）	調製	余　白	不動産番号	6000123456789

所在地番号	余　白
所　在	千代田区三崎町八丁目　24番地2
家屋番号	24番2

① 種類	② 構造	③ 床面積　㎡		原因及びその日付（登記の日付）
居宅	木造かわらぶき2階建	1階 2階	115:70 99:17	平成10年7月16日新築 （平成10年8月3日）
		1階 2階	135:00 108:17	③平成28年1月25日増築 （平成28年2月3日）

→ 元の建物が増改築されていることがわかる。

表　題　部	（附属建物の表示）			
符合	①種類	② 構造	③ 床面積　㎡	原因及びその日付（登記の日付）
1	車庫	木造亜鉛メッキ鋼板ぶき平家建	13:22	（平成10年8月3日）
2	物置	木造かわらぶき平家建	12:00	平成28年5月10日新築 （平成28年6月3日）

→ 書庫と物置は付属建物として登記されているので、主物である建物に設定された抵当権は、従物であるこれらの附属建物にも及ぶ。

所有者	千代田区三崎町八丁目12番3号　甲　野　二　郎

→ 所有権保存登記がされているので表題部の所有者の表示は抹消されている。

権　利　部　（　甲　区　）　（所有権に関する事項）			
順位番号	登記の目的	受付年月日・受付番号	権利者その他の事項
1	所有権保存	平成10年9月7日 第1123号	所有者　千代田区三崎町八丁目12番3号 　　　　甲　野　二　郎
付記1号	1番登記名義人住所変更	平成28年6月10日 第523号	原因　平成28年6月1日住所移転 住所　新宿区南新宿二丁目3番4号

→ 住所変更の付記登記により元の住所の記録が抹消されている。

権　利　部　（　乙　区　）　（所有権以外の権利に関する事項）			
順位番号	登記の目的	受付年月日・受付番号	権利者その他の事項
1	抵当権設定	平成10年9月7日 第1124号	原因　平成10年8月31日金銭消費貸借同日設定 債権額　金8,000万円 利息　年2・60％（年365日日割計算） 損害金　年14・5％（年365日日割計算） 債務者　千代田区三崎町八丁目12番3号 　　　　甲　野　二　郎 抵当権者　中央区日本橋八丁目1番1号 　　　　株式会社かきく銀行 　　　　（取扱店　南都支店） 共同担保　目録（あ）第782号

→ 抵当権はこのように乙区に登記される。この事例では、建物の所有者甲野二郎さんが、自らの借入金債務の担保のために普通抵当権を設定していることがわかる。被担保債務の弁済期は登記されない。

→ 共同抵当権が設定されていることがこれでわかる。
　具体的な内容は、下記の共同担保目録に記載される。この例では、土地とその上の建物に共同抵当権が設定されていることがわかる。

共　同　担　保　目　録			
記号及び番号	（あ）第782号	調製	平成10年9月7日
番　号	担保の目的である権利の表示	順位番号	予　備
1	千代田区三崎町八丁目　24番2の土地	1	余　白
2	千代田区三崎町八丁目　24番地2　家屋番号24番2の建物	1	余　白

これは登記記録に記録されている事項の全部を証明した書面である。

　　　平成28年7月1日
　　　東京法務局　　　　　　　　　　登記官　　　　法　務　八　郎　　職印

※　下線のあるものは抹消事項であることを示す。　　　整理番号　D33887　　（1/1）　　1/1

デイリー六法平成29年版1848頁の模式図を株式会社三省堂の許諾を得て使用し、欄外の説明コメントを付加した。

に、抵当権が対象不動産の所有権以外にどこまで及ぶか、言い換えると抵当権の価値支配の対象の範囲、という問題を扱う（第3項）。ここには、その不動産所有権の価値が変形した債権にも抵当権の効力が及ぶという物上代位の問題（第4項）も含まれる。

第1項　競売・収益執行による優先弁済効の実現

1　優先弁済効を実現する手続

抵当権の中心的な効力である優先弁済効を実現する民事執行法上の方法には次の3種のものがあり、抵当権者はいずれを選択することもできる。

①抵当権の対象である不動産を競売した代金から回収する方法（担保不動産競売。多くの場合、簡略に「競売」と呼ぶ）

②賃料など不動産から生じる収益金から回収する方法（収益執行。①②とも民執180条）

③抵当不動産所有権の価値が変形した債権から回収する物上代位（民執193条1項後段）の方法

ただ、選択できるとは言っても、競売して抵当権が消滅すれば重ねて収益執行や物上代位はできない（最決平26・11・26金判1476号15頁は一部を請求債権として競売代金から配当を受けた抵当権者は所有者の剰余金交付請求権に物上代位することはできないとする）。

また、収益執行や賃料債権に対する物上代位によっては、被担保債権全部を回収できないことも少なくない。それゆえ、収益執行や賃料債権に対する物上代位は、不動産の競売が容易でない状況において、被担保債権のうちの利息分程度を回収するために、競売までの「つなぎ」として行われることが多い。競売による換価が優先弁済効を発揮する中心的な手続である。

2　担保権の優先順位に沿った配当

Case 7　債務者Sが甲不動産と乙不動産を所有していて、甲に被担保債権5000万円の1番抵当権者G_1、同じく2000万円の2番抵当権者G_2が

いるほか、4000万円の無担保債権者 G_3 がいる。次の場合、G らへの配当はどうなるか（簡略化のため、競売費用と利息・損害金は考えないことにする）。

　［1］ G_2 が甲の競売を申し立て、甲が6000万円で売れた。
　［2］ G_2 と G_3 が相次いで乙を差し押さえ、乙が3000万円で売れた。

　競売によってその不動産所有権を対象とする担保権は原則として消滅する（民執59条1項）。その競売で配当を受ける資格のある債権者（民執87条）の被担保債権と費用のすべてを売却代金によって弁済することができる場合には、すべての債権者が各自の債権の満足を得ることができる（民執84条2項）。しかし、売却代金が全債権を弁済するに足りない場合には、担保権を有する債権者が無担保債権者に優先し、担保権を持つ債権者の間では優先順位が上位の者から順に配当を受ける（民執85条2項）。登記が対抗要件である抵当権者と質権者の優劣は設定登記の先後による（177条・373条・361条。留置権や租税債権の優先権を含む先取特権と抵当権との優先順位については登記が基準とは限らない。それぞれの個所で説明する）。Case 7の［1］の場合には、G_1 が5000万円の配当を受け、G_2 は1000万円の満足を受けるにとどまる。G_3 は甲の競売に配当加入しても、配当を受けることができない。

3　抵当不動産以外からの債権回収

　Case 7の［2］の G_2 のように、抵当権者は、債権者の資格で債務名義を得て抵当不動産以外の債務者の財産に強制執行を行う方法で債権を回収することも可能である。ただ、この場合は抵当権の実行ではないので、担保権を持つ債権者には劣後し、他の無担保債権者との間では、平等に債権額で按分した額の配当を受けられるにすぎない。

　もっとも、このような抵当不動産以外への強制執行を無制限に認めると、他の無担保債権者を害する。設例で説明しよう。Case 7の［1］の競売が先に実施されて G_2 が G_1 の4000万円の配当に続いて1000万円の配当を受けると、G_2 の債権は1000万円となる。次に［2］の競売がされると、G_2 は無担

保債権者として G_3 と平等な立場に立つので、乙の競売代金3000万円は、G_2 と G_3 の債権額に応じて1：4で配当され、G_2 が600万円、G_3 が2400万円の配当を受ける。これに対して、乙が先に競売された場合に G_2 が2000万円の債権額で権利主張ができるとすれば、配当額は G_2 と G_3 の債権額に応じて2：4で配当され、G_2 が1000万円、G_3 が2000万円の配当を受ける。後の甲の競売に無担保債権者 G_3 が参加しても、5000万円は G_1 と G_2 に配当されるだけなので、執行順によって G_3 は400万円の損失を被ってしまう。

　そのため、抵当権者には、抵当不動産から弁済を受けない債権の部分についてのみ他の財産から弁済を受けることができるとの制約が課される（394条1項。破産108条も同趣旨）。さらに、乙の競売が先に行われる場合にも G_2 は債権全額につき配当要求ができるが、甲から「弁済を受けない部分」がこの時点では明らかではないので、G_3 は、G_2 への配当額1000万円を供託するよう請求できる（同条2項）。後に甲が競売されて「弁済を受けない部分」が明らかになれば（設例では1000万円）、G_2 は、供託金1000万円から600万円（G_2 の残債権額1000万円を G_3 の債権額4000万円と按分した3000万円の乙の売得金の1/5）の配当のみを受け、供託金の残余の400万円は G_3 に追加で配当される。これによって甲の代価が先に配当される場合と同じ結果がもたらされる。

　以上の規律は、他の債権者を保護するための制約なので、他に債権者が登場しない場合、債務者は抵当権者の強制執行に対して異議を主張できない（大判大15・10・26民集5巻741頁）。物上保証人も同様に異議を主張できないと解される。

第2項　優先弁済効を主張できる被担保債権の範囲

　この項で取り上げるのは、抵当権が設定された被担保債権の利息や遅延損害金につき、どの範囲まで抵当権者が優先弁済を主張できるかという問題である。すなわち、これは抵当権の及ぶ範囲という効力の問題である。この問題と抵当権が設定できる被担保債権はどういうものかという要件の問題（22頁以下の3）とを混乱しないようにしていただきたい。

第4節　抵当権の効力　39

> **Case 8**　G_1 は、Sに対し、期限1年、利息年利8％、遅延損害金年利16％の約定で1000万円を貸し付け、その貸金債権を担保するためS所有の土地甲に抵当権の設定を受け、抵当権設定登記を備えた。その直後に、甲はSからDに譲渡され、さらにDが G_2 に対する商取引による債務を担保するため、甲に被担保債権額を400万円（期限1年、無利息）とする第2順位の抵当権を設定し、G_2 が登記を備えた。
> 　各被担保債務が弁済されないまま両契約の締結時から6年余が経過した（G_2 の債権は時効消滅していないものとする）。抵当権が実行され、甲の売得金から競売費用を差し引いた配当原資が2000万円であるとき、この2000万円は、だれにどのように配当されるか。

　登記された抵当権には追及効があり、抵当不動産が譲渡されて所有者が代わっても影響を受けない。Case 8 のDは、抵当権の負担の付いた所有権を取得し、Sの債務について自己の所有不動産を担保に供した物上保証人と類似した地位につく。甲には第1順位の抵当権者 G_1 と第2順位の抵当権者 G_2 がおり、基本的には登記の順により優先する G_1 が G_2 より先に配当を受ける。問題は、G_1 が G_2 に優先して弁済を受ける被担保債権の額がどう解されるかである。

1　元本債権

　抵当権者が優先弁済効を主張できる元本債権の額は、登記された被担保債権額（一部抵当では担保されると明示された額）と競売時に弁済されずに残っている債権額の低い方である。すなわち、登記された債権額が実際の残存債権額より低い場合には（一部抵当では最初からそうなる）、抵当権者は、登記された債権額の範囲でのみ優先弁済効を第三者に対抗できる。逆に、被担保債権が分割返済されるなどして、残存債権額が登記された債権額より低くなった場合、抵当権者は、付従性によって残存債権額についてのみ優先弁済効を主張することができる。

2 利息・遅延損害金とその限定

　元本から生じる利息や法定利率を超える遅延損害金等も登記しなければ優先弁済権を主張できない（不登88条1項1号・2号）。これに対して、法定利率（民事は404条で5％、商事は商514条で6％。民法改正後は、この区別はなくなり、新404条は緩やかな変動金利制をとる）による遅延損害金は法律上当然に生じるので（419条1項・404条）、登記がなくても主張できる。

　利息・遅延損害金は、さらに優先弁済効を主張できる期間が通算2年と限定されている（375条）。なお、375条1項は、利息のほか終身定期金や地代・賃料などの定期金についても同様に2年分の制限を置いているが、ほとんど使われていないので（道垣内159頁は登記できないとするが、石田299頁の例示する月額賃料額の登記はありうる）、以下では利息に絞り、前頁のCase 8を用いて説明する。

　G_1の被担保債権額は、1年分の利息80万円と5年分の遅延損害金800万円が加算されて1880万円に増えている。仮にG_1が利息や損害金の全額について後順位のG_2に優先を主張できるとすれば、G_2は120万円しか配当を受けられず、Dには交付金がないことになる。このように先順位抵当権者が抵当権の実行を引き延ばせば、その優先弁済を受ける額が増えて、後順位抵当権者・抵当不動産の第三取得者・差押えをした一般債権者などが不利益を被る。後順位抵当権者や第三取得者の地位が不安定になると、後順位抵当権の設定による融資や抵当不動産の譲受けが避けられるようになり、不動産の担保価値を効率的に利用できなくなって設定者も困る。

　そのため、民法は、元本債権額を超えて優先弁済を主張できる利息や遅延損害金の範囲を通算して最後の2年分に限っている（375条）。具体的な適用の結果は、375条をどう適用するかによって異なるので、3の検討を待って最後に述べる。

　なお、登記実務上は、利息に利息を付す重利（複利）の登記は認められていないが（昭34・11・26民事甲2541号民事局長通達・先例追Ⅱ564頁）、2年分の利息額は容易に計算可能であるし、いずれにしても利息制限法によって上限額が限定されるから、登記を認めてもよい（我妻251頁）。

3 優先弁済効の制限の例外

(1) 明文の例外

375条1項ただし書が明文で定める例外として、2年分を超える利息や遅延損害金であっても満期後に被担保債権額を拡張する登記をすれば、2年分を超えて被担保債権として扱われる。この場合、後順位担保権者の承諾がなければその者に優先することはできないが、登記自体は承諾がなくてもできるという見解がある（我妻253頁、高橋132頁注5）。しかし、被担保債権額を拡張するのであるから、後順位担保権者等の利害関係者の承諾がないと登記はできないと解するべきである（現在は不登66条による変更の付記登記を経る必要がある。近江156頁もこの趣旨だろう）。

(2) 解釈による375条の適用除外

明文の規定がないが、375条が適用されない場合が解釈により認められている。ただ、どの範囲で375条が適用除外となるのかについては争いがあるので、以下では問題となる場合について検討する。

(a) 債権額に利息等を含む場合

たとえば10年間の元利均等返済として元本と利息の合計が被担保債権額として登記されているときは、抵当不動産の負担の限度が公示されているので、優先弁済権が主張できる範囲は2年分に限られない。判例（大判大9・12・18民録26輯1951頁）・通説（最近では、道垣内160頁、石田298頁など。川井331頁は残存元本の2年分に限るとして反対）である。なお、確定額での違約金や損害賠償額の予定について登記を認めないのが登記実務だが（昭34・7・25民甲1567号民事局長通達・先例追Ⅱ519頁、昭34・10・20民三発999号民事局第三課長心得依命通知・先例追Ⅲ554頁）、疑問である。この場合も登記により、債権額全部につき優先弁済効を認めてよい（川井334頁）。

(b) 375条で保護されるべき者がいない場合

競売を申し立てた抵当権者以外にその執行手続において配当を求める他の債権者がいない場合、すなわち375条で保護されるべき者がいない場合には、優先弁済効を制限する必要がないため、設定者が被担保債権全額について責任を負うとの原則に帰り、抵当権者は、2年分を超えて利息や遅延損害金の

配当を受けることができる（大判大9・6・29民録26輯949頁は全額について時効中断を肯定。設定者が債務者である限りでは異論をみない）。この場合は、抵当権は被担保債権額全部について実行されているから、2年分を超える利息等について配当を受けるのに債務名義を要しない（石田294頁）。

(c) 第三取得者

判例（大判大4・9・15民録21輯1469頁）や通説（最近では、近江155頁、高橋133頁など）は、第三取得者は、被担保債権全額についての物的責任を負担するものとして抵当不動産を取得したのであり、設定者の地位を承継するため、375条の制限の恩恵を受けない、としている。

しかし、抵当不動産を取得したのが譲渡担保権者である場合には、同人を所有者とみれば375条で保護されず、担保権者とみれば保護されることになり、この異なる扱いには説得力がない。39頁のCase 8を用いた40頁の2の説明で述べたとおり、抵当不動産の流通を保障するために第三取得者が不動産の残余価値を把握できなければならないことは、後順位抵当権者の保護の理由と同じである。所有権の一部権能を引き継ぐ担保権者が保護されるのに、全権能を引き継ぐ所有権の第三取得者が保護されないのは均衡がとれない（石田295頁）。弁済期が登記事項でなく、弁済期後に2年以上経過しているのかどうかが第三取得者にはわかりにくいので、第三取得者についても375条の適用を認めるべきである（道垣内159頁-160頁）。

(d) 物上保証人

通説は、自ら設定契約により被担保債務全額につき物的責任を負ったという理由で、物上保証人には375条を適用しない。第三取得者に対しては同条の適用を肯定しても、物上保証人に対しては通説同様に否定する見解もある（道垣内159頁）。しかし、債務者自身が抵当権を設定した場合であっても、第三取得者や後順位担保権者が登場している限り、それらの者の保護を通じて債務者自身が抵当不動産の担保価値の効率的利用を保障されている。他人の債務について責任を負う物上保証人は、債務者より厚く保護されてしかるべきであり、後順位抵当権者や差押債権者等が登場していなくても、物上保証人にも375条が適用されると解するべきである（理由は異なるが、結果同旨、鈴木236頁、石田296頁）。

以上の(c)および(d)の考え方によると、375条は、利息等について第三取得者や物上保証人の責任範囲をも限定した規定だと理解されることになる。

(e) 39頁の Case 8 の場合の結論

Case 8 において、375条が適用されなければ、G_1 は、第三取得者 D との関係で 1880 万円全額の配当を受けることになる。G_2 は D の取得した所有権に抵当権の設定を受けた者であるから、D の取得する残余の 120 万円しか期待できない。しかし、この結論は S 自身が後順位抵当権を設定した場合と不均衡であり不当である。判例・通説は、D を S の地位を引き継ぐ者と理解して、G_1 にも G_2 にも 375条を適用して 2 年分の遅延損害金のみの優先弁済を認めるのかもしれない。これに対して、同条が第三取得者や物上保証人の責任範囲をも限定した規定だと考えると、G_1 が配当を受けられるのは、元本 1000 万円に 2 年分の遅延損害金 320 万円を加えた 1320 万円に限られ、次いで G_2 に 520 万円（元本 400 万円＋6％ の<u>5年分</u>の遅延損害金 120 万円。無利息でも遅延損害金は法律上当然に発生する）が配当され、D が 160 万円の残余金を交付される。

G_1 の優先弁済権に制限がかかることとの均衡上、G_2 の優先弁済権も後順位抵当権者や差押債権者がいなくても同様に 400 万円と 6％ の<u>2年分</u>の遅延損害金 48 万円に制限されるとも考えられる。G_2 が D への譲渡前に S の設定した第二抵当権者であれば、D は G_2 との関係でも第三取得者に当たるので、そのような均衡論にも説得力があろう。しかし、D は自ら G_2 のために抵当権を設定した債務者であるから、他に 375条により保護されるべき者がいない限り、G_2 は遅延損害金全額の弁済を受けることができる。

第 3 項　抵当権の効力が及ぶ対象の範囲

抵当権が設定できる対象は何かという要件の問題と（26頁以下の 4）、抵当権の設定された不動産（の所有権）以外のどの範囲にまで抵当権者が価値を支配しているとして優先弁済権を主張できるか、というここでの効力の問題とを混乱しないようにしていただきたい。

抵当権は、対象である不動産のほか、その「不動産に付加して一体となっ

ている物」（370条。付加一体物と呼ぶ）、被担保債権の債務不履行後に生じた抵当不動産の果実（371条）にも及び、その不動産から分離された動産（分離物と呼ぶ）にも一定の範囲で抵当権の効力が及び続ける。

これらに加えて、その不動産の「売却、賃貸、滅失又は損傷によって債務者が受けるべき金銭その他の物」（372条の準用する304条1項本文）にも、一定の要件の下に抵当権の効力が拡張されている（物上代位）。この物上代位については、検討するべき問題が多いので、項を改めて取り上げる。

1　付加一体物

> **Case 9**　Aは、Xから3000万円の融資を受けて新築した住居用建物甲（時価5000万円）に抵当権を設定し、抵当権設定登記がされた。その後、Aは、甲をミニ・シアターに改造して2億円の音響装置乙を設置した。Aの債権者Yが強制執行により乙を差し押さえて競売しようとした場合、Xは競売手続を止めることができるか。

(1) 総　論

抵当権は、原則として、不動産に付加して一体となっている物（付加一体物）に及ぶ（370条本文）。沿革上の問題があってかつては争われたが、現在では、抵当権設定後に付加された付合物（242条）と従物（87条）のいずれにも抵当権の効力が及ぶとする結論に異論はないと思われる（補足）。

抵当権者は、付加一体物を含めて競売し優先弁済を受けることができる。Case 9 において、抵当権の効力が乙にも及ぶから、Xは、乙に対するYの強制執行を第三者異議の訴え（民執38条）によって排除できる（最判昭44・3・28民集23巻3号699頁：観賞用の石灯籠や庭石）。Xはまた、抵当不動産からの物の分離をやめるよう請求できるほか（大判大5・5・31民録22輯1083頁：立木の伐採の差止め）、さらに、分離された物についても一定の範囲で返還を請求できる（51頁以下の**3**）。

> 補足　**フランス法とドイツ法の不完全な承継**
> 　　フランス民法には従物の概念はないが、不動産概念を操作することで、抵当権の効

力は、付属物や従物に相当する不動産の増加や改良にも及ぶ。現行民法は、基本的にはフランス民法にならう旧民法を引き継いだが、増加や改良に関する旧民法債権担保編200条1項を脱落させてしまった。

一方、ドイツ民法は、構成部分と従物を区別したうえで、抵当権の効力は不動産所有者がその後に付属させた従物にも及ぶという特別規定を置いた。現行民法は、87条で主物・従物の区別を採用したのに、抵当権の個所に特別の規定を置かなかった。

このような沿革（76頁の文献の角論文）から、抵当権設定後の従物に抵当権の効力が及ぶかどうかは明らかでなかった。しかし、現在はその必要性の増大に応じてこれを肯定することに異論はない。そのための解釈として、従物は付加一体物に含まないと理解し、抵当権の実行を87条2項の「処分」とする考え方もあったが、現在の通説は、従物を370条の付加一体物に含める（解釈による欠缺補充）。

(2) 付合物

動産が不動産に結合して独立性を失う場合を不動産の付合という（242条。『物権法』79頁以下の(2)）。たとえば、土地所有者が植えた樹木や建物所有者がフローリングに改造した場合の床板材は、土地や建物などに付合する。それらの所有権は不動産所有権に吸収され、付合の時期を問わず、抵当権の効力が及ぶのが原則である（前頁の(1)の大判大5・5・31。例外は48頁以下の(5)）。

これに対して、日本法では土地と建物は別個の不動産とされており（コラム）、建物は土地には付合しないし、土地の従物でもないので、土地の所有権上の抵当権は地上の建物の所有権には及ばない。建物所有権上の抵当権も土地所有権には及ばない（建物所有のための土地賃借権には及ぶ。47頁以下の(4)）。土地と建物を一体として抵当権を設定するには、共同抵当という形を採る必要がある。

> **土地と建物は別の不動産**
> ヨーロッパの法制では一般的に土地は建物を含めた定着物を吸収するものとされている。日本民法も、370条の立法時の当初原案は「抵当地の上に存する建物を除き、」に相当する部分がなく、建物をも土地と一体として扱うという提案であった。これに対して、日本の慣習では両者は別個の不動産であるとの意見が出て、「抵当地ノ上ニ存スル家屋ヲ除ク外」という語を挿入する修正案が出され、さらに「家屋」が「建物」に修正された（速記録二 793頁-813頁、再議は 856頁-858頁）。
> 実は、土地と建物が別個の不動産として扱われるようになったのは明治初年の土地のみの地租改正の先行と建物登記等の取引制度整備の遅れが決定的だったと思われ、

長い伝統というわけではなかった（『物権法』16頁以下の(c)）。民法の規定のうち、土地と建物が別個の不動産であることを明確に示しているのは、本条のこの部分が最初であり、法定地上権の規定は、本条の扱いの変更に連動して追加提案されたものである。

ちなみに東アジアでは、日本同様、土地と建物を別個の不動産とする法制が少なくない。ただ、その理由は異なる。たとえば中国では、建物は個人所有だが、都市部の土地は国有、農村部の土地は集団所有とされていて個人の所有権が成立しないからである（土地使用権による）。

(3) 従 物

従物とは、付合物とは異なって、所有権の対象となる独立性を失うことなく、ある物（主物）に継続的に結合してその経済的価値を高める役割をはたす物をいう（87条1項）。土地に備え付けられた石灯籠や、建物に備えられた畳・建具・システムキッチン・エアコンなどが従物の典型例である。建物内に置かれた家具や電気製品などは従物ではない。

主物と従物は同一所有者のものでなければならない。占有取得を伴わない抵当権については即時取得の適用がない。それゆえ、抵当不動産所有者以外の者の所有物が抵当不動産に結合された場合、その物が抵当不動産所有者の所有物だと抵当権者が過失なく信じたとしても、独立性を維持している限り、その物には抵当権の効力は及ばない（大判大6・4・12民録23輯695頁）。

抵当権設定時に存在する従物と抵当権設定後に備え付けられた従物とでは異なる点があるので分けて説明する。

(a) 抵当権設定時の従物

従物は主物の処分に従うと意思解釈されるため（87条2項）、従物を除外する合意をしない限り、原則として抵当権設定時の従物には抵当権の効力が及ぶ（大連判大8・3・15民録25輯473頁、44の(1)の最判昭44・3・28）。主物について抵当権設定登記があれば、従物には独自に対抗要件を備える必要はない（ただし、独立した不動産として登記されている付属建物に抵当権設定登記がなければ、抵当権の効力を及ぼさない趣旨と解されよう。道垣内140頁）。

(b) 抵当権設定後の従物

通説は、抵当権設定後の従物も付加一体物に含めて抵当権の効力が及ぶこ

とを認めている。最高裁判例はなく、必ずしも根拠規定が明らかではないが、判例も同じ結論を採ると思われる（大判昭 5・12・18 民集 9 巻 1147 頁、大判昭 9・3・8 民集 13 巻 241 頁。いずれも抵当権の効力が及ばないとした原審を破棄）。上述の典型的な従物が新しい物と取り替えられた場合に、それに抵当権の効力が及ばないのは不合理である。また、これらは一体となって担保価値を向上させており、抵当権設定の当事者も、普通は抵当権の効力が及ぶと考えるだろう。

(c) 主物より価値が大きい従物

問題になるのは、44 頁の Case 9 の音響装置のように、従物の価値の方が主物の価値より大きい場合である。判例は、ガソリンスタンドの簡素な建物に比して約 5 倍の価値のある地下ガソリンタンクをも従物とし、建物の抵当権が及ぶとする（最判平 2・4・19 判時 1354 号 80 頁）。この事例では、ガソリンタンクだけを独立に取引することは考えにくく、抵当権設定時にガソリンスタンドを一体として担保評価したものと考えられ、問題は少ない。

また、抵当権設定後の従物の場合にも抵当権の効力が及ぶとした裁判例がある（東京高判昭 53・12・26 判タ 383 号 109 頁）。ただ、この事例も、建物が当初から劇場兼キャバレーという用途であり、従物が抵当権設定の前後に順次備え付けられた場合だったので、当事者の担保評価も従物を除外しない趣旨であったと思われ問題は少ない。

しかし、Case 9 のような場合には、当事者の担保評価に従物が含まれていたとはいえないことも多いと思われるので、一律に抵当権の効力を従物に及ぼすのは疑問である。しかし、例外の基準と構成については意見が一致していない（平野 52 頁-53 頁。新注民(9)補訂 59 頁-60 頁［山崎寛］は換価権は及ぶが優先弁済権がないとし、清水 30 頁は従物を入れ替えた場合に旧従物の価額の範囲に限定する。石田 306 頁・310 頁-311 頁・409 頁-412 頁は「減担保請求権」による処理を提案する）。当事者の合意の解釈に委ねることになろう（新注民(9)34 頁［高木多喜男］）。

(4) 従たる権利

抵当権は従たる権利にも及ぶ（87 条 2 項の類推適用）。すなわち、要役地の

抵当権は承役地上の地役権にも及び、建物の抵当権は敷地の賃借権に及ぶ（27頁の最判昭40・5・4および最判昭52・3・11）。土地賃借権は建物価額よりはるかに高いことが多いが、賃借権について独立した抵当権を設定することができず、建物は土地利用権がなければ担保価値が十分に生かせないため、この扱いには学説にも異論がない。もっとも、独立して抵当権の対象とすることができる地上権（369条2項）も建物所有権の従たる権利とされているが（大判明33・3・9民録6輯3巻48頁）、公示の点で疑問がある（たとえば、建物抵当権者と地上権を対象とする抵当権者が異なる場合の両者の優劣。安永248頁・260頁はそれぞれに抵当権設定登記を要するとする）。

(5) 付加一体物の例外

付加一体物に抵当権の効力が及ばない例外として370条のただし書が定めるものが2つ（従物にも妥当する）、242条に関するものが2つある。以下、順に説明する。

(a) 特　約

設定契約において、不動産から分離可能な特定の動産を抵当権の対象としない旨を特約することができる（370条ただし書の「設定行為に別段の定めがある場合」）。これに対して、不動産の本質的構成部分になっていて分離できない動産の場合には（いわゆる強い付合）、それに抵当権の効力が及ばないとする特約をしても無効である（道垣内141頁）。

この特約は、44頁のCase 9の音響装置のように、建物価額に比して非常に高額の設備などを抵当権の対象から除外し、建物とは別に処分するときなどに有用である。この設例のように甲の抵当権で十分に被担保債権をカバーできている場合や、抵当権設定当時に装置の設置が予期されていなかったような場合には、黙示の特約による除外を認めることもできよう（近江135頁、道垣内141頁）。もっとも、この特約は登記（不登88条1項4号）をしないと第三者に対抗できない。そのため、第三者に当たらない抵当権者自身が買受人になった場合（大判昭9・7・2民集13巻1489頁。我妻265頁-266頁は競売の競争性と矛盾するとして反対）のほかは、第三者を善意者（さらには善意無過失者）に絞る解釈を採らなければ、黙示の特約を認めてもそれほど有用ではない

(石田 313 頁-314 頁は 94 条 2 項の類推適用によるとするが、177 条の第三者を善意無過失者に限れば 177 条によっても結論は近似する)。

(b) 詐害的付加一体行為

「第 424 条の規定により債権者が債務者の行為を取り消すことができる場合」(370 条ただし書後段) という規律はわかりにくい。ここで問題にしているのは、抵当不動産所有者 (条文の表現は債務者となっているが、物上保証人や抵当不動産の第三取得者をも含む抵当不動産所有者とするべきである) が抵当不動産に付合や加工により抵当権者の把握する価値を増やし、そのために用いられた動産が責任財産でなくなって一般債権者を害することである。抵当不動産所有者のこのような行為は、法律行為ではなく事実行為なので、本来は詐害行為取消しの対象にはならないはずである。しかし、一般債権者の保護のために特別に規定されたものである。起草担当者の説明 (速記録二 794 頁-795 頁 [梅謙次郎]) によれば、抵当権者が設定者の行為の詐害性を知っていれば、詐害行為取消訴訟によるのではなく、370 条ただし書後段により、その付加一体物には抵当権の効力が及ばないと解される (我妻 266 頁ほか通説もこれに従う)。

(c) 登記や明認方法のある立木

立木は伐採されて独立の動産となるまでは土地の一部であり土地の抵当権の効力が及ぶのが原則である。しかし、立木登記や明認方法によって土地とは独立に取引の対象となる立木には (『物権法』222 頁以下のⅣ)、例外として抵当権の効力は及ばない。

(d) 権原に基づく植栽物

賃借人・地上権者・永小作権者など、権原 (土地の使用・収益を正当化する権利) を有する者が植えた農作物や樹木などは土地と結合しているが、収穫による分離を予定し土地には付合しないので (242 条ただし書)、こうした植栽物には土地の抵当権の効力は及ばない。

2 果 実

(1) 担保・執行法改正の前後での変化

2003 (平成 15) 年の担保・執行法の改正前の 371 条本文は、分離した天然

果実は付加一体物（370条）ではないから、抵当権の効力は原則として及ばないとし、例外的に差押えの後には及ぶと定めていたが、果実に関する抵当権の実行手続規定を欠いていた。他方、賃料債権などの法定果実は有体物ではないので、370条・371条は適用されず、法定果実に対する抵当権の実行は372条の準用する304条の物上代位によると解するのが判例（大判大2・6・21民録19輯481頁）・通説（我妻275頁）であった。しかも、賃料債権に対する物上代位そのものに消極的な考え方も有力であった（65頁の(b)）。しかし、判例（最判平元・10・27民集43巻9号1070頁）は賃料債権への物上代位を広く肯定した。

ただ、賃料債権への物上代位には問題点や難点も多かったため、競売と並ぶ抵当権の実行方法として、より合理的な収益執行制度の創設が求められた。2003（平成15）年の改正は、天然果実と法定果実の双方を対象にできる収益執行手続を新設すると共に、その根拠となる実体法上の規定として、371条を被担保債権の債務不履行時から果実に抵当権が及ぶと修正し、天然果実・法定果実の両方を統一的に規律した。これにより、抵当権の価値権性・非占有担保性（369条の定義規定は改正されていない）との関係で生じる疑念は払拭された。

(2) 371条の文言の問題性

新しい371条は、従来の物上代位の判例法理を変えるものではないと説明されているが、文言上は、債務不履行後に生じた果実に限るように読め、債務不履行時にすでに発生していた法定果実をも物上代位の対象としてきた判例と整合しない。そのため、法定果実に対する物上代位の根拠規定は371条ではなく、従来どおり372条であるとして、牴触を回避する解釈もある（中野＝下村699頁）。しかし、収益執行の手続規定（民執188条の準用する93条2項）は、債務不履行時にすでに発生し弁済期が到来していた法定果実をも対象とすると定めており、371条はこれとも整合しない（道垣内149頁）。371条の文言は立法上の過誤なので、解釈論としては「その後に生じた」を無視し（近江140頁は民執93条2項を根拠とする）、この部分を削除する改正を行うことが望ましい。

また、果実に対して収益執行や物上代位が行われるまでは、債務不履行後であっても、設定者には使用・収益権能が委ねられている。それゆえ、抵当権実行前に収穫・収受された果実には、抵当権の効力は及ばない。抵当権者は、果実相当額の不当利得の返還を請求することもできないと解するべきである（道垣内 142-143 頁・148 頁、近江 140 頁）。

さらに、将来収穫する天然果実や将来生じる賃料債権などを事前に処分して対抗要件（未分離果実では明認方法、将来債権譲渡では 467 条の確定日付のある証書による通知もしくは承諾、または動産債権譲渡特例 4 条 1 項の債権譲渡登記）を備えることも可能である。しかし、果実に抵当権の効力が及びうることは登記により対抗できると考える判例およびそれを支持する見解によれば、それと牴触するこのような事前処分は、抵当権設定登記前に対抗要件を備えないと抵当権者には対抗できない（69 頁以下の(a)で将来債権譲渡と物上代位の関係を詳述する）。

3 分離物

> **Case 10** A は、X から 2 億円の融資を受けて新築した建物甲（時価 5000 万円）に抵当権を設定し、抵当権設定登記がされた。その後、A は、甲に 2 億円の音響装置乙を設置した。抵当権の設定を知っている債権者 Y に対して、A が乙を代物弁済として給付し、Y が乙を甲から持ち去った場合、X は Y に乙の返還を求めうるか。

Case 10 では、融資額との関係で AX は設定契約時から乙の設置を予定しており、抵当権の効力は乙に及ぶ。抵当不動産から物が分離された場合、抵当権の効力はどうなるだろうか。たとえば、山林に抵当権を設定した者が管理のために間伐したり、通常考えられる林業の範囲内で伐採して売却する場合のように、抵当不動産所有者に許された通常の使用方法による分離の場合には、分離物には抵当権の効力は及ばない。問題は、この設例のように、抵当不動産所有者が許容される範囲を超えた許されない分離を行った場合や無権限の第三者による分離の場合である。

判例は、まず、立木が伐採されて動産となった場合には抵当権の効力は及ばないとした（大判明36・11・13民録9輯1221頁）。次いで抵当権の実行としての競売が開始されれば、差押えの効力によって山林の伐採や伐木の搬出は禁止されるとした（44頁の(1)の大判大5・5・31）。さらに、抵当権の実行着手前であっても、抵当権自体の効力として伐木の搬出の禁止を認めた（大判昭7・4・20新聞3407号15頁）。工場抵当権の効力が及ぶ機械が抵当権者の同意なく工場から搬出されて第三者に譲渡されて引き渡された事例について、第三者が即時取得しない限り（工場抵当5条2項）、抵当権者はその機械を元の備付場所に戻すよう請求できるとした（最判昭57・3・12民集36巻3号349頁。以下「昭和57年判決」という）。抵当権者に対する対象不動産の明渡しを認める現在の判例では（106頁）、抵当不動産所有者に分離物を適切に維持管理することが期待できない場合には、抵当権者への返還も請求できるであろう。

　学説は3説に分かれる。第1説は、昭和57年判決は特殊な抵当権の例であって一般化できず、分離物が抵当不動産から搬出され登記による公示が及ばなくなれば抵当権の効力も失われるという（我妻269頁、近江139頁など）。第2説は、分離により対抗力だけが失われるとする（道垣内136頁・138頁-139頁・181頁）。第3説は、昭和57年判決のように第三者が即時取得（192条）するまでは抵当権の効力が及ぶとする（高木132頁、石田320頁など）。前頁のCase 10において、第1説ではXは返還請求ができない。第2説ではYが背信的悪意である場合にのみ、第3説ではYが善意無過失でなければ、Xは返還請求ができる。

　抵当権の効力が動産に及ぶとしても、動産だけの競売はできず、抵当不動産の競売と一緒にしなければならないとすれば（高木133頁、近江139頁。これに対して、我妻269頁・272頁や石田320頁は動産競売が可能という。物上代位の差押えによるとの説もあった）、抵当不動産から搬出された分離物についてのみ優先弁済権を主張することは困難である。そのため、第三者が即時取得するまでは、分離物を元の場所へ返還させたうえで抵当不動産と一緒に競売することができると解するべきである。いったん対抗要件を備えた物権は、権利者の関与しない理由によって対抗要件を失っても対抗力を失わないと解されるから（『物権法』112頁以下の1）、この場面でも、いったん及んだ抵当権の

効力や対抗力が抵当権者の関与しない分離のみで失われるのは妥当でない。

> 補足 **抵当権の対象である建物の合体**
> 抵当権の設定された建物が別の建物と合体した場合には、抵当権は消滅せず、合体後の建物価額に占める合体前の各建物価額の割合に応じた持分上に存続する（最判平 6・1・25 民集 48 巻 1 号 18 頁）。合体した建物の新しい表示登記と合体前の建物の表示登記の抹消は同一の書面で申請し、合体前の建物上の抵当権者など利害関係人の承諾書を添付しなければならない（不登 49 条）。

第 4 項　物上代位

1　総説と代替的物上代位

(1)　物上代位の意義と根拠

> **Case 11**　X は、A 所有の建物甲に抵当権の設定を受け抵当権設定登記を備えた。甲が落雷や放火により全焼した場合に、抵当権はどうなるか。

(a) 物上代位とは

抵当権の 372 条は、先取特権の 304 条を準用している。1 項本文について、準用による読替えをすると、「抵当権は、その目的物の売却、賃貸、滅失又は損傷によって抵当権不動産所有者が受けるべき金銭その他の物に対しても、行使することができる。」となる。物上保証人や第三取得者の場合を含めるため、「債務者」が「抵当不動産所有者」と読み替えられる点に注意していただきたい。この規定は、物上代位と呼ばれ、抵当不動産の価値が変形した代わりのものにも元の抵当権の効力が及ぶ旨を定めている コラム 。

> **人的な代位と物的な代位**
> 代位という観念は多様な場面で登場する。何かが別のものに入れ替わるという点が共通である。債権者代位権（423 条）は他人の権利を代わって行使することを意味する。共同抵当権における後順位担保権者の代位（392 条 2 項）、賠償者代位（422 条）、弁済者代位（499 条-501 条）、保険者代位（保険 24 条・25 条）などは、権利者が交代する（他人の権利が法律上当然に移転する）ことを意味する。これらは広い意味で権利を行使する者が代わる点で人的な代位である。
> これに対して、今回取り上げた担保物権の物上代位や財産分離や遺贈の場合の物上

代位（946条、999条、1001条）は、消滅した権利に代わってその価値変形物が新しく権利の対象となる場合を指す。対象が入れ替わる点で物的な代位である。元の対象の価値を新しい対象の中にまで追いかけていくという内容を持ち、物権的な対第三者効の対象を拡張することになる。そのため、物権と債権を峻別しない英米法系では、追及 tracing の法理としてエクイティ上広く認められているのに対して、大陸法系では物的代位が認められる場合は比較的狭く、解釈による拡張は物権概念の再編問題につながってくる（この点は最終章で検討する）。

　人的な代位も物的な代位も、一定の者に優先権を与えて関係者間の無資力危険の公平な分配を図るという点では共通した機能を有している。

(b) 物上代位の根拠

　前頁の Case 11 で権利の対象である甲が消失すると、物権法の一般的な原則によれば、Aの所有権は失われ、その上に存在していたXの抵当権も消滅するように考えられる。しかし、Aは、甲を失うと同時に、保険会社に対する火災保険金請求権や放火犯に対する損害賠償債権を取得する。Aが甲の価値の代わりとなるもの（価値変形物、代償物、代位物などと呼ぶが、次頁の(a)で述べるように通常は金銭債権である）を得ながら抵当権の負担を免れるとすることは、偶然の事情により抵当権者の損失で抵当不動産所有者やその債権者を利する結果となって公平・妥当でない。また、担保物権は、対象の価値を支配することを内容とする権利である。すなわち、担保物権は対象物そのものからではなく、その競売や収益執行によって得られた金銭から、優先的な弁済を受けることによって価値支配を実現する。この点にすでに物上代位の考え方があらわれているとみることができる。それゆえ、元の対象の価値が変形した代償財産に対して、担保物権が及ぶことは、担保物権の性質上当然であるとも感じられる。

　物上代位の性質やそれが認められる理論的根拠について、特権説と価値権説が対立してきた。特権説は、対象が消滅すれば物権である抵当権は消滅するのが当然であるところ、物上代位は法律が担保権者の保護のために特別に認めた権利であると説明した。他方、価値権説は、担保物権が価値権であることから、その効力は価値変形物にも及び、物上代位が認められるのは当然であると説いたが、物上代位には、両方の側面があり、どちらか一方の理解では割り切れない。このような性質の理解は、たしかに具体的な問題におい

て一定の結論に結びつく傾向があった（60頁の(b)）。しかし、現在では問題毎の利益較量や政策的考慮などを加味して結論が決まるとの考え方が支配的となっており、物上代位の性質論と結論とを直結する論理的関連はないと思われる。

(c) 物上代位と公示

対象不動産（の所有権）に対して抵当権の支配が及んでいることは、登記によって公示されている。価値変形物にも抵当権の効力が及びうることは、この物上代位制度が法に規定されることで公示されているといえなくもないが、不動産とは別の財産である多様な価値変形物に現に抵当権の支配が及んでいることの公示としては、登記は不十分である。まして「払渡し又は引渡し」（304条1項ただし書。弁済またはこれに類する代物弁済や相殺など）がされて、その価値が抵当不動産所有者の一般財産に混入してしまえば、優先権を主張するべき対象自体が特定できなくなる。そのような場合にまで抵当権者の優先を認めることは、隠れた優先権によって他の債権者やその財産の取得者の地位を脅かす。そのため、物上代位権を行使するためには、原則として、対象となる債権が抵当不動産所有者に帰属している間に（すなわち「抵当不動産所有者が受けるべき金銭その他の物」である間に）、かつ、抵当不動産所有者が「払渡し又は引渡し」を受けてその一般財産への混入が生じる前に差押えをする必要がある、との限定が付される（304条1項ただし書。59頁以下の(4)および75頁以下の❸）。

(2) 物上代位の対象

(a) 物の所有権と債権

372条により読み替えられた304条は、「目的物の売却、賃貸、滅失又は損傷によって抵当不動産所有者が受けるべき金銭その他の物」（1項本文）および「抵当不動産所有者が抵当権の目的物につき設定した物権の対価」（2項）を物上代位の対象としている。しかし、「払渡し又は引渡し」前の差押えを要する（同項ただし書）こととの関係で、ほとんどの場合、物上代位の対象は金銭債権である。物が対象となるのは、抵当権の対象となった土地が収用されて代わりの土地（替地）が補償として指定された場合（土地収用104

条）くらいであろう。

(b) 代替的物上代位と付加的物上代位

物上代位には（用語法はさまざまだが）2種類のものがある。1つは、抵当不動産の所有権が失われて競売ができなくなった場合を典型とする物上代位である。これは、元の不動産の価値の滅失・減少を補塡するためその代わりとして生じた代償財産に物上代位権が行使できる類型で、代替的物上代位と呼ぶ。もう1つは、賃料債権のように、抵当不動産の競売が従前どおり可能であることに加えて抵当不動産から派生した増加価値に対して物上代位権を行使する類型で、付加的物上代位と呼ぶ。後者については物上代位が認められるかどうか自体（代位の必要性）が問題であるうえ、代位される債権についての処分権制限、元の担保権の順位を反映する必要性、要件としての債務不履行の要否、差押えの意義などの点で、代替的物上代位とは扱いを異にする。それゆえ、代替的物上代位と付加的物上代位を分けて説明する（64頁以下の2）。

なお、抵当不動産につきその所有者が設定した物権の対価（304条2項）は、地上権の地代債権や永小作権の小作料債権などを意味し、賃料債権と同様に考えてよいだろう。これらの債権とは別に地上権・永小作権・賃借権の設定自体に別途対価が支払われる場合は、時間を限った所有権の一部譲渡に近いため補塡的価値のようにみえる。しかし、そうした対価は利用権設定時にすでに支払われているのが通常であり、払渡し前の差押えは考えにくい。また、抵当権設定登記に後れて利用権が設定されたことが前提であるため、抵当権者はその利用権の負担がないものとして競売ができる。それゆえ、抵当権者の把握している価値が減じていたことを理由に補塡されるべきものはない。

(3) 代替的物上代位の対象

先取特権の場合でも、その種類によっては物上代位が304条1項本文に規定する対象すべてについて認められるわけではない（273頁以下の(1)）。まして抵当権に準用される場合には、先取特権との違いを考慮することが必要である。以下では、賃料債権を除き（これは64頁以下の2）、304条にあげられた順に検討する。③以下が「滅失又は損傷によって抵当不動産所有者が受け

るべき金銭その他の物」の具体的例である。

①売却代金債権　抵当不動産が設定者から第三者に売却されても、第三取得者は抵当権の負担付の所有権を取得するのみであり、登記された抵当権は第三取得者に対抗できる。それゆえ抵当権者は、抵当不動産がいくらで売却されても影響を受けず、第三取得者の下でも物上保証人に対するのと同様に抵当権が実行できる。これを抵当権の追及効という。また、抵当権の負担付で抵当不動産が売却されること自体が少ないうえ（多くの場合には、抵当権の被担保債権を弁済して抵当権を消滅させ、抵当権設定登記を抹消したうえで買主に所有権移転登記をする）、抵当権が実行される危険を考慮した代金額は不動産の時価より安くなる。そのため、売買代金債権に対する物上代位は抵当権者にとって魅力に欠ける。さらに、抵当権者が売買代金から優先弁済を得るために、代価弁済の制度（378条。118頁の２）も用意されている。以上の理由から、本書は近時多数説となっている否定説を支持する。これに対して、条文上にも明記されていることから肯定するのがかつての通説であり、現在も抵当権者が追及効か物上代位のいずれかを選択するなら否定するまでもないとするものがある（米倉明「売却代金債権に対する物上代位の可否」タートンヌマン９号（2007年）１頁以下、否定説から改説した近江142頁や平野86頁）。しかし、判例もなく現実にほとんど問題にならないのに、両者の関係次第で複雑な事後処理の議論が必要になる肯定説（平野87頁もこの点は自認する）をあえて維持する意味はない。

②買戻代金債権　買戻特約付で不動産を買い受けた者が抵当権を設定したところ、売主が買戻権を行使した場合には、抵当権者は買戻代金債権に物上代位できる（最判平11・11・30民集53巻8号1965頁）。買戻しは解除権を登記により公示するものであり、抵当権者は解除の遡及効を対抗されること（581条1項）を覚悟しているから保護の必要がないという考え方もありうる。しかし、この判例が指摘するように、買戻権行使時までに抵当権が有効に存在していたことによって生じた法的効果までが買戻しによって覆滅されることはなく、逆に、不動産上の抵当権が消滅するからこそ、物上代位によって当事者の公平を図ることが必要になる。学説にもこの結論に異論は少ない（なお道垣内147頁と近江143頁のような理解の対立はある）。

③不法行為に基づく損害賠償債権　　判例が古くから認めており（大判大5・6・28民録22輯1281頁、大判大6・1・22民録23輯14頁）、価値変形物の典型として学説にも異論がない。

　④補償金債権および清算金債権　　土地所有権等が収用・買収されることなどにより所有者が所有権を失う場合、その上の抵当権も消滅するが、抵当権者は、所有者が取得する補償金債権や清算金債権に物上代位することができる（土地収用104条に関して大判大4・6・30民録21輯157頁）。この種の物上代位を定める特別法は多い。さらに、物上代位権者から供託をしなくてよい旨の申出があった場合（これはすでに補償金債権等に物上代位権を行使しようとしている場合などであろう）以外には、供託義務があるとの規定を置くものも多い（土地改良123条、土地区画整理78条・112条、都市再開発93条・105条、農地10条・11条など）。供託に加えて清算金債権の処分禁止や後順位担保権者への通知義務を課すものもある（仮登記担保4条-7条）。これらは担保権者の物上代位権の行使機会を保障する趣旨であるから、供託は「払渡し又は引渡し」には当たらず、物上代位は供託金還付請求権を対象とすることになる。立法論としては、民法の物上代位にも広くこのような供託の規定を置くことが望ましい（鈴木248頁）。

　⑤仮差押解放金取戻請求権　　建物の抵当権者が被担保債権を被保全権利として抵当不動産の仮差押えをしたのに対して、仮差押債務者が仮差押解放金を供託して仮差押執行の取消しを得た場合、抵当権者は供託金取戻請求権に対して物上代位できるとした判例がある（最判昭45・7・16民集24巻7号965頁）。仮差押解放金が元の対象建物の価値変形物といえるかどうかに議論があるほか、建物の競売の実行と物上代位とを選択的に行使できるという判旨には、売却代金債権の場合と同じ理由で疑問がある（清水41頁）。ただ、この事例では、抵当建物が取り壊されていることから、選択的行使の判示は傍論であり、抵当権者にはこの請求権が事実上唯一の頼りであった。それゆえ、この判例は、競合する差押債権者との関係で抵当権者の保護を重視したものと考えられ、その限りで支持できる。

　⑥保険金請求権　　古くから判例は保険金請求権を物上代位の対象と認めていた（大判明40・3・12民録13輯265頁、大連判大12・4・7民集2巻209頁）。

これに対して、保険法学者には反対も強く、保険金は保険料の対価であり抵当不動産の価値変形物ではない、と主張された。しかし、フランス民法もドイツ民法も保険金請求権に対する物上代位を認める明文の規定を置き、立法者も肯定説であった。また、抵当権設定時に、設定者が新たに火災保険契約の締結を求められることも多いことから、設定契約の当事者は、建物滅失時には保険金請求権が建物の代わりとなることを了解していると思われる。さらに、国税徴収法53条2項は、徴収職員が差押財産の損害保険金や共済金の支払を受けたときは、物上代位権者は支払前に差押えをしたものとみなすとの規定を置いて物上代位権の保護を強化しているが、保険金や共済金の請求権に物上代位が可能であることが当然の前提となっている。以上から肯定説を支持する。

(4) 払渡しまたは引渡し前の差押え

物上代位権の行使は、対象となる債権が弁済される前に差押えをすることが必要なことから（304条1項ただし書。最判平13・10・25民集55巻6号975頁は配当要求では足りないとする）、ほとんどの場合、金銭債権に対する執行の形を採り、対象債権を差し押さえることで開始する（民執193条・143条以下）。

(a) 差押えの手続

差押えを行うためには「担保権の存在を証する文書」（民執193条1項・181条1項1号-3号。通常は3号の抵当権の登記に関する登記事項証明書）を提出しなければならない。代替的物上代位の場合には、被担保債権が債務不履行になっておらず直ちに被担保債権の回収に進めないときであっても（補足）、弁済を禁止して対象債権を保全する必要がある。これは担保権の実行ではなく、保全のための差押えであるが、対応する制度が欠けているため、担保権の実行手続を借用するものである（生熊長幸「民法304条の差押えの趣旨について」民研363号（1987年）21頁-23頁）。

> 補足 **増担保義務違反等による期限の利益の喪失**
> 　　代替的物上代位の場合には、被担保債権が不履行になっていなくても保全的差押えができるが、その場合、担保権の実行としての債権回収はできない。ただ、元の抵当不動産が滅失・損傷しているので、増担保義務が特約により認められることがある。

その義務に違反すれば債務者は期限の利益を失う可能性がある。また、他の債権者に対して債務者が期限の利益を失えばこの貸付けについても連動して期限の利益を失う、というクロスデフォルト条項（元々は社債で用いられている財務特約の一種）の特約も考えられる。いずれにしても、債務者の期限の利益が失われると、債務不履行となって、抵当権者は債権の回収に進むことができる。

(b) 差押えの意義

古い判例（大判大4・3・6民録21輯363頁）やこれを支持した通説（我妻290頁以下など）は、価値権説の考え方により抵当権の効力が価値変形物に当然に及んでいるから、物上代位が差押えを要件としているのは、対象物を抵当不動産所有者の一般財産に混入させず特定性を維持するためだと解した（特定性維持説）。この考え方では、だれが差押えをしても目的が達成できるから、必ずしも物上代位権者自身が差押えをする必要はなく、債権譲渡や一般債権者の差押えが先行しても、物上代位権の優先の主張は妨げられないことになる。

これに対して、保険金請求権につき他の債権者が差し押さえて転付命令を得た後には抵当権者は物上代位ができないとする大審院連合部判決（58頁の⑥の大連判大12・4・7）は、対極的な優先権保全説を採用した。この判決は、特権説の考え方により抵当権の効力が価値変形物に及ぶのは法の認める特権であるから、差押えをしなければならないのは、その債権に対して特権が及ぶことを公示し抵当権者の優先権を保全するためであるとする。この考え方では、抵当権者自身が他の債権者に先んじて差押えをしなければならないことになる。

(c) 判例の変遷と現在

その後、判例はさらに変遷を重ねた。土地区画整理事業の補償金請求権が譲渡された後に法に従って補償金が供託されたところ、抵当権者が供託金還付請求権を差し押さえて転付命令を得た事件で、差押えは特定性維持と優先権保全の両方を目的とするとして、譲受人敗訴の判決を破棄した（大決昭5・9・23民集9巻918頁）。

他方、動産売買先取特権に基づく転売代金債権に対する物上代位が債務者の破産宣告後や他の債権者の差押え後も許されるかどうかが問題となった2

つの最高裁判決では、差押えは、特定性維持・優先権保全・第三者保護を複合的に目的とするものと捉えられたうえ、物上代位は破産管財人や差押債権者にも対抗できるとされた（最判昭 59・2・2 民集 38 巻 3 号 431 頁、最判昭 60・7・19 民集 39 巻 5 号 1326 頁）。

さらに、賃料債権の包括的譲渡よりも物上代位を優先させた判決（最判平 10・1・30 民集 52 巻 1 号 1 頁。以下「平成 10 年判決」という。詳細は 63 頁以下の(d)および 69 頁の(i)）は、差押えの趣旨は主として第三債務者の二重弁済の防止にあるとする第三債務者保護説を採用した。この判決では、債権譲渡は「払渡し又は引渡し」に該当しないとされた。しかし、さらにその後、用地買収の補償金請求権につき転付命令が効力を生じた後は物上代位権は行使できないとする判決が出た（最判平 14・3・12 民集 56 巻 3 号 555 頁。以下「平成 14 年判決」という）。

この平成 14 年判決は、差押えの意義については触れず、転付命令の制度趣旨から物上代位を制限したため、平成 10 年判決とは直接には抵触しない。しかし、平成 14 年判決の結論は、大審院の大正 12 年連合部判決（58 頁の⑥）に近く、第三債務者保護だけを理由とすることなく、優先権の保全や第三者保護の機能を含めて複合的な機能を差押えに与えているものと思われる（内田 415 頁は第三債務者保護説を修正したと評する）。このように、差押えの性質論と具体的結論との結びつきは論理必然的に決まるものではなく、場面ごとの利益較量に基づき、どの機能が強調されるかによって変わる。本書では、主要な場面での問題を検討し、付加的物上代位の場合（64 頁以下の 2）と総合して、最後に、物上代位における差押えの意義を再考することにする。

(5) 代替的物上代位と競合する権利との優劣

物上代位と他の債権者の権利が競合するのは、一般債権者が物上代位の対象債権を差し押えた場合やさらに転付命令まで得た場合、対象債権が譲渡された場合および対象債権に質権が設定された場合などが考えられる。以下では、順に検討する。

(a) 物上代位と一般債権者の差押えとの優劣

賃料債権に対する物上代位が争われた事例についてであるが、一般債権者

の差押えと抵当権者の物上代位に基づく差押えが競合した場合には、両者の優劣は、一般債権者の申立てによる差押命令が第三債務者に送達された時と抵当権設定登記時の先後による（最判平 10・3・26 民集 52 巻 2 号 483 頁）。この判断枠組みは代替的物上代位にも同様に妥当すると思われる。

(b) 物上代位と一般債権者の得た転付命令との優劣

転付命令とは、差し押えられた債権を差押債権者に移転し、転付命令が第三債務者に送達された時に差押債権者の債権が弁済されたものとみなす裁判所の命令をいう（民執 159 条以下）。債権に対する転付命令が第三債務者に送達される時までに、(登記済の) 抵当権者が物上代位に基づいてその債権の差押えをしなかったときは、抵当権者はその債権について抵当権の効力を主張することができない（前頁の平成 14 年判決）。転付命令が債権譲渡と同様に債権移転の効力を有することから、債権譲渡の場合との違いをどう理解するかが難しい。物上代位による差押えは配当要求の終期（民執 165 条）までに行わなければならない、という手続法的な制約を受けるからだと理解するべきである。

これに対して、差押えの意義をもっぱら第三債務者保護に求める見解は、このような手続法的な論理を批判し、この場合も物上代位が優先するとする（清原泰司「判批」銀法 621 号 91 頁、平野 115 頁）。この見解については後の(d)でまとめて述べる。

(c) 供託金還付請求権への物上代位と清算金請求権の転付命令との優劣

物上代位の対象となる債権について第三債務者に供託義務を課している特別法が適用される場合には、(b)と異なる扱いがされている。すなわち、抵当権が設定されている宅地について、土地区画整理法上の換地処分に伴う清算金が供託される前に、清算金請求権を差し押えて転付命令を得た一般債権者は、転付命令を得たのが抵当権者が供託金還付請求権を物上代位に基づき差し押える前であったとしても、第三債務者に対して直接に清算金の支払を請求することができない（最判昭 58・12・8 民集 37 巻 10 号 1517 頁）。この場合には、供託により物上代位を保護する同法の趣旨から、物上代位が優先する。転付命令を得た者の清算金請求権は、物上代位の負担の付いた供託金還付請求権に転換すると構成される。

(d) 物上代位と債権譲渡との優劣

付加的物上代位と賃料債権の包括的譲渡の競合事例について、差押えの趣旨を第三債務者の二重弁済の防止にあるとした判決（61頁の平成10年判決。69頁の(i)も参照）の趣旨から見ると、代替的物上代位の場合においても、債権譲渡は304条1項ただし書の「払渡し又は引渡し」に含まれず、物上代位権が優先する。両者の優劣は、抵当権の登記時と債権譲渡の第三者対抗要件（467条2項または動産債権譲渡特例4条1項）が備わった時の先後によって判断される（登記時基準説）。この判断の理由として、次の4つが挙げられている。

①「払渡し又は引渡し」の文言は当然には債権譲渡を含まない。②債権譲渡後に物上代位を認めても、差押命令送達前は弁済により、送達後は供託により、第三債務者は免責され不利益を受けない。③物上代位権が対象債権に及ぶことは登記により公示されている。④債権譲渡の優先を認めると差押え前の債権譲渡により抵当権者の利益が不当に害される。

これに対して、差押時基準説は、登記によっては物上代位権は公示されておらず、差押えが物上代位の対抗要件であると解するから、権利濫用にならない限り、第三者対抗要件を先に備えた債権譲渡が物上代位より優先する（付加的物上代位についてであるが高橋129頁、近江149頁など）。しかし、この考え方では、(a)の場合に一般債権者の差押えよりも後から差し押さえた物上代位の優先が認められる理由が説明できない。

他方、差押えの意義をもっぱら第三債務者保護に求めると、債権譲受人が第三債務者から弁済を受けた後にも、抵当権者は同人に対して不当利得返還請求をすることができることになる（平野110頁-111頁）。しかし、第三者である債権譲受人の利益をまったく考慮せず、執行手続を後から無にする結果となるのは不当である。さらにこの場合に差押えを要することなく優先権すら残るとすると（清原・後掲27頁）、304条1項ただし書の差押えの要件を無視することになり妥当でない（内田413頁-414頁も同旨）。

(e) 物上代位と質権設定との優劣

この問題について最高裁判例はなく、物上代位の差押時と保険金請求権への質権設定の対抗要件が備わった時の先後を基準に、質権者を優先させた裁

判例がある（福岡高宮崎支判昭 32・8・30 下民集 8 巻 8 号 1619 頁）。この判決を前提に、実務では抵当権者自身が保険金請求権を対象とする質権の設定をも受けることにしており、問題はあまり顕在化していない。ただ、第三債務者保護説を採る判決（61 頁の(c)の平成 10 年判決）の判示内容によれば、質権設定を 304 条 1 項ただし書の「払渡し又は引渡し」に含めることも、差押時基準説を採るという理由付けも、もはや維持できない。それゆえ、抵当権者の差押え前に質権者が保険金の支払を受けていない限り、物上代位が優先すると予想される（松岡・77 頁の 文献 の法教 382 号 17 頁-19 頁）。

2 付加的物上代位

賃料債権に対する物上代位は、以上で説明してきた代替的物上代位とは異なる点を有するので、本書ではこれを付加的物上代位と呼び、別の項目としてここで検討する。

(1) 賃料債権に対する物上代位（付加的物上代位）の可否

> **Case 12** Xは、Aに対する債権を担保するため、Y_1 らがすでに入居していたA所有の建物甲に抵当権の設定を受け、抵当権設定登記を備えた。その後、一部の賃借人が退去し、新たに Y_2 が入居した。賃料の支払時期は前月末とされていた。Yらは 8 月分から賃料を滞納している。Aが 8 月 15 日にXに対して債務不履行に陥った。Xは、9 月 15 日に抵当権の物上代位に基づいて、AのYらに対する賃料債権を差し押えることができるか。

(a) 問題の背景

372 条で読み替えられる 304 条は、1 項で「賃貸……によって抵当不動産所有者が受けるべき金銭その他の物」、2 項で「抵当不動産所有者が目的物につき設定した物権の対価」（地上権の地代や永小作権の小作料などを指す）に物上代位ができると規定している。このように条文上は賃料債権等に物上代位ができるのは当然のようにみえる。

しかし、抵当権は使用・収益を抵当不動産所有者に委ねておく担保物権であり（369条。非占有担保性あるいは価値権性）、競売の申立て後も抵当不動産所有者は通常の用法に従って不動産を使用・収益できる（民執46条2項）。また、賃料は法定果実であるから、天然果実には抵当権の実行時までは効力が及ばないとされていた（2003（平成15）年改正前の旧371条1項）こととの均衡も問題であった。こうした規定を根拠に、抵当権が交換価値のみを把握し使用・収益価値までは支配していないという伝統的な考え方からすると、賃料債権への物上代位は抵当権の本質に反するのではないかとの疑いがあった。そもそも抵当権者が比較的少額の賃料債権に期待して抵当権の設定を受けることは少なく、費用や手間のかかる物上代位を行う必要性も乏しかった。

ところがバブル経済の崩壊による不動産不況の長期化により、抵当不動産を競売にかけても買受人があらわれない事態が生じた。一方、建物の高層化により賃料債権は高額となり、費用と手間をかけても賃料債権に対する物上代位を試みる動機が生まれた。そのため、抵当不動産が競売できるまで被担保債権の一部だけでも回収しようと、賃料債権に対する物上代位の申立てが増えた。

(b) 無条件肯定説

学説では、賃料債権は不動産の価値のなしくずし的な具体化であるとか（我妻281頁）、価値代表物である（柚木＝高木266頁）という理由で肯定説を採る見解も有力であったが、多数説や下級審裁判例には、否定説や、旧371条との均衡を考慮して競売の申立て以後のみに制限する考え方（果実説）も多かった。しかし、最高裁（50頁の最判平元・10・27）は、抵当不動産の第三取得者が供託した賃料の還付請求権に対して、競売で配当を得られなかった後順位抵当権者が申し立てた物上代位を肯定した。これは、304条の差押え要件以外の制限を設けなかったため、無条件肯定説と呼ばれる。

この判決によれば、前頁のCase 12において、抵当権設定登記前にすでに入居していたY_1に対する賃料債権も、抵当権設定登記後に入居したY_2に対する賃料債権も、物上代位の対象となる。ただ、無条件といっても、賃料債権に対する物上代位は、賃貸人から収益を奪う抵当権の実行として行われるから、被担保債権が債務不履行となって抵当権の実行の要件が整っていな

ければならない。この点が、債務不履行になっていなくても対象債権を保全する必要がある代替的物上代位とは異なる。

無条件肯定説の根拠として平成元年判決が示すのは、372条が304条をなんらの制限を加えず準用しており、抵当権も先取特権も非占有担保であり準用に際して異なる判断をする理由がないこと、および、賃料債権に物上代位を認めても抵当不動産所有者の使用を妨げることにはならないこと、という簡略なものにすぎなかった。そのため、学説には、賃料債権に対する物上代位になお批判的なものが多かった。否定説や果実説のほか、抵当権設定後の賃借人（64頁のCase 12のY₂）に対する賃料債権にのみ、賃貸借契約による減価の補償として物上代位を認める見解なども主張された（この時期までの議論の整理として鎌田・76頁の文献）。また、賃料債権に対する物上代位は、収益執行が認められていなかったことへの緊急避難的な措置として肯定されたにすぎないとの評価もある（内田406頁、清水46頁-47頁など）。しかし、物上代位は、2003（平成15）年改正による収益執行の導入にもかかわらず残り、両者は機能分担をしている（87頁の(3)および88頁以下の**3**）。

(c) 無条件肯定説の理論的根拠

本書は、利益衡量に基づく政策的な見地から判例を支持する（鎌田・76頁の文献）にとどまらず、判例を理論的に支持する（松岡・77頁の文献の「抵当権の本質論について」）。すなわち、競売手続が速やかに進行し、所有権を取得した買受人が直ちにその不動産を使用・収益できるようになるとすれば、買受人の下で実現する使用・収益価値を反映して買受代金は高くなり、その代金には抵当権者の優先権が本来及んでいたはずである。しかし、実際には、競売手続開始から買受人への所有権移転までの間には時間的間隔がある。その間に生じた果実や賃料（これは抵当権実行開始時と終了時の間の交換価値の差額に相当する）を抵当不動産所有者に取得させることは、競売代金の低減により抵当権者を害するおそれがあり、抵当不動産所有者が競売手続を遷延させる動機となりかねない。なるほど減価しない土地や使用しなくても経年変化で価値が低下する建物を考えれば、たしかに使用・収益価値は単純には交換価値のなしくずし的具体化とはいえない。しかし、上記のとおり、交換価値は使用・収益価値を反映したものであり、その意味では交換価値の一部の具

体化とみることもできる。それゆえ、交換価値の支配権である抵当権は、使用・収益価値をも物上代位や収益執行により優先権の対象とすることができる。ドイツ法やフランス法も、法律構成は異なるものの、抵当権者が賃料（債権）を優先権の対象としうることを認めている。

また、抵当物件の担保価値を評価する際、かつては使用・収益価値は考慮されなかったが、現在では、不動産鑑定評価における収益還元法の重視など、むしろ使用・収益価値を基準にした担保評価に転じる傾向にある（近江83頁-84頁は、交換価値と収益価値を峻別する点で問題があるが、やはり収益価値重視の方向性を指摘している）。抵当権者が使用・収益価値にも優先権を行使できるという理解は、このような担保評価の捉え方と照応する。

もっとも、抵当権が、設定者に使用・収益をとどめる担保権であるという性質から、使用・収益価値に対する支配は、時間的な制約を受ける。抵当権がそのような支配可能性を有することは、抵当権設定登記によって公示されているとしても、差押えがされるまでは、抵当不動産所有者による使用・収益の自由が保障されなければならないから、抵当権の実行としての物上代位または収益執行による差押えによって初めて支配が現実化する 補足。この点が、抵当権と、担保権設定時から設定者の使用・収益を制約する質権との本質的な区別である。

補足　抵当権の及ぶ賃料債権の範囲

抵当権の及ぶ賃料債権の範囲については3つの解釈が可能である。①差押え以後に発生したもの（64頁のCase 12の10月分以降）に限る考え方、②債務不履行以後に発生していれば差押え以前に発生したもの（Case 12の9月分）を含むとする考え方、③差押え時に設定者に帰属していれば債務不履行以前に発生していたもの（Case 12の8月分）をも含むとする考え方である。

筆者は、かつて①の考え方を主張し、現在これを支持する見解もある（平野90頁）。また、371条の文言に忠実に解釈すれば、②の考え方が自然であり、収益執行の対象を「既に弁済期が到来し、又は後に弁済期が到来すべき法定果実」とする規定（民執93条2項）は、債務不履行時ではなく収益執行開始時を基準と解することで、371条との矛盾を回避することができる（石田333頁）。しかし、すでに論じたように、371条の文言自体に問題がある（50頁以下の(2)）。差押えの時点で抵当不動産所有者に帰属していた賃料債権は、その発生の時点を問題にせずに一般債権者の差押えの対象となる。このこととの対比で、賃料債権に抵当権の効力が及んでいることを一般債権

者に対して対抗できる場合に、物上代位の差押えが一般債権者の差押えに遅れたからといって、一般債権者に劣後する理由はない。③の見解は民事執行法93条2項の規定とも整合的である。それゆえ、③の見解に改める。

　もっとも、差押え前には賃料債権の処分（譲渡・相殺・弁済受領など）は抵当不動産所有者の自由に委ねられているから、差押え前に既に発生した賃料債権について行われた処分の効力は、その後の物上代位に基づく差押えによっても影響されない（75頁以下の3）。債務不履行以前の賃料が未払のまま残っている場合は多くはないため、実際には①〜③説で違いが出るのは64頁のCase 12のような場合に限られる。

(d) 2003（平成15）年改正後の動向

2003（平成15）年の担保・執行法改正は、371条を、被担保債権の不履行後は抵当権の効力が果実に及ぶ旨に改め、収益執行制度を新設し、賃料債権への物上代位も否定しなかった。この改正により、抵当権の効力が使用・収益価値に及ばないとする抵当権の本質論を根拠に賃料債権への物上代位を否定することは困難になった（道垣内148頁、高木142頁）。

対象物の滅失・損傷に類する場合、すなわち代替的物上代位に類する場合にのみ例外的に賃料債権への物上代位を肯定する見解も存在する（加賀山385頁・389頁-390頁）。この見解では、抵当権設定登記前の賃貸借に基づく賃料債権は、抵当権者が負担として覚悟するべき賃貸借契約に基づいて発生し、抵当権者の把握した担保価値を減少させるものではないから、物上代位は認められないだろう。しかし、この場合にも収益執行は可能であるため、同じ法定果実について物上代位と収益執行で不均衡が生じてしまい、妥当でない。

(2) 付加的物上代位と競合する権利との優劣

付加的物上代位については、一般債権者の差押えや賃料債権の譲渡との優劣のほか、転貸料債権への物上代位の可否、賃借人による相殺との優劣、敷金充当などが問題となってきた。一般債権者の差押えとの優劣については、代替的物上代位と同様に扱われると思われるため（61頁以下の(a)）、それ以外を順に取り上げる。なお、将来の賃料債権を一定の金額に満つるまで包括的に差し押さえた場合には、券面額がないため転付命令は出ず、物上代位と転付命令との優劣（62頁の(b)）は問題とならない。

(a) 物上代位と賃料債権の譲渡との優劣

> Case 13　Xは、Aに対する債権を担保するため、Y_1らがすでに入居していたA所有の建物甲に抵当権の設定を受け、抵当権設定登記を備えた。その後、一部の賃借人が退去し、新たにY_2が入居した。賃料の支払時期は前月末とされていた。Yらは8月分から賃料を滞納している（ここまではCase 12と同じ）。
>
> 　Aが8月15日に債務不履行に陥ったので、Xが9月15日にAのYらに対する8月分以降賃貸借契約の期間内の19か月分の賃料債権$α$を抵当権の物上代位に基づいて差し押えたところ、Aは差押えの直前に$α$を担保としてZ_1に譲渡し確定日付のある証書によりYらに通知していた。XとZ_1のいずれがYらに賃料の支払を請求できるか。

(i) 判例の見解

判例（61頁の最判平10・1・30）は、304条1項ただし書の差押えの意義につき第三債務者保護説を採用し、物上代位の優先を認めた。すなわち、同条1項ただし書の趣旨は第三債務者の二重弁済の防止にある。この趣旨から見ると、抵当権設定登記後に第三者対抗要件を備えた債権譲渡は304条1項ただし書の「払渡し又は引渡し」に含まれず、物上代位権が優先する（判断の理由は63頁の(d)。付加的物上代位の事案であるが物上代位一般として説いている）。

これをCase 13に当てはめると、抵当権設定登記が債権譲渡の第三者対抗要件（467条2項または動産債権譲渡特例4条1項）より先に備わっているため、Yらに$α$債権の支払を求めうるのはXとなる。また、差押え時に対象債権の弁済期が到来しているか否かを問わないとも判示されているので、Z_1がすでに弁済を受けていない限り、8月分・9月分についてもXが優先することになろう。

(ii) 学説の概況

学説の多くはこの平成10年判決には批判的である（松岡久和「判批」民商120巻6号1012頁以下）。差押えを物上代位の対抗要件であるとする考え方で

は、第三者対抗要件を先に備えた債権譲渡が優先する（差押時基準説。高橋129頁、清水55頁）。しかし、これでは抵当権者の物上代位権があまりに害される。こうした執行妨害に対しては、この説でも権利濫用などにより債権譲渡の効力の主張を制限することで対処できるが（近江149頁）、画一的な判断基準による迅速な処理を必要とする執行の場合に、一般条項による問題処理は適切でない。

本書の見解は、登記によって賃料債権に抵当権の効力の及ぶ可能性が公示され対抗力を有するが、支配が具体化するのは差押えによってであり、差押え前の既発生の賃料債権の処分の効力はその後の物上代位に基づく差押えによっても影響されないとする（二段階基準説。近江149頁の整理は誤解で、将来の賃料債権について、本書は判例を支持する）。この考え方では、69頁のCase 13において8月分・9月分の賃料債権についてのみZ_1がYらに支払を請求できる（67頁の補足。平野100頁は8月分・9月分の賃料債権には抵当権の効力が及ばないとする）。

また、平成10年判決の採用した第三債務者保護説には批判的な見解が多い。抵当権設定登記を知っていても、第三債務者は、行使されるかどうか不確実な物上代位を気にせずに差押えがされるまでは従来の債権者に弁済することができる。したがって、第三債務者にはそもそも二重弁済の危険がなく、第三債務者保護説の前提は成り立たない。差押えには第三者をも保護する機能があり、差押え前に弁済を受けた賃料債権譲受人は保護されるべきであり、同人に対して、抵当権者が不当利得返還請求権を行使できるとするべきではない（道垣内148頁・150頁-151頁・153頁-154頁、山野目293頁も同旨）。

(b) 転貸料債権に対する物上代位

> Case 14　Xは、Aに対する債権を担保するため、A所有の建物甲に抵当権の設定を受け、抵当権設定登記を備えた。Aは、甲をZ_2に一棟貸しし、Z_2からYらに各部屋を転貸した。Z_2とYらの間の転貸料は賃料相場に見合ったものであったが、AとZ_2の間の賃料額は著しく低かった。XはZ_2のYらに対する転貸料債権に対して物上代位ができるか。

前頁の Case 14 のような事例において、下級審裁判例が、肯定説、限定的肯定説、否定説に分かれていたところ、最高裁（最決平 12・4・14 民集 54 巻 4 号 1552 頁。以下「平成 12 年決定」という）は、原則否定・例外肯定とする立場を示し、現在の学説はこの見解を支持するものがほとんどである（平野 99 頁は反対）。原則否定の理由として、賃借人は物的責任を負担するものではないから、304 条の「債務者」には含まれず、転貸料債権に対する物上代位を認めると、正常な賃借人＝転貸人の利益を不当に害する、とする。もっとも、所有者の取得するべき賃料を減少させ、または抵当権の行使を妨げるために、法人格を濫用し、または賃貸借を仮装した上で、転貸借関係を作出したものであるなど、抵当不動産の賃借人を所有者と同視することを相当とする場合は、例外的に肯定してよいとする。

　Case 14 において、A に対する無担保債権者 Z_2 が抵当不動産を安く借り受け、相場価格で転貸して差額を自己の債権回収にあてる事例や、債務者が物上保証人所有の建物の賃借人＝転貸人となる事例がある。これらの場合は、上記の判例の例外の定式から漏れてしまう。抵当権者 X は、本来、無担保の一般債権者 Z_2 に優先するべき立場にあるはずである。転貸形式を用いることで、賃料相場相当の転貸料と賃料の差額を奪って X の優先弁済権を侵害する行為は容認されるべきでなく、転貸料に対する物上代位を認めてしかるべきである。平成 12 年決定の例外の「抵当不動産の賃借人を所有者と同視することを相当とする場合」という定式は、文字どおりの限定的なものと考えるべきではなかろう（内田 408 頁も同旨か。松岡久和「判批」民商 124 巻 2 号 243 頁以下）。実務の運用実態は原則肯定説となっており、平成 12 年決定の建前論は妥当していないという指摘もある（清原泰司「福岡地小倉支決平 19・8・6 判批」リマークス 37 号 24 頁-25 頁）。

　(c) 賃借人の相殺との優劣

Case 15　X は、A に対する債権を担保するため、Y_1 らがすでに入居していた A 所有の建物甲に抵当権の設定を受け、抵当権設定登記を備えた。その後、一部の賃借人が退去し、新たに Y_2 が入居した。賃料の支払時期は前月末とされていた。Y らは 8 月分から賃料を滞納している。

Aが8月15日にXに対して債務不履行に陥った（ここまではCase 12と同じ）。

Xが9月15日にAのY₁に対する8月分以降賃貸借契約の期間内の19か月分の賃料債権を抵当権の物上代位に基づいて差し押えた。Y₁は、Aに対して次の債権を反対債権として相殺を主張し、Xの支払請求を拒むことができるか。

[1] Y₁が甲の建設前にAに対して取得した建設協力金の返還債権
[2] Y₁が甲の賃借後にAに対して取得した貸金債権
[3] Y₁が甲の賃借の際にAに差し入れていた敷金の返還債権

(i) 判例の見解

判例（最判平13・3・13民集55巻2号363頁。以下「平成13年判決」という）は、抵当権の設定登記と賃借人の反対債権の取得時期の先後によって、物上代位と相殺の優劣を判断した。すなわち、抵当権の効力が物上代位の対象となった賃料債権にも及ぶところ、物上代位により抵当権の効力が賃料債権に及ぶことは抵当権設定登記により公示されているとみることができるから、抵当権設定登記の後に取得した賃貸人に対する債権と物上代位の対象となった賃料債権とを相殺することに対する賃借人の期待を物上代位権の行使により賃料債権に及んでいる抵当権の効力に優先させる理由はない。それゆえ、反対債権が抵当権設定登記以後に取得された場合には、相殺や相殺合意よりも物上代位権が優先する。ただし、物上代位権の行使としての差押えがなされる以前に行われた相殺の効力はなんら制限されない、とも判示されている。

Case 15では、Y₁は、[1]の建物建設前に（したがって抵当権設定登記前に）生じている建設協力金返還債権による相殺をXに対抗できるため、その限りで賃料を支払わなくてよい。他方、[3]の敷金返還債権は明渡し時に発生するから（最判昭48・2・2民集27巻1号80頁）、差押え後に取得した債権であり、Y₁は差押えをしたXに相殺を対抗することができない（511条。ただし、次の(d)で述べるとおり、敷金の性質に照らして、Yは、明渡し後は敷金の未払賃料への充当を主張することができる）。[2]の貸金債権は両者の中間である。それは差押え前に取得した債権であるから511条の制約は受けないが、抵当権設

定登記後に取得した債権なので、やはり原則としてY₁は相殺をXに対抗できない。

　もっとも、8月分・9月分の賃料債権について差押え前に相殺の意思表示がされていれば、相殺によりこの2か月分の賃料債権はすでに差押え前に消滅していて、304条1項ただし書の「払渡し又は引渡し」に該当するから、Y₁には支払義務はない。差押え前にすでに相殺適状が生じていたがY₁が相殺の意思表示をしたのが差押え後である場合については、平成13年判決は明らかにしていない。304条1項ただし書が差押え前に相殺の意思表示まで必要とするという趣旨だと理解すれば相殺は対抗できないとも考えられる。しかし、相殺が相殺適状時点に遡及するとの規律（506条2項）を考慮すれば、相殺の期待を優先させてY₁は相殺をXに対抗できる。

(ii) 学説の概況

　平成13年判決以前には、非常に多様な見解が存在していた（松岡・77頁の文献の「物上代位と相殺の優劣」）。大きな対立構図は、平成10年判決（61頁の(c)）と、相殺について無条件説を採った判例（最大判昭45・6・24民集24巻6号587頁、以下「昭和45年判決」という）のいずれの枠組みを重視するべきかであった。

　下級審裁判例と学説の比較的多数は、平成10年判決を受けて抵当権設定登記の公示力・対抗力を強調し、相殺を認めると、登記によって確保された抵当権者の物上代位の期待を侵害するとした（登記時基準説）。もっとも、この説でも、差押え前になされた相殺の効力を有効と見るか否や、登記と何の先後関係を基準とするのかについては、見解は多様に分岐していた。平成13年判決は、登記時基準説からすれば当然の結論であるが、差押え前の賃料債権処分が物上代位に対抗できないとした平成10年判決とは異なり、差押え前の抵当不動産所有者の賃料債権処分の自由を保障する点では、二段階基準説を採用するものと解することもできる。それ以前の混乱していた裁判実務に統一指針を示したものとして、平成13年判決の判断枠組みを一般的には支持するものが増えている（平野120頁は、差押え以後に発生する債権にしか物上代位の効力が及ばないため、304条1項ただし書による例外を議論する必要がないとするが、67頁の補足で述べたように前提に問題がある）。

これに対して、差押えを物上代位の対抗要件と考える差押時基準説は、昭和45年判決をより重視し、物上代位に基づく差押え後に賃借人が自働債権を取得した511条の場合以外では、原則として相殺を優先させるべきだという。もっとも、ここでも例外として相殺権の濫用に当たる場合を広く認めれば、結論的には判例とそれほど変わらないが、一般条項によることの不安定さは否めない。平成10年判決の方こそ問題の根源と評価するためか、そちらで差押時基準説を主張する教科書類の多くも、平成13年判決は淡々と紹介するにとどまっている（登記の対抗力を強調する石田333頁-334頁が差押時基準説を支持するのは論理的に一貫しない）。

(d) 物上代位と敷金充当の優劣

> Case 16　Xは、Aに対する債権を担保するため、Y_1らがすでに入居していたA所有の建物甲に抵当権の設定を受け、抵当権設定登記を備えた。その後、一部の賃借人が退去し、新たにY_2が入居した。賃料の支払時期は前月末とされていた。Yらは8月分から賃料を滞納している（ここまではCase 12と同じ）。
>
> 　Xが9月15日にAのY_1に対する8月分以降賃貸借契約の期間内の19か月分の賃料債権を抵当権の物上代位に基づいて差し押さえた。Y_1は、7か月分の賃料を払わないまま、Aとの賃貸借契約を解約して甲から退去した。XがY_1に19か月分の賃料の支払を求めたところ、Y_1は、7か月分の未払賃料債務はY_1がAに預けていた敷金が充当されて消滅しており、残り12か月分の賃料債務は賃貸借契約を解約したので生じない、と主張した。

(i) 判例の見解

判例（最判平14・3・28民集56巻3号689頁、以下「平成14年判決」という）は、第1審が平成13年判決と同様の論理で敷金返還請求権による相殺を否定した事件において、敷金返還請求権の消滅は相殺とは異なることを強調して賃借人を保護した。すなわち、賃借物の返還時に残存する賃料債権等は敷金の充当により当然に消滅するが、これは敷金契約から発生する効果であり、

相殺のように当事者の意思表示を必要としないから、511条は妨げとはならない。抵当権者は、物上代位に基づく差押え前には、原則として抵当不動産の用益関係に介入できないから、抵当不動産の所有者等は、賃貸借契約に付随する敷金契約を締結するか否かを自由に決定できる。敷金契約が締結された場合の賃料債権は敷金の充当を予定した債権になり、このことを抵当権者に主張できる。

この判決によれば、前頁のCase 16でY_1が賃貸借契約を解約して建物を明け渡したときは、未払の賃料債権は敷金の充当によりその限度で消滅し、Xの物上代位は対象を失う。賃料債権が差し押さえられても賃貸借契約を解約することは妨げられないので、解約後には賃料債権は生じず、Xの物上代位はこの分についても空振りとなる。

(ⅱ) 学説の概要

賃貸人との力関係を考えると、抵当権の設定された建物を借りざるをえない賃借人が敷金返還債権について賃貸人に担保を設定させて自衛することは困難である。それゆえ、平成13年判決の一般的な枠組みを支持するとしても、賃借人の敷金については特別の配慮が必要なことが多くの学説から指摘されていた。物上代位より敷金回収を優先させる平成14年判決の結論には賛成するものがほとんどであるが、賃料債権と敷金返還債権の牽連性の強さを理由に、敷金充当のみならず相殺をも物上代位に優先させるべきだとの主張もある（加賀山394頁）。どこまで平成13年判決に対する例外を拡張できるかが今後議論されるべき課題である（松岡久和「抵当権に基づく賃料債権への物上代位」法教382号（2012年）22頁-23頁）。

3　物上代位における差押えの意義・再論

物上代位の要件としての差押えの意義は、代替的物上代位と付加的物上代位、さらには動産売買先取特権に基づく物上代位とも共通して論じられる傾向が強かった。これに対して、抵当権と先取特権では公示の有無や追及効に違いがあることが意識され、登記時基準説と第三債務者保護説を結び付けた平成10年判決が登場した。

しかし、登記の公示力・対抗力を強調すれば、差押え要件を不要とするこ

とになるが（石田326頁-328頁・340頁）、それは、実行前の抵当不動産所有者の賃料債権処分の自由を保障する抵当権の性質とは抵触するおそれがある。平成13年判決は、事案の違いから必ずしも明確ではないが、抵当不動産所有者の賃料債権処分の自由を配慮し、登記時基準説を二段階基準説へと修正したものと解しうる。また、第三債務者の保護のみを理由に、賃料を受領した債権譲受人や差押債権者などの第三者に事後の不当利得返還責任を負わせることも、取引の安全や執行制度への信頼を損ね、やはり差押え要件の意義を失わせる。物上代位一般に妥当する執行の論理から、物上代位権を行使する差押えには時的限界があることを示した判例は（転付命令後の物上代位を否定する61頁の平成14年判決）、第三債務者保護説を軌道修正し、従来の判例の立場に回帰するものである。

　結局、従来の判例の流れから突出した平成10年判決では、差押え要件の意義を説明しきれない。差押えには第三者の保護や優先権の保全の機能も認められるべきである。そのうえで、代替的物上代位と付加的物上代位の違いが考慮される必要がある。抵当不動産の価値がなくなったことの代償という性質をもつ代替的物上代位では、抵当不動産の価値の変形物が一般財産へ混入するのを防止し優先権を保全する意義が差押えにある。これに対して、抵当対象不動産の競売による債権回収で足りれば賃料債権に対する付加的物上代位を行う必要はなく、また、抵当不動産所有者の賃料債権処分の自由を考慮すれば、その場合の差押えには、抵当権の実行としてそのような処分の自由を奪うことに独自の意義がある。

文献

　第4節全体について、2003（平成15）年の担保・執行法改正前のもので現行規定と対応していないものもあるが、湯浅道男「抵当権の効力の及ぶ範囲」講座(3)47頁以下、角紀代恵「民法370条・371条」百年Ⅱ593頁以下、新注民(9)28頁-123頁が詳しい。

　物上代位については、清原泰司『物上代位の法理』（民事法研究会、1997年）が第三債務者保護説を主張する詳細な研究書である。生熊長幸「民法304条・372条（先取特権・抵当権の物上代位）」百年Ⅱ537頁以下では、この時期までの判例・学説の詳細な整理がされている。

　賃料債権に対する物上代位については、鎌田薫「賃料債権に対する抵当権者の物上

代位」石田喜久夫・西原道雄・高木多喜男先生還暦記念論文集『金融法の課題と展望（下）』（日本評論社、1990 年）25 頁以下、松岡久和「賃料債権に対する抵当権の物上代位と賃借人の相殺の優劣(1)～(3・完)」金法 1594 号 60 頁以下、1595 号 33 頁以下、1596 号 66 頁以下（いずれも 2000 年）、松岡久和「抵当権の本質論について」高木多喜男先生古稀記念『現代民法学の理論と実務の交錯』（成文堂、2001 年）3 頁以下、生熊長幸『物上代位と収益管理』（有斐閣、2003 年）が詳しい。松岡久和＝上原敏夫＝甲斐哲彦「物上代位」鎌田ほか編『民事法Ⅱ〔第 2 版〕』（日本評論社、2010 年）72 頁以下が総合的で簡潔なまとめとなっており、詳細はそこでの引用文献を参照。松岡久和「抵当権に基づく賃料債権への物上代位」法教 382 号（2012 年）15 頁以下は、直接の判例のない問題を素材とし判例群の相互関係を分析する。

第 5 節　抵当権の実行手続

　本節は、抵当権の優先弁済権を実現するための手続を取り上げる。その中では、まず、競売手続、次いで、収益執行手続を概観する。さらに、抵当不動産所有者が破産したり、抵当不動産所有者に会社更生または民事再生手続が開始した場合（以上をまとめて倒産手続という）において、抵当権がどのように扱われるのかをも示す。

　本節は、主として制度の概説なので退屈な面があることは確かである。しかし、執行・倒産の基本知識がないと担保物権法を深く理解することはできない。本節での説明は、抵当権の効力にも影響する重要な制度や基本的な考え方を理解するために不可欠なので、ぜひ条文を確認しながら読み進めていただきたい。

第 1 項　公的実行と私的実行

　抵当権の実行は、民事執行法（昭 54 年法 3 号）によって規律され、裁判所による一般債権者のための強制執行手続に準じて行われる（民執 188 条）。民事執行法制定前は競売法という強制執行とは別の法律が担保権の実行手続を定めており、その手続は強制競売との対比で任意競売と呼ばれていたが、民事執行法で両者が統一的に規律されるに至った。抵当権の実行方法には、競

売と収益執行があり（民執180条1号・2号）、さらに、賃料債権に対する物上代位のような付加的物上代位（64頁以下の❷）も抵当権の実行方法の1つである。物上代位の手続についてはすでに述べたので（59頁の(a)）、以下では、競売と収益執行を順に概観する。

民事執行法による抵当権の実行は、公的実行と呼ばれることがあり、これとの対比で、民事執行法によらない抵当権の実行は、私的実行と呼ばれる。具体的には、抵当権者が、抵当不動産の所有権を取得したり（売買や482条の代物弁済）、抵当不動産を競売手続によらずに売却する（任意売却）との特約による。こうした抵当権の私的実行を伝統的には流抵当とか抵当直流と呼ぶ。いずれの場合にも抵当権は、抵当権者の抵当不動産の所有権取得による混同（179条）か、抵当権の放棄あるいは設定契約の合意解除（抵当権を消滅させないと買ってもらいにくい）によって消滅する。

流抵当の特約は、質権の場合のような流質禁止の規定（349条。228頁以下の❷）がないので有効と解されていた（大判明41・3・20民録14輯313頁）。しかし、抵当権と併用されることが多かった仮登記担保について、1978（昭和53）年の仮登記担保法で清算義務が課されたことから（289頁の第2項）、仮登記担保との併用がない場合でも、抵当権者が被担保債権額を超えて利益を得ること（いわゆる丸取り）は認められず、抵当権者には清算義務が課されるものと思われる。すなわち、抵当不動産の評価額や売却額が被担保債権額を超える場合には、抵当権者は、差額を抵当不動産所有者に支払わなければならない。こうした経緯から、流抵当の特約は現在ではほとんど使われていないようである。

競売は最後の手段？

住宅ローンの貸付金回収のほとんどは債務者の月々の弁済によって順調に行われ、最終的には被担保債権全額が完済されて抵当権は付従性により消滅する。企業金融においても、抵当権の実行を考えなければならない融資は、返済能力等の評価を誤った失敗した融資だと言われることさえある。このように、そもそも抵当権は実行されることが少ないのである。

また、被担保債務の弁済が滞っても、抵当権者が直ちに抵当権の実行を申し立てることは稀で、保証人等による弁済を期待したり、債務者と相談・交渉して、債務の弁済計画を練り直し、貸付期間の延長、弁済の猶予、債務の一部免除などの対応が行わ

れることが多い。

　さらに、こうした対応がうまくいかなくても、抵当権者が抵当不動産を競売にかけるとは限らない。競売の申立てから買受人の登場まで平均して6か月くらいはかかると言われているように、競売手続には時間がかかるし、売却価額も市場相場価格より低くなる傾向がある（大都市の都心部では市場相場価格より高く売れる場合もあるが）。設定者が売りたくて売るのとは異なり、設定者の意に反して行う競売には執行妨害などの特有の危険がある。また、多くの競売物件は、不動産業者が買い受け、化粧直しをして転売することが多いため、自ずからいわば卸売価格となるのである。

　そのため、私的実行とりわけ任意売却が好まれる。任意売却には、市場相場価格に近い価額で売却でき、被担保債権回収も迅速に行えるという長所があるからである。もっとも、設定者以外の占有者がいて立ち退かせる必要がある場合や、後順位担保権者の担保権設定登記を抹消する必要がある場合には、これらの者から同意や協力を得る必要があり、立退料や担保抹消の承諾料（俗に「判子代」と呼ばれる）などを請求されることが少なくない。協力が得られなかったり、法外な立退料や承諾料を請求されると、任意売却は困難になる。明渡請求や抹消登記請求ができるとしても、訴訟をすることが必要になると、費用対効果の高さや迅速さという任意売却の利点が失われてしまう。

　抵当権者は、任意売却と公的競売の得失を事例に応じて考慮して選ぶことになろう。

第2項　競売手続の概要

　競売とは、執行裁判所の下で、強制的に抵当不動産の換価（売却）を行って、その売却代金を各債権者に配当するもので、民事執行法181条以下の手続による。手続は、競売開始手続、売却手続、配当手続の3段階に大別される。担保権実行に固有の手続を除いて、一般債権者による不動産の強制競売の手続（民執81条を除く45条-92条）が準用されている（民執188条。以下ではこの条はいちいち示さない）。配当により競売手続が終了した後に、全額を回収できなかった担保権者は、残額について一般債権者となる。

1　競売開始手続
(1)　競売の申立て

　抵当権の実行は一般に、抵当権の存在を公権的に証明する文書を不動産競売申立書その他の必要な書類と共に、その不動産の所在地を管轄する地方裁

判所に提出することで開始する。この文書は、確定判決やこれに類するものの謄本、公正証書の謄本または担保権の登記に関する登記事項証明書のいずれかに限定されており（民執181条1項1号-3号）、通常は登記事項証明書を提出することによる。抵当権者は、申立ての印紙代、差押の登記費用および手続を進めるために必要な費用として裁判所書記官が定める予納金（民執14条）を納める必要がある。予納金は、管轄裁判所、不動産価額、被担保債権額などによって異なるが、2000万円未満の不動産・被担保債権額1000万円という比較的少額の例でも、おおむね60万円以上である（最終的には債務者の負担となる）。

後順位の抵当権者や債務名義を持つ一般債権者も抵当不動産の競売を申し立てることができる。ただ、不動産の買受可能価額から、先順位の担保権者が優先弁済を受ける被担保債権の総額と実行にかかる手続費用の合計額を控除したときに剰余がなければ、原則として競売手続は取り消される（民執63条。無剰余競売の禁止）。自らが配当を受ける見込みがない無益な競売を避けるためである。

> 補足 **二重の競売開始の申立て**
> 　抵当権者が競売を申し立てなくても、他の担保権者や一般債権者が競売を申し立てると、無剰余を理由に手続が取り消されない限り、その不動産上のすべての抵当権が競売により抹消される（83頁の(c)）。その代わり、抵当権者は、配当要求の終期までに債権額を届け出ることによって、その順位に従った配当を受けることができる。すなわち、抵当権者は債権額の届出だけで、一般債権者として債務名義を得て配当要求をすること（民執51条）を必要とせず、他の債権者が開始した執行手続を利用して配当を受けられるのである。
> 　しかし、先に行われた競売の申立ては取り下げられたり取り消されることもあり、その場合には、そこまで進行した競売手続が無駄になる。そのような場合に備えて、抵当権者は、二重に競売を申し立てて、二重の競売開始決定を得ることができる（民執47条1項）。

(2) 競売開始決定

執行裁判所は、申立ての要件が備わっていることを審査し、適法と認めたときは、競売開始決定を行い、債権者のために不動産を差し押さえる旨を宣言する（民執45条1項）。この決定は抵当不動産所有者に送達され、また嘱

託によって不動産に差押えの登記が行われる（民執45条2項、48条）。送達時か登記時の早い方の時点で、差押えの処分禁止効が生じる（民執46条1項）。差押え以後の権利の取得は差押債権者に対抗できず、売却により権利を失う（民執59条2項）。

　もっとも、抵当不動産所有者は、差押え後も通常の用法に従った抵当不動産の使用・収益を行うことができる（民執46条2項。果実の収取や樹木の伐採などはできなくなる）。抵当不動産所有者から差押え後に賃借した者など当該不動産の利用権を有する者も買受人が現れるまでは使用・収益を継続できる（差押え前からの当該不動産利用権者の処遇については、115頁以下の第1項）。

　競売開始決定に不服のある債務者あるいは不動産所有者は、執行異議の申立てをすることができ（民執45条3項）、あわせて執行停止の裁判を申し立てて執行手続を止めることができる（却下決定に対しては執行抗告で争う。民執93条5項）。手続の瑕疵のほか、被担保債権が履行遅滞となっていないことや、抵当権が不存在であったり消滅していることも異議事由として主張できる。担保権不存在の確認や担保権設定登記の抹消登記手続を求める訴訟を提起して争うこともできる。

2　売却手続

　売却手続は、以下の(1)から(3)のように進められる。

(1)　配当要求の終期の決定と公告、債権届出の催告

　執行裁判所は、競売による売却代金の配当要求の終期を定め、開始決定がされた旨と配当要求の終期を公告し、配当に与りうる債権者（差し押さえた債権者や登記されている債権者など）に対して、債権の存否・原因・額を配当要求の終期までに執行裁判所に届けるべき旨を催告する（民執49条）。公告は、書面を裁判所の掲示場等に掲示することで行われる（民執規4条1項）。

(2)　現況調査と評価をふまえた売却基準価額と売却条件の決定

　執行裁判所は、執行官に命じて抵当不動産の物件の形状、占有状況、権利関係などの現況調査を行い（民執57条）、買受人の引受けになる権利や法定

地上権の成否を判断し、不動産鑑定士等の評価人に抵当不動産の評価を命じる（民執58条）。評価額は、競売市場の特性を反映して市場相場価格から20％ないし40％を減額した額（競売市場修正）とされる。その評価をふまえて、執行裁判所が、不動産の売却基準価額を決定する。買受けを申し出ることができる額（買受可能価額）は、この売却基準価額の80％以上でなければならない（民執60条）。

　無剰余取消しも（80頁の(1)の末尾）、複数の不動産に競売が申し立てられている場合の一括売却の可否も（民執61条）、この段階で判断される。

(3) 物件明細書の作成、売却方法の決定と公告、内覧

　執行裁判所の書記官は、抵当不動産に関する権利関係などの必要な情報が記載された物件明細書を作成し、現況調査報告書および評価書の写しとともに、一般に閲覧できるようにする（民執62条。インターネットも使われる。民執規31条1項）。また、期間入札（一定期間内に文書で買受けの意思表示をさせるもの）か特別売却（民執規51条。期間入札で売却できなかった場合の先着順）のいずれかの売却方法によることを決定して公告する（民執64条）。

　差押債権者の申立てがあるときは、不動産の買受希望者にその不動産に立ち入って見学することを認める内覧を実施する（民執64条の2）。こうした手続により、買受希望者は、買受け申出をするかどうかや、買受申出をする場合にその額を決める。

(4) 売却の実施

(a) 買受人となれる者

　債務者は買受人となれない（民執68条）。抵当権者自身が買い受けることもできる。物上保証人や抵当不動産の第三取得者（390条）も、買い受けて自らの所有権を確保し、売却価額以上の責任を負わないことを確定することができる。買受けの申出には、執行裁判所が定めた金額（売却基準価額の20％以上）の保証を提供しなければならない（民執66条、民執規39条）。

(b) 売却許可決定と買受人の所有権取得

　最高価額で買受けを申し出た者が、執行裁判所の売却許可決定を得て、買

受人となる（民執69条以下）。買受人は、代金（保証金は代金の一部として充当）を納付した時に、不動産の所有権を取得し（民執79条）、裁判所書記官の嘱託により買受人への移転登記が行われる（民執82条1項1号）。買受人は、抵当権の不存在または消滅により、所有権の取得を妨げられない（民執184条）。同条は一定の公信力を付与するものであるが、あくまでも担保権の不存在・消滅という状況に対処するためのものであり、競売手続上で所有者とされている者に所有権がなかった場合には適用されない。

> 補足　**競売手続上で所有者とされている者に所有権がなかった場合**
> 　所有者の権利喪失は、競売手続において当事者として扱われ、自己の権利を主張する機会を保障されていたことにより正当化される。それゆえ、たとえば、債務者Aが所有者Xから土地を買い受けた契約が無効であったが、A所有の土地と誤信して設定された抵当権が実行され、Yが買受人となった場合、同条は適用されず、YはXからの返還請求や抹消登記請求に服する。もっとも、94条2項の（類推）適用により、抵当権設定登記の外観作出につき帰責性のあるXが善意（場合によって善意無過失）のYに無効を主張できない場合がありうる（最判平5・12・17民集47巻10号5508頁。田邊誠『民事執行・保全判例百選〔第2版〕』56頁）。所有権を取得できなかったXは、Aに対し、Aが無資力であるときは配当を受けた債権者に対し、責任を追及できる（568条）。

(c) 消除主義の原則

　売却によって対象不動産上の担保物権は原則としてすべて消滅する。抵当権設定登記後に設定された賃借権や競売による差押え後に所有者から抵当不動産を買い受けた者の所有権など、最上位の担保物権に対抗できない権利もすべて消滅する（民執59条1項-3項）。担保物権を有する者は、配当手続の中で順位に従って優先的な弁済を受ける（民執49条2項2号、50条1項、87条1項4号）。この扱いは、買受人の所有権の負担をできるだけ少なくして買受人が登場しやすいようにする工夫であり、消除主義と呼ばれる。

　これに対して、第一順位の抵当権設定登記前に設定され登記された地上権や賃借権など、消滅する最上位の担保権にも対抗できる権利（116頁以下の第1項）と、一定の不動産質権や留置権（231頁の2および249頁以下の1）は、売却によっても消滅せず、買受人の負担として引き受けられる（民執59条4項）。

(d) 買受人が代金を納付しない場合

買受人が代金を納付しないときは、売却許可決定の効力が失われ、保証金は没収される（民執80条1項）。競売手続をやりなおす無駄を避けるため、この場合に備えて、次順位の買受申出人の申立てに基づいて、次順位の買受人を決めておくことができる（民執67条）。最高価額の買受申出人が代金を納付しないときは、執行裁判所は、次順位者に売却を許可するかどうかを決定する（民執80条2項）。

(e) 買受人が現れない場合

売却手続を3回繰り返しても買受けの申出がない場合において、売却基準価額を下げても売却の見込みがないと認められるときは、執行裁判所は、手続を停止することができる。停止の通知を受けた抵当権者が3か月以内に買受申出人があることを示した売却実施の申出をしなければ、執行裁判所は、競売手続を取り消すことができる（民執68条の3）。

3 配当手続

(1) 弁済金交付または配当

納付された売却代金（保証金が没収された場合にはそれも加えられる）が、配当を受けることができる債権者（民執87条1項各号）の債権額と手続費用の合計額より多い場合には、執行裁判所は弁済金交付の日を決めて売却代金の交付計算書を作成し、その日に、各債権者に債権額どおり弁済金として交付し、余剰金を抵当不動産所有者に交付する。それ以外の場合には、執行裁判所は、配当期日を定め、配当表により配当を実施する（民執84条1項・2項）。

(2) 配当表の作成

全当事者の合意があればそれに従った配当を行うが、そのような合意がされることはほとんどなく、民法その他の法律の規定に従って、各債権者の債権の元本・利息等の債権額、執行費用額、配当の順位および具体的な額を定める配当表を作成する（民執85条）。原則として手続費用（執行費用のうち全債権者の共益費用に当たるもの）が最優先となり（民執63条1項1号）、その後は、対抗要件である担保物権の登記の先後により順位が決まる。ただ、例外

的に登記済の担保物権より優先するものがある（391条の費用償還請求権や339条の先取特権など。先取特権の詳細は、259頁以下の第5章）。

(3) 配当に対する異議

　法定の順位と異なったり、消滅した権利を看過するなどの誤った配当表が作成された場合には、債権の存否や配当額を争う者は、配当異議の申出をすることができ、配当異議訴訟を提起しなければならない（民執89条・90条）。

> 補足　誤った配当の後始末
> 　実体法上の優先権を有する者は、債権がないのに配当を受けたり、優先順位に反して配当を受けた者に対して、その者が配当を受けたことによって自分が配当を受けられなかった金額につき、配当手続終了後も不当利得の返還請求をすることができる（抵当権者について肯定した最判平3・3・22民集45巻3号322頁と一般債権者について否定した最判平10・3・26民集52巻2号513頁が好対照）。
> 　このような判例に対して、担保物権を有する者にのみ不当利得返還請求権を認める点と、配当異議の訴えを起こさなかった者に不当利得返還請求権を認める点の両方に批判がある。しかし、不当利得の類型論によると、優先弁済権を有する担保物権とそれを持たない一般債権者では、扱いを異にする方が自然である（もっとも、配当受領債権者に対して債務者が不当利得返還請求権を有すれば、一般債権者は民法423条の債権者代位権を行使して不当利得の返還を請求できる）。また、民事執行法の配当手続の構造は、異議手続の懈怠への制裁として直ちに失権効を生じるほど実質的な手続保障を与えるものとはなっていない。それゆえ判例の立場を支持するべきである（松岡久和「過誤配当と不当利得」『谷口知平先生追悼論文集2　契約法』（信山社、1993年）512頁以下）。

4　引渡命令

　抵当不動産所有者や差押え後に設定者から抵当不動産を借り受けた者など、買受人に対抗できる権利を持たずに占有する者が明渡しを拒む場合、競売における買受人は、本来ならば所有権に基づく明渡請求訴訟を起こさなければならない。しかし、そのような手間と費用がかかるようでは買受けを申し出る者が減って、適正な売却価額の形成を阻害する。そのため、代金を納付した買受人は、代金納付の日から6か月以内（395条により明渡しを猶予された建物占有者がいる場合には9か月以内。127頁以下の(b)）に、占有者に対し、不動産を買受人に引き渡すべき旨を命じるよう、執行裁判所に申し立てることが

できる（民執83条）。この引渡命令には執行力もある（民執22条3号）。引渡命令は、執行手続を利用して、買受人に簡易・安価・迅速に保護を与え、それによって執行制度の信頼を高める制度である。

第3項　収益執行

1　賃料債権に対する物上代位の問題点や限界

賃料債権に対する物上代位には、その根拠や範囲等につき厳しい批判を加える見解が少なくない（65頁以下の(b)）。また、管理費用相当額まで収奪された抵当不動産所有者が物件管理の意欲を失うため抵当不動産が荒廃する、後順位の抵当権者が出し抜くことで抵当権の本来の順位が物上代位に反映されないなどの問題点も指摘されていた。

さらに、物上代位では、賃借人が頻繁に入れ替わる建物の場合に抵当権者が第三債務者である賃借人を把握することは容易でない。また、抵当権者は、賃貸借契約に違反した賃借人を契約解除によって追い出すことも、空き室を新たに賃貸することによって物上代位の対象となる賃料債権を成立させることもできない。

2　収益執行制度の概要

(1)　競売と選択可能な独自の執行制度

2003（平成15）年の担保・執行法の改正は、371条を改正して債務不履行以後に生じる果実に抵当権の効力が及ぶとして実体法上の根拠を明記した。それとともに、民事執行法に、抵当不動産の競売と並んで、抵当権に基づく収益執行制度を導入した。収益執行制度は、抵当権に基づく場合のみならず不動産質権・不動産先取特権に基づく場合も含め、不動産担保権の実行方法として、競売と並ぶ独立したものと位置づけられている（民執180条）。一般債権者が行える強制管理（民執93条以下）との均衡などから、競売に付随するものとする性格付けは行われず、収益執行を行う期間にも限定は設けられなかった（被担保債権全額が回収されれば当然に終了するが、そこまで収益執行が長期にわたることはない）。競売の場合と同様、通常は、担保権の登記に関す

る登記事項証明書を提出して申し立てる（民執181条1項3号）。

他の債権者の申立てによって強制管理または収益執行が抵当不動産について行われても、競売の場合とは異なって消除主義が働かず競売による満足の可能性が残されるので、抵当権者は自ら収益執行の申立て（二重開始決定がされる。民執93条の2）をしない限り、収益の配当には与れず手続外に置かれる（民執107条4項1号ハを参照）。

(2) 収益執行の手続

収益執行の手続には、強制管理の規定が準用される（民執188条）。裁判所によって弁護士や執行官など（法人の場合もある）が管理人に選任される（民執90条）。管理人は、物件の修繕などの管理、賃料の取立てなどの収益の収取のほか、賃貸借契約の解除や新規締結もできる（民執95条）。これにより物件価値の維持向上が図られる。管理人報酬や管理費用は配当等にあてられる収益から優先的に控除される（民執106条1項）。競売との関係なども強制管理と強制競売の関係に準じ、不動産競売における買受人が所有権を取得するか、不動産の第三取得者による抵当権消滅請求（119頁以下の❸）が認められるまでは、収益執行が存続する。

(3) 賃料債権に対する物上代位の存続

収益執行が賃料債権に対する物上代位を合理化するものであるとすれば、収益執行制度の創設によって、賃料債権に対する物上代位は廃止するべきものといえよう（鈴木250頁、内田407頁）。しかし、実務界からは物上代位の存続を望む声も大きかった。小規模不動産では管理人を置く収益執行は費用倒れに終わるおそれがあるから、簡便な物上代位を残す必要性があり、ドイツでも管理制度の他に簡便な債権執行の方法を認めているとして、物上代位は存続することになった。

(4) 物上代位に対する収益執行の優先

物上代位による賃料債権等の差押えや仮差押えが先行していても、当該債権執行の配当要求の終期が到来していない分については、強制管理の開始決

定がなされると、差押え・仮差押えの効力が停止され（取立てがないまま管理が終了すると債権差押えの効力は停止を解かれる）、管理人は取立てができる。強制管理が先行していれば収益に対する債権執行は許されない。差押債権者等は、管理手続の中で順位に応じて配当を受けうるにとどまる（民執93条の4）。こうした規律が収益執行にも準用されるため、収益執行が物上代位に優先する。

3 物上代位と収益執行の機能分担

収益執行への収斂が望ましいが予測は困難と言われている（内田408頁）。その当否を検証するため、制度の利用状況の報告や大阪でのアンケート調査の結果を分析してみた（松岡久和「担保法・執行法改正の検証と評価」高橋眞＝島川勝編著『市場社会の変容と金融、財産法』（成文堂、2009年）240頁以下）。

(1) 制度の利用数

ほぼ完売に近い競売の売却率や競売までの期間の短縮を背景に、物上代位も収益執行も利用率は非常に低い（競売数に比して物上代位が2％台、収益執行は1％以下）。しかし、競売の申立てがされる不動産の多数は、住宅ローン等のための個人住宅で、抵当不動産所有者自身が居住していて収益が問題にならない不動産だから、競売件数と単純に比較してもそれほど意味はない。むしろ、収益執行は、賃料からの債権回収という本来の機能以外に、スムーズな競売・任意売却に繋ぐための機能を有することが着目され、大規模物件を中心に一定数の利用がされているようである。再び不動産不況になり競売申立数が増え、売却率が下がり、売却までの時期が長くなれば、収益執行の利用は自ずから増えるだろう。

(2) 物上代位と収益執行の選択基準

可能であれば簡便な物上代位を優先的に利用し、収益執行による必要がある場合にその利用を考えるという形での機能分担関係が成り立っている（図表5）。収益執行が選択されるためには、手間と費用に足る効果が生まれることが必要である。対象不動産の規模の点では、小規模物件でも月額50万

円以上の賃料収入があれば管理コストはまかなえることが多く、収益執行を選択する実益があると指摘されている。

収益執行による必要があるのは、賃借人の入れ替りの激しい学生マンションや現実の使用者がわかりにくい法人名義の賃借物件など、賃料の支払義務者を特定しにくい不動産である。また、収益執行は競売と併用されるのがおおむね2/3以上の多数であり、管理人を置くことにより物件の劣化を防げる。管理人が賃借人の情報を収集することにより賃借人の状況や法律関係が明らかになることで物件の不明確さに基づく不安要因が解消され、高額・迅速な競売や任意売却につながるようである。

これに対して、物件の積極的な管理や改善は、費用対効果の点で疑問であり管理責任を考えると期待できないとか、価格減少行為に対しては保全処分の方が適切である、という消極的な評価が少なくない。現在では、収益執行は、競売や任意売却のための付随的な利用が主流であり、8か月から10か月で終了している。

図表5　収益執行と物上代位の対比

	収益執行	物上代位
費　　用	大	小
登　　記	要	不要
密 行 性	無	有
管　　理	可	不可
賃借人把握	容易	難
迅 速 性	無	有
規　　模	大	小
賃 貸 形 態	共同住宅等	一戸建

(3) 物上代位の合理化

東京地裁では管理費用相当額を控除して物上代位を認めるなど問題点を緩和する対応がとられているようであるが、賃料債権に対する物上代位の問題点は根本的には解決されていない。なお、判例（最判平21・7・3民集63巻6

号 1047 頁）は、物上代位と相殺に関する平成 13 年判決の判断枠組が収益執行にも妥当することを示し、抵当権設定登記前に取得した反対債権による賃料債権との相殺を収益執行の管理人に対抗できるとした。賃料債権に対する物上代位について展開された判例法理は、基本的には収益執行にも妥当する（松岡久和「判批」現代民事判例研究会編『民事判例Ⅰ　2010 年前期』（日本評論社、2010 年）168 頁以下）。

収益執行の利用状況の推移や実態をふまえてその改善を図るとともに、小規模物件向けの簡易な収益執行のようなものができるのであれば、全廃も視野に入れた物上代位の立法的な規制をあらためて考える必要があろう。

第 4 項　抵当不動産所有者の倒産

1　倒産手続とは

債務が責任財産を上回ってしまう債務超過や債務が弁済できない支払不能になって経済活動を続けることが困難になる状態を総称して倒産という。倒産は担保物権の本来の機能が発揮されることが期待される場面である。

債務者の総財産を清算する（法人はその結果解散する）手続が破産であり、破産法（平 16 年法 75 号）が適用される。株式会社をつぶすことなく事業の再建を図るのが会社更生手続であり、会社更生法（平 14 年法 154 号）によって規律される。経済的に行き詰まった法人や個人の事業や経済生活の立て直しを図る手続が民事再生手続であり、民事再生法（平 11 年法 225 号）による。破産が清算型手続であるのに対して、会社更生と民事再生は再建型手続である。会社更生が株式会社にのみ適用される比較的大がかりな仕組みであるのに対して、民事再生はより簡易な手続である（民事再生法には個人事業者やサラリーマンなどを対象にする個人再生という特別手続も定められている）。

このほかに会社法の特別清算手続や裁判外紛争解決手続の一種である事業再生 ADR などもあるが、以下では破産・民事再生・会社更生の場合に絞って、この順に（破産と民事再生で扱いが類似する場合が多いためである）、抵当権がこれらの手続の中でどのように扱われるのかを、かいつまんで説明する。

2 破産

抵当権者は別除権を認められ、原則として破産手続に影響されず、破産前と同じように抵当権を実行できる（破産2条9項・65条）。もっとも、別除権者はその別除権の行使によって弁済を受けることができない債権の額についてのみ、破産債権者として権利を行使することができるから（破産108条。37頁以下の3で説明した394条1項と同趣旨）、破産債権の届出に間に合うように担保権を実行する必要が出てくる場合がある。

他方、清算金を得るため、破産管財人も別除権の対象となっている財産の換価ができる（破産184条2項）。また、破産管財人は、担保権者による任意売却に期間の制約を課すことができる（破産185条）。さらに、任意売却による方が破産債権者の一般の利益に適合するときは、破産管財人は、その不動産の価額に相当する金銭の納付と引換えに抵当権消滅の許可を裁判所に求めることもできる（破産186条以下。担保権消滅請求制度）。抵当権者には、一定期間内に自ら実行を申し立てるか、破産管財人の申出額に5%以上を加算した額で抵当不動産を買い受けるという対抗策がある（破産187条・188条）。消滅請求が認められると、抵当権者は、納付された金銭を限度として、そのうえに存在する担保権の順位に従い、優先的な弁済を受ける。

3 民事再生

抵当権者は別除権を認められるが（民再53条）、再生という目的に対応して、破産手続による制約よりも強い制約を受ける。すなわち、抵当権の実行手続は民事再生手続の申立てに伴い中止を命じられる場合がある（民再31条）。さらに、抵当不動産が再生債務者の事業の継続に不可欠なものであるときは、再生債務者（管財人が選任されている場合には管財人）は、裁判所の許可を得て抵当権を消滅させることができる（民再2条2号・148条以下）。

4 会社更生

会社更生の場合には抵当権者はさらに強く手続に拘束される。すなわち、抵当権者は更生担保権という一種の優先権を認められるが（会更2条10項）、更生手続によらなければ権利行使ができず（会更135条以下）、手続開始時に

完了していなかった抵当権の実行手続は中止される（会更50条）。さらに権利の内容も更生計画によって変容を受ける（会更167条以下）。会社再建のために担保権者も我慢をせよということなのである。なお、会社更生法にも、更生会社の事業の更生のために必要な場合に裁判所の許可を得て抵当権を消滅させる制度がある（会更104条以下）。

文献
　執行・倒産に関する定評のある体系書として、中野＝下村と伊藤がある。民事執行については、平野哲郎『実践民事執行法民事保全法〔第2版〕』の例解を用いた説明がわかりやすい。

第6節　抵当権侵害に対する保護

　この節では、抵当権の侵害はどういう態様で生じるのかを考察したうえで（第1項）、抵当権の侵害に対して、抵当権者の求めることができる救済について、手続法（第2項）・実体法（第3項）の両面から検討する。

第1項　抵当権の侵害

1　価値権としての抵当権の侵害

> Case 17　2015年7月1日、XはYに対する貸金債権1000万円（弁済期は1年後。簡略化のため無利息とする）を担保するため、Y所有の山林甲に抵当権の設定を受け、登記を備えた。
> 　［1］2015年10月に、Yが契約で許された範囲を超えて立木を伐採し、甲から搬出した場合、Xはどういう対応を採ることができるか。
> 　［2］伐採・搬出したのが境界線を誤認した隣地所有者Zであった場合はどうか。

（1）抵当権侵害の多様な形態
　抵当権は、その対象とする不動産の所有権（地上権や永小作権の場合もある

が稀なので以下では所有権だけを念頭に置く）の換価金から、他の債権者に先だって自己の債権の弁済を受ける権利である（369条）。このような権利内容を害するものが抵当権の侵害と考えられ、多様な侵害形態が考えられる。

すなわち、①抵当不動産の価値が立木の伐採・搬出により低下した前頁のCase 17 の［1］および［2］の場合は、侵害のわかりやすい例である。このほかの類型として、②執行妨害によって抵当不動産を競売しようとしても売れないことは抵当権の侵害に当たる。また、③競売はできたが、執行妨害によって通常期待できるより安くでしか売れず被担保債権が十分回収できなくなったことや、消滅したはずの先順位担保権に誤って配当されたために配当額が減ったことは、抵当権の中心的な効力である優先弁済権の侵害である。④抵当権の登記が不法に抹消された場合には、抵当権者は登記がないと競売の申立てが困難であり、他の債権者の申立てによって対象不動産が競売されたときに配当を受けられないおそれがある。⑤先順位の担保権が実体法上は消滅しているのに登記が残っていると競売時にそちらに優先的に配当されて抵当権者が受けられるはずの配当を受けられないおそれがある。

これらの場合をすべて広い意味での優先弁済権の侵害とまとめることもできる（高橋 176 頁）。しかし、①の場合には抵当権の担保価値支配が、②や④の前段の場合には抵当権の換価権能が、それぞれその時点ですでに侵害されており、狭義の優先弁済権の侵害である③や④の後段や⑤の場合とは、侵害の性格に若干の違いがある。

（2）抵当不動産所有者の使用・収益の許容

抵当権は、設定者に対象不動産の使用・収益を委ねておく非占有担保権である。それゆえ、所有権とは異なって占有それ自体は抵当権を侵害するものではない。すなわち、抵当不動産所有者が自ら対象不動産を占有・使用することも、賃貸借・使用貸借・用益物権の設定等により第三者に占有・使用させることも抵当権の侵害にはならない。さらに、設定契約で定めた範囲内であれば（定めがなければ通常の使用方法で）、果実の収穫や立木の伐採・搬出などによって抵当不動産の価値が低下しても、抵当権の侵害はない（侵害はあるが違法性がないという説明も可能である）。立木法3条は「当事者ノ協定シタ

ル施業方法」による樹木の採取が可能だとして、この旨を明記している。鉱業権への抵当権設定後も通常の採掘は抵当権侵害とならないとした判例もある（大判大4・6・16民録21輯971頁）。「価格減少行為による価格の減少又はそのおそれの程度が軽微であるとき」には保全処分（下記の第2項）ができないとされている（民執187条1項ただし書）のも同趣旨である。

その程度の価値の減少は、抵当権者が担保評価の際に見込んで受忍しなければならず、92頁のCase 17の［1］の場合において、所有者であるYの伐採・搬出が抵当権の侵害となるのは、この限度を超える場合に限られる（もっとも、抵当権実行後は、差押えの効力により、この範囲内の処分も禁じられる。80頁以下の(2)）。これに対して、Case 17の［2］の場合におけるZの伐採・搬出は、権原に基づくものでないため、直ちにYの所有権侵害かつXの抵当権侵害と評価される。

(3) 抵当不動産の譲渡と侵害の有無

登記された抵当権は、抵当不動産が譲渡されても影響を受けない。なぜなら、譲受人（第三取得者）は抵当権の負担付の所有権を取得し、物上保証人に類する地位に就くため、被担保債務が不履行に陥れば、抵当権者は譲渡前と同様に抵当権が実行できるからである（抵当権の追及効）。抵当不動産の譲渡は、抵当権の実行による差押え前は所有者の自由であり、抵当権侵害とはならない。

2　抵当権侵害に対する抵当権者の対応

抵当権侵害（またはそのおそれ）が生じた場合、手続法上の保護と実体法上の保護があり、抵当権者は複数の救済を利用することができる。次項以下で分けて説明する。

第2項　手続法上の保護

競売は所有者の意に反して対象不動産を売るものであるから、多様な執行妨害が考えられる。こうした執行妨害に対しては、民法上の妨害排除請求な

第6節 抵当権侵害に対する保護 95

ど（次項で取り上げる）も考えられるが、執行制度の実効性と信頼性を高める必要から、手続法上も独自の救済が定められている。以下では、抵当権の実行の場面で考えられる民事執行法の保全処分の概要をみておく（115頁の 文献 の諸論文ほか、民法の教科書では、田井ほか256頁-266頁〔磯野英徳〕に民事保全法上の保全処分をも含めた詳しい説明がある）。

1 4つの保全処分

民事執行法には、①売却のための保全処分（民執55条）、②買受申出をした差押債権者のための保全処分（民執68条の2。1998年に新設）、③最高価買受申出人または買受人のための保全処分（民執77条）という強制競売の場合にも担保競売の場合にも使えるものと、④競売の開始決定前の保全処分（民執187条。1996（平成8）年に新設、2003（平成15）年に条文番号を変更）という担保競売の場合にのみ使えるものがある。最初は①③のみが規定されたが、数次の法改正により次第に要件が緩和され、効力が強化されるとともに、④②の順に新しい保全処分が新設された。④は、担保権者が実行前にすでに対象不動産について一定の支配権を有していることから、①の保全処分を競売の開始決定前に拡張するものである。

2 担保不動産競売の開始決定前の保全処分

これらの4つの保全処分の要件および効力には差異もあるが、共通する点も多い。以下では、抵当権者が利用できる④の担保不動産競売の開始決定前の保全処分を中心に概観する。

(1) 要 件

債務者・抵当不動産所有者・占有者が不動産の価格を減少させたり、減少させるおそれがある行為（価格減少行為）をする場合において、特に必要があるとき、というのがこの保全処分の要件であり（民執187条1項）、その行為についての故意や過失などの主観的態様を問題にしない。価格減少行為には、対象不動産の物理的損壊のみならず、異常な占有態様など競売手続における価格形成を歪めるものを広く含む。

2003（平成15）年の担保・執行法改正以前は、「著しい価格減少行為」が必要とされていたが、執行妨害に対する適切な対処の障害となっているとの批判を容れて、「著しい」という要件が削除された。ただ、所有者や賃借人など権原のある占有者が、通常の用法に従った使用・収益をすることは差押え後も許されているので（民執46条2項）、これらの者の利益に配慮して、価格減少行為による価格の減少やそのおそれの程度が軽微なときは保全処分は許されない（民執187条1項ただし書）。

(2) 相手方

保全命令の相手方は、価格減少行為の禁止や一定の行為を命じる保全処分については、価格減少行為をする者すべてである。これに対して、それ以外の保全処分については、抵当不動産を占有する債務者や抵当不動産所有者のほか、抵当不動産の占有者でその占有権原を抵当権者に対抗できないものが相手方となる（民執187条2項。同法55条2項と対比せよ）。1996（平成8）年の改正以前は債務者以外の占有者は相手方に含まれていなかったので、占有者を債務者の履行補助者と認めるなど拡張的に運用されてきた。改正は、その運用を追認して明記したものである。ただ、占有権原を抵当権者に対抗できる場合には占有者自身の利益にも配慮する必要があるため、制限があるのである。

2003（平成15）年の改正では、氏名不詳の妨害占有者に対しても、発令時に相手方を特定しないままで、民事執行法や民事保全法の保全処分が行えるようになった（民執55条の2、民保25条の2）。また、不動産の引渡しや明渡しの請求権につき承継執行文を付与する場合にも、相手方を特定することが困難なときには、相手方を特定しないで行えるようになった（民執27条3項）。

(3) 効　力

保全処分には、価格減少行為の禁止や一定の行為を命じること（立入禁止や施錠による閉鎖など対象不動産の価値を維持・保存するために必要となる行為を広く含む）、不動産の占有を解いて執行官に引き渡すことを命じること、執行

官に不動産の保管をさせること（「執行官保管」と略称される）、占有の移転を禁止することを命じること（使用は許される）のほか、このような保全処分の内容を不動産の所在する場所に掲示して公示する公示保全処分がある（民執187条1項・55条1項）。2003（平成15）年の改正以前は、価格減少行為の禁止命令に対する違反行為か、違反を防止できないと認める特別の事情が加わらなければ、執行官保管はできないとされていた。しかし、それでは悪質な執行妨害に迅速に対応できないので、改正では、この要件を緩和し、価格減少行為があって、その必要が認められれば、禁止命令を経ることなく執行官保管の命令を出すことができることになった。

さらに、2003（平成15）年の法改正は、民事保全法に類似する占有移転禁止の保全処分を新設し（民執55条1項3号・77条1項3号・187条1項）、保全処分の執行後に占有が移転されても、保全処分の相手方に対する引渡命令（民執83条。85頁以下の4）に基づいて、執行時の占有者に対する引渡しの強制執行ができるようになった（当事者恒定効。民執83条の2）。なお、執行官によって不動産の明渡しの催告が行われた後に占有者が入れ替わった場合、承継執行文の付与を要しないで明渡しの強制執行ができることとなったのも（民執168条の2）、占有移転による執行妨害を防ぐ手だてである。

(4) 保全処分の取消し

申立人が保全処分を命じる決定の告知を受けた日から3か月以内に競売の申立てをしたことを証する文書を提出しないときは、担保不動産競売の開始決定前の保全処分決定は、被申立人や抵当不動産所有者の申立てによって取り消される（187条4項）。担保不動産競売の開始決定前の保全処分は、競売に対する妨害を予め排除し、競売手続を円滑に進めるためのものであり、競売手続に入らないままで所有者に負担を与え続けるのは、この目的を超えて抵当権の非占有担保性とも矛盾・抵触する。それゆえ、このような期間の制限が設けられているのである。

第3項　侵害に対する実体法上の保護

　抵当権者は、抵当権が被担保債権を満足させられる状態が維持されることを最も望み、第三者に対して妨害排除や損害賠償の訴訟を起こす手間は避けたいと考えるのが普通である。そのため、本書では、期限の利益の喪失と増担保請求権を先に取り上げることにする。

1　期限の利益の喪失

(1)　抵当権実行の可能化

　92頁のCase 17の[1]の場合のように抵当不動産が債務者の所有物である場合、債務者が担保を滅失・損傷・減少させたこと（保全処分の要件である「価値減少行為」）が抵当権侵害となるときは（93頁以下の(2)）、債務者は期限の利益を失い（137条2号）、債権者は、直ちに被担保債務全額の弁済を請求することができる。また、債務者が担保提供義務を果たさない場合も、期限の利益は失われる（同条3号）。信用が失われた状態になっているのに期限の到来まで弁済を請求できないとしたのでは、回収可能な債権額が減少して債権者に酷だからである。弁済がされなければ、債権者は直ちに抵当権を実行することができる。担保価値減少行為や担保提供義務違反について、債務者の故意・過失は必要ない（通説）。

(2)　法定事由の限界

　137条の条文の文言から明らかなように、期限の利益が失われるのは、債務者について各号に該当する事実が生じたことである。それゆえ、物上保証人・第三取得者など債務者以外の抵当不動産所有者や、Case 17の[2]の場合のZのようなそれ以外の第三者が担保価値減少行為をしても、債務者は当然には期限の利益を失わない（新注民(4)823頁［金山正信＝金山直樹］は信用の基礎が失われれば債務者の行為によらない場合も広く含むとするが、債務者が他人の行為により不利益を受ける理由はない）。また、Case 17において、甲の価値が被担保債権額を下回る状態のままで抵当権を実行しても、競売代金から被担保債権全額は回収できない。さらに、現行民法は増担保請求を規定してい

た旧民法債権担保編201条を承継しなかったので（期限の利益を喪失させる前に増担保請求を経る必要はないという理由）、債権者は減価分以上の担保を追加設定せよと当然に請求できるわけではない。

(3) 増担保特約と期限の利益喪失特約

法定事由の限界の問題に対処するため、実務では、期限の利益を喪失する事由を拡大する特約とともに、債務者の行為によらない担保価値減少の場合も含め、広く債務者に増担保義務を負わせる特約を付けることが多い 補足。請求を受けて相当期間内に適切な担保を提供しなければ（壊れた建物の修繕なども担保提供となる。平野82頁、石田407頁）、債務者は、特約により期限の利益を失う。提供された増担保が適切かどうかは、抵当権の実行に対する抵当不動産所有者の執行異議訴訟の中で判断される。

設定者が抵当権者に対して担保関係に基づき担保価値維持義務を当然に負うことを根拠に、黙示の特約すらなくても、増担保請求ができるとする見解がある（近江176頁-177頁）。たしかに、抵当権者は多くの場合に取引を継続することを有利と感じるから、債務者が適時に適切な担保を提供すれば、いったん失われた期限の利益は復活する（高木167頁）。しかし、それは債務者に増担保の機会を与えるにすぎない。逆に債務者に増担保義務を負わせて、その義務違反の結果として期限の利益の喪失という不利益を課すには、（少なくとも黙示の）特約が必要であろう。増担保の義務は、すでに設定されている担保の価値を維持する義務を超えているからである。

補足 **期限の利益の喪失事由を拡張する特約**

破産手続開始決定を期限の利益の喪失事由とする137条1号は、破産の場合だけに限っていて狭い。そこで債務者に強制執行・滞納処分もしくは担保権の実行の申立て、または破産、会社更生もしくは民事再生の申立てがなされたときなどを信用喪失の徴表とみて、喪失事由を拡張する特約が多く用いられる。執行や倒産の手続開始時点ではなく申立ての時点としているのは、執行や倒産の手続開始前に相殺適状を生じさせて相殺を容易にするためである（詳しくは債権総論の「差押えと相殺」で学ぶ）。

さらに、債務者もしくは保証人の行方不明、手形の不渡処分または取引約定違反なども、期限の利益の喪失事由に加えられることが多い。もっとも、各事由は債権保全が客観的に必要な範囲に限定して解釈される。たとえば、92頁のCase 17の［2］の

場合、債務者の行為によらない担保価値減少も期限の利益を喪失させるとの特約があっても、直ちに期限の利益を失わせるのではない。増担保請求の黙示の特約を認め、YがXの増担保請求に応じないときに初めて期限の利益を失うとするべきであろう。

2 物権的請求権

> Case 18　2015年7月1日、XはYに対する貸金債権1000万円（弁済期は1年後。簡略化のため無利息とする）を担保するため、Y所有の山林甲に抵当権の設定を受け、登記を備えた（ここまではCase 17と同じ）。2015年10月にYが契約で許された範囲を超えて立木を伐採しようとしているのに気付いたXは、どういう措置を採ることができるか。

(1) 妨害排除請求としての分離・搬出・処分の差止め

許容範囲を超えた伐採によって甲の価値が下がれば、それ自体がすでに抵当権の侵害である。それゆえ、Case 18の場合、Xは、Yに対して、妨害排除または妨害予防として（契約の遵守を求める請求としても可能）以後の伐採の禁止を求めることができる。被担保債権の満足に影響しない場合には抵当権の侵害とならないとする説もある（我妻384頁、石田397頁以下）。しかし、この見解は損害と侵害を混同している。判例（大判昭3・8・1民集7巻671頁）は抵当権者が実行によって被担保債権全額を回収できた場合には損害がないとしたものにすぎず、侵害自体を否定していると読むべきでない。抵当権の不可分性を理由にこの場合にも抵当権の侵害を認める見解が多いが（道垣内181頁、山野目298頁など）、不可分性という概念の使い方には批判もあるので（川井387頁）、端的に抵当権の担保価値支配が侵害されていると考えればよい（92頁以下の(1)）。

また、Case 18のように、被担保債権の弁済期前であるため抵当権の実行に至っていなくても、Xは、Yに対して伐木の搬出および処分禁止を求めることができる（52頁の大判昭7・4・20）。伐木が抵当土地上にあれば抵当土地と一緒に競売ができるから、搬出の禁止は、分離物が搬出あるいは処分されて換価ができなくなることを防止する物権的妨害予防請求である（鈴木241頁・250頁-251頁、高木159頁）。

妨害排除請求にも妨害予防請求にも、損害の発生や行為者の故意・過失を要しない（物権的請求権の範型としての所有権に基づく請求権につき、『物権法』26頁以下の第2節）。また、対抗関係に立たない不法行為者や不法占有者に対する物権的請求権の主張には登記を要しない（山野目 299 頁。『物権法』131 頁の(c)）。

(2) 原状回復請求
搬出された伐木は分離物として扱われ、返還請求が可能である（51 頁以下の3）。抵当権設定登記の不法な抹消に対しては、抵当権者は登記の回復請求ができる（大判大 6・10・18 民録 23 輯 1592 頁。所有権に基づく登記請求権と同様の物権的登記請求権である。『物権法』110 頁の(2)）。

(3) 無効な登記の抹消請求
他の債権者の先順位の担保権が無効であったり消滅したのに登記が残っていることがある。競売の際に無効が明らかになれば、優先弁済権には影響がないものの、配当異議などで無効を主張して争う手間がかかる。また、無効な登記の存在は、抵当権の実行（とりわけ任意売却）の事実上の障害となる。そのため抵当権者は、物権的妨害排除請求として、無効な登記の抹消を請求することができる（先順位の不動産保存の先取特権につき大判大 4・12・23 民録 21 輯 2173 頁、先順位抵当権につき大判昭 15・5・14 民集 19 巻 840 頁）。学説も一致して判例を支持している。ほとんど議論がないが、後順位の担保権の無効な登記も任意売却を妨げる抵当権の侵害と評価されるので、同様に抹消請求が可能と解してよいだろう。

(4) 従物への不当執行に対する第三者異議
抵当権は従物を含む付加一体物全部に及んでいるから（46 頁以下の(3)）、従物に対して他の債権者が強制執行をしてきた場合には、従物だけの競売による抵当権の侵害を防ぐ妨害予防請求としての第三者異議（民執 38 条）によってその執行を排除できる（44 頁の(1)の最判昭 44・3・28）。
なお、抵当不動産に対する他の債権者の強制執行や担保権実行による競売

の結果、抵当権は消滅するが（民執59条。83頁の(c)）、順位に即した優先弁済を受けるので、そうした申立ては抵当権侵害にはならない。配当を受ける見込みがない無益な競売手続は、無剰余を理由に取り消される（民執63条。80頁の(1)の後段）。

(5) 占有者に対する明渡請求

> Case 19　XはAに対する債権につき、物上保証人B所有の建物甲に抵当権の設定を受け、登記を備えた。
> 　[1] その後に無権原のYが甲を占有した場合、Xは、Yに退去や明渡しを求めることができるか。それはどういう根拠に基づくのか。
> 　[2] 甲を占有したYが、甲をBから賃借した者である場合は［1］と異なるか。
> 　[3] 上記［1］［2］の請求は、Xが抵当権の実行に着手する前から可能か。
> 　[4] 抵当権の実行の着手後にXがYに明渡訴訟を提起することは合理的か。

(a) 問題の所在

抵当権は交換価値のみを支配する権利であり、設定者に抵当不動産の占有を委ねておく非占有担保権である。これを前提として、Case 19のように占有者がいることがはたして抵当権の侵害となるのか、侵害があるとすればそれはどういう場合なのかが問題となる。まずは、2003（平成15）年の担保・執行法改正までの状況を簡略に整理しておく。

(i) 短期賃貸借の保護

改正前の395条（以下「旧395条」という）は、次のように規定していた。

> 　第602条ニ定メタル期間ヲ超エサル賃貸借ハ抵当権ノ登記後ニ登記シタルモノト雖モ之ヲ以テ抵当権者ニ対抗スルコトヲ得但其賃貸借カ抵当権者ニ損害ヲ及ホストキハ裁判所ハ抵当権者ノ請求ニ因リ其解除ヲ命スルコトヲ得

抵当権設定登記に後れて対抗要件を備えた賃借権は、抵当権の実行としての競売がされると消滅して、買受人からの明渡請求に服するのが原則である（民執59条2項）。しかし、その原則を貫くと、抵当権を設定した不動産は、いつ抵当権が実行されて賃借権が否定されるか不安があるため、借手がつかず、有効に利用されなくなるおそれがある。

そこで旧395条は、602条の短期賃貸借の設定は抵当権設定後も管理行為として許され、短期賃借権はその期間内に限り、先に対抗要件を備えた抵当権者にも例外的に対抗でき、抵当権の実行によっても消滅しないものとした。その結果、競売によるその不動産の買受人は、所有権を取得するとともに賃貸人の地位を引き継ぎ、期間内は自ら使用することができない代わりに、賃料を請求することができた。なお、借地借家法の適用により建物所有目的での宅地の賃貸借は長期賃貸借のみとなったため、短期賃貸借として問題になったのは3年以内の建物の賃貸借だけであった。

(ii) 短期賃貸借の濫用

抵当不動産所有者から依頼を受けて執行の引き延ばしを狙ったり、競売価額の引き下げによって安く買い受けた物件を他に高く転売して差額を儲けようとしたり、立退料等の名目で買受人から高額の金銭の支払を求めるなど、不法な利益を得ようと画策する者が、短期賃貸借制度を濫用することが少なからずみられた。そこには、異常に安い賃料と反対に異常に高い敷金、賃料の前払（実際に敷金の預入れや賃料の前払がされたか怪しい事例も多かった）、賃料債務と貸金債権との相殺、譲渡転貸自由の特約など、正常な賃貸借には見られない特徴があった。

こうした契約は通謀虚偽表示や公序良俗違反を理由に無効とされることもあったが、無効の主張が裁判によって認められるまでは契約はとりあえず有効と扱われる。その結果、買受人は所有権を取得して賃借人に対して使用・収益させる義務や固定資産税の負担等を負いながら、最長3年近くも賃料を満足に得られないばかりか、賃貸借契約の終了後に高額の敷金を返還する債務を負わされてしまうのであった。

(iii) 解除請求権とその限界

旧395条ただし書は、このような濫用的な賃貸借がありうることを想定し、

短期賃貸借が抵当権者に損害を及ぼすときは、裁判所にその解除を命じるよう求める権利を抵当権者に与えていた。解除請求が認められると、賃借人は占有権原を失って不法占有者となり、買受人は引渡命令によって、明渡訴訟を起こすことなく簡易・迅速に明渡しを求めることができた（民執83条）。

しかし、解除請求は訴訟による必要があるため抵当権者には相当負担となった。また、解除請求が認められても、占有者が明渡しを拒んで不法占有を続ければ、リスクを考慮して買受希望者は相当低い価額でしか入札しなかったり、そもそも買受希望者が現れないことすら稀ではなかった。

(ⅳ) 抵当権者の自衛措置とその否定

抵当権者に対抗できない占有者をより容易に排除する実務上の工夫として、代物弁済の予約や賃借権（併用賃借権と呼んだ）の設定予約を仮登記するという方法が用いられ、抵当権の登記とあわせて不動産担保の三種の神器と呼ばれていた。代物弁済予約や併用賃借権予約は、被担保債務の不履行を条件等として抵当権者自身が所有権や賃借権を取得し、仮登記の順位保全効（『物権法』119頁以下の3）を用いて仮登記以降に結ばれた短期賃貸借などに優先し、占有者に明渡しを求める仕組みであった。

しかし、代物弁済予約は、仮登記担保法の制定によって使いにくくなり、ほとんど利用されなくなった（305頁以下の第5節）。併用賃借権も賃借権としての実体を欠いて無効であるとされたため（最判平元・6・5民集43巻6号355頁）使えなくなった。

(ⅴ) 抵当権に基づく妨害排除または代位請求

以上の状況から、抵当権者は、適正価格での競売を速やかに進行させるために、占有者を排除しようと試みた。その根拠とされたのが抵当権侵害を理由とする妨害排除請求や、債務者が不法占有者に対して有する所有権に基づく妨害排除請求を債権者が代わって行使する債権者代位権による請求（423条。「代位請求」と略称する）であった。

伝統的には、抵当権の価値権性や非占有担保性を理由に、抵当権は占有によって害されることはなく、抵当権者は不法占有者に対してすら明渡しを求めることができないという理解（価値権論）が支配的であった。しかし、昭和50年代以降は、解除された元短期賃借人を含む不法占有者に対して設定

者への明渡しを命じる裁判例が次第に増え、学説では明渡請求を肯定する見解が多数を占めるようになっていた。

(b) 最高裁判決の変遷

(i) 最判平3・3・22（民集45巻3号268頁、以下「平成3年判決」という）

平成3年判決は、価値権論を堅持し、占有の排除は引渡命令等で行う仕組みであり、それに必要なコストは織り込み済みのものであって担保価値の減少をもたらさないとして、抵当権侵害を否定し、短期賃貸借解除後の不法占有者を相手とする抵当権に基づく妨害排除請求も代位請求も認めなかった。本案請求が認められないので、訴え提起前の民事保全法による保全処分も利用できないと考えられた。学説からは、執行妨害の現実に目をつぶるものだとして、この判決には批判が多かった。

(ii) 保全処分制度の充実

下級審は、無担保の差押債権者にも利用可能な保全処分（民執55条）の緩やかな解釈・運用を行い、救済の実を挙げる努力を重ねた。その後、バブル経済崩壊に伴う不良債権処理が社会問題化するに至り、1996（平成8）年と1998（平成10）年に民事執行法が改正され、保全処分制度が次第に強化された（95頁以下の2）。

しかし、これらの手続的な救済は実体法上の妨害排除請求権を認めない平成3年判決と矛盾しないかとの疑問が残った。また、これらの保全処分を強化する法改正より前に競売が開始されたため改正後の保全処分が利用できない事例では、実体法上の救済の有無が焦点になった。こうして、平成3年判決の見直しを求める声が大きくなり、問題は再度実体法に投げ返された。

(iii) 最大判平11・11・24（民集53巻8号1899頁。以下「平成11年判決」という）

平成11年判決は、次のように述べて、判例を変更し、不法占有者に対する代位請求を認めた。もっとも、次頁の引用部分の直前では、抵当権者が抵当不動産所有者の使用・収益に干渉することができないという価値権論の原則が維持されている（内田439頁が平成3年判決からの決別と強調するのはこの点では疑問）。

> 「第三者が抵当不動産を不法占有することにより、競売手続の進行が害され適正な価額よりも売却価額が下落するおそれがあるなど、抵当不動産の交換価値の実現が妨げられ抵当権者の優先弁済請求権の行使が困難となるような状態があるときは、これを抵当権に対する侵害と評価することを妨げるものではない。そして、抵当不動産の所有者は、抵当権に対する侵害が生じないよう抵当不動産を適切に維持管理することが予定されているものということができる。したがって、右状態があるときは、抵当権の効力として、抵当権者は、抵当不動産の所有者に対し、その有する権利を適切に行使するなどして右状態を是正し抵当不動産を適切に維持又は保存するよう求める請求権を有するというべきである。そうすると、抵当権者は、右請求権を保全する必要があるときは、民法423条の法意に従い、所有者の不法占有者に対する妨害排除請求権を代位行使することができると解するのが相当である」。

さらに、原告は、代位請求のみを主張し、抵当権に基づく妨害排除を主張していなかったが、判決は、次のような傍論で抵当権に基づく妨害排除請求も認められることを示した。なお、奥田昌道裁判官が、担保価値維持請求権や管理占有などの概念を用いた詳細な補足意見を述べており、ぜひお読みいただきたい。

> 「第三者が抵当不動産を不法占有することにより抵当不動産の交換価値の実現が妨げられ抵当権者の優先弁済請求権の行使が困難となるような状態があるときは、抵当権に基づく妨害排除請求として、抵当権者が右状態の排除を求めることも許されるものというべきである」。

本判決は、競売価額の低下のおそれ（優先弁済権侵害）のみならず、競売手続が進まないこと（換価権侵害）も占有による抵当権侵害であるとして、執行妨害に対する救済を認めたことで、高い評価を受けている。実体法上の権利が認められたため、占有移転禁止の仮処分など民事保全法上の保全処分も利用できるようになった（若林弘樹「抵当権保全のための仮処分の利用可能性と実益」銀法575号（2000年）51頁以下）。

(ⅳ) 最判平17・3・10（民集59巻2号356頁。以下「平成17年判決」という）

さらに平成17年判決は、設定者から有効な契約によって転借している者（設定者と賃借人と転借人のいずれも同一人を代表者とする法人であり法人格の濫用を想起させる）に対して、抵当権に基づく抵当権者への明渡請求を認めた。

事案の特徴として次の2点に留意していただきたい。①本件の賃貸借や転貸借は、詐害性の高い契約（103頁の(ii)で述べた特徴が認められた）であった。しかし、5年契約だったので抵当権者には対抗できない長期賃貸借であり、逆に解除請求の対象とならないと解されるおそれもあった。賃借人や転借人には有効な賃貸借契約や転貸借契約という占有権原があったため、設定者が所有権に基づく妨害排除請求権を持たず、代位請求が成り立たない事例であった。②本件の競売の申立ては、1998（平成10）年の民事執行法改正前であり、まだ同法の保全処分が使いにくい事案であった。

平成17年判決は、平成11年判決を引用して不法占有による抵当権侵害を肯定したうえ、占有権原の設定に競売手続を妨害する目的があれば、占有権原を有する占有者に対しても、抵当権に基づく妨害排除請求ができるとした。その理由を、抵当不動産の所有者は抵当不動産を適切に維持管理することが予定されており、抵当権の実行としての競売手続を妨害するような占有権原を設定することは許されないからだとする。

また、抵当権者への直接の明渡しを認める要件として、抵当不動産の所有者において抵当権に対する侵害が生じないように抵当不動産を適切に維持管理することが期待できない場合が判示されたことも重要である。

(c) 平成11年判決および平成17年判決の評価と問題点

両判決は、批判の強かった平成3年判決を変更して実体法上の救済を認めた点で高く評価されているが、議論するべき問題点もなお残った。以下に分説する。

(i) 抵当権の侵害

両判決は、占有による抵当権侵害と認めた。それらが要件とする「競売手続の進行が害され適正な価額よりも売却価額が下落するおそれがある」場合は、後段の優先弁済権の侵害のみではなく、売却価額の低下が立証されていなくても、競売手続が進行せず買受人の現れないことも端的に抵当権の換価権能の侵害と認めるものである。この判示は、価値権論にこだわった平成3年判決を維持しつつ、執行妨害の実状を直視したものであり、学説にも異論はない。

(ⅱ) 代位請求

平成11年判決は、抵当不動産所有者に対して抵当権侵害の状態を是正し抵当不動産を維持・管理するよう求める抵当権者の請求権（侵害是正請求権）を被保全権利とする。原審のように被担保債権を被保全権利とすれば、責任のみを負担して債務を負わない物上保証人や第三取得者の妨害排除請求権は代位できないとの難点があり、これを回避しようとしたのであろう。

もっとも、侵害是正請求権にせよ奥田補足意見の担保価値維持請求権にせよ、権利の性質や内容は不明確である。これらの概念は、債権者代位権の法理を借用するための無理な技巧であって、債権者代位権の転用に対する歯止めが考慮されていない。従来の転用事例と異なって、債権者代位権を行使する抵当権者には占有権原がないから対象物の引渡しを求める権利は当然には認められない、などの批判がある（松岡・115頁の文献のNBL683号37頁以下）。そもそも、平成11年判決は、代位請求のみを主張していた原告の救済のために、技巧を重ねて代位権の行使を認めた事例判決的なものであり、平成17年判決により抵当権自体に基づく妨害排除請求が認められた以上、代位請求を認める必要性はもはや失われている。

(ⅲ) 妨害目的

平成17年判決を文字どおりに読めば、占有者に占有権原がある場合には、その設定当事者に主観的な競売妨害目的があることが要件となる（道垣内183頁ほか通説的理解と思われる）。しかし、所有者はもとより、抵当権者に対抗できる占有権原を持つ者であっても、価格減少行為を行えば、民事執行法上の保全処分ができる。この点で、占有権原の有無は、抵当権侵害の成否には関係しない。執行妨害目的を厳格に必要とすると、手段として使われた平穏な居住占有者である外国人や老人などに執行妨害意思の不明確な場合（宮部みゆき『理由』（朝日新聞社、1998年）は疑似家族が入居者として使われる手口を鮮やかに描いている）や正常だった賃借人がその後に占有態様を異常化させて競売手続を妨害する場合などに、要件がみたされないため対応しにくい。平成17年判決は、抵当権侵害の違法性が強い競売妨害目的の明確な事例で妨害排除請求が認められる例を示したにすぎないと読むべきであろう（片山直也「抵当権に基づく明渡請求」ロープラⅠ297頁も同旨）。

(iv) 救済を求めることができる時期

両判決とも、これについては、何も述べていない。奥田補足意見のように抵当権設定時から担保価値維持義務が生じているとすれば、抵当権の侵害ないしそのおそれさえあれば何時でも救済を求めることができそうである。遅くとも弁済期後なら可能とする見解が多い。

しかし、賃料債権に対する物上代位がそうであるように、占有や使用・収益への干渉は、抵当権を実行して初めて可能となる。両判決を含めこれまで妨害排除を認めたのは、すでに抵当権の実行の開始後何年も経過している事例ばかりであり、競売手続の進行の妨害を重視している。3か月の期間制限のある執行官保管の保全処分（民執187条）との選択関係から弁済期前でも救済を求めうるとの見解もあるが（石田402頁・408頁）、逆に換価権侵害のおそれを理由とする救済は、抵当権実行前3か月程度が前倒しの限界であろう。原則としては、抵当権の実行着手後に限るべきである（平野69頁も同旨）。

(v) 管理占有

平成17年判決が抵当権者への明渡しの要件を少しでも明確化した点は評価されている。しかし、本来占有権原のない抵当権者が、明渡しによって取得する管理占有の内容は明確でない。管理権限の範囲、管理費用の負担者、管理者の注意義務の程度、土地工作物責任（717条）の負担、所有者からの返還請求の肯否、配当に与れない後順位の抵当権者による占有取得が新たな執行妨害となるおそれなど、解決を要する派生的な問題が多く、抵当権者にとっても占有取得は手に余る。抵当権者の管理占有取得には、学説の意見が分かれる（高木164頁や近江178頁は賛成、清水39頁や平野69頁は反対）。

(6) 物権的請求権と保全処分との関係

(1)から(5)までに述べてきたのは物権的請求権である。相手方が争えば、訴訟によって決着をつけるしかないが、勝訴した場合に実体法上の権利の執行が可能な状態を確保するため、予め現状を保全する必要がある。そのために利用できるのが、民事保全法上の処分禁止の仮処分などの保全処分である。

しかし、弁済期前の段階での物理的侵害の防止は別として、抵当権が実行できる段階に至れば、訴訟を起こす必要は乏しい。抵当権の実行を開始すれ

ば、差押えの効力により抵当不動産の処分ができなくなる。それに加えて、抵当権者は、抵当権の実行前でも、価格減少行為の禁止等を内容とする保全処分を求め（民執187条。95頁以下の2）、執行妨害を迅速かつ効果的に排除することができる。のみならず、抵当権に対抗できる占有権原を持たない者に対しては、執行官保管を求めることによって、管理占有をめぐるやっかいな問題を回避することができる。2003（平成15）年の担保・執行法改正で執行妨害の予防の効果もある収益執行制度が導入され、民事執行法の保全処分の要件が緩和された現在では、執行妨害対策は迅速性でも効果の点でもそれらに期待するべきであり（平野69頁、加賀山426頁、清水37頁-39頁も同旨）、手間のかかる訴訟を起こす必要はない。これが102頁のCase 19の[4]に対する本書の回答である。

　平成11年判決や平成17年判決の意義は、保全処分で十分な対応ができない問題（コラム）に対応する以外は、象徴的なものにとどまる。とくに代位請求は、抵当権自体に基づく妨害排除請求が認められた以上、その過渡的な役割を終えている。

保全処分の抜け穴

　抵当権に対抗できる占有権原を有する者が価格減少行為を行う場合には、民執187条2項の制約により、執行官保管の処分ができない。抵当権設定登記以前に入居している賃借人が抵当権者との関係がこじれた結果、抵当権の実行を妨害する態度に出る場合や、抵当権者に対抗できる占有権原を承継した反社会勢力が、それを口実にして価格減少行為を行う場合などが想定される。これらの場合には実体法上の妨害排除・妨害予防などの請求が認められるだろう。その点で、実体法上の請求権になお実践的な意義があるのはたしかである。

　しかし、理論的にみて、占有権原に対抗力があることは抵当権侵害はもとより価格減少行為をも正当化するものでない。保全処分についても、民執187条2項の改正を検討するべきである。

3　不当利得返還請求権

　即時取得ができない第三者が搬出物を消費したため現物返還を求めることができない場合や、誤った配当がされた場合（85頁の補足）には、抵当権者

の物権的請求権は、対象を欠いてもはや存在しない。抵当権者は、不当利得（物権的請求権と機能を分担している侵害利得という類型の不当利得）を根拠に、相手方の故意・過失を要件とせず、金銭による返還を請求することができる（703条）。

所有者もまた、受益をした第三者に対して不当利得請求権を有する場合には、抵当権者はそれに物上代位することができるため、両者の関係が問題になる。この問題は、不法行為に基づく損害賠償請求権と物上代位の関係として議論されてきた問題と同質なので、そちらをご覧いただきたい（次述4）。

4　損害賠償請求権

> Case 20　GはSに対する債権につき、建物甲に抵当権の設定を受け、登記を備えた。まだSの債務が弁済期に至っていないある日、次に掲げる者が甲を故意に取り壊した場合、Gはその行為者に対して損害賠償を請求できるか。
> 　［1］Sが自己所有の甲を取り壊した場合
> 　［2］物上保証人Bが自己所有の甲を取り壊した場合
> 　［3］融資や担保とは無関係な第三者Dが取り壊した場合

（1）問題の所在

Case 20のいずれの場合にも、Xは、甲を取り壊した者に対して、抵当権侵害の不法行為を理由に（SやBに対しては設定契約から生じる担保価値維持義務違反の債務不履行も理由となる）損害賠償請求ができるようにみえる。しかしそう単純ではない。

（a）債務者に対する損害賠償請求

抵当権は被担保債権の回収を確実にする手段にすぎないから、損害賠償請求権の内容は被担保債権額のうち抵当権を実行しても回収できなくなった額がまずは基本となる（次頁の補足）。Case 20の［1］の場合のように、債務者自身が取り壊した場合、損害賠償請求は被担保債権の履行請求をするのとあまり変わらないうえ、担保が滅失・損傷しているため勝訴判決を得て強制執

行をしても全額の回収は困難だろう。執行妨害の多くは債務者が経済的に破綻した後で起きるからである。特約に基づいて増担保請求をすることが可能であれば、優先弁済権を確保するうえでは、そのほうが損害賠償請求よりも通常は合理的である（大判昭7・5・27民集11巻1289頁の事案は、抵当権者が債務者＝設定者に対して山林に設定された抵当権が伐採された立木に及んでいることの確認を求めるとともに、損害賠償を求めた。原審までの争点の中心は抵当権の効力の及ぶ範囲の問題であり、損害賠償請求は付随的であった）。

(b) 損害の有無とその評価額

これに対して、前頁の Case 20 の［2］や［3］の場合のように、債務者以外の者に対する損害賠償請求には意義がある。とくに債務者から被担保債権が回収できないことが確実であれば、それを損害として賠償請求ができる。もっとも、損害の発生が損害賠償請求の要件であるから、抵当権侵害が認められるとしても、Ｓからの債権回収がどの程度できなくなったのかが不確定なうちは（設例のように弁済期前だとＳが期限の利益を失わなければＳに対する履行請求すらできない）、Ｇに損害があるとはいえない。

(c) 競合する権利の相互関係

また、［3］の場合には、さらに別の問題も生じる。甲の所有権を害されたＳも、Ｄに対して損害賠償請求権を取得するが、Ｇはこれに対する物上代位により優先権を維持できる（372条・304条）。Ｓの損害賠償請求権とＧの損害賠償請求権はどういう関係になるのか。また、物上代位が可能なら損害がないのではないかが問題となる。

これと異なり、［2］の場合には、Ｂが自分の所有物を取り壊したことを理由に、ＳがＢに対して損害賠償請求権を取得することはないので、物上代位は問題にならない。

|補足| **被担保債権額を超える損害の賠償**

人身や人格権の侵害を伴わない財産権侵害の場合に慰謝料請求が認められることは稀であり、執行妨害を理由にした慰謝料請求は、一般に難しい。また、金銭債権の回収不能は、金銭債務の不履行とみられる。そのため、最近では有力な反対意見も出てきてはいるが、従来の判例・通説では、419条により法定利率を超える拡大損害の賠償は認められず、せいぜい不法行為の場合の弁護士費用が例外的に認められる程度で

あった。もっとも、第三者の執行妨害を排除するのに要する費用の賠償はその第三者から請求できる（内田303頁）。詳細は債権総論や不法行為に譲る。

(2) 判　例

判例（100頁の(1)の大判昭3・8・1、大判昭9・6・15民集13巻1164頁）は、抵当権者が実行によって被担保債権全額を回収できた場合には損害がないとして、被担保債権の満足が得られなくなる必要があるとしている。また、抵当山林から立木4本が違法に売却され伐採・搬出された時点では担保の価値が被担保債権額を超えていたが、その後山林の価値が低下して担保割れになった事例において、損害額は抵当権の実行時または実行に至っていないときは損害賠償請求権の行使時（訴訟では事実審の口頭弁論終結時）を基準として算定するものとし、抵当物件により回収できない額が伐採された立木の時価より大きいと判断して、立木の時価の限度で損害賠償請求を認めた（前頁の(a)の大判昭7・5・27）。

(3) 学　説

かつては判例を支持して、第三者に対する直接の損害賠償請求権を認める見解が通説であった（川井390頁-391頁、平野81頁は現在も支持）。しかし、近時は、物上代位ができる場合にはそれを無意味とせず、また当事者関係を複雑化しないために、直接の損害賠償請求を認めず、もっぱら物上代位によるべきであるとする考え方が通説化している（不法行為法の学説の概況については潮見佳男『不法行為法Ⅰ〔第2版〕』（信山社、2009年）85頁-89頁）。

物上代位手続の煩雑さや一般的な救済手段としての不法行為の意義から、不法行為責任の併存を広く認め、後の配当の段階で調整すればよいとする見解もある（平井宜雄『債権各論Ⅱ不法行為』（弘文堂、1992年）44頁）。さらに、債権侵害の不法行為との均衡から故意の不法行為者についてのみ責任の併存を認める見解（窪田充見『不法行為法』（有斐閣、2009年）99頁、山野目300頁-301頁・303頁）や、侵害者に対する代担保提供請求権を認めればよいとの提案もある（加藤雅信『現代民法学の展開』（有斐閣、1993年）238頁）。

(4) 検 討

　担保の喪失は被担保債権そのものの喪失ではないから、債権侵害との均衡を考える必要はない。債権回収の確実性や期待の侵害から生じる損害を回収可能性が未確定の時点で判断するのは難しい。かといって、損害賠償請求の機会を逸すると加害者も無資力になってしまうおそれがある。侵害者に対する代担保提供請求権の提案は、担保された地位を回復する点で最も適切な救済で魅力的であるが、金銭賠償の原則（722条1項・417条）からそのような行為請求権を認めるには立法措置が必要だと思われる。

　第三者に対する損害賠償請求権を認めることは、Sに対する履行請求や増担保請求に加えて、甲の価値を限度とする物的有限責任を負っていたにすぎないBや第三者Dに、総責任財産を引き当てとする損害賠償債務を負わせ、あたかも連帯保証人のように扱う結果となる。Gが損害賠償を受ければ、その額だけ被担保債権が減じる。担保物権のような優先弁済権はないため、抵当権により担保された地位の回復ほど確実ではないものの、損害賠償によって抵当権が失われたことの埋め合わせができる。第三者に対する直接請求権は、Sに対する他の競合債権者が権利主張をする余地がない点で、他の債権者に対する優先権を認める物上代位と同様の効力を持つからである。このように、責任の併存は、代担保提供請求権に代わる次善の策となりうる。

　物上代位による場合、被担保債権の弁済期前には、抵当権者は保全的差押えのみが可能で満足に進めない（59頁の(a)および次頁の補足）。これに対して、損害賠償請求では、抵当権者が直ちに満足を受け、債務者の期限の利益が無視される点が問題である。この問題は、物上代位が成り立たず、直接の損害賠償請求権が認められる111頁のCase 20の［2］の場合にも当てはまる。加害者が保証人類似の責任を負うという上記の分析を応用して、債務者の弁済、増担保の提供による債務不履行状態の解消、被担保債権の弁済期の未到来などを、加害者が保証人と同様に抗弁として主張できるとすれば、この問題点は解消できる。責任併存説に対するそれ以外の点は、平井の見解が妥当すると思われる。損害発生の有無とその評価は別問題であり、侵害時に損害賠償債権の成立を認めれば、仮差押えをして賠償用の財産を確保することもでき、被害者保護に資するので、責任併存説を採りたい。

[補足] **賃料相当額賠償の否定の射程**

　平成17年判決は、賃料・転貸料が非常に低額であったため、物上代位によっては損害の回復が困難な事例であった。しかし、同判決は、併用賃借権侵害を理由とする抵当権者の客観的な賃料相当額の損害賠償請求を退けた。その理由は、抵当権者が明渡しによって取得する占有は維持管理目的のものであって、使用・収益による利益の取得を目的とするものではない、というものであった。併用賃借権の効力を否定した判例（104頁の(iv)の最判平元・6・5）からみて、それ自体は妥当な判断である。しかし、違法な競売手続妨害によって、適時の換価ができず、その間に抵当不動産の価値が経年変化や使用により低下し、被担保債権の回収額が減少したことが立証できれば、賃料相当額とは異なる損害として、抵当権者が賠償請求をすることは妨げられないと考えるべきであろう。

[文献]

　平成11年判決以前について、鎌田薫「抵当権の侵害と明渡請求」田山輝明ほか編『民法学の新たな展開』（1993年）263頁以下。筆者自身のものが多くて恐縮だが、詳細はそちらをご覧いただきたい。平成11年判決について、松岡久和「抵当目的不動産の不法占有者に対する債権者代位権による明渡請求(上)(中)(下)」NBL681号6頁、682号36頁、683号37頁（2000年）、平成17年判決について、松岡久和・ジュリ1313号（2006年）77頁、妨害排除請求と賃料債権への物上代位を総合して抵当権の本質論を再検討するものとして、松岡久和「抵当権の本質論について」高木多喜男先生古稀記念『現代民法学の理論と実務の交錯』（成文堂、2001年）3頁以下。損害賠償については、田髙寛貴「担保権侵害による損害賠償請求に関する一考察」名法227号（2008年）341頁の検討が丁寧である。

第7節　抵当権と他の権利との調整

　この節では、まず、抵当権者と、抵当権設定登記の前後に抵当不動産について、所有権、用益物権、賃借権などの権利を取得した者との間の優劣関係の決定基準を論じる（第1項）。次いで、これを前提として、こうした関係者間の利益を調整する多様な制度を扱う。具体的には、抵当権者と抵当不動産の第三取得者の間の利害調整（第2項）、抵当権者と抵当建物の賃借人の間の利害調整（第3項）、抵当権者と抵当土地の利用権者との間の利害調整の観点から法定地上権（第4項）と一括競売権（第5項）を取り上げる。

第1項　対抗関係

> Case 21　XはAに対する債権を担保するためA所有の建物甲に抵当権の設定を受けた。他方、Aは甲をYに賃貸して引き渡し、さらにZに甲を譲渡し、Zが甲の所有権移転登記を備えた。XとY、XとZの関係はどうなるか。

　本節で抵当権と他の権利との調整を検討する前提として、抵当権と所有権や土地利用権とが競合してその優劣が問題になる場面を整理しておく。読者の皆さんは、まず、物権法で学んだ177条の問題の復習を兼ねてCase 21を自分で考えた後で、以下の解説を読んでいただくとよい。

　抵当権も所有権も物権であり、その優劣は、177条によって定まる（なお、対抗要件が欠けていても、同条の第三者に該当しない者に対しては物権変動を主張できるが、この点はここでは問題にしないことにする）。また、賃借権は債権ではあるが登記することによってその後に対象物が譲渡されても、その新所有者に対抗できる（605条）。さらに、建物の賃借権は、その建物の引渡しを受ければ、その後の所有権取得者に対抗できる（借借31条1項）。

　このように、抵当権の取得と、所有権や賃借権の取得は、基本的に対抗関係に立ち、その契約の前後によるのではなく、先に対抗要件を備えた方が優先することになる。Case 21ではXとYやZの対抗要件の先後により結論が異なることになる（この設例のように問題文には先後関係があえて書かれていないことも多く、そこでは場合を分けて論じることが要請されている）。

　①Xの対抗要件よりYやZの対抗要件が先に備わった場合

　Xの抵当権は有効に成立したが（176条）、Xは、YやZには抵当権の取得を対抗できない。とりわけZの所有権移転登記具備後は、甲はもはや確定的にAの所有物でなくなっており、XはAとの関係でも抵当権を実行できない。また、Yの賃借権は、Zの所有権移転登記より先に対抗要件を備えているためZに優先し、ましてZに劣後するXには当然に優先する。結局、YやZの権利取得はXの抵当権によって脅かされることがない。

②Xの対抗要件がYやZの対抗要件より先に備わった場合

　Xの抵当権設定登記後であっても、抵当権は価値権であって（369条）、対象不動産所有権についてAは使用・収益・処分ができる。それゆえ、Yは賃借権を、Zは所有権を有効に取得できる。しかし、YやZは、対抗要件を備えても、Xの抵当権設定登記より後れているため、抵当権の負担を受ける。まず、抵当不動産の第三取得者Zは、Aの債務の物上保証人と同じような地位に立つ（抵当権に追及効があるとも表現される）。すなわち、Aが債務不履行に陥ってXが抵当権の実行としての競売を行うと、買受人が所有権を取得し、Zは所有権を失う（民執79条）。次に、抵当権に対抗できないYの賃借権も競売によって消滅し（民執59条2項）、Yは引渡命令（民執83条）や所有権に基づく請求に服し、甲から退去しなければならない（395条による猶予の余地はある。126頁以下の(2)）。

　上記①の場合には、別段の処理を行う必要はない。これに対して、②の場合には、賃借権や所有権が抵当権の実行により脅かされるので、抵当不動産を借りたり買おうとする者が少なくなる。その結果、抵当権の実行による買受人の登場まで抵当不動産所有者に使用・収益・処分を許容するという抵当権の機能がうまく発揮されないおそれがある。以下で論じるのは、まさにこういう場合の抵当権と所有権や利用権の調整である。

第2項　抵当権者と抵当不動産の第三取得者

1　問題状況

　実際の取引では、抵当権の負担の付いた不動産をそのまま買い受けることは多くない。すなわち、売主が（たとえば、手持資金や繋ぎ融資などの短期借入金で、または、買主から支払われる売買代金で）被担保債権を弁済し、抵当権を消滅させて、買主に抵当権の負担のない所有権を移転する、という約定が売買契約でされることが普通である。

　何らかの理由で、買主が抵当権付の不動産を買い受けるとしても、被担保債務額がその不動産の価額より小さければ、問題は少ない。第三取得者が被担保債務を引き受けるのであれば、その額だけ売買代金は低くなり、第三取

得者は自らの債務として弁済をすればよい。債務の引受けがなくても、買主は、自ら被担保債務を第三者弁済して抵当権を消滅させ、売主に対してその費用の償還請求権を取得するから（567条2項）、代金が未払であれば代金債務と相殺することで、買主には実質的な負担増はない。

これに対して、たとえば、被担保債務額が1億円、抵当不動産の価額が7000万円である場合のように、被担保債務が抵当不動産の価額より大きい場合には（債務超過型不動産とか担保割れ不動産と呼ばれる）、第三者弁済ではうまくいかない。抵当権には不可分性（372条・296条）があって、被担保債権の全額が弁済されるまで抵当権は消滅しない。おそらく7000万円前後で買い受ける買主は抵当権を消滅させるために1億円を弁済する必要があり、償還請求権と売買代金債務とを相殺しても、売主に対して無担保の3000万円の償還請求権が残り、その回収につき売主の無資力危険を負うことになる。

こうしたことから、債務超過型不動産をそのまま買い受ける者は通常はおらず、抵当権者が抵当権を実行しなければ、その不動産は流通しなくなる（いわゆる塩漬け状態）。しかし、抵当権者は不良債権処理のために債権全額を回収できなくてもできるだけ高い価額で抵当不動産が売却されてその代金で満足を得ればよいと考えることがある。買主側でも地域一帯の総合開発などのためにその土地を購入する必要がある場合や、強制的に買わされる不動産（たとえば、借借13条・14条、建物区分61条7項などの買取請求権が行使された場合）の抵当権を適切な額で消滅させたい場合がある。このように、債務超過型不動産にも流通や権利の安定化のための対処が必要になる。

代価弁済と抵当権消滅請求はそのための制度であり、代価弁済は抵当権者に、抵当権消滅請求は第三取得者に、それぞれ主導権がある点で対照的である。以下、詳説する。

2　代価弁済

代価弁済は、①抵当不動産の所有権または地上権を買い受けた第三者がいる場合（次頁のコラム）、②抵当権者がその第三者に代価の支払を請求し、③第三者が抵当権者にその代価を支払う、という要件をみたせば抵当権が消滅する、という制度である（378条）。これは、第三者の側からの抵当権消滅請

求を待つまでもなく、抵当権者の方から清算を求めることができる制度であるが、第三者との合意（複数の抵当権者がいれば権利の安定化のためには全員との合意）が必要になる。代価弁済は、比較法的にもイタリア民法以外には存在しないようであるし、日本でも実際にはほとんど使われておらず、合理性が疑われる。

> **「地上権を買い受けた第三者」**
>
> 起草担当者の梅謙次郎は、抵当権者が代金債権に対して物上代位を行いながら、さらに抵当権の追及効によって抵当権の実行もできるとすれば、第三者が二重の負担を負ってしまうので、抵当権を消滅させる代価弁済の制度を置いたと説明している。また、地上権が設定される場合、所有権の代金に近い高額の対価が払われることがあるので、地上権の場合も代価弁済を認めたとしている（速記録二879頁-880頁）。
>
> 代価弁済が代金債権等に対する物上代位に代わる制度であることは、売買代金債権に対する物上代位を否定する近時の見解に通じる（57頁以下の①）。しかし、地上権についての梅の説明は不可解である。抵当権設定登記後に設定された地上権は抵当権に対抗できないため、抵当権者は、競売をして地上権を消滅させ、地上権の負担のない土地として売れば十分である。こういう不安定な地上権には高い設定料は約定されないので、抵当権者がそのような低い額で代価弁済を行おうとすること自体が考えられない。さらに、学説は、抵当権は地上権者との関係では相対的に消滅するが、抵当不動産所有者と抵当権者の関係では残るので、抵当権者は地上権付で競売することになる、などと複雑な関係の説明に苦労している（新注民(9)202頁-203頁［生熊長幸］）。
>
> しかし、そもそもの出発点となった理解が間違っていたと思われる。378条が「地上権を買い受けた第三者」と定めているのは、文字どおりに抵当権が設定された地上権（369条2項）を買い受けた者を意味し、抵当不動産について地上権の設定を受けた者ではない（旧378条の滌除における「地上権又ハ永小作権ヲ取得シタル第三者」も同様である）。立法時に参照されたのはイタリア民法2023条（現2867条。邦訳は風間鶴寿『全訳イタリア民法典〔追補版〕』（法律文化社、1977年）446頁）のみであり、その参照のしかたを誤ったものと思われる。地上権譲渡の対価を抵当権者に支払うことで地上権上の抵当権が地上権の第三取得者との関係で消滅するのは、所有権上の抵当権と所有権の第三取得者との関係と全く同じである。

3　抵当権消滅請求

(1)　制度の概要

抵当権消滅請求（379条-386条）は、第三者が一定の金銭を抵当権者に支

払うか供託することで抵当権を消滅させる制度である。代価弁済とは異なって、抵当権者の明示の同意や承諾を要しない。提示された金額に不満のある抵当権者は、対抗策として2か月以内に競売を申し立てなければならず、そうしなければ承諾が擬制される。抵当権者は、債務者からの弁済や抵当不動産の値上がりを期待して抵当権の実行をしないことがあるが、抵当権消滅請求によって実行を強いられることになる。この点で抵当権消滅請求制度には抵当権者の利益を害するのではないかとの批判もあったが、他の債権者の強制執行や担保権実行によっても抵当権は消滅するから（民執59条1項）、抵当権実行時期の選択は、保護に値するほどの利益ではない。

　抵当権消滅請求制度は、倒産法上の担保権消滅請求制度（破産186条以下、民再148条以下、会更104条以下。91頁以下の**2-4**）とも共通性があるものの、抵当不動産の流通性の確保を目的とする点や裁判所の許可を要しない点で独自のものである。

(2) 制度の沿革

　2003（平成15）年の担保・執行法の改正前には、この制度は滌除（てきじょ）と呼ばれていた。提示された滌除金額に満足できない場合には、抵当権者はその金額に10%以上を加えた増価競売の申立てをすることができたが、増価競売で買受人が現れなければ抵当権者が自ら買い受けなければならず、そのための予納金を滌除の申出から1か月の短い期間に用意しなければならなかった。これは抵当権の実行による被担保債権の回収が困難となった抵当権者にさらに追加の支出を求める大きな負担となり、流動資金不足に悩む抵当権者の窮状につけ込んだ不当な滌除が横行した（青木雄二『ナニワ金融道(3)』（講談社漫画文庫、1999年）は滌除や短期賃貸借の濫用による抵当権侵害を生々しく描く）。

　また、抵当権者は、抵当権を実行する1か月前までに登記された第三取得者に対して、抵当権実行通知をして滌除の機会を与える必要があった。譲渡担保権者や所有権共有持分の取得者等は、通知されなかったことを理由に抵当権実行の有効性を争う余地があった。また誰に通知をするべきか抵当権者が迷う場合もあって、通知自体が競売手続の開始を遅延させる原因の1つとなっていた。さらに、1か月前の通知は執行妨害のための余裕を与えるだけ

だと批判されていた。

　そもそも抵当不動産を抵当権付で買い受けること自体が稀で、滌除は執行妨害の口実としての濫用が目立ったため、制度の廃止論も強かった。しかし、上述のように債務超過型不動産につき抵当権を消滅させて流通を促進する要請や所有権取得者を保護する必要のある場合もあったので、2003（平成15）年の改正では、弊害を除去した合理的な制度へと衣替えを行い、難読で印象の悪い滌除という名称も、抵当権消滅請求と改められた（谷口＝筒井・131頁の文献の20頁以下）。

(3) 要　件

次の4つの要件をみたす必要がある。

①消滅請求権者としての第三取得者の登場

　抵当不動産の第三取得者が請求権者である。滌除制度では、地上権や永小作権の取得者も含まれていたが、実際の利用例もなく、賃借権者が含まれていないこととの不均衡もあり、所有権の取得者に限定された（石田416頁は地上権・永小作権・賃借権取得者まで第三取得者に含めるが立法趣旨に反する。なお本条をこのように限定しても、369条2項の準用規定があるので実害はないが、前提に誤解があったことは119頁のコラム）。主たる債務者や保証人およびこれらの者の承継人は、被担保債務全額の弁済義務を負うから、たとえ抵当不動産を取得しても、抵当権消滅請求をすることができない（380条）。物上保証人は、この反対解釈として、債務者や別の物上保証人の抵当不動産を買い受ければ、抵当権消滅請求ができる。所有権の取得が停止条件付である第三取得者は、権利取得が確定するまでは抵当権消滅請求ができない（381条）。

　なお、第三取得者が抵当権消滅請求をするのに登記は不要である（最判昭39・2・4民集18巻2号233頁）。学説では登記必要説が通説であるが、この判例のように建物買取請求権の場合にこそ抵当権消滅請求に合理性が認められるところであり、この場合に買主が未登記であるとして請求を否定するのは妥当でない（ロープラ319頁［松岡久和］）。

　滌除についての判例であるが、清算前の譲渡担保権者は確定的に所有権を取得した者ではない担保権者であるとして、滌除の主張を否定した判例があ

る（最判平7・11・10民集49巻9号2953頁）。また、抵当不動産の持分権を取得した者（数百分の1など極小のものが多い）からの滌除は許されない。なぜなら、共有持分の第三取得者による滌除が許されるとすれば、抵当権者が一個の不動産の全体について一体として把握している交換価値が分断され、分断された交換価値を合算しても一体として把握された交換価値には及ばず、抵当権者を害するのが通常であって、滌除制度の趣旨に反する結果をもたらすからである（最判平9・6・5民集51巻5号2096頁）。これに対して、当初から共有不動産持分上に設定された抵当権に対しては各持分権の第三取得者が単独で滌除を主張できる。この場合には抵当権者は各持分権毎に対応しなければならないことを覚悟していたからである。

抵当権消滅請求についても以上の滌除の判例が妥当する。さらに、抵当不動産が分筆された場合も、各部分の所有者は単独では消滅請求ができないと解するべきである（道垣内168頁。石田418頁は反対）。抵当不動産全体の価値を把握していた抵当権が自らの関与しない事情により分解される不利益を抵当権者が甘受するべき理由はないからである。

②抵当権の競売前の抵当権消滅請求の意思表示

抵当権消滅請求権者は、抵当権の実行としての競売による差押えの効力が発生する前に（382条）、登記のある抵当権者全員（一度に担保権を消滅させるため、消滅請求の相手方は先取特権者や不動産質権者など登記のある先順位担保権者のすべてを含む。383条の「登記をした債権者」という文言はこれを表現している。しかし、以下では簡略化のため抵当権者で代表させる）に対して、所定の事項を記載した書面を送付することで（383条）、権利行使の意思表示をしなければならない。

一般債権者の強制競売の申立てがあれば、それによって抵当権も実行されることになるが、この段階ではまだ第三取得者は抵当権消滅請求ができる（谷口＝筒井・131頁の 文献 の26頁）。

提示する金額は、第三取得者が売買契約等において売主＝設定者に支払うべき代価の額（この場合には代価弁済と同等の内容となる）でも、それ以外の金額でもよい。第三取得者の申出金額が適正かどうかを鑑定等によって担保するとの規律を設ける改正提案もあったが、競売によらない方法で裁判所が価

額算定を行うことには問題があるし、費用もかかる。消滅請求が成立しないことで申出金額の相当性は担保されるとして、この提案は採用されなかった。

③抵当権者全員の承諾またはみなし承諾

抵当権者が提示された金額に満足して申出を承諾すれば問題はない。その金額に不満があって承諾しない場合には、抵当権者は、②の書面の到達時から2か月以内に対抗策として競売（被担保債権の弁済期前でも可能）を申し立てる必要があり、債務者および抵当不動産の譲渡人に競売の申立てをした旨を通知しなければならない（385条。もっとも、通知を受けた者には競売を止める手段はないから、この通知の必要性には疑問がある。道垣内170頁）。この期間は滌除の場合の1か月から2か月に延長された。また、この競売は、滌除の場合の増価競売とは異なり、10%以上の上乗せを要しないし、自己買受義務がなくなったため、予納金を納める必要もない。この点が最大の改善点である。

次の4つの場合には、抵当権者は提供された金額を承諾したものとみなされる（384条各号の承諾擬制）。1) 抵当権者が期間内に競売の申立てをしないとき、2) 申立てをしたがその後に取り下げたとき、3) 申立てを却下する決定が確定したとき、4) 申立てに基づく競売の手続を取り消す旨の決定が確定したとき。4) には例外があり、売却できずその見込みがない場合や不動産競売手続停止や執行処分取消しの裁判があったことによって競売手続が取り消された場合には、承諾擬制は働かない（384条4号括弧書きの指示する民執63条3項、68条の3第3項、183条2項）。承諾擬制が働かない場合に抵当権消滅請求前の状態に戻るというのも新制度の特色である。これに対して、配当の見込みのない後順位抵当権者の申立てが無剰余を理由に取り消された場合には承諾擬制がされる（松岡・131頁の文献の金法1687号23頁・24頁が無剰余の場合を除いているのは誤解だったので訂正する）。なお、一度競売を申し立てた抵当権者も、他の債権者の承諾なしに、申立てを取り下げることができることとなった（旧386条の廃止。石田421頁は他の債権者の同意を要するという旧法と同じ解釈を維持するが、改正の趣旨に反する）。

一部の債権者に対する消滅請求の意思表示が欠けていれば、消滅請求は全部が無効である（滌除について大決昭2・4・2新聞2686号15頁および通説）。相対効でよいとする見解もあるが（道垣内170頁）、抵当権全部を消滅させると

の制度趣旨に反する。
　④承諾を得た金額の払渡しまたは供託
　第三取得者は、承諾を得た金額を抵当権者の順位に従って支払うか、受領を拒む抵当権者および被担保債権が弁済期前である抵当権者の分は供託をしなければならない（386条）。

(4) 効　果
　以上の①〜④の要件がみたされたときに、すべての抵当権が消滅する（386条）。第三取得者は、出捐した額の償還を売主＝設定者に対して請求することができ（567条2項）、売買代金債務と相殺することで、重ねて代金を支払わなくてよい。こうした清算ができるように、買主は抵当権消滅請求の手続が終わるまでは代金の支払を拒むことができる（577条）。
　改正の際に、実務界からは裁判所の嘱託等により簡易に抵当権設定登記が抹消されるようにとの要望があった。しかし、手続に関与してこなかった裁判所が登記抹消を命じることはできないとされ、実現しなかった。抵当権者が徹底して争えば、所有者は抹消登記請求訴訟を起こす必要がある。

(5) 制度の利用状況
　新制度の利用状況はまだ検証できない。そもそも抵当不動産を抵当権の負担付で買い受ける場面が少なく、裁判で争われた事例が見当たらないのでやむを得ない。主要な適用場面は前述のように買取請求権行使によって抵当不動産を買い受けざるをえない者が行う消滅請求であろう。このほか、配当をまったく期待できない後順位抵当権者が、先順位抵当権者・設定者・第三取得者の間で合意ができている合理的な任意売却案に頑なに同意しない場合や、法外な承諾料や判子代を要求する場合などに、この制度が効用を発揮することが期待される（松岡久和＝潮見佳男＝山本敬三『民法総合・事例演習〔第2版〕』（有斐閣、2009年）133頁以下［松岡］）。

4　第三取得者の費用償還請求権
　抵当不動産の第三取得者が抵当権の実行前に自己の所有不動産に投下した

費用は、抵当不動産の価値を増加させ、設定者や抵当権者の利益となる。そのため、抵当不動産が競売された場合には、第三取得者は、必要費は全額、有益費は支出額と増加額のいずれか（196条の区別）について、競売代金から他の債権者より優先して償還を受けることができる（391条）。この償還がされなかったため抵当権者が本来受けることができる以上の配当を受けたときは、第三取得者は、抵当権者に不当利得の返還請求ができる（最判昭48・7・12民集27巻7号763頁）。これは過誤配当と不当利得（84頁の補足）と同質の問題である。

第3項　抵当建物賃借人の保護

> Case 22　Sはアパート経営のためにGから建築資金を借り、その担保として、建築したアパート甲とその敷地に共同抵当権を設定し、抵当権の設定登記がされた。Sが債務を弁済できなくなり、Gが共同抵当権の実行を申し立てた。
> 　Yは101号室、Zは102号室に、それぞれSと賃貸借契約を結び、敷金を支払って入居していたが、Yの入居は甲に差押えの登記がされる前、Zの入居はその後だった。いずれも差押えの登記がされたことは知らなかった。
> 　競売における買受人Xは、YやZに対して、甲の各室の明渡しを直ちに請求できるか。

1　2003（平成15）年改正による建物賃借人保護の仕組みの変更
(1)　短期賃貸借保護制度の問題点
　旧395条の短期賃貸借保護制度の概略はすでに紹介した（102頁以下の(ⅰ)-(ⅲ)）。この制度には、抵当権者にとっても賃借人にとっても問題があった。すなわち、一方で、短期賃貸借は執行妨害の口実として濫用されることが少なくなかった。たしかに、詐害的な短期賃貸借に対して、抵当権者は、同条但書の解除請求を行うことができた。しかし、解除請求訴訟は抵当権の

迅速な実行を妨げ、抵当権者の大きな負担であった。

また、買受希望者にとっては問題の短期賃貸借が正常なものか濫用的なものかを的確に判断することが難しいので、短期賃貸借が付いているだけで買受けを敬遠する傾向があり、競売制度の信頼性・実効性も損なわれていた。

他方、短期賃貸借の契約期間は1～2年と短いものが通常で、競売手続にはかなりの時間を要したから、この制度で保護される短期賃貸借は少なかった。差押えから買受人の代金納入までの間に賃貸借期間が満了すれば、買受人には更新が対抗できないとされたため（最判昭38・8・27民集17巻6号871頁）、賃借人が保護されるか否かは、差押えと契約更新の時期の前後という偶然の要素に左右された。買受人に引き受けられる短期賃貸借であっても、買受人の解約申入れに際しての「正当事由」には短期賃貸借であることが考慮されたため（最判昭39・6・19民集18巻5号795頁）、賃借権の存続の保障も十分ではなかった。要するに、短期賃貸借保護制度は賃借人にとっても不十分・不公平なものであり、その効用は非常に限られていた。

改正時には、特殊な濫用事例を理由に圧倒的多数である正常な賃借人の保護を否定するべきではないなどの強い反対が最後まであった。前頁のCase 22のようなマンション・アパートの場合には、建築資金を融資する抵当権の設定登記の方が先で賃貸借契約はその後になることが通常であるため、抵当権が実行されると、賃借人は買受人から明渡しを求められ、敷金も返ってこないという過酷な状況にさらされかねない。短期賃貸借保護制度廃止反対論が懸念したのはこの点であった。しかし、問題点の多かった短期賃貸借保護制度は、改正（平15年法134号）により廃止された（なお、同法の付則5条により、2004年4月1日以前に結ばれた短期賃貸借契約は、その後に更新されるものも含め、旧規定による保護を受ける。ただ、同条には多様な解釈がありうる。鎌田薫ほか「《座談会》平成15年担保法・執行法改正の検証(1)」ジュリ1321号（2006年）156頁-159頁）。

(2) 原則回帰と明渡猶予期間

(a) 抵当権に後れる賃借権の消滅

抵当権に後れる賃貸借契約は、原則として競売によって消滅し、買受人に

は引き受けられない（民執59条2項）。抵当権と賃借権の優劣関係は、例外則である短期賃貸借保護制度が廃止された結果、対抗要件の先後によるとの原則（116頁以下の第1項）へと回帰したのである。このことは一般の対抗問題の考え方が適用される結果であるため、明文の規定が置かれていないことに注意を要する。

125頁のCase 22において、賃貸借契約を引き受けないXは、YやZに甲を使用させる義務を負わず、敷金返還義務も承継しない。YやZが敷金の返還を求めうる相手方は、元賃貸人のSであり、抵当権の実行を受けたSからの返済は期待できない。

ただ、YやZは、明渡時に未払賃料債権に敷金が充当されるとした判例（74頁の(i)の平成14年判決）を念頭に置いて、差押えから買受人の登場までの期間（平均で約6か月）の賃料の支払を控えるという対抗措置をとることが考えられる。この対抗措置によって、元賃借人はその額だけ敷金返還請求権を実質的に確保し、引越し先の新しい賃貸借契約締結時に支払う敷金が捻出できるだろう（交渉力と知識を持たない普通の賃借人にはそのような措置は思いつきにくいが）。一般的には賃料不払をすれば賃貸借契約を解除される危険があるが、賃貸借契約が競売により消滅するこの場面では、解除の制裁は機能しにくい。たしかに、買受人の登場までに有効に解除されると次述の明渡猶予が適用されなくなるが、抵当権の実行を申し立てられている抵当不動産所有者が解除権を行使することは事実上考えにくい。このような敷金充当が一般的になれば、通常の敷金額は賃料の6か月程度となる方向が強まるだろう。

(b) 明渡猶予期間

抵当権の実行によって予期しない時期に明渡しを余儀なくされる賃借人の受ける衝撃を緩和するために、明渡猶予期間制度が新設された（改正後の395条の表現は「引渡しの猶予」となっているが、本書では慣用的に使われている「明渡猶予」を使う）。

明渡しの猶予を認められるのは、抵当権に基づく競売手続の開始前から使用・収益している賃借人（同条1項1号）か、競売手続開始後に強制管理や収益執行の管理人と契約した賃借人である（同項2号）。賃貸借契約を口実にした執行妨害を排除するため、賃貸借契約を結んでいても差押え時に現に使

用・収益をしていない賃借人は保護しないこととされた。差押え後の賃借人が競売手続開始を知っていたか否かを問わず、濫用的な意図を有していたという要件も必要でない。125頁のCase 22では、Zは明渡猶予期間による保護を受けられず、買受人から直ちに引渡命令（民執83条）による明渡しの請求を受ける。

明渡猶予期間は買受人の買受時から一律に6か月である。競売開始から買受けまで6か月程度はかかることから明渡猶予期間とあわせて約1年程度あれば、就学児童・生徒などの便宜も考慮できること、賃貸借契約の解約告知期間を6か月とする規律（借借34条2項）との整合性が考慮された。保護される賃貸借契約は、その契約期間の長短を問わず、長期賃貸借契約も含まれるし、差押え後に更新されたものでもよい。この規律により、更新時期による保護の偶然の広狭という短期賃貸借保護制度下の問題点は解消された。また、明渡猶予期間制度の新設に伴い、買受人が明渡猶予を受けた元賃借人に対して引渡命令を申し立てることができる期間も9か月に延長された（民執83条2項かっこ書）。

明渡猶予期間中占有を継続する元賃借人は、占有権原を持たないため、使用・収益を続ける限り、不当利得として賃料相当額を買受人に返還する義務を負う（石田428頁以下は賃貸借期間の延長と理解するが、買受人の敷金返還債務の承継を明確に否定した立法趣旨と適合しない）。差押え後の（旧）賃貸人（＝競売で所有権を失う抵当不動産所有者）に対する賃料不払の対応に相当する措置は、買受人に対してはとれないのである。

元賃借人が明渡猶予期間の満了前に明け渡すことは可能であり、その場合には、明渡時までの賃料相当額のみを支払えばよい。元賃借人が賃料相当額の1か月分以上の支払を遅滞している場合において、相当の期間を定めた催告をしても履行されないときは、買受人は直ちに引渡命令を得て明渡しを求めることができる（395条2項）。元賃借人が徹底して争い訴訟になれば、6か月内に実際に明渡しを完了させることは難しいが（東京高決平20・12・19判タ1314号300頁は迅速な決定であるが買受人の登場後、命令確定までほぼ6か月かかっている）、支払を遅滞する元賃借人に対して早期に対応することができることを明確にする点で、2項には一定の意義がある。

125頁の Case 22 の Y は、X に賃料相当額の支払をする必要があるが、6か月間は明渡しを猶予されるため、直ちに退去を求められることはない。

2　同意引受制度

抵当権に後れる賃貸借契約が、例外的に買受人に引き受けられる同意引受制度が新設された（387条。この呼び方は便宜のため筆者が付けたものである）。Case 22 のマンション・アパートなどの収益物件では、優良な賃借人がいる方が建物の資産価値が高く、抵当権者や買受人にとってもむしろ利益となりうるからである。

同意引受けには、①賃借権の登記、②①の登記前に登記をした抵当権を有するすべての者の同意（転抵当権者など抵当権者の同意によって不利益を受ける者がある場合にはその承諾を得ることも必要。387条2項）、③②の同意の登記、という3つの要件が必要である。

この要件がみたされれば、土地の賃貸借契約でも建物の賃貸借契約でもよく、賃貸借契約の期間も問わない。区分所有登記がなされていないアパートやマンションなどでは、個々の居室に賃借権の登記をすることはできない。このような場合には、不動産管理会社等が建物全体を一括賃借して賃借権の登記をし、管理会社が個々の居室等を転貸することで同意引受制度を利用できる（いわゆるサブリース形式）。この場合、転貸借契約は、登記する必要がなく、原賃貸借契約を基礎として保護される。

同意引受制度の適用される賃貸借契約は、抵当権が実行された場合、買受人に引き受けられる。敷金返還義務をも引き継ぐ買受人が不測の損害を受けることを防止するため、敷金の存在は登記によって公示される（不登81条4項）。敷金の登記がなければ、賃借人は敷金返還請求権の存在を買受人に主張できない。

3　改正の問題点と利用状況

(1) あるべき制度像

短期賃貸借保護制度にはたしかに問題点が存在していた。しかし、今回の改正が最善のものであったとも思えない。他人に賃貸することを予定したア

パートやマンションなどの賃貸物件の場合、建築資金の融資を受ける際にすでに抵当権が設定されている。融資する金融機関は、賃料収入をあてにして抵当不動産の担保評価をするのが合理的であり、収益執行や賃料債権への物上代位の正当性もそこに見いだされるべきである。そうだとすれば、そもそも予定どおりに入居した賃貸物件の賃借人が短期賃貸借の限度でしか保護されないこと自体が不適切であり、抵当権の実行によっても賃貸借契約関係が買受人に引き受けられ、そのような賃借人も等しく借地借家法の保護を受けられるという姿こそ目指すべき方向性だったと思われる。

しかし、賃貸物件とそれ以外を低コストで確実に識別でき、しかも執行妨害の口実となりにくい制度をじっくりと検討するだけの時間的余裕が欠けていた。新制度は、短期賃貸借保護制度よりは合理的な面を持ち、あるべき方向性に近い制度運用の可能性を秘めている。衆参両院とも、抵当権と賃借権の権利関係の調整については、改正法施行後の状況を勘案し、引き続き必要な検討を行うべきだとの付帯決議を行っている。しかし、まだその検証を行うに足りるデータは集まっていない（高橋眞＝島川勝編『市場社会の変容と金融・財産法』（成文堂、2009年））。

(2) 原則回帰による危惧

たしかに抵当権が実行される場合は必ずしも多くはない（78頁の コラム ）。しかし、すでに述べたように多くの賃貸物件では、建築資金融資を担保する抵当権が賃貸借契約より先に設定されていることから、建物賃借人の地位が抵当権実行によって脅かされる危険は、広く賃借人層が負担することになる。そして、賃借人は、賃貸人の経済的破綻という自分ではいかんともしがたい事情によって、生活や営業の拠点を奪われるという著しい不利益に見舞われる。高齢者や外国人など引越先確保が容易でない者もいる。

買受人は、賃貸物件の価値を維持するために、元賃借人との賃貸借契約を望むかもしれない。しかし、賃貸借契約が消滅していることから、買受人が非常に強い交渉カードを持ち、新たな賃貸借契約の締結には、敷金の差入れや賃料の値上げが条件とされるおそれがある。

(3) 同意引受制度の利用

この制度を検討している段階から、金融機関は、賃借人を審査する能力も権限もないことや、また同意をせよとの社会的圧力を受けるおそれがあることなどを理由に、同意引受制度の導入に非常に消極的であった。現在もほとんど利用されていないようである。ただ、大規模賃貸住宅の開発を事業者と金融機関が信頼の置ける管理業者を使って行うプロジェクトでは、活用がありうる。実践的な成功例が出て、不安が解消されていかないと、同意引受制度は使われることが少なく、象徴的な意味しかなくなってしまう。

文献

担保・執行法改正以前の問題点、とりわけ短期賃貸借保護制度をめぐっては、内田貴「抵当権と短期賃貸借」講座(3)175頁以下、生熊長幸『執行妨害と短期賃貸借』（有斐閣、2000年）。今回採り上げた問題に関する担保・執行法改正の解説として、道垣内弘人＝山本和彦＝古賀政治＝小林明彦『新しい担保・執行制度』（有斐閣、2003年）49頁-73頁・82頁-89頁、谷口園恵＝筒井健夫編『改正担保・執行法の解説』（商事法務、2004年）8頁-9頁・20頁-29頁・32頁-46頁、松岡久和「担保・執行法改正の概要と問題点(上)(下)」金法1687号22頁-24頁、1688号19頁-24頁（2003年）。

第4項　法定地上権

法定地上権は1か条の簡素な条文しかないのに、多様な類型の紛争が生じ、それに応じた非常に多数の判例があり、全体を通した正確な理解が難しい。具体から抽象へという本書の方針に従い、先に要件に沿って具体的な争点を理解するよう努める。具体的な検討に際しても、土地・建物のいずれかまたは双方が共有である場合は関係がさらに複雑になるので、まずは共有でない場合の要件・効果を2・3で検討し、次いで応用型として共有の場合を4で検討する。以上の検討を受けて、5で全体として、法定地上権に関する判例法理をどのように整理することができるかを考える。最後に6で、このような複雑な法定地上権制度をわかりやすくするための立法論的考察を加える。

1 制度の概要

(1) 土地上の抵当権と利用権の対抗関係

　所有者は、利用権の負担の付いた土地を自ら使用することができず、地代や賃料を収取できるにとどまるため、売却価額が大幅に下がる。東京などの大都市圏では、地上に何も建てられていない土地（更地という）に比べて、借地権の負担のある土地（底地という）は 20-30% にまで売却価額が下がるといわれる。たとえば、1 億円の更地に 5000 万円の建物が建築された場合、土地の売却価額は 2000 万円から 3000 万円程度となり、減価分は、利用権（建物の従たる権利）として建物所有者に移転する。それゆえ、利用権設定時には、地代や賃料とは別に利用権設定の対価として 7000 万円から 8000 万円が利用権者から土地所有者に支払われる。競売の場合に、買受人が利用権の負担を引き継ぐのであれば底地価格、引き継がないのであれば更地価格が競売価格の目安となる。いずれになるかによって、抵当権者が配当を受けられる可能性や額も大きく異なってくる。そのため、抵当権という占有・使用を内容としない価値権と占有・使用を内容とする利用権が優先を争うことになるのである。

　すなわち、土地の抵当権と物権的な利用権（地上権・永小作権・地役権）は対抗関係に立ち、原則として先に対抗要件を備えた方が優先する（177 条。第三者の主観的態様次第で登記がなくても対抗できるという例外が認められることにつき、『物権法』132 頁以下の 3）。対抗要件（605 条の土地賃借権登記または借借 10 条の地上建物の登記）を備えた土地賃借権も物権同様に抵当権に対抗できる。

　すなわち、土地の利用権の対抗要件が先に備わった場合には、抵当権は利用権の負担の付いた底地の交換価値を支配するにすぎず、抵当権が実行されても利用権は影響を受けない。逆に、土地に対する抵当権の対抗要件が備わった後で土地の利用権の対抗要件が備わった場合には、抵当権は利用権の負担のない更地の交換価値を把握しているから、抵当権が実行されれば、利用権は消滅する（民執 59 条 2 項）。

(2) 法定地上権の意義と根拠

　法定地上権とは、同一の所有者に属する土地とその上の建物が、抵当権実

行による競売の結果、別人の所有となったとき、法が、建物のために地上権を生じさせ、その後の土地利用を保護する制度である（388条）。なお、強制執行、国税徴収法による公売、仮登記担保権の私的実行などの場合にも、民法にならって類似の制度が定められている（民執81条、税徴127条、仮登記担保10条、立木5条-7条）。

　日本の民法は土地と建物を別個の不動産としているので〔補足〕、もし法定地上権の制度がなければ、競売による土地の買受人は所有権に基づいて建物の収去を請求できることになってしまう。その理由は次のとおりである。混同の原則（179条・520条）に照らし、自分の所有する土地に自らのために利用権を設定する自己借地権は、基本的には認められていない（例外は借借15条）。土地の利用権の設定は、抵当権の設定後に土地と建物が別人の所有となった時点で初めて可能となる。ところが、この利用権は、土地の抵当権設定登記より対抗要件の具備が後れるため、土地の抵当権者には対抗できず、競売により消滅する。そのため、買受人は建物収去・土地明渡しを請求できるはずである。

　しかし、土地の抵当権者は、すでに建物が建っていることを前提に土地を底地として担保評価しており、利用権を対抗されても不測の損害を受けることはない。後順位担保権者も買受人も、先順位の抵当権の設定登記以前から建物が存在していたことは、登記や関係者への照会でわかるため、建物の存続を覚悟するべきである。建物収去が買受人から請求されるようでは、建物建築費用が無駄になるおそれがあって、抵当不動産所有者による抵当土地の利用が制約されてしまい、抵当権設定後も設定者の使用・収益を保障した抵当権の効用が失われる。それゆえ、抵当権設定当事者は、抵当権実行後も建物の存続を容認するという意思を有しているものと推定できる。これに加えて、使える建物を取り壊すことは無駄であり、社会経済的な利益をも損なう。このように、当事者の合理的な意思の推測と社会経済的な利益を理由に法定地上権という制度が認められるのである。もっとも、後述のように、この2つの制度根拠のうちいずれに重点を置くかによって制度運用の方向性が異なる点には注意するべきである。

　なお、以上は土地に抵当権が設定された場合の説明である。建物に抵当権

が設定された場合については、法定地上権の根拠はこれほどは自明でない。この点は、個別具体的な事例を検討した後の コラム で考えてみる（146頁）。

> [補足] 他国の法制と法定地上権
> 　ヨーロッパ諸国の法制は、建物を土地の一部としており、土地の抵当権は地上建物にも及ぶ。土地と建物は一体として競売されるため、法定地上権のような制度は不要である。これに対して、東アジアでは土地と建物は別個の不動産としているが、問題への対処の仕方が異なっている。
> 　韓国の法状況は日本に似ている。法定地上権について定める現行条文の規定と判例法理が必ずしも一致しないので、透明性と予測可能性を高めるための改正案366条が提案されている。同条は、1項で日本の388条に似た基本類型の原則を明示し、2項で共同抵当権の場合の地上建物の改築・再築の場合には法定地上権が生じないという例外を定める。
> 　台湾民法には法定地上権制度はなく、抵当権に劣後する土地利用権に基づいた建物については、抵当権者は除去の請求を行うか、または、土地との一括競売を請求できると規定している（台湾民法866条・877条）。
> 　中国では、土地は国有または集団所有で私的所有権の対象とならない一方で、建物には私的所有権が成立するため、土地と建物は別個の不動産である。しかし、建築物と土地使用権は、一体的処理が原則とされ（中国物権法182条・183条・200条）、法定地上権の問題は生じない。

2　法定地上権の成立要件

　388条によれば、①抵当権設定時に土地上に建物が存在したこと、②抵当権設定時に土地と建物の所有者が同一であったこと、③その土地または建物に抵当権が設定されたこと、④抵当権の実行により所有者を異にするに至ったことの4要件が必要である。①を不要としたり、②の中に含める考え方もありうるが、要件充足の争われ方が異なるので独立に扱う。以下では、この順に沿って紛争事例を紹介・検討する。

　なお、法定地上権の成否は、売却価額・各抵当権者への配当金額や買受人の所有権に大きく影響する。したがって、388条と異なる特約は、約定当事者間での債権的な効力はあっても、第三者に対する関係では無効と解されている（不成立特約につき大判明41・5・11民録14輯677頁、将来建築する建物のための成立特約につき大判大7・12・6民録24輯2302頁）。

(1) 抵当権設定時の土地上の建物の存在

> Case 23　次の各場合に、法定地上権は成立するか。
> ［1］HはSの建物の新築資金を融資し、この貸金債権を担保するためS所有の更地甲に抵当権の設定を受け登記を備えた。甲地上には建物乙が新築されたが、Hが乙に抵当権の追加設定を受ける前にSが倒産した。Hが抵当権を実行した。
> ［2］HはSの建物乙の建替え資金を融資し、この貸金債権を担保するためS所有の土地甲に抵当権の設定を受け登記を備えた。甲地上には建物丙が建築されたが、Hが丙に抵当権の設定を受ける前にSが倒産した。Hが抵当権を実行した。
> ［3］HはSに対する貸金債権を担保するためS所有の土地甲と地上建物乙に共同抵当権の設定を受け登記を備えた。その後、乙が取り壊され甲地上には建物丙が建築されたが、Hが丙に抵当権の追加設定登記を備える前にSは国税を滞納し、Hが丙に抵当権の登記を得た後で、甲と丙が競売された。

(a) 更地へ抵当権設定後の建物建築の場合

　Case 23 の［1］の場合のように、土地への抵当権設定後に建物が建てられた場合には、たとえすでに新建物の着工がされていて抵当権者が抵当権設定後の建物の築造を承認していても、原則として法定地上権は成立しない（最判昭 36・2・10 民集 15 巻 2 号 219 頁）。抵当権者が更地として担保評価していたのに法定地上権が成立しては、抵当権者の期待が裏切られるからである。また、買受人・後順位担保権者・差押債権者等の利害関係人は、抵当権設定登記と建物の登記の先後で法定地上権が成立しないものとして行動するのが通常であるから、法定地上権が成立すると、やはりその期待を裏切る。さらに、競売手続は、できるだけ客観的な基準で画一的に判断し、迅速に進める必要があるから、原則として登記の先後で判断するのが望ましい。

　これに対して、建物保護の公益的見地を強調したり、関係者の利益較量から、更地への抵当権設定後に建物が建てられた場合にも原則として法定地上

権の成立を認め、抵当権者がそれを避けたい場合には 389 条 1 項により土地と建物を一括競売すればよいとする見解も有力である（松本・後掲論文 (1) 313-314 頁、平野 140 頁、清水 70 頁・77 頁）。一括競売の活用には賛成であるが、義務と考えるべきではないし（158 頁以下の(3)）、抵当権設定時に建物が存在していなくてもよいという解釈は 388 条の文理上は無理がある。また、この見解によると土地は常に底地評価するべきこととなって、土地所有者が土地を担保に融資を受けられる額を著しく低下させる結果となるが、それは妥当でない。

　もっとも、建物の建築を予期し、土地を底地として担保評価した（それゆえ融資額も更地評価の場合と比べて少ない）抵当権者自身が買受人になり、他に後順位抵当権者等の利害関係人がいないかすべての利害関係人がそのことを承知している場合には、法定地上権の成立を例外的に認めてよいだろう（道垣内 213 頁）。抵当権者が底地評価していただけで足りるとする考え方もあるが（山野目 312 頁。近江 187 頁や石田 371 頁は着工によってそのことが外部にわかることも加える）、そのような評価がされたことが登記からは明らかでなく、利害関係人にそこまでの調査を求めるのは酷だから（石田 371 頁のように買受人だけが問題になるわけではない）、例外はもっと絞るべきである。あくまで法定地上権の成立を認めず、買受人の建物収去・土地明渡請求を信義則違反や権利濫用で封じるにとどめるという問題処理もありうるが、以後の土地の利用関係を法定地上権として明確に律する方が望ましいので、厳しく限定した上で例外を認めるべきである。

　(b) 1 番抵当権設定後・2 番抵当権設定前の建物建築の場合

　2 番抵当権の設定時には建物存在の要件がみたされるようにみえ、2 番抵当権が実行された場合には法定地上権が成立するのではないかとの疑念がある。しかし、不動産競売においては 1 番抵当権も消滅する消除主義が採られており（83 頁の(c)）、法定地上権の成立を否定しないと、更地としての 1 番抵当権者の担保評価を裏切ることになる。したがって、法定地上権は成立しない（最判昭 47・11・2 判時 690 号 42 頁）。

　この場合、2 番抵当権者の抵当権実行前に 1 番抵当権が被担保債権の弁済等で消滅していたらどうなるかについては、直接の判例がない。後述する判

例（最判平19・7・6民集61巻5号1940頁。以下「平成19年判決」という）の見解がこの場合にも妥当するならば、法定地上権が成立することになろう（百選Ⅰ179頁［松本恒雄］）。しかし、平成19年判決の妥当性には疑問がある。

(c) 土地への抵当権設定後の建物再築の場合

135頁のCase 23の［2］のような建物の再築の場合には、更地の場合とは異なって、抵当権設定時にすでに建物があり、抵当権者は土地を底地評価しているものと思われるため、再築された建物について、法定地上権を成立させても抵当権者に不測の損害は発生しない。もっとも、旧借地法下では、木造などの非堅固建物（存続期間は最長30年）が、抵当権設定後に石造りや鉄筋コンクリート造りの堅固建物（存続期間は最長60年）に建て替えられると、利用権の負担期間が大きく異なることになるので、原則として、旧建物を基準にした法定地上権が成立するとされた（大判昭10・8・10民集14巻1549頁）。

これに対して、抵当権者が新建物の建築を予定して土地を担保評価した場合には、新建物を基準とする法定地上権が成立するという例外が認められた（最判昭52・10・11民集31巻6号785頁）。しかし、この事例では事情をよく知った抵当権者自身が買受人であり、後順位抵当権者等の利害関係人も存在しなかったという事情があったことが重要で、登記を基準に行動する一般の買受人については、同様の例外は当てはまらないだろう。多くの学説がそのように指摘している。

(d) 土地と共同抵当関係にある建物の再築の場合（原則）

Case 23の［3］のように、土地とその上の建物に共同抵当権が設定された後で、建物が再築された場合、上記(c)の考え方を適用すれば、法定地上権が成立しそうである（大判昭13・5・25民集17巻1100頁は旧建物消失後に妻に建物を新築させた事例で法定地上権の成立を肯定）。しかし、最高裁は、判例を変更して、原則として新建物のために法定地上権は成立しないとした（最判平9・2・14民集51巻2号375頁。百選Ⅰ180頁［道垣内弘人］）。

その理由はこうである。抵当権者は、土地と建物を共同抵当とすることで全体として担保価値を評価しており、建物が滅失した場合には土地を更地と評価するのが合理的意思である（全体価値考慮説。次頁の**図表6**を参照）。法定

図表6　全体価値考慮説

建物抵当権の価値把握：
建物価額5000万円＋土地利用権
（従たる権利）の価額7000万円

土地抵当権の価値把握：
底地の価額3000万円

土地・建物の全体
価値把握：
1億5000万円

※価額はこの項の冒頭で用いた例での数値（132頁の(1)）を使っている。再築された建物に従来と同じ順位の抵当権が設定されない場合、個別価値考慮説に従って法定地上権が成立すると、抵当権者の価値把握は、更地価格1億円ではなく底地価格3000万円のみとなって、土地建物全体の価値把握1億5000万円から著しく下がる。全体価値考慮説等の法定地上権の成立を認めない見解では、抵当権者の価値把握は更地価格1億円を維持できる。

地上権が成立するとすれば（144頁以下の(4)も参照）、抵当権者は、建物および従たる利用権上の抵当権を失ったうえに、当初は土地全体の価値を把握していたのに、その担保価値が底地価格に減少した土地の価値に限定されることとなって、不測の損害を被る結果になり、抵当権設定当事者の合理的な意思に反するからである、と。さらに建物の取壊しと無価値な建物の再築という方法を用いた執行妨害も存在していたので（平成9年判決の事例も土地に短期賃貸借の設定を受けた賃借人が建物を建築した事例で、詐害的な賃貸借であると評価された）、そのような事態に対して抵当権者を保護するとの考慮も働いていた。

しかし、土地と建物が別々の不動産であること、利用権の設定によって土地の価値が利用権として建物に移転するという一般的な理解との整合性、新築建物に素早く抵当権の設定を受けられなかった抵当権者の担保管理の落度などを理由に、法定地上権の成立を認めるべきだとの反対も強い（個別価値考慮説）。もっとも、この考え方では、乙建物の滅失により従たる利用権が消滅しないことの説明を要するし、執行妨害には対応しにくい。共同抵当権の場合には、そもそも土地・建物の価値の一体的把握を根拠に、法定地上権の成立による使用・収益価値の建物への移転を否定したうえで（全体的価値考慮説のような次述の例外的成立を認めない一体的把握説）、一括競売（389条）あるいは一括売却（民執61条）を活用し、建物の収去を避けようとする見解があり（143頁以下の(3)や158頁の(3)）、本書はこの見解を支持する。

(e) 土地と共同抵当関係にある建物の再築の場合（例外）

137頁の(d)の最判平9・2・14は「新建物の所有者が土地の所有者と同一であり、かつ、新建物が建築された時点での土地の抵当権者が新建物について土地の抵当権と同順位の共同抵当権の設定を受けたとき等特段の事情」がある場合には、法定地上権の成立する例外がありうることを認めていた。しかし、135頁の Case 23 の［3］に類する事例では、特段の事情が認められず、法定地上権は否定された（最判平9・6・5民集51巻5号2116頁）。抵当権者は、旧建物におけるのと同じ順位の抵当権の設定登記を新建物について得たが、抵当権の登記が税金の法定納期限に遅れたため、国税債権に劣後し（税徴16条）、再築前の担保価値把握を回復できないからであった。

(f) 土地の抵当権設定時に存在した建物に登記がなかった場合

建築による建物所有権の取得は、その後の土地の抵当権設定との間で対抗関係に立たない。それゆえ、対抗要件としての建物の所有権保存登記は法定地上権の要件ではない（大判昭7・10・21民集11巻2177頁、最判昭44・4・18判時556号43頁。いずれも建物譲受人が抵当権設定登記後に保存登記をした事例で買受人に法定地上権を対抗できるとした）。通説は、これを支持し、抵当権設定にあたって、現地調査をするのが通常であり、保存登記がなくても土地の抵当権者は建物の存在を知りうるため、原則として法定地上権の成立が認められるとする（我妻359頁が登記必要説から改説した影響が大きい）。

不動産取引において現地調査を基本的な義務と考える筆者は（『物権法』136頁以下の(6)・195頁以下の3）、基本的にはこれを支持するが、建物の表示登記もされていなかったり、建物保存登記が抵当権設定登記時より後に行われている場合（上記の大判昭7・10・21）には、建物の所有者が所有権を取得した時期と第1順位の抵当権の設定登記時の先後が後順位担保権者や買受人にとってわからず、現地調査だけでは法定地上権の成否が判断しにくいという問題が残る。

(2) 土地および建物の同一人への帰属

Case 24　次の各場合に、法定地上権が成立するか。

[1] SはV所有の土地甲をVから借り、その地上に建物乙を建てて住んでいた。SはをVから買い取ったが、その移転登記をしていなかった。Sは、Hに対する債務を担保するため、乙に抵当権を設定し、Hは登記を備えた。その後、Hが乙の抵当権を実行した。

[2] 上記 [1] の場合において、Hの抵当権実行前に、Vが甲をDに二重に譲渡し、Sを賃借人だと誤信していたDが甲の所有権移転登記を備えていたとすると、結論に何らかの影響がでるか。

[3] 上記 [1] の場合において、Hが実行した乙の抵当権が、SがをVから買い取る前に設定されて登記されていたとすると、結論に何らかの影響がでるか。

[4] H_1 はSに対する貸金債権を担保するためS所有の土地甲（地上に借地人Mの建物乙があった）に1番抵当権の設定を受け登記を備えた。SがをMから買い取った後で、H_2 のために甲に2番抵当権を設定し登記を備えた。H_2 が抵当権を実行した。

[5] 上記 [4] の場合において、H_2 の抵当権の実行が、Sが H_1 に対する債務を完済した後に行われたとすると、結論に何らかの影響がでるか。

　抵当権設定より前の段階で土地と建物の所有者が異なれば、両者の間で約定利用権を設定することが可能だから、法定地上権は原則として必要でない。それゆえ土地と建物が同一人に帰属することが要件となる。

（a）土地と建物の所有者が同一であるが登記名義上は別人である場合

　実体法上、土地と建物の所有者が同一であれば、自己借地権が設定できないため、建物保護の要請が働く。また、抵当権設定当事者は地上建物の存在を前提に担保評価をするため、法定地上権を成立させてもその意思に反しない。したがって、土地または建物の所有権取得者が登記を備えず、登記名義上は土地と建物が別人に帰属するようにみえても、同一所有者要件がみたされて、法定地上権は成立する（最判昭48・9・18民集27巻8号1066頁：建物購入後未登記状態で土地に抵当権を設定した場合、最判昭53・9・29民集32巻6号

1210頁：前頁のCase 24の[1]のように建物の敷地を購入後未登記のまま建物に抵当権を設定した場合）。学説も賛成している。

ただ、建物または土地の譲受人がその所有権取得を第三者に対抗できないときは、「土地及びその上に存する建物が同一の所有者に属する」という要件がみたされないので、法定地上権は成立しない。Case 24の[2]の場合には、Sは、善意のDには甲の取得を対抗できないため、法定地上権は成立しない。もっとも、Sの借地権はDによる甲の所有権取得よりも先に対抗要件（借借10条1項）を備えており（Hの抵当権はSの借地権に及び、約定利用権は混同消滅しない。179条1項または520条の各ただし書）、買受人はDに約定借地権を対抗できる。

(b) 土地と建物の所有者が家族である場合

土地と建物の所有者が夫婦・親子など家族であっても、法律上は別の人格であって利用権を設定することが可能だから、法定地上権は必要でなく、同一所有者要件がみたされないので、法定地上権は成立しない（最判昭51・10・8判時834号57頁）。もっとも、夫婦や親子などの同居の家族間では、黙示の使用貸借契約（593条以下）によることが多く、使用貸借契約は買受人には対抗できず、建物の存続が危うくなる。この場合の利用契約を賃貸借と解するべきだとの見解（近江191頁）もあるが、対価授受のない当事者の意思に反することになり一般化は難しい。土地所有者と建物所有者が抵当権設定前に土地利用権を賃借権もしくは地上権に改めるか、または、抵当権者が土地と建物に共同抵当権を設定し一括売却（民執61条）するのが望ましいが（東京高決昭53・12・6判時919号70頁は、この場合の各別の競売手続を違法として認めない）、こうした措置を強制することはできない。法定地上権の成立を否定する場合には、一括競売権の拡張を考えるべきである（159頁以下の2）。

(c) 抵当権設定後に同一所有者要件が充足された場合

Case 24の[3]のように、土地と建物が別人に帰属している間に抵当権が設定されていた場合には、後に一方の所有者が他方の所有権を取得して両者が同一の所有者に帰属しても法定地上権は成立しない（最判昭44・2・14民集23巻2号357頁：土地所有者が抵当建物を買い受けた例）。約定利用権は、両者が同一所有者になっても混同の例外として存続するため（179条1項または

520条の各ただし書)、土地の抵当権はその約定利用権の負担を負い続けるし、建物の抵当権はその約定利用権を建物所有権の従たる権利とすることになる。いずれにしても約定利用権により処理が可能なので法定地上権を認める必要がない。建物抵当権の場合には、古い大審院の判例が分かれ(大判明38・6・26民録11輯1022頁は否定、大判昭14・7・26民集18巻772頁は肯定)、土地の利用権を強化するため法定地上権が成立するとする有力説もあったが(我妻357頁)、現在ではほとんど支持をみない。

(d) 二番抵当権設定時に同一所有者要件が充足された場合

判例はいささか混乱しているようにみえる。まず、①建物の1番抵当権設定時には土地は別所有者であったが、2番抵当権設定時に同一所有者となった場合、法定地上権を肯定している(上記(c)の大判昭14・7・26、140頁の(a)の最判昭53・9・29)。土地所有者が法定地上権の負担を容認しているという理由であろうが、上記(c)のとおり、約定利用権による処理が可能で法定地上権を必要とするのか疑わしい。

次に、②土地の1番抵当権設定当時は別所有者、2番抵当権設定当時は同一所有者となった場合(140頁のCase 24の[4])、法定地上権は成立しない(最判平2・1・22民集44巻1号314頁)。1番抵当権設定時に約定利用権で処理ができたのであるから法定地上権は必要ないし、土地の抵当権者は法定地上権ではなく約定利用権の負担を想定した担保評価をしており、より負担の重い法定地上権の成立を認めれば担保評価を裏切ることになるからである。これは更地に関する上述の判例(136頁の(b)の最判昭47・11・2)とも一致する。

しかるに、③土地と建物が1番の共同抵当権設定当時は別所有者だったが(土地は妻所有、建物は夫所有)、土地への2番抵当権設定当時は夫の死亡によって建物が妻子の共有相続財産となっていたところ、1番抵当権が合意解除で消滅した後で土地の抵当権が実行された場合、法定地上権の成立を肯定して、土地買受人の明渡請求を否定した判例が登場した(137頁の最判平19・7・6)。388条は競売時に現存する抵当権を基準にしているという文言の解釈のほか、後順位抵当権者は先順位抵当権が消滅することを予測して担保評価をするべきであり、競売時にすでに消滅していた先順位抵当権の権利者の利益を考慮する必要はないなどの理由を挙げている。この判例の準則によれば、

140頁のCase 24の［5］の場合には法定地上権が成立することになる。反対説によれば、第1順位の抵当権設定当時に存在した土地利用権はSによる乙の取得によっても混同消滅せず、第2順位の抵当権者にも競売による甲の買受人にも対抗できる（ただし、使用借権である場合には対抗力を欠くという問題がある。141頁の(b)）。この考え方でも、買受人の建物収去土地明渡請求は否定されるので、判例との違いは、法定地上権と約定利用権の違いが主なものとなる。

平成19年判決の評価は分かれる（たとえば道垣内212頁は反対、百選Ⅰ179頁［松本恒雄］は賛成）。将来の予測より過去の事実の調査の方が確実であって安定した担保評価を前提に行動ができるうえ、約定利用権による処理の優先という考え方との整合性を考えると、この判決は疑問である。

(e) 抵当権設定後に土地と建物の所有者を異にするに至った場合

抵当権設定時に同一所有者要件がみたされた後に、土地または建物の一方のみが譲渡されて所有者を異にするに至っても、法定地上権の成立には影響がない（大連判大12・12・14民集2巻676頁：土地への抵当権設定登記後の建物譲渡、大判昭8・3・27新聞3543号11頁：建物への抵当権設定登記後の土地譲渡）。抵当権者はすでに法定地上権の成立を前提にした担保評価をしているし、抵当権設定後の約定利用権では土地の抵当権者や買受人に対抗できないため、本条の趣旨から、競売時の建物所有者と土地所有者を当事者として法定地上権が成立すると解される。この結論は妥当であり、学説にも異論はない。

(3) 土地または建物への抵当権の設定

2004（平成16）年の現代語化のための民法の改正前には「土地又ハ建物ノミヲ抵当ト為シタルトキハ」とあったので、土地と建物に共同抵当権を設定した場合に法定地上権が成り立つかどうか疑義があった。判例は建物保護の趣旨から法定地上権の成立を認めており（大判明38・9・22民録11輯1197頁：双方に競売が行われた例、最判昭37・9・4民集16巻9号1854頁：建物のみに国税滞納処分による公売が行われた例）、通説もこれに従う。改正はこのような解釈を受けて「ノミ」を削除して現代語化した。

もっとも、共同抵当権の場合には担保価値の一体的把握を根拠に一括売却

をして法定地上権を成立させない考え方があり（138頁の(d)の末尾）、これによれば、この要件は、改正前の文言のとおり、共同抵当権の場合を含まないことになる。

(4) 抵当権の実行による別人への所有権の帰属

競売は、抵当権者が申し立てたものでなくても、他の債権者の申し立てたものでもよい（大判昭9・2・28新聞3676号13頁）。消除主義（民執59条1項）により抵当権も実行されるからである。

土地と建物が抵当権の実行により一括売却または一括競売されて同一人に帰属した場合には、買受人となった建物所有者は土地の所有権に基づいて土地を使用・収益するので、法定地上権を発生させる必要はない。しかし、この要件以外がみたされている場合には、法定地上権が成立しえたのかどうかを検討する必要が生じる場合がある。というのは、土地と建物に共同抵当権が設定されている場合においては、後順位担保権者等のために、各不動産から配当等を受けるべき債権の額を、各不動産の価額に応じて決めなければならない（392条）。そのためには、法定地上権が成立して土地が底地価格で評価されるのか、法定地上権が成立せず（いわゆる建付減価が行われることがあるが）更地価格を基準に評価されるのかを決めなければならず、上記(1)-(3)の要件の充足が問題にならざるをえない。139頁の(e)の最判平9・6・5は、配当異議訴訟の形で争われたそういう事例であった。

なお、この要件は、抵当権実行時点で建物が存在していることを前提としている。抵当権設定後に建物が滅失し、さらに再築された場合については、すでに触れた（137頁以下の(c)-(e)）。それでは、土地抵当権設定時に存在していた建物が滅失して抵当権実行時までに再築されていない場合はどうか。この場合においても、建物所有者には潜在的利用権があって法定地上権が成立するという見解もある（我妻354頁）。しかし、建物を保護するという目的が存在しないため、原則として、法定地上権は成立しないと解するべきである（道垣内213頁）。

また、建物を譲り受けた第三者の下で建物が滅失していた場合も、同様に、原則として法定地上権は成立しないと思われる（東京地判昭46・7・20金法

627号37頁)。第三者が法定地上権の成立を期待したうえで、当該法定地上権取得のために対価を支払っていると考えられるから、その期待が保護に値するとして法定地上権の成立を認める見解がある(道垣内213頁-214頁、内田422頁)。しかし、土地または建物の譲渡がなく建物が滅失した場合と同様、土地の利用権の存在は競売における買受人には必ずしも認識できない。

いずれの場合においても、借地上の建物が滅失した場合の借地権の対抗要件の拡張(借借10条2項)に類する措置が採られて買受人が法定地上権の成立を覚悟するべき場合にのみ、法定地上権の成立を否定できないとして利益の調和を図ることが考えられる(新注民(9)287頁[生熊長幸])。

3 法定地上権の発生という効果および法定地上権の内容

競売において買受人が代金を納付して土地または建物を取得した時に(民執188条・79条)、法定地上権が発生する。土地の買受人は、この法定の権利変動の当事者であるから、建物所有者は登記がなくても買受人に法定地上権を対抗できる(大判昭14・12・19民集18巻1583頁)。対抗要件は、地上権の登記(177条)または建物の所有権の登記(借借10条1項)である(139頁の(f)の最判昭44・4・18)。地上建物が滅失した場合の対抗力に差があるので(借借10条1項の対抗力には同条2項の限定がある)、法定地上権者は、当然に地上権設定登記への協力を土地の所有者に求めることができる。

この法定地上権には、地上権に関する規定(265条以下)や借地借家法の普通借地権の規定が適用される。地上権者には地代を払う義務がある。地代の額は当事者の合意があればそれによるが、合意が整わなければ当事者の請求により裁判所が定める(388条後段)。存続期間は30年である(借借3条本文。当事者の合意で伸張できる)。法定地上権の範囲は、必ずしも建物の敷地のみに限定されず、建物を利用するのに必要な土地の範囲に及ぶ(大判大9・5・5民録26輯1005頁)。この事例は周辺の土地にまで拡張された例のようであるが、逆に広大な一筆の土地の片隅に建つ建物の場合には、法定地上権の及ぶ範囲は、そのうちの一部に限定されることもありえよう。

> **建物への抵当権設定と法定地上権の必要性**
> 　建物の抵当権と土地の利用権は対抗関係には立たず、土地の利用権は、抵当権の設定された建物の価値を増加させ、抵当権者にも利益となる。そのため、この場合には、法定地上権は必ずしも常に必要ではない。
> 　①設定者が建物を譲渡した場合には、土地所有者（＝建物抵当権の設定者・建物譲渡人）と建物譲受人の間で約定利用権が設定される。抵当権は新たな建物所有者をも拘束するところ、その建物のための土地利用権は、従たる権利として従物に準じる扱いを受けている。抵当権設定後の従物にも抵当権の効力が及ぶとすれば、抵当権者は利用権（借借10条で当然に対抗力を有する）の付いた建物所有権を競売でき、建物の存続が危うくなることはない。
> 　②建物抵当権の設定者が土地を譲渡した場合には、土地の譲受人と設定者（＝建物所有者・土地譲渡人）の間でやはり約定利用権が設定され、①同様に、その利用権に抵当権の効力が及ぶ。
> 　③問題となるのは、せいぜい、建物抵当権が実行され、設定者（＝土地所有者）が買受人に対して約定利用権を設定する契約の締結を拒絶する場合くらいである。建物が利用権付で高額で競売されることにつき抵当権設定者も期待を有し、実際に利益を受けるので、土地利用の権利関係を明確にするために利用権が設定されたものと扱う法定地上権の成立を認めることが合理的である。
> 　以上のように法定地上権が必要なのは③の場合だけであるが、①②の場合に法定地上権の成立を認めても、抵当権者には利益になっても不利益とはならず、土地所有者の利益にもなるから、すべての場合を通じて法定地上権の成立が認めうる。このような考慮が背後にあって、判例は建物への抵当権設定の場合には、次述の共有関係の場合も含め、比較的緩やかに法定地上権による問題の処理をしているのではないかと思われる。

4　共有関係と法定地上権の成否

　ここでは、やや複雑な応用問題として、土地または建物のいずれかまたは双方が共有である場合を扱う。

（1）問題の所在

　「同一人への土地および建物の帰属」という要件（139頁以下の(2)）に関連して、抵当権設定当時、土地もしくは建物のいずれかまたは両方が共有の場合に法定地上権は成立するか。この場合、同一所有者という要件が一部の当事者についてのみみたされ、他の者との関係ではみたされないことをどう考えたらよいかが問題になる。それぞれの場合につき、実行された抵当権が設

定されていたのが土地なのか建物なのかによって4とおりの組み合わせが考えられる（次頁の**図表7**の①から④。さらに土地も建物も共有で共有関係が異なる場合として、⑤や⑥が以上の基本4類型の応用型と考えられる）。

|補足| **区分所有建物と法定地上権**
　区分所有建物の場合、建物所有権と敷地利用権には一体的処分の原則があるから、抵当権の実行によって両者が別れること自体が防止され（区分所有22条1項。『物権法』67頁の(2)）、法定地上権の成否を問題にしなくてよい。

(2) 判　例
(a) 単独所有建物の共有敷地の持分権に抵当権が設定された場合（**図表7**の①）

　判例は、まず、共有者（**図表7**のB）の同意がないかぎり法定地上権は成立しないとした（最判昭29・12・23民集8巻12号2235頁）。同意していないBが不利益を課される理由がないからであるが、ここでは、その不利益の中身を補足しておく。

　物権である地上権は、債権である賃借権に比べて、存続期間が長く、当然に登記請求権を伴い、地上権の譲渡・地上権対象土地の賃貸や地上権への抵当権設定などの処分が土地所有者の承諾なく自由に行えるなど強力である（『物権法』232頁の(2)および233頁以下の(1)）。逆に言うと、土地所有者にとっては地上権のほうが賃借権より負担として重く、設定される利用権が地上権である場合は賃借権である場合よりも土地所有権の価値が下がる。Bの同意なく法定地上権が成立すると、共有物の使用関係（249条）以上の負担を不当にBに押し付けることになる。共有者の持分権に影響を与える行為は、共有物を変更する処分行為であり、共有者の全員一致を要すること（251条）、Bの同意の必要性を裏付ける（『物権法』48頁以下の(c)）。

(b) 共有地上の単独所有建物への抵当権設定（次頁の**図表7**の②）

　この場合も、(a)の場合と同様に、他の共有者の同意がなければ法定地上権は成立しない。判例は、法定地上権によって第三者が右土地を使用・収益することをも他の共有者が容認していた場合には、法定地上権が成立するとした（最判昭44・11・4民集23巻11号1968頁）。これは、共有地を分割する場

合にはAの所有建物の敷地部分をAの所有とするとのAB間の合意があった事案であり、他の共有者Bの同意がある例外の場合に当たる。

(c) 共有建物の単独所有敷地への抵当権設定（**図表7**の③）

この場合にはAはBと共にすれば自己借地権を設定でき（借借15条）、それが抵当権より先に設定され、かつ、対抗要件が備わっていれば、法定地上権による処理は必要でない。問題はそのような自己借地権がない場合である。判例は、Aは自己のみならずBのためにも土地利用を認めているとして、法定地上権の成立を肯定した（最判昭46・12・21民集25巻9号1610頁）。この事例では、法定地上権の負担を受けるA自身が抵当権を設定しており（山野目314頁-315頁はそれを共有建物の保存行為に類比する）、抵当権者が争っていないことも考慮されたと思われる。

(d) 単独所有地上の共有建物の持分権への抵当権設定（**図表7**の④）

この場合も自己借地権が認められれば、建物の買受人はその借地権を承継するから、問題は自己借地権がない場合である。判例・裁判例は見当たらないが、ケース③と同様の論理で法定地上権が肯定されると思われる。

図表7　共有関係と法定地上権

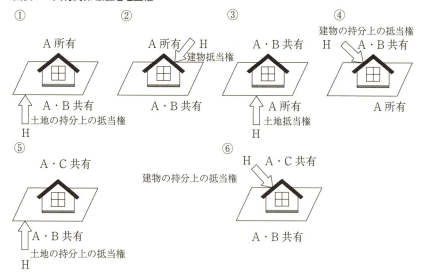

(e) 共有建物の共有敷地持分権への抵当権設定（前頁の**図表7**の⑤）

BがAの家族（妻子。以下では単純化してBと単数にしておく）であり、その持分にも抵当権を設定していた場合ですら、判例は、Bによる法定地上権の容認はないとして、法定地上権を否定し、買受人の建物収去・土地明渡しの請求を認めた（最判平6・12・20民集48巻8号1470頁。百選Ⅰ182頁［高橋眞］）。その理由は、法定地上権の成否に関する一般的な理解に通じるため、少し長いが引用しておく（一部を⑤に合わせて簡略化した）。

　〔AとBが各持分に建物共有者でもあるAを債務者とする抵当権を設定しているという〕「事実のみからBが法定地上権の発生をあらかじめ容認していたとみることはできない。けだし、本件のように、Aの債務を担保するためにBがこれと共同して土地の各持分に抵当権を設定したという場合、なるほどBは建物所有者らが当該土地を利用することを何らかの形で容認していたといえるとしても、その事実のみからBが法定地上権の発生を容認していたとみるならば、右建物のために許容していた土地利用関係がにわかに地上権という強力な権利に転化することになり、ひいては、右土地の売却価額を著しく低下させることとなるのであって、そのような結果は、自己の持分の価値を十分に維持、活用しようとするBの通常の意思に沿わないとみるべきだからである。また、右の結果は、第三者、すなわち土地共有者らの持分の有する価値について利害関係を有する一般債権者や後順位抵当権者、あるいは土地の競落人等の期待や予測に反し、ひいては執行手続の法的安定を損なうものであって、許されないといわなければならない。」

しかし、この判決の結論には批判も多い（たとえば、近江193頁は前頁の(c)の最判昭46・12・21により法定地上権を認めてよいとする）。一般的には、土地共有者間での共有地使用について黙示の約定および土地共有者と建物共有者間の約定利用権があり、それに基づいて抵当権者や買受人が認識していた建物の存続を認めることはありうると思われる。ただ、本件では、そのいずれもが明確でなく、落ち着きの悪い解決となった感が否めない。

なお、建物とその敷地が共にA・Bの共有であったが、共有地のAの持分についてのみ強制執行が行われて土地がB・Cの共有となった場合に、民事執行法上の法定地上権（民執81条）の成否が争われた事例がある。これは①や⑤の変形ケースに相当する。判例は、法定地上権の成立を認めると、B

は、その意思に基づかず、Aのみの事情によって土地に対する持分に基づく使用・収益権を害されることになるし、他方、右の地上権が成立することを認めなくても、直ちに建物の収去を余儀なくされるという関係にはないので、建物所有者が建物の収去を余儀なくされることによる社会経済上の損失を防止しようとする同条の趣旨に反することもない、と述べて法定地上権の成立を否定した（最判平6・4・7民集48巻3号889頁）。

土地の利用権限についてこの判決は明確でない。土地の利用は共有権に基づいており（山野目315頁）、しかも、土地の使用方法をA・Bの協議によって決めていたとすれば、「共有者の一人が共有物について他の共有者に対して有する債権」として持分取得者Cにも主張できる（254条。『物権法』50頁の②）、と考えるのであろう。

(f) 共有敷地上の共有者を異にする共有建物持分への抵当権設定（148頁の図表7の⑥）

該当する判例はないが、(e)の判例法理から推論すれば、抵当権設定当事者でないBが法定地上権の負担を容認するという特段の事情があり、かつ、利害関係人にそれが客観的に認識可能である場合に限り、法定地上権が成立する。それ以外の場合、共有建物による土地の利用は、競売後も約定利用権に基づくことになろう。

(3) 学説の概要

多様な考え方が対立して混沌としている。要件をみたす者との関係でのみ相対的に法定地上権を肯定すればよいという見解もあるが（石田384頁-389頁）、この説以外は、複雑な関係を避けるためそのような理解を採らない。

現在の学説の多くは、土地の抵当の場合には対抗可能な約定利用権が存在すれば原則として法定地上権を否定し、建物の抵当の場合にも譲渡可能・対抗可能な約定利用権がない場合に限り法定地上権を認める傾向がある。ただし、各説とも、個々の事例については必ずしも徹底しているわけではない（高木198頁-199頁、近江192頁-193頁など）。

これに対して、約定利用権ですべてを処理しようという見解は、親族間に明確な利用権設定がないのはここだけの問題ではなく、停止条件付借地権設

定の認定などの工夫で対処でき、その困難を法定地上権でカバーしようとするのは法定地上権制度の機能するべき領域を逸脱しているという（内田 429 頁-430 頁）。さらに、この場合に A・B という共有団と単独所有者 A または A を含む共有団との利用契約を考えれば自己借地権の特別規定（借借 15 条）すら不要であるという（内田・同頁。これは我妻 362 頁-363 頁の示唆を発展させたもののようである）。しかし、法人や組合ではない共有団は独自の権利能力を有しない。むしろ共有関係においては、利用契約が結ばれず共有者間の（黙示の）合意による利用が多く、それが持分取得者をも拘束するため、法定地上権は不要と解する見解（道垣内 218 頁-219 頁）の方が一貫性がある。

他方、約定利用権による処理を原則としつつ、親族関係においては権利関係が曖昧で対抗要件がないことも多いことを考慮し、建物保護の見地から、法定地上権を広く認める見解（我妻 360 頁-362 頁）がある。建物保護を第一義として、法定地上権をより積極的に認める見解（加賀山 539 頁）もある。

5　法定地上権に関する判例の整理

以上の 2 の一般の場合と 4 の共有の場合をまとめて、法定地上権に関する判例準則を整理する。例外処理もあるため首尾一貫していない場合もあるが、判例は、おおむね次のような考え方に立っていると思われる（もちろんその当否は別問題であり、②や⑩は約定利用権で処理するべきである）。

①法定地上権の成否の判断は、基本的に 388 条の 4 要件を文言どおり充足するか否かによって行われている。

②基準時は、問題になっている競売で消滅する最先順位の抵当権設定時である（すでに消滅している抵当権は考慮しない）。もっとも、建物抵当権の場合には、後順位抵当権設定時を基準としたものがある。

③基準時以降の変動は、原則として考慮しない（建物の新築・再築、譲渡による要件充足や不充足など。建物の滅失については明確な判例はない）。

④要件充足の判断においては実体的な法律関係が重要であり、登記名義の所在は影響しない。

⑤法定地上権の成否の判断は、土地の抵当権者の担保評価、利害関係人の期待と予測、執行手続の迅速で安定した判断に配慮して行われる。その中で

も、土地の抵当権者の担保評価の保障が最も重視されており、それを裏切る重い法定地上権の成立は、原則として否定される。共同抵当権が設定された建物の再築の場合に全体価値考慮説によって法定地上権が否定されるのも同じ考慮に基づく。

⑥抵当権者が土地を底地評価していた場合には、抵当権設定後の建物の新築や再築により例外的に新建物を基準として法定地上権が成立する可能性がある。ただし、そのことを客観的な事情から認識できない第三者が登場した場合には例外が認められない可能性が高い。

⑦⑤と対照的に建物抵当権者にとっては法定地上権は利益となる。また、その負担は自ら抵当権を設定した土地所有者が負担して当然である。そのため、建物抵当権の場合には、②の例外則により法定地上権が認められた事例がある。

⑧共有の場合の法定地上権の成否も、土地と建物のいずれが共有であるか、および、どちらに設定された抵当権が実行されるのかにより、扱いが異なる。土地が共有の場合には他の土地共有者の利益が尊重され、同人の同意がなければ、法定地上権は原則として否定される。土地共有者が法定地上権の成立を容認していた場合には例外が認められるが、⑤のとおり、利害関係人の期待と予測、執行手続の迅速で安定した判断にも配慮がされるため、容認の認定は慎重に行われる。

⑨他方、建物が共有の場合には、抵当権が土地と建物のいずれに設定された場合にも、建物抵当権者や建物共有者に利益となる法定地上権の成立を抵当権を自ら設定した土地所有者が覚悟しているから、⑦と同様、法定地上権が認められる。

⑩建物抵当権の場合、約定利用権や共有者の共有地の使用に関する協議が存在していても、必ずしも法定地上権の成立は否定されない。

6　法定地上権に関連する立法論

(1) 2003（平成15）年改正で見送られた理由

判例の基準は5に整理したように理解することができるが、かなり複雑であり、まだ判例がない類型も残っている。そのため、1か条の簡素な条文

だけを手がかりに、眼前の事例において法定地上権の成否を的確に判断することは、金融機関の融資担当者や法律家にすら容易ではない。

　そのため、2003（平成15）年の担保・執行法改正の際には、実務界から判例法理の条文化を望む意見があった。しかし、当時は緊急性や重要性のより高い問題が多く、この問題を検討する時間的な余裕がなかった。また、そもそも、明確な基準を示せるか、仮に示せるとしてもあまりに複雑な条文になるようでは、かえって難解となって、基準の透明性は高まらない、とも指摘された。こうして、法定地上権制度はこの時には改正されず、2004（平成16）年の現代語化の際に若干の文言修正が行われたにとどまっている（143頁以下の(3)）。

(2) 立法上の選択肢

　しかし、法定地上権制度は現在のような見通しの悪いままで放置されるべきでない。この制度の改正には、影響の及ぶ範囲が異なるいくつかの選択肢がある。これらの選択肢は必ずしも択一的ではなく、組み合わせることも考えられる（②+③、②+④。自己借地権の登記と建物登記による対抗力の拡張の両方を許容するなら②+③+④もありうる）。

　①まず、土地と建物を別個の不動産とする点を改め、ヨーロッパ諸国の法制にみられるように、建物をその他の土地の定着物と同様に原則として土地の一部とする改正が考えられる。これは問題の発生そのものを根本から回避するものである。

　しかし、土地と建物を別個の不動産とする制度は、民法制定以前から日本の不動産制度の根幹の1つとなっていて（45頁の コラム 、『物権法』16頁以下の(c)）、その改正はきわめて多数の他の制度に予測が困難なほど大きな影響を及ぼす。そのような正確な予測をする研究すら難しく、いまだ試みられたことがない。また、土地と建物で所有者が異なる現状をどう解消していくのかという道筋もみえない。それゆえ、この選択肢の実現はきわめて難しい。

　②次に、土地と建物が別個の不動産であるという制度を維持しつつ、それらのうえの権利が同一人に帰属するときには、原則として一体として処分しなければならないという規律を設けることが考えられる。これも土地と建物

の分離を避けて問題の発生を回避する策である。中国物権法182条・183条などが現にこのような一体的処分の原則を設けているし、日本法でも、区分所有建物の場合に一体的処分の原則があるから（147頁の補足）、①案よりは実現可能性がある。

　それでも、建物区分所有の場合は、その性質上不可欠の規律であることから正当化され、建物と敷地利用権の分離処分を禁じても特段の不都合は生じない。これに対して、その一般化は、土地と建物を別個の不動産として独立の処分を認めてきた法制度の根幹と抵触するため正当化が困難である。また、分離処分を一般的に禁じることは所有権に対する過度な制約となるため、法定地上権の問題を解決するという目的に対する手段としての合理性や相当性が乏しい。それゆえ、一体処分の原則を設けるのであれば、抵当権設定の場面に限定し、土地の抵当権がその土地の所有者が所有する地上の建物に及ぶとすることが考えられる（担保法改正委員会「抵当権法改正中間試案の公表（民法改正試案 vol.1）Ⅲ　試案の解説1──民法」ジュリ1228号（2002年）197頁-200頁［大村敦志＝角紀代恵］）。

　③以前から主張されている最も有力な立法論は、建物とその敷地の両方を所有する者に自己借地権（地上権または賃借権）の設定と登記を認め、自己借地権を設定してからでなければ、土地または建物の一方のみに抵当権を設定することはできない、という制度に改めることである（我妻350頁-351頁。担保法改正委員会・前掲ジュリ1228号215頁-219頁［道垣内弘人］の案が具体的で詳しい）。これによって、土地と建物が別の所有者に属する場合と同じく、土地抵当権は底地価格、建物抵当権は建物価格＋敷地利用権の価格を把握することになる。また、借地権の存在と内容を登記によって公示することにより、すべての利害関係人にとってこのような価値評価が保障され、予測可能性が高まって取引の安定に資する。さらに、借地権は、所有者がその内容を自ら決めることができ、登記により安定した対抗力を備える。建物の滅失や再築も影響しない。すでに現行法上も、借地権を準共有する場合に限定した自己借地権制度がある（借借15条。明示の限定はないが、分譲前の区分所有建物敷地の借地権を念頭に置いている）。自己借地権の設定が広く認められれば、法定地上権制度は無用なので廃止されよう。

もっとも、自己借地権を抵当権の設定と関係なく一般的に認めても弊害が生じないか、借地借家法15条が自己借地権の成立を限定している趣旨に反しないかなどについては、なお検討を要する（近江184頁の指摘も参照）。また、法定地上権制度をもっぱら建物保護に重点を置いて再構成する見解のように、法定地上権制度の廃止への強い批判もある（加賀山507頁以下）。

　④抵当権設定時に土地上に建物が存在していれば、自己借地権がその直前に成立するものとし、その借地権の内容を通常行われているものとするように法定するか、借地非訟事件手続により一定の範囲内でその条件を確定するという案がありうる（149頁の(e)の最判平6・12・20における千種秀夫裁判官の補足意見を参考にした。利用権の内容を法定するなど効果だけを変更する千種意見では、成立要件充足判断の難しさは解消できない）。抵当権設定時に登記のある建物が存在していれば、土地と建物のいずれに抵当権を設定した場合でも、自己借地権には対抗要件が備わり（借借10条）、③の案と同じ処理となる。この案は、自己借地権の「設定」を正面から認めるという大きな改変をすることなくその実を挙げようする。約定による設定ではないため、借地権の内容を客観的なものとする必要が出てくる。

　更地への抵当権設定の場合にまで底地評価を強制することは妥当でなく（土地所有者が受けられる融資額が小さくなってしまう）、また、それ以後の建物建築によって自己借地権の成立を認めると抵当権者の担保評価を裏切ることになるので、この場合には自己借地権が成立しないものとするか、成立することを認めるとしても土地の抵当権者や買受人には対抗できないとしなければならない。自己借地権が成立しないか対抗できない場合には、現行法と同様、一括競売権（次項）で対処する。この場合、土地の抵当権が地上建物にも及ぶとして、一括競売権の場合に建物からの優先弁済をも認めるとの改正の併用も考えられる。

　この案は、最小の修正で問題の多くを解消できる可能性があるが、更地への抵当権設定後の建物建築の場合には建物の存続が危うくなる場合が残るなど根本的な解決ではない。自己借地権の内容を意思で決めることができない点にも私的自治の尊重と整合しないとの難がある。

第5項　一括競売権

> Case 25　HはSに対する8000万円の貸金債権を担保するためS所有の更地甲（時価1億円相当）に抵当権の設定を受け登記を備えた。その後に甲地上に建物乙（時価2000万円）が建築されたが、Hは乙には抵当権の追加設定を受けることができないまま、Sが債務不履行に陥った。Hは甲の抵当権を実行して貸金を回収できるか。できないとすれば、どうすればよいか。次の各場合の法律関係の異同を検討せよ。
> ［1］Sが建築した乙に居住している場合（自己建築居住型）
> ［2］Sが建築した乙をDに売却して移転登記をした場合（自己建築譲渡型）
> ［3］Sが甲をDに譲渡し、Dが甲地上に建物乙を建てた場合（土地譲受人建築型）
> ［4］Sが建築した乙をMに賃貸して引き渡した場合（自己建築賃貸型）

1　制度の趣旨

(1)　一括競売権とは

389条は、土地の抵当権者の換価権を拡張し、一定の場合には、抵当権が設定されていない建物をも土地と一括して競売する権利を認めている。これを一括競売権という（一括売却という似た制度との関係についての158頁の補足も参照）。ただし、建物には抵当権は及んでいないので、抵当権者は、建物の代価部分からは優先弁済を受けられない。

(2)　制度の根拠

このような一括競売権が認められるのは、次に説明するように、抵当権者や買受人と、建物所有者の双方の利益を考慮した結果であるとともに、使える建物を取り壊すという社会的な損失を防ぐこととができるからである。

(a)　買受人の建物所有権取得および抵当権者の担保価値把握の保障

Case 25 の各場合のように、更地への抵当権設定後にその土地上に建物が

建築された場合、抵当権設定時の土地上の建物の存在という要件がみたされないから、原則として法定地上権は生じない（135頁以下の(1)）。また、[2]の場合のように、S・D間に建物所有のために土地賃借権等の約定利用権が設定されて対抗要件を備えても、それは抵当権設定登記に後れるため、抵当権者や競売による買受人に対抗できない。いずれの場合も、抵当権者は土地を利用権の負担がないものとして競売することができる。

もっとも、土地のみを競売することができるだけであれば、土地の買受人は、建物所有権は取得できず、建物収去・土地明渡しを請求できるにすぎなくなる。この請求は簡易な引渡命令ではできないため、改めて通常訴訟を提起する必要がある。買受人のこの負担は大きく、これを反映して競売価額が下がり（建付減価と呼ばれる）、抵当権者の価値把握を害する。たとえば前頁のCase 25の各場合において、Hが甲の更地価格近くまで融資していたとすると、甲の抵当権を実行しても、建付減価によって貸金8000万円の全額を回収できないおそれが生じる。しかし、抵当権設定後の建物の築造は土地所有者に許された行為であるため、抵当権者が物権的に（建物を建てないという約束違反を理由とする債権的な損害賠償は請求可能）それを防ぐ方法はない。

一括競売を認めると、買受人は土地のみならず建物の所有権も取得できる。建物が有用なものであれば、土地と建物を一体として扱う方が、競売しやすくなるし、競売価額の低下も防止できるため（通常は更地より高く売れる）、抵当権者の価値把握を保障できる。

(b) 建物所有者の負担軽減

一括競売を認めると、建物所有者は、それによりたしかに建物所有権を失う。しかし、一括競売が行われない場合には、競売における土地の買受人からの請求により、建物所有者は建物を収去する義務を負うから、やはり建物所有権を失うのみならず、その収去費用をも負担しなければならない。一括競売権を認めると、建物所有者は、収去費用の負担を免れるどころか逆に乙の競売代価を得ることができる。

(3) 一括競売義務の存否

一括競売は抵当権者の権利であって義務ではない、と解するのが判例（大

判大 15・2・5 民集 5 巻 82 頁)・多数説(道垣内 156 頁・212 頁、近江 186 頁、内田 432 頁など)である。これに対して、建物の保護という公益的見地を強調し、法定地上権の成立を広く認めたうえ、抵当権者は、法定地上権の成立を望まないのであれば、一括競売をしなければならないとする見解も有力である(松本・161 頁の 文献 の論文(1)313 頁-314 頁、平野 151 頁-152 頁、清水 77 頁など)。

　土地は利用されてこそ意味があり、抵当権者は更地に抵当権を付けた場合であっても将来建物が建てられることを覚悟するべきである、という有力説の意見には傾聴するべき点もある。しかし、そのことは、更地であっても底地評価でしか融資を受けられないことを意味するため(建物を建てればそれにも抵当権を設定して追加融資を受けるほかなくなり、建物建築資金が工面できなければ、土地の担保価値を十分に活用できなくなってしまう)、土地所有者の金融逼迫を生じるおそれがあって賛成しがたい。また、建付減価の仕組みを悪用して、抵当土地上に無価値な建物を建てる執行妨害も懸念される。この場合、一括競売では買受人が無用の建物を取得したうえで自らの費用で収去しなければならなくなるため、売れなかったり、競売価額が下がる。一括競売義務説も、このような場合には義務を課さないのであろうが、一括競売の可否は必ずしも一義的には決まらず、競売手続の安定性・迅速性の点で難がある。

　こうした議論があって、2003(平成 15)年の担保・執行法改正の際にも、一括競売の義務を抵当権者に課さないことになった。もっとも、一括競売が適切な場合に土地のみの競売を申し立てるのは違法であるという考え方(高木 214 頁-215 頁)はなお考慮に値する。一括競売義務説とは原則・例外が逆になるが実際の適用は近似するだろう。執行妨害の防止を一括競売権の趣旨に含めつつ、一括競売をできるだけ拡張しようとする見解(山野目 319 頁-321 頁)はこのようなものと理解できる。

補足　一括競売と一括売却

　一括競売と似た制度として一括売却(民執 61 条)がある。一括売却は、不動産の間に利用上の関連性が存在し、不動産相互の位置・形状・性質・構造等から客観的にみて、それらを同一人に帰属させ利用させる方が経済的効用が高く、有利に売却できる場合に、裁判所の裁量的判断により、複数の不動産を一括して同一の買受人に売却するものである。一括競売は一括売却の特殊型ともいえる。土地とその地上の建物の

一括売却によっても法定地上権は不要になる。両者を簡単に対比すると次の**図表8**のようになる。

図表8　一括競売と一括売却の対比

	一括競売（民389条）	一括売却（民執61条）
対象	抵当権の実行としての土地とその土地上の建物の競売のみ	強制競売一般の対象となる土地とその土地上の建物、宅地と私道、隣接する数筆の土地、店舗と倉庫など組み合わせが広い
裁判所の判断	一括競売をしなければならない	一括売却は裁判所の裁量による
超過売却の場合の同意	建物所有者の同意は不要	債務者＝所有者の同意が必要

2　一括競売の要件

389条は「抵当権の設定後に抵当地に建物が築造されたとき」を要件としている。2003（平成15）年の担保・執行法改正以前は、「抵当権設定ノ後其設定者カ抵当地ニ建物ヲ築造シタルトキ」と規定されていた。そのため、156頁のCase 25の［2］のように設定者が築造後に建物を第三者に譲渡した場合には、一括競売の可否について下級審の裁判例の見解が対立し、［3］ように第三者が建物を築造した場合には、一括競売は文言上無理だった。しかし、［2］や［3］の場合にも、［1］の場合と同様の考え方が妥当するし、第三者を介在させる執行妨害を防ぐ必要がある。そのため、改正法は、［2］および［3］の場合にも一括競売ができるように文言を改めた。

一方、同条2項は、同意引受け（387条。129頁の**2**）の場合や、抵当権設定登記前に抵当権に対抗できる借地権を有していた第三者が抵当権設定登記後に建物を建てた場合など、「その建物の所有者が抵当地を占有するについて抵当権者に対抗することができる権利を有する場合」には、一括競売を認めない。なぜなら、この場合には、一括競売権を正当化する根拠はいずれも妥当しないからである。

この2項の趣旨から、法定地上権が成立する場合には、やはり一括競売権を認めるべきではない（389条1項の縮小解釈）。他方、土地の抵当権の設定前に第三者が建物を建築したが、土地の利用権が使用借権であったり対抗要件

を欠いて抵当権者に対抗できない場合にも、建付減価の回避や建物の取壊しによる社会的損失の回避などの一括競売の根拠が妥当するので、抵当権者には一括競売権が認められるべきである（清水76頁。389条1項の類推適用）。建物とその敷地に共同抵当権が設定されている場合には、一括売却（民執188条・61条）がされるべきである。

3 一括競売の効果

一括競売に付された土地と建物は、一般の一括売却の例外として、裁判所の裁量に左右されず、当然に一括して競売に付される。建物には抵当権の効力は及んでいないから、抵当権者は、土地の競売代金からのみ優先弁済を受けることができる。土地の競売代金は、建付減価をしない更地価格とするべきである（道垣内157頁、山野目322頁）。建付減価をしたり、土地と建物の売却代金の総額から建物の時価を減じる計算をすると、抵当権者の担保価値把握を保障しようとする一括競売の趣旨が生きないからである。

なお、一括競売を申し立てた土地抵当権者は、債務者所有の建物から、債務名義を別途取得しなくても、差押えをした一般債権者として配当を受けることができると解する見解がある（民執188条・87条1項1号。第三者所有の建物からは配当を受けられない。山野目322頁、清水77頁）。倒産の場面でなければこの見解は合理的だと思う。これに対して、抵当不動産所有者が倒産した場合には、建物からの債権回収は、土地抵当権についての別除権の行使として行われても、倒産における個別執行が禁じられているのであるから、認めるべきでない。

156頁の Case 25 の［4］の場合、Hが甲と乙を一括競売できることには争いがないが、Mの賃借権が買受人に引き受けられるか否かについては見解が対立する。一括競売をする以上、引受けになるのはやむを得ないという考え方によれば、Mの建物賃借権は、競売によって消滅する権利ではないし、対抗要件（借借31条）を備えているから、その後の競売による買受人への所有権移転に優先する（道垣内弘人ほか『新しい担保・執行制度』（有斐閣、2003年）78頁［小林明彦］、田井ほか223頁［磯野英徳］）。

しかし、建物は本来存続できなかったはずであるから、その上の賃借人の

利益は保護の必要性に乏しい。また、建物賃借権が引き受けられるものとすると、新たな執行妨害の種になりかねない。建物競売も抵当権に基づくものであるから民事執行法59条2項を適用して、引受けは否定するべきである（特別座談会「担保・執行法制の改正と理論上の問題点」ジュリ1261号（2004年）50頁-52頁［山本克己・松岡久和・鎌田薫発言］、中野＝下村441頁-442頁注（24））。

文献
法定地上権と一括競売権全体につき新注民(9)266頁-415頁［生熊長幸］が詳しい。立法の沿革・判例・学説史については、村田博史「法定地上権」講座(3)139頁以下および松本恒雄「民法388条（法定地上権）」百年Ⅱ645頁以下。松本恒雄「抵当権と利用権との調整についての一考察(1)(2)」民商80巻3号283頁以下、81巻1号1頁以下（1979年）はきわめて意義のある問題提起である。これに対する石田喜久夫の批判的な批評（民法学のあゆみ・法時52巻5号（1980年）124頁以下）および最近の水津太郎「法定地上権と一括競売の関係」法政論究254号（2014年）217頁以下の緻密な分析を合わせて読むと面白い。

第8節 抵当権の処分

民法には抵当権の処分と表題の付いた規定があり（376条・377条）、これを狭義の抵当権の処分と呼ぶと、本節は、順位の変更を含む広義の抵当権の処分につき概説する。長年金融関係の仕事をしている企業人や弁護士の友人によると、狭義の抵当権の処分という制度は転抵当以外は現在はほとんど使われていないようであり、判例も古いもの以外には見当たらない。それゆえ、抵当権の処分という制度の必要性と現在廃れている理由の説明を中心に、概略を述べるにとどめる。

第1項 抵当権の処分の諸態様

Case 26　抵当権者GはSに対する貸金債権4000万円（以下「α債権」と呼ぶ。利息等は略す）を担保するため、S所有の甲不動産（時価6000万円）に抵当権の設定を受け、登記を備えた。Sに対する債権の弁済期は未到

来であり、現在は、まだ返還請求も抵当権の実行もできない状態である。不動産などの担保に供しうるめぼしい資産が他にない場合、Gは、第三者Dからどういう方法で融資を受けることができるか。

　抵当権は被担保債権の回収を確実にするための権利であり、被担保債権に付従するのが原則である。すなわち被担保債権が弁済・免除・消滅時効等によって消滅すれば抵当権も消滅する。被担保債権が譲渡されて移転すれば、抵当権も債権の譲受人に移転する（付従性と区別して随伴性と呼ぶこともある）。Case 26において、GがSに対するα債権をDに売却して代金を得たり、譲渡担保にして融資を受けると、抵当権もDに移転する。被担保債権が一部譲渡された場合には、GとDが抵当権を準共有することになる（264条。準共有については『物権法』58頁の**5**）。
　一方、抵当権は対象となる権利の交換価値を支配する物権として独自の財産的価値を有する。抵当権者が自らの抵当権を担保として金融を得たり（投下資本の流動化）、抵当不動産所有者の資金調達促進の要請に応えて抵当権者を含む債権者間で優先順位を変える必要が生じることがある。そのため、被担保債権と切り離して抵当権のみを処分することも一定の範囲で認められる。
　以下では民法の規定している広義の抵当権の処分を概観する。まず、民法制定時から規定のあった狭義の抵当権の処分を先に取り上げ、次に順位の変更を説明する。

第2項　狭義の抵当権の処分

　民法は狭義の抵当権の処分として、抵当権を他の債権の担保とする転抵当と、一般債権者に対する抵当権の譲渡と放棄、後順位抵当権者に対する順位の譲渡と放棄（以下、転抵当以外をまとめて「抵当権の譲渡等」と略す）という合計5種類のものを認め（376条1項）、処分が競合した場合には、その順位を抵当権の登記にした付記登記の前後によるものとしている（同条2項）。以下、転抵当とその他に分けて説明する。

1 転抵当

(1) 転抵当の意義

　転抵当とは、抵当権（転抵当権と対比するため原抵当権と呼ぶ）そのものを元の被担保債権と切り離して、他の債権の担保とすることをいう。転抵当は、161頁のCase 26のGのように、Gが原抵当権に転抵当権を設定してDから融資を受けるために用いられることが多く、機能的には、弁済期が到来していないα債権の早期回収を行うに等しい。転抵当権の被担保債務は第三者の債務でもよい（Gが第三者の債務の物上保証をする場合）。

(2) 転抵当権の性質

　転抵当権の対象が、α債権＋原抵当権なのか（共同質入説。近江212頁）、抵当不動産なのか（抵当不動産再度抵当権設定説。我妻390頁、新注民(9)139頁-140頁［山崎寛＝高木多喜男］）、抵当権なのか（抵当権質入説。鈴木272頁）という対立と、転抵当権が抵当権なのか（我妻390頁、新注民(9)139頁-140頁［山崎＝高木］）、一種の権利質権なのか（石田437頁-438頁、鈴木272頁）それともいずれでもない担保権なのか（内田453頁、道垣内189頁）という対立が組み合わされて、多様な見解が存在する。しかし、後述するように（165頁の(6)）、転抵当権者によるα債権の直接取立ては、共同質入説でのみ認められること以外は、具体的な帰結が変わらないので、詳細には立ち入らず（比較的詳しい検討として石田433頁-438頁を参照）、基本的な考え方だけを示しておく。

　転抵当権が抵当権の章に置かれ、わずかの特則のみを置いていることからみて、抵当権の一種であるという理解が素直である。376条1項が「担保とし」という文言を使用していることから無名の担保権であるとする見解が有力だが、これでは、その担保権の性質を論じるときに何も説明したことにならない。転抵当権を質権と理解する見解は、その前提として権利を対象とする担保権は質権に限ると考えるようだが、抵当権の対象を所有権・地上権・永小作権などの権利と解する本書の考え方では、そのような前提をとる必要がない。むしろ、質権は対象となる権利の行使をできなくする拘束力を特色としているところ（質権の占有担保性が権利質で発現したもの。220頁の第1項）、転抵当権の場合には、非占有担保権としての抵当権の一種として、質権のよ

うな拘束力を生じない担保価値把握を内容とすると理解できる。要するに、本書は、転抵当権は抵当権上の抵当権と解する。

(3) 転抵当権の設定

転抵当権は、原抵当権者と転抵当権者の合意によって設定される。抵当不動産所有者（161頁のCase 26のS）や後順位抵当権者等の同意は必要でない。原抵当権の被担保債権（Case 26のα債権）と転抵当権の被担保債権（以下、「β債権」と呼ぶ）の額の大小やその弁済期の先後は実行時に問題になりうるが（次頁の(6)）、転抵当権の設定の有効性には影響しない（道垣内189頁）。

(4) 転抵当権の対抗要件

抵当権の登記への付記登記が転抵当権の設定の対抗要件である（177条、376条2項）。この対抗要件は転抵当権が複数設定された場合にそれらの間の優劣を決める。原抵当権の被担保債権に設定された質権と転抵当権の優劣も、対抗要件としての付記登記の先後で決まる。

さらに、転抵当権の効力を確保するために別の対抗要件がある。すなわち、原抵当権の被担保債権が弁済等により消滅すると、原抵当権が付従性により消滅し、転抵当権は権利の対象を失ってやはり消滅してしまう。これを防ぐために、転抵当権者は、転抵当権の設定を転抵当権設定者から原債務者に通知させるか原債務者の承諾を得なければならない（377条1項）。この対抗要件が問題となる原債務者・保証人・抵当不動産所有者およびその承継人（以下「原債務者等」という）との関係では、転抵当権の帰属の優劣が争われるわけではないので、確定日付（467条2項）も付記登記も必要としない（道垣内190頁-191頁は付記登記が原債務者等を含むすべての第三者に対して必要とするが、この見解によれば付記登記は効力要件に近づいてしまうので、対抗要件制度一般の理解との整合性が疑われる）。

(5) 転抵当権の効力

原債務者に対する通知または承諾がされると、原債務者等は転抵当権者の承諾がない限り、原抵当権者に弁済等の債務の消滅行為をしても、これを転

抵当権者に対抗できない（377条2項）。もっとも、原債務者等がα債権の額を供託して原抵当権を消滅させることは妨げられない。この場合、転抵当権は、物上代位により供託金還付請求権に及ぶという形で存続するからである。さらに、原債務者等は、転抵当権のβ債権を第三者弁済して転抵当権を消滅させることもできる。第三者弁済したのがSであれば、SがGに対する求償権を取得し、α債権との相殺等により差額を清算することになる。

原抵当権者も、転抵当権の設定契約により、転抵当権者の承諾を得なければ、原抵当権の放棄や被担保債権の弁済受領、相殺、免除等の原抵当権を消滅させる行為をすることができない。競売の申立ての可否については争いがある（補足）。

(6) 転抵当権の実行

転抵当権者は、転抵当権の被担保債権の弁済期が到来しても、原抵当権の被担保債権の弁済期が未到来であれば、転抵当権を実行することができない。161頁のCase 26を用いて説明すると、転抵当権はSの同意なしに設定できるが、α債権の弁済期が未到来であれば原抵当権を実行されないというSの利益を一方的に奪うことはできないからである。転抵当権と原抵当権の実行の要件が備わるときは、Dは、転抵当権を実行し、原抵当権の優先弁済権の限度で、β債権の優先弁済を受けることができる。結果的に、α債権の額、β債権の額、および甲の競売代金額のうちの最も低い額が限度となる。共同質入説とは異なって、α債権には転抵当権の効力は及んでいないと解するので、Dは、Sからα債権を直接に取り立てること（366条を参照）はできない。

> 補足 **原抵当権の実行の可否**
> β債権より先にα債権の弁済期が到来した場合、Gは抵当権を実行できるか。α債権の額がβ債権の額より小さければ、Gには配当の可能性がないため、競売を申し立てても無剰余を理由に取り消される（民執188条・63条）。これとは逆に、α債権の額がβ債権の額より大きい場合、抵当不動産が競売されると転抵当権も消除されるが、β債権の額がGより先にDに配当されるか（民執88条1項でβ債権も弁済期が到来したものとみなされる）、供託されるので（被担保債権が条件付などの場合、民執91条1号）、Dには不利益が生じない。学説は分かれるが、本書は、原抵当権の実行を認める古い判例（大決昭7・8・29民集11巻1729頁）に従う。

2 抵当権の譲渡等

> Case 27　Sに対して、抵当権者G_1は元本3000万円・年利5%の債権、G_2は元本2000万円・年利8%の債権、G_3は元本1000万円・年利10%の債権を担保するため、S所有の甲不動産にG_1が第1順位、G_2が第2順位、G_3が第3順位の抵当権の設定を受け、それぞれ登記を備えた。SはNから低利の融資を受けてGらに対する債権を弁済しようと考えているが、Nは十分な担保がないと融資してくれない。SやNはどういう方法を考えることができるか。

(1) 抵当権の譲渡等の必要性

Case 27において仮に甲の競売価額が5000万円と予想されるとすると、抵当権の実行により、G_1・G_2は全額を回収できるが、G_3は配当を受けられない。Nに対して第4順位の抵当権を設定しても、甲がよほど値上がりしない限り、Nには配当は望めないから、SがNから低利で融資を受けることは難しい。担保の確実性が低いと利率は高くなるのである。

また、Sがだれかから高利・短期の繋ぎ融資を受けてG_1に対する債務を先に弁済してG_1の抵当権を消し、新たに抵当権を設定してNから長期の借入れをする（それにより繋ぎ融資を返済する）という方法も難しい。順位上昇の原則によってG_2が第1順位、G_3が第2順位の抵当権者になるから、G_1の抵当権の優先順位をNに利用させることはできず、3番抵当権では甲の担保余力は2000万円程度しかないため、SがNから3000万円に近い融資を受けることは困難である。

さらに、NにSのG_1に対する債務を第三者弁済してもらって、NがG_1に代位してその第1順位の抵当権を行使するという方法はありうるが（500条・501条）、代位はそもそも清算の際の制度であって長期の融資には向かないし、担保されるのはあくまでG_1のSに対する原債権であり、NS間の求償債権や貸付条件とはズレが生じてしまう。

こうして、抵当権の優先権をNに利用させる制度、すなわち、すでに抵当権を有する債権者が、債務者に有利な条件での資金調達を可能とするため、

自己の有する優先弁済権を新しい融資者に与える制度が必要となる。

(2) 抵当権の譲渡等の概要

376条1項後段の4つの制度は、**図表9**のように、無担保債権者に対する処分か抵当権者に対する処分かという軸と、抵当権の優先権を移転するのか（譲渡）、相手方との関係で優先権を主張しないにすぎないのか（放棄）という軸の組み合わせでできている。譲渡の場合には処分の相手方が優先して処分者が劣後する。放棄の場合には両者が債権額に応じて平等で優先権を享受する。

前頁のCase 27において、G_2が抵当権を持たない4000万円の債権者であるNに対して抵当権を処分する場合、競売代金を仮に6000万円とすると配当は**図表10**のようになる（簡略化のため利息・遅延損害金・手続費用は考慮していない）。Nが第4順位の抵当権者である場合や処分者がG_1である場合など、いろいろ場面や数字を変えて自分で考えてみていただきたい。

重要な点は、この処分は、処分者と相手方（376条の「他の債権者」）の合意のみで可能であり他の者の同意や承諾を要しない反面、処分の効力は他の債権者には及ばず、優先権は、処分された抵当権が元々持っていた範囲でのみ行使できる（相対的効力。絶対的な放棄は170頁の(3)）、ということである。

図表9　抵当権の譲渡等の相互関係

効果＼相手方	無担保債権者	後順位抵当権者
優先権譲与	抵当権の譲渡	抵当権の順位の譲渡
優先権共有	抵当権の放棄	抵当権の順位の放棄

図表10　G_2のNに対する抵当権の譲渡と放棄の場合の配当額

	G_1	G_2	G_3	N
抵当権の譲渡	3000万	0	1000万	2000万
抵当権の放棄	3000万	667万	1000万	1333万

処分合意に関係のないG_1やG_3には影響がない。
放棄の場合にはG_2の優先権の枠の2000万円をG_2とNの債権額で1対2に分ける。

対抗要件等については、転抵当権と同様、付記登記と債務者等に対する対抗要件がある（376条2項、377条）。説明は省略する。

(3) 抵当権の譲渡等の問題点

抵当権の譲渡等の意味や効力について学説には古くから争いがあり、最高裁判決（最判昭38・3・1民集17巻2号269頁）の位置づけもはっきりしなかった（菅原胞治「判批」椿寿夫編『担保の判例Ⅰ』（ジュリ増刊、1994年）56頁-58頁）。1971（昭46）年の民法改正は、問題の中心であった根抵当権について、転抵当権以外の376条の処分を否定して独自の規律を導入したほか（398条の11-15。207頁以下の3）、普通抵当権についても、絶対的効力を有する順位の変更（374条。次項）の制度を加えた。

この改正により、抵当権の譲渡等は相対的効力しか有しないことが明らかになったが、相対的効力では、譲渡等の対象である抵当権の被担保債権が弁済により消滅し、その弁済について譲渡等の相手方が同意をしたと評価されると、譲渡等の効力が失われてしまうため、権利関係が安定せず、肩代わり融資には安心して利用できない（我妻406頁-407頁）。このように、主な需要は根抵当権と順位の変更でまかなわれているので、不安定さをはらむ抵当権の譲渡等は利用されなくなっている。

第3項　抵当権の順位の変更

順位の変更は絶対的な効力を有する。166頁のCase 27において、順位をたとえば$G_3・G_1・G_2$や$G_3・G_2・G_1$のように、任意に入れ替えることができる。後者ではG_1とG_3が入れ替わっただけのようにもみえるが、被担保債権額、弁済期、他の担保権の有無などによって、中間のG_2の受けられる配当に影響が生じうるので、影響を受ける関係者全員の合意が必要である（374条1項本文）。逆に、G_1～G_3が順位をどのように入れ替えても、これらの者より先順位の抵当権者や、これらの者より後順位の抵当権者（Case 27において第4順位の抵当権の設定を受けたNなど）には影響がないので、そうした者は合意に加えなくてもよい。

さらに、転抵当権者や被担保債権の差押債権者・質権者など、順位の変更によって不利益を被る利害関係人がいれば、この者の承諾も必要である（同項ただし書）。債務者や抵当不動産所有者は影響を受けないので、これらの者の承諾は要しない。

権利関係を明確化するため例外的に登記が効力要件とされている（同条2項、不登89条1項）。

なお、順位の変更は優先権の序列を入れ替えるにすぎず、抵当権が設定された時点を変更するものではない。変更前の第1順位の抵当権設定時には建物が存在せず、第2順位の抵当権設定前に建物が建てられていた場合において（136頁以下の(b)）、第1順位と第2順位を入れ替えても法定地上権の要件をみたすことにはならない（最判平4・4・7金法1339号36頁）。

文献
　詳細は、必要に応じて、新注民(9)123頁-198頁［山崎寛＝高木多喜男］を参照。抵当権の被担保債権の譲渡・質入れと転抵当の優劣という応用的な問題について、松本恒雄「転抵当と被担保債権の譲渡・質入れの競合」池田真朗ほか『マルチラテラル民法』（有斐閣、2002年）186頁以下。

第9節　抵当権の消滅

第1項　多様な消滅原因

抵当権が消滅する原因には多様なものがある。3つに分けて説明する。

1　物権に共通する消滅原因
(1) 対象である物の滅失や権利の消滅
物権は対象である物や権利がなくなれば消滅する（添付の場合の247条1項も参照。同条については主として問題になる先取特権の285頁の2で触れる）。抵当建物が崩壊すると抵当権も消滅するとするのが判例（58頁の③の大判大5・6・28）・通説である。もっとも、物上代位が可能であれば、抵当権は代償財

産の上に存続する（代替的物上代位。56頁の(b)）。

　また、地上権や永小作権が抵当権の対象である場合には、地上権者や永小作人がこれらの権利を放棄しても、抵当権者には放棄による権利の消滅を対抗できない（398条）。建物抵当権が従たる権利としての土地の賃借権に及ぶ場合、建物所有者による借地権の放棄は同条の類推適用により抵当権者には対抗できない（大判大11・11・24民集1巻738頁）。これに対して、不動産の所有権は放棄しても国庫に帰属して消滅しないから（239条2項）、このような規律は設けられていないし、類推適用を考える必要もない。

(2) 混　同

　所有権とそれを対象とする制限物権が同一人に帰属するに至った場合には、自分に対する権利を残しておく必要がないため、原則として制限物権が消滅する（179条1項本文）。また、所有権以外の物権とそれを対象とする他の権利が同一人に帰属した場合も同様である（同条2項前段）。これを混同消滅という。債権債務の間の混同消滅（520条）と考え方は共通しているが、こちらは（制限）物権の消滅原因である。

　抵当権について例を挙げれば、抵当権者が物上保証人から抵当不動産を買い受けた場合や物上保証人が抵当権者を相続した場合が所有権と制限物権の混同の例、地上権を対象とする抵当権者が地上権を物上保証人から譲り受けた場合が制限物権間の混同の例である。これらの例では、被担保債権は混同消滅しないが、抵当権は混同消滅する。所有者抵当や順位固定の原則（34頁の コラム ）が認められない理由は、付従性と並んで混同消滅の原則にもある。

　もっとも自分に対する権利を残しておく必要がある場合には例外が認められる（179条1項ただし書・2項後段）。たとえば、混同が問題になる抵当権が1番抵当権であり、さらに2番抵当権が設定されている場合や抵当権に転抵当権が設定されている場合（376条1項）がこの例外に当たる。

(3) 放　棄

　権利は一般に放棄可能であり、抵当権も（絶対的に）放棄できる。たとえば、倒産を回避して事業を再生するべく、抵当権の負担のない不動産を高額

で売却して経営資金を得るなどの目的で、抵当不動産所有者が、債権者に抵当権の放棄を求めることがある。なお、被担保債権のみが放棄された場合にも抵当権は消滅するが、それは付従性による（次述の2(1)）。抵当権のみが放棄された場合には、被担保債権は無担保債権として残る。

2 担保物権に共通する消滅原因

(1) 付従性による消滅

担保物権は被担保債権が消滅すると付従性に基づいて消滅する。被担保債権を消滅させる原因の最も重要なものは弁済であるが、弁済以外に、消滅時効（167条1項）、代物弁済（482条）、供託（494条以下）、相殺（505条以下）、更改（513条以下。518条による担保権の移転の例外にも注意）、免除（519条）、混同（520条）によっても被担保債権は消滅し、抵当権も消滅する。

弁済に関連して重要な例外は弁済者代位（499条・500条）である。（物上保証人を含む）第三者が他人の債務を弁済したり、保証人が保証債務を弁済した場合のように、その債務について本来最終的に負担するべき者（以下、「本来的債務者」という）以外の者が、自らの出捐により債務を消滅させたときには、それが本来的債務者に対する贈与の趣旨でないかぎり、こうした弁済者は、本来的債務者に対する求償権を取得する。この求償権の回収を確実にするため、弁済者は、求償権の範囲内で、元の債権者が有していた債権とその担保権を代わって行使することができる（501条）。これを弁済者代位といい、これが認められる場合には、弁済によって消滅するはずの債権や担保権が消滅しないで代位債権者に移転する。

債権債務の消滅原因や弁済者代位については、債権総論で詳しく学ぶが、弁済者代位の一部は、共同抵当権における代位との関係で触れる（187頁以下の1および192頁以下の第5項）。

(2) 担保権の実行としての競売

抵当権は自ら実行しない場合も競売により消滅する（民執59条1項の消除主義。83頁の(c)）。

(3) 担保権消滅請求

抵当不動産所有者が倒産した場合、優先弁済権のある担保権は消滅請求により消滅する（破産186条以下、会更104条以下、民再148条以下。91頁以下の**2〜4**）。

3 抵当権に固有の消滅原因

抵当権に固有の消滅原因として、代価弁済（378条。118頁の**2**）と抵当権消滅請求（379条以下。119頁以下の**3**）がある（これらは341条で不動産の先取特権に、361条で不動産質権に準用される）。時効に関連する396条と397条については、議論が非常に錯綜しているので、項を改めて論じる。

第2項　抵当権の消滅時効の制限

396条は、「抵当権は、債務者及び設定者に対しては、その担保する債権と同時でなければ、時効によって消滅しない。」と定める。債務者や物上保証人は、被担保債権が消滅時効にかかれば付従性による抵当権の消滅を主張できるだけであって、被担保債権から独立した抵当権のみの消滅時効は主張できない。以上の趣旨は明確である。

しかし、その理由は必ずしも明らかではない（石田474頁-475頁は396条自体に疑問を呈する）。担保権の付従性を理由とする説明がよく見られるが、付従性とは被担保債権が消滅すれば担保権も消滅するというにすぎず、逆に、担保権が被担保債権から独立して消滅時効にかからないことの十分な理由にはならない。仮にその趣旨が担保による債権の強化という政策だとすると（物上保証人は主たる債務者の承認による時効中断の効力を否定することができないとした最判平7・3・10判時1525号59頁はその趣旨で396条を援用する）、397条を消滅時効の特則と理解する見解のように（178頁の**3**）、債務者および物上保証人との関係にとどまらず、およそ抵当権はだれとの関係でも独立して一般の消滅時効にかからない（すなわち、抵当権は167条2項の財産権に含まれない）と言わなければならない。しかし、その解釈には167条2項や396条の素直な反対解釈から大きく離れるという難点がある。

それゆえ、抵当不動産の第三取得者や後順位担保権者など債務者および物

上保証人以外の者との関係では、被担保債権とは別に抵当権のみが167条2項により20年で時効消滅することを認めるのが判例（大判昭15・11・26民集19巻2100頁。以下「昭和15年判決」という）・通説（我妻421頁-423頁、柚木＝高木420頁）である。たしかに、同条に関する唯一の最上級審判決に当たるこの事案は、被担保債権も時効消滅していた事例であり、抵当不動産の第三取得者に時効援用権が肯定されていなかった時代にこれを補う判断であって（最判昭48・12・14民集27巻11号1586頁で判例を変更して抵当不動産の第三取得者の時効援用権を肯定）、現在では判例としての価値は低い。ただ、中断などがあって被担保債権が時効消滅していない場合には、この判決を根拠に抵当権のみの消滅を認める余地が残る。

また、後順位担保権者に先順位抵当権の消滅時効の主張を認める昭和15年判決の判示は、傍論であるうえ、先順位抵当権の被担保債権の消滅時効について後順位抵当権者の時効援用権を否定したその後の判例（最判平11・10・21民集53巻7号1190頁。以下「平成11年判決」という）が登場した後は、単純には維持できない。先順位抵当権の消滅によって後順位抵当権の順位が上昇し配当額が増加するが、平成11年判決のようにこの利益を反射的利益にすぎないと理解するならば、先順位の抵当権が被担保債権の時効消滅と付従性によって消滅した場合と抵当権自体が時効消滅した場合との間に大きな違いはなく、先順位抵当権の消滅時効についての後順位担保権者による援用も直接の利益がないとして否定されざるをえないからである。もっとも、平成11年判決の一般論の価値自体は、その事例との関係で疑わしく（古積健三郎「判批」法教391号123頁以下）、396条と167条2項を根拠に、後順位担保権者による先順位担保権の消滅時効の主張を認める余地がある。

最近登場した注目するべき見解は、396条の規律が、抵当権の訴えと被担保債権の主張とが不即不離であったローマ法の沿革に由来すると指摘しつつ、現代ではその理由は妥当しないものの、ドイツ民法902条1項にならい、登記による強力な権利推定が働くことを理由として抵当権の独自の消滅時効を完全に否定するべきだという（古積・180頁の 文献 の133頁-134頁）。その主張には惹かれるが、登記を重視する考え方が既登記不動産の時効取得を認めることと整合するか（筆者は登記の公示力には限界があるとみる。『物権法』194頁以

下の(2))、推定を重視するなら逆に長期間実行がないことで占有者に消滅時効を広く認めることにならないか（397条を消滅時効と解する石田477頁はその方向を示す）、被担保債権の消滅時効による抵当権の消滅を広く肯定すること（古積・前掲判批）と矛盾しないか、などの疑問がある。

結局、167条2項と396条を根拠に、実際に適用される場面は非常に狭いものの、第三取得者や後順位担保権者に先順位の抵当権のみの消滅時効の主張を認めるべきであろう。この場合、消滅時効の一般規定が適用され、消滅時効は、権利行使可能な時すなわち被担保債権の弁済期到来によって抵当権が実行可能となった時から進行する（166条1項）。

第3項　抵当不動産の時効取得による消滅

> Case 28　1990年に、XはAから本件土地甲を買い受けて以後、占有して耕作を続けてきたが、所有権移転登記を備えていなかった。1998年にAは1年後に返済するとの約束でYから金銭を借り入れ、この返還債務につき、甲に抵当権を設定し、Yは抵当権設定登記を備えた。
> 　［1］2006年にYが抵当権の実行としての競売を申し立てた場合、その時点でXは抵当権の不存在を理由としてその実行の停止を求めることができるか。
> 　［2］上記［1］の競売にXが気付かず異議を主張しないでいたところ、同年中に競売によりYまたはZが買受人となって移転登記を得た場合、2017年の時点でXはYまたはZに時効による所有権取得を主張できるか。
> 　［3］設例と異なってYがAに貸し付けをして抵当権設定登記を備えたのが2005年、抵当権を実行したのが2008年だとすると、上記［1］と［2］の場合のXの権利主張はどうなるか。
>
> Case 29　1996年に、XはAから本件土地甲を買い受けて以後、占有して耕作を続けてきたが、所有権移転登記を備えていなかった。一方、A

は、これより前の1995年に、3年後に返済するとの約束でYから金銭を借り入れ、この返還債務につき、甲に抵当権を設定し、Yは抵当権設定登記を備えた。2017年にYが抵当権の実行としての競売を申し立てた場合、Xは抵当権の不存在を理由としてその実行の停止を求めることができるか。

1 問題状況

397条は「債務者又は抵当権設定者でない者が抵当不動産について取得時効に必要な要件を具備する占有をしたときは、抵当権は、これによって消滅する」と定める。2004（平成16）年の現代語化の改正の際に、判例を基礎として「抵当不動産の時効取得による消滅」という条文見出しが付いたが、この規定が抵当権の消滅時効を定めているとする有力な反対説があり、397条と396条の関係、（消滅時効または取得時効の）起算点、397条の適用される範囲、第三取得者が397条の「債務者又は抵当権設定者でない者」に含まれるか等の多くの問題点があり、議論はいささか混迷している（なお、石田・480頁-481頁は、債務者や物上保証人も397条の類推適用により消滅時効が主張できるとするが、解釈の限界を超えている）。

2 判 例

(1) 占有開始が抵当権設定登記より先行する場合

最初の判例は、贈与を受けた土地を未登記のまま占有していた国が、占有開始後に設定を受けた抵当権を実行して自ら競落人になった者を相手方として、所有権の帰属を争った事例である。大審院は、397条の適用により、自己の物の占有期間を含めた10年の取得時効の結果として抵当権の消滅を認めた（大判大9・7・16民録26輯1108頁）。この事例では、国は抵当不動産の第三取得者ではなく、抵当権者との対抗問題型紛争において劣後する所有権取得者が取得時効を援用して逆転できるかが問題になった。

前頁のCase 28はこの判決に類する。これを取得時効と登記に関する判例法理（『物権法』168頁以下の2）に沿って考えると次の結論となろう。XはA

との有効な取引に基づく所有権取得者であり、Aから抵当権の設定を受けたYには、登記をしないと対抗できない（177条）。しかし、自己の物についても取得時効を認める判例によれば、Xは2000年に短期取得時効、2010年に長期取得時効を主張できる（162条）。2000年のXの短期取得時効により、Yの抵当権は反射的に消滅する。Yは時効完成前の第三者であり、Aと共に時効完成によって権利を失う当事者に当たるから、2006年時点で、Xは登記なくして所有権の時効取得をAやYに主張できる。それゆえ、[1]の場合には、Xの請求は認容される。

[2]の場合には、買受人YやZは時効完成後の第三者であり、Xは登記をしなければ時効取得を対抗できないのが原則である。しかし、Yは、抵当権者としては取得時効の当事者であり、Xは、[1]の場合と同様、Yには所有権取得を登記がなくても対抗できる（前頁の大判大9・7・16はこの類型に当たる）。また、Zは、多年にわたるXの占有を知っていれば、背信的悪意者と評価される余地があり（最判平18・1・17民集60巻1号27頁）、その場合には、Xは例外的に登記なくしてZに所有権取得を対抗できる。177条の第三者につき、準当事者でないことおよび善意無過失であることを必要とする筆者の見解（『物権法』136頁以下の(6)・195頁以下の3）では、この例外が認められる可能性が判例よりも広くなる。さらに、2006年時点でXがZに時効取得を対抗できないとしても、Xの占有が継続していれば、2010年の長期取得時効または2016年の再度の短期取得時効により、この時効の主張においては時効完成前の第三者と扱われるZに甲の所有権の時効取得を対抗できることになる（再度の時効取得を認めた最判平24・3・16民集66巻5号2321頁は長期取得時効も主張可能な事例であった。百選I 188頁[松岡久和]）。

[3]の場合には、YはXの短期時効取得後の第三者であり、XはYにもZにも登記をしなければ時効取得を対抗できない（この場合にも背信的悪意者排除の例外はある）。しかし、Xは、[2]の場合同様、やはり2010年の長期取得時効を主張できよう。再度の短期取得時効については、2005年を起算点と考えれば主張可能であるが、2008年を起算点と考えれば2017年にはまだ期間が足りない。

判例によれば、以上の判断は、174頁のCase 28とは異なってXAの契約

が無効であった場合や、Xの占有開始がAとの契約に基づかない場合にも、妥当するものと思われる。

(2) 占有開始より抵当権設定登記が先行する場合

この場合には、判例は、抵当不動産の第三取得者は抵当権の負担を前提にしているので397条による抵当権の消滅を主張できないという（大判昭13・2・12判決全集5輯6巻8頁。大判昭15・8・12民集19巻1338頁は、さらに第三取得者は自己所有の不動産を時効取得できないとする）。第三取得者におよそ397条を適用しないとすれば、同条は、取引行為によらない時効取得（境界紛争類型など）などの稀な事例にのみ意味があることになりそうである。こうした考え方では、抵当不動産の第三取得者には、396条の判例との関係で、167条2項による消滅時効の主張のみが可能となる。具体的に174頁のCase 29では、Xは、396条の反対解釈と167条2項により、抵当権が実行可能であった1998年から20年経過した2018年に抵当権が時効消滅したと主張することができるが、2017年には時効はまだ完成していない。また、Xは、397条の甲の取得時効による抵当権の消滅を主張することはできない。

しかし、自己の物の時効取得を認め（最判昭42・7・21民集21巻6号1643頁）、二重譲渡型紛争で未登記の第一譲受人が自己の物を占有している間も時効期間に含まれるとした判例（最判昭46・11・5民集25巻8号1087頁）に照らすと、抵当不動産の第三取得者に397条の適用を認めない大審院時代の判例は維持しにくい。実際に最高裁は、抵当不動産を受贈した未登記の第三取得者は、時効完成前の抵当権実行により不動産を買い受けた者に対しても、短期取得時効を主張できるとした（最判昭43・12・24民集22巻13号3366頁）。この判例は、397条による抵当権の消滅自体を問題にするものではなく、抵当権の存在を知っていても所有権につき善意無過失であれば短期取得時効が可能であるとし、それを前提に時効完成前の第三者（買受人を贈与者からの譲受人とみる）には登記なくして時効取得を対抗できるという判例（最判昭41・11・22民集20巻9号1901頁。『物権法』168頁以下の(1)にいう第2準則）を応用したにすぎないとも理解できる。しかし、ここでは時効完成前の抵当権者が397条の適用により取得時効によって権利を失うことが暗示されていると思

われる。このように、抵当不動産の第三取得者にも397条の適用を認めるとすれば、174頁のCase 29のXは、占有開始時から10年が経過する2006年（短期取得時効の場合）および20年が経過する2016年（長期取得時効の場合）に、取得時効による抵当権の消滅を主張することができるようになる。

3　学　説

　判例を支持し、397条は、抵当不動産所有権の取得時効によって抵当権が反射的に消滅することを確認した規定であるとする見解（取得時効説）が、なお多数説のようである（清水122頁、安永338頁など）。

　これに対して、「取得時効に必要な要件を具備する占有」は取得時効を指すのではなく、397条を抵当権の消滅時効の要件の特則と解する見解（消滅時効説）も有力である（道垣内229頁-230頁、高橋247頁など）。

　また、397条の性質をいずれと理解するかにかかわりなく、登記によって抵当権の存在を知り、それを前提に占有をする抵当不動産の第三取得者は397条で保護するに値しないという見解が多い。古積は、397条についても沿革からの位置づけを重視して制度の性格を取得時効の一種とみる一方で、登記制度の導入により沿革上の理由が妥当しなくなっているという視点から、第三取得者には適用されないとする多数説を正当化しようとしている（古積・180頁の文献の136頁-138頁。占有開始が抵当権設定登記より先行する175頁(1)の場合については397条は適用されないとし、結論を留保している）。

4　本書の見解

　消滅時効説は、167条2項による抵当権の消滅時効を認めないという点で396条との関係でも問題があるが（172頁以下の第2項）、起算点についても難点がある。この見解では、被担保債権の弁済期が到来しない間に占有が開始した場合も、10年または20年の経過により抵当権が消滅時効にかかることになろう。この結果につき、抵当権の長期存立に対する一種の歯止めとして、抵当不動産の第三取得者を397条で保護してよいとの見解もある（高橋247頁）。しかし、たとえば、被担保債権を30年にわたって分割返済する消費貸借契約において抵当権が設定された不動産が、その直後に第三者に譲渡され

たが、順調な被担保債権の弁済によって抵当権がその後 20 年以上実行されなかった場合を考えてみよう。抵当権者は、抵当権の実行ができず権利のうえに眠っていたわけでもないのに（むしろ登記された抵当権により担保された状態が続き、抵当権が効力を発揮していたといえる）、抵当権が消滅することになり、消滅時効の根拠が妥当しない。166 条 1 項を考慮し、抵当権が実行可能となった時から消滅時効が進行すると解することも考えうるが、397 条が「取得時効に必要な要件を具備する占有」を要件としていることを説明できない（我妻 423 頁はこの難点を理由に簡明な判例を支持する）。したがって、多数説のように、抵当権の消滅は取得時効の結果と考え、抵当権者には占有者に対する承認請求による時効中断（166 条 2 項ただし書。改正法では時効の更新。新 166 条 3 項ただし書）を肯定するべきである（百選 I 189 頁［松岡］）。

　次に、抵当不動産の第三取得者には 397 条をつねに適用しないというのは妥当でない。たしかに抵当権設定登記のある不動産の第三取得者は、抵当権について悪意または過失があることが多いだろう（道垣内 230 頁）。しかし、他人の登記名義のある土地について所有権の取得時効が悪意の占有者にも可能であることとの均衡から、抵当権設定登記があるからといって、抵当権の負担を前提とした占有であるとは限らない。むしろ、174 頁の Case 29 のような所有権譲渡と抵当権設定の優劣争いという二重譲渡類似の紛争においては、抵当権の負担を前提としない占有の方が普通であろう。占有者は、抵当権設定登記が先であるため、結果的に抵当権の負担を受けざるをえないだけであって、狭義の抵当不動産の第三取得者ではないのである。

　筆者は、二重譲渡を典型とする 177 条の解釈において第三者が準当事者に当たらず善意無過失であることを要すると解し、それが認められるのであれば（判例の定式を維持するなら背信的悪意者排除が広く認められれば）、時効と登記の問題について、判例準則による問題解決の基本枠組を維持してよいと思う（理由は『物権法』177 頁以下）。とりわけ二重譲渡型紛争において、対抗要件を欠いて劣後する譲受人にも時効取得（による対抗不能の治癒）を認める。同じように、二重譲渡型紛争の一方が抵当権という所有権より小さい権利である場合も、対抗要件において劣後する譲受人が時効取得によって抵当権の負担から解放されてしかるべきである。具体的に、174 頁以下の Case 28 およ

び Case 29 のいずれにおいても、占有者が抵当権の負担を前提としない場合には、397 条の適用を認めてよい。

文献
　古積健三郎「時効による抵当権の消滅について」清水元＝橋本泰宏＝山田創一編『財産法の新動向』（信山社、2012 年）97 頁以下、総合判例研究として、金子敬明「抵当権と時効」千葉大学法学論集 27 巻 3 号（2013 年）1 頁以下。

第 10 節　共同抵当

　本節は、共同抵当の意義、民法が 392 条・393 条の規定を設けている理由、その仕組み、およびその適用に関する問題点を説明する。多数の関係者が登場し、かつ単純な計算ではあるが数字が多数出てくるため少々複雑である。読者の皆さんには、自ら設例の関係当事者の図を書き、本書の図表を参考に配当表を作成することを強くお勧めする。不動産価額や被担保債権額をいろいろ変化させて作業をしてみると、共同抵当の仕組みが実感として具体的に理解しやすくなるからである。

　また、192 頁以下の第 5 項では若干の応用問題を用意して、通説的な見解に批判を加えている。基本だけに絞って勉強したい方は、その部分を読み飛ばしていただいてよい。お読みいただく場合には、筆者の見解を鵜呑みにせず、批判的に検討していただきたい。

第 1 項　共同抵当の意義と機能

Case 30　A は B から 3500 万円を借り入れ、その担保として自らの所有する土地甲と土地乙に共同抵当権を設定し、それぞれ抵当権設定登記を行った。その後、A は、C に対する 500 万円の債務を担保するため甲に第 2 順位の抵当権を、D に対する 100 万円の債務を担保するため乙に第 2 順位の抵当権をそれぞれ設定し、抵当権設定登記を行った。A

が債務不履行に陥り、Bの共同抵当権の両方が実行され、甲は2400万円、乙は1600万円で売却された。次の場合、どういう結果になるか。なお、利息・遅延損害金・手続費用は簡略化のため考えない。
　　［1］甲と乙の競売代金が同時に配当された場合
　　［2］甲の競売代金が先に配当された場合
　　［3］乙の競売代金が先に配当された場合

　Case 30のように、債権者が同一の債権の担保として数個の不動産につき抵当権を有する場合を共同抵当という（392条1項。補足）。
　共同抵当には機能上の3つの利点がある。
　①担保価値の集積　　Case 30の場合、甲や乙に単独で抵当権を設定する方法では、それぞれの担保価値に応じた融資を2口に分けて受けなければならないが、共同抵当権を設定することで、1口として融資を受けることができる。このような担保価値の集積は、借りる方にも貸す方にも便利である。
　②債権回収不能の危険の分散　　土地は滅失することが稀だが、建物には滅失の危険がある。共同抵当権の対象不動産の1つが滅失して価値変形物が生じず、代替的物上代位もできない事態が生じても、抵当権者は残った不動産から（物的有限責任なのでその価額を限度とするが）被担保債権を回収することができる。このように共同抵当によって、被担保債権が回収不能となる危険を分散することができるのである。
　③土地とその地上建物の一体的な担保価値把握　　日本の法制度では、土地と建物は別個の不動産であるが、実務では両方に共同抵当権が設定されることが多い。抵当権の実行の際に一体として競売する一括売却の方が高く売れ、法定地上権の複雑な法律問題も生じない（158頁の補足）。判例が全体価値考慮説を採用したことで、この機能はさらに強化された（137頁以下の(d)）。

　補足　**共同抵当権の対象と個数**
　　　抵当権の対象は不動産所有権、地上権、永小作権である（369条。26頁以下の(1)）。392条が「数個の不動産につき」としているのは、これらのすべての場合を指す。ただ、地上権や永小作権に抵当権が設定されるのは稀なので、ここでも不動産所有権に抵当権が設定される場合を念頭に置いて考えればよい。

共同抵当権の場合には、対象不動産毎に抵当権が成立し、複数の抵当権が1つの被担保債権を担保すると理解するのが、連帯債務の場合に債権が複数あるとする理解との関係でも自然である。もっとも、連帯債務の場合に債権が全体で1本であるとする説や共有の場合に所有権の個数を1個と構成する説（『物権法』44頁の補足＊）が成り立つのと同じように、共同抵当権の場合に全体で1個の抵当権が成立するとの理解も不可能ではない（石田485頁）。

第2項　共同抵当権の設定と公示

　共同抵当権の設定は抵当権の一般的な設定方法に従う。共同抵当権は同時に設定することも、すでに存在する抵当権に追加して設定することもできる。一般の場合と同じく登記が対抗要件である。

　これに加えて、共同抵当関係にあることが登記事項であり、さらに共同担保目録も作成される（不登83条1項4号・2項。35頁の**図表4**）。ただ、共同抵当権に関する規律は、後順位担保権者（392条は次順位の担保権としているが、不動産先取特権や質権にも準用される。341条・361条）や抵当不動産所有者を保護することを目的としているから、抵当権者が自らの保護を求めて共同抵当権であることを第三者に主張しなければならない場面は存在しない。それゆえ共同抵当権の登記は対抗要件ではなく、あまり行われていない（鈴木279頁は、立法論上、一考するべき点だとする）。共同抵当の登記がなくても、実質上、共同抵当と認められれば、共同抵当に関する規律が適用されることになる。

第3項　共同抵当権の効力

1　抵当権者の権利

　共同抵当権者は、超過売却の制限（民執188条・73条。同法61条の一括売却は例外）にかからなければ、共同抵当不動産の全部または一部を同時に競売することも、そのいずれかを選んで順次競売することもできる。そして、いずれの競売代金からも、その時点で残っている被担保債権全額について、順位に従って優先弁済を受ける権利を有する（不可分性。372条・296条）。

図表11　180頁のCase 30の配当結果

	同時配当		異時配当1 (甲の競売が先行)		異時配当2 (乙の競売が先行)	
	甲	乙	甲	乙	乙	甲
第1順位 の配当	B 2100万円	B 1400万円	B 2400万円	B 1100万円 C 300万円	B 1600万円	B 1900万円 D 100万円
第2順位 の配当	C 300万円	D 100万円	C 無配当	D 100万円	D 無配当	C 400万円

CやDが第1順位で受ける配当は392条2項の代位による。乙の売得金の配当後の残金100万円は他に配当に与れる差押債権者等がいなければAに交付される。

Case 30を用いて説明すると、Bは甲・乙の両方を競売して売得金合計の4000万円から被担保債権3500万円を回収することができる（**図表11**の同時配当の第1順位の配当欄）。甲を先に競売しその売得金2400万円全額の配当を受け（392条2項前段）、次いで乙を競売してその売得金1600万円から残債権1100万円の配当を受けることもできる（**図表11**の異時配当1の第1順位の配当欄）。乙から先に実行する場合も、Bは同様に被担保債権3500万円の全額を回収できる（**図表11**の異時配当2の第1順位の配当欄）。

2　後順位担保権者と不動産所有者の保護の必要性

　共同抵当権者がいずれの抵当不動産から先に配当を受けるかによって、後順位担保権者が配当を受けられなくなるおそれがある。Case 30では、甲が先に競売された場合のCや乙が先に競売された場合のDは、その競売では配当を受けられない（**図表11**の異時配当の場合の無配当の個所）。また、甲と乙の競売代金が同時に配当される場合においても、共同抵当権者が任意の額の配当をどちらからでも受けられるとすれば、両方の不動産の後順位抵当権者の間で不公平な配当となるおそれがある。いずれにせよ、明確な基準がなければ、いったん共同抵当権を設定した者は、後順位抵当権を設定して他から融資を受けることが困難となり、所有不動産の担保価値を十分に活用することができなくなってしまう。

3　同時配当の場合の負担割付

　そこで民法は、まず「同時にその代価を配当すべきときは、その各不動産の価額に応じて、その債権の負担を按分する」として同時配当の場合の負担割付の原則を定める（392条1項）。複数の不動産が一括売却されて代金額が個別に決まっていない場合には、各不動産の後順位担保権者に配当する額を決める必要があるため、各不動産の売却基準価額に応じて売得金総額を按分し、それぞれの売得金額を定める（民執86条2項）。

　180頁のCase 30に当てはめて考えてみる（前頁の**図表11**の同時配当の場合）。Bの被担保債権3500万円は、甲と乙の売得金額2400万円と1600万円の比である3対2で按分され、Bは甲から2100万円（＝3500万円×3÷(3＋2)）、乙から1400万円（＝3500万円×2÷(3＋2)）の配当を受ける。それにより、Cには甲の残金300万円が配当され、Dは乙の売得金の残りから100万円の配当を受け、なお余る100万円は、他に配当に与れる差押債権者等がなければ、所有者Aに交付される（民執188条・84条2項）。この場合、Cには被担保債権200万円が弁済されずに残っているが、Cは甲の抵当権者であって乙の抵当権者ではないから、債務名義を得て配当要求をしておかないと乙の残金100万円から配当を受けることはできない。

4　異時配当の場合の後順位担保権者の代位

　異時配当の場合、先に競売された不動産の後順位担保権者は、後の競売手続において、392条2項によって、共同抵当権者に代わって、後に競売された不動産上の抵当権を行使し、後順位抵当権者よりも優先して配当を受けることができる。すなわち、同時配当の負担割付の場合に後順位抵当権者が配当を受けることができたはずの額が、代位によって、抵当権が実行された順序に影響されず、異時配当でも保障されるのである（**図表11**の異時配当2のCのように同時配当の場合より配当額が多くなることはありうる）。

　Case 30の［2］や［3］の場合のように、甲または乙上の抵当権の実行によってBが被担保債権の全額の弁済を受けられなかった場合であっても、同時配当の負担割付額を超えて配当を受けた場合であれば、後順位担保権者は代位ができる。かつて判例（大連判大15・4・8民集5巻575頁）は、これを

共同抵当権者の満足を停止条件とする代位と解し、ただちには代位できないとした。しかし、一部代位（502条参照）は無条件に生じるが、配当に関しては代位者よりもまだ完全に満足を受けていない共同抵当権者が優先する、と考えるべきであろう（502条に関する最判昭60・5・23民集39巻4号940頁および通説。なお、一部代位者が単独で抵当権の実行を申し立てることの可否についても502条をめぐる議論を参照）。

　180頁のCase 30に当てはめてみよう。甲が先に競売された場合、Cは甲の競売では配当を受けることができないが、乙の競売においてBの有している1400万円の割付額の範囲内で、Bへの1100万円の配当に次いで、Bに代わって300万円の配当を受ける。Cの権利はBの第1順位の抵当権に基づくため、Dに優先する（183頁の**図表11**の異時配当1）。

　逆に乙が先に競売された場合、Dは乙の競売では配当を受けることができないが、甲の競売においてBの有している2100万円の割付額の範囲内で、Bへの1900万円の配当に次いで、Bに代わって100万円の配当を受ける。Dの権利はBの抵当権に基づくため、Cに優先する（**図表11**の異時配当2）。

　このように、代位できる上限は、同時配当の場合に共同抵当権者に配当される割付額と（**図表11の異時配当1のCの代位**）、後順位抵当権者は被担保債権額（**図表11の異時配当2のDの代位**）の低い方である。

　後順位抵当権者が392条2項により代位するためには、先順位抵当権者の抵当権の登記に、代位をする旨を記録することが必要である（393条・不登91条。不登4条2項の付記登記による）。一部代位の場合には代位付記の仮登記によるとする古い判決があるが（前頁の大連判大15・4・8）、上記のように確定的に代位ができる状態にあると考えれば、通常の付記登記ができる（通説）。

　392条の代位は法律の規定により直ちに生じ、抵当権を行使するのが原抵当権者か代位した者かは債務者や設定者に影響を及ぼさないから、これらの者に対しては、代位の付記登記をしなくても対抗できる（大決大8・8・28民録25輯1524頁）。代位後に生じた第三取得者や後順位担保権者との関係では、代位の付記登記が対抗要件となるとする説も有力である（我妻450頁-451頁、鈴木281頁）。しかし、少なくとも代位される抵当権の登記が残っている以上、

第三取得者や後順位担保権者が抵当権の消滅を信じる根拠が欠け、また、代位されることを覚悟するべきである。また、この説では、第1順位の抵当権に代位した者と代位前に抵当権設定登記を得ていた第2順位の抵当権者では前者が優先し、第2順位の抵当権者と代位後・代位の付記登記前に設定登記を得ていた第3順位の抵当権者の間では登記の順位に従って前者が優先するのに、第1順位の者は第3順位者に対抗できない、という三すくみの難解な権利関係が生じる（清水104頁、石田505頁-506頁）。代位行使される原抵当権の設定登記が原抵当権者と抵当不動産所有者の通謀によって抹消された場合には、たしかに原抵当権の存在を第三取得者（本書の立場では原抵当権が代位者のために消滅していないことにつき善意無過失の者に限る。『物権法』136頁以下の(6)・195頁以下の3）に対抗できないため、その第三取得者には代位を主張することはできない。しかし、それは代位そのものの対抗要件の問題ではない。悪意または善意有過失の第三取得者には原抵当権が登記なくして対抗でき、付記登記がなくても原抵当権の代位行使ができる（実行は第三取得者に対して代位者への抵当権の帰属を確認する確定判決による。民執181条1項1号）。

5　担保価値の活用

以上の392条の規律によって、予想される不動産競売価額から負担割付額を差し引いた額が各不動産の残余の担保価値として確実に期待できるようになる。このようにして、後順位担保権者の担保価値把握が保障され、それを通じて、不動産所有者も不動産の担保価値を十分に活用できるようになるのである。

第4項　392条の適用に関する諸問題

1　392条の適用範囲

> **Case 31**　AがBから3500万円を借り入れた点はCase 30と同じであるが、抵当権を設定した不動産の所有者がCase 30とは異なる次の場合において（第2順位の抵当権は甲乙それぞれの所有者が自己の債務を担保する

ため設定したものとする)、392条は適用されるか。
　　[1] 乙が物上保証人Eの所有物であった場合
　　[2] 甲が物上保証人F、乙が物上保証人Eの所有物であった場合
　　[3] 甲も乙も物上保証人Eの所有物であった場合

(1) 共同抵当不動産の一部が物上保証人に属する場合

　債務者と物上保証人は平等に負担を負うものではなく、債務者が最終的な責任負担者である。それゆえ、債権者との関係においても、同時配当の場合、まずは債務者の所有不動産が先に責任を負い、不足部分を物上保証人所有の不動産から配当する。Case 31を用いて説明すると、Bは甲から売得金の2400万円全額を回収し、次いで乙から残債権額1100万円の配当を受ける (次頁の**図表12**の同時配当の第1順位の配当欄)。この場合には392条は適用されないと解するべきである。

　債務者の不動産と物上保証人の不動産に設定された共同抵当権が同時配当される場合に392条が適用されるか否かについては、明確な最上級審の判例はない。そのため、見解が分かれている。文言上の制約がないことと、同時配当では物上保証人の代位行使するべき債務者所有不動産上の抵当権が存在しないことを理由に、392条を適用する裁判例がある (東京地判平25・6・6判タ1395号351頁)。しかし、この事例は債務者と物上保証人の地位が兼併されている特殊な事例であるうえ、大審院や最高裁の判例は、物上保証人および物上保証人の設定した後順位担保権の担保権者の価値支配の利益を強く保護しており、392条の負担割付の規律は適用されるべきではない (髙橋眞「判批」金法2001号33頁は同旨)。「抵当権の実行および配当の先後という偶然の事情によって当事者の合理的な期待が裏切られるべきではない」という392条や501条に通底する原理は、それよりも優越する根拠をもつ例外則がない限り、十分尊重に値する。

　債務者所有の不動産が先に競売されて配当が行われた場合も同様である。債務者は全額の負担を甘受するべきであり、負担割付額を超える配当がされたことを要件とする後順位担保権者の代位は生じない。Case 31の[1]の場合の結果は、**図表12**の異時配当1のとおりとなる。

図表 12　前頁の Case 31 の［1］の場合の配当結果

	同時配当		異時配当 1 (甲の競売が先行)		異時配当 2 (乙の競売が先行)	
	甲	乙	甲	乙	乙	甲
第 1 順位の配当	B 2400 万円	B 1100 万円	B 2400 万円	B 1100 万円	B 1600 万円	B 1900 万円 D 100 万円 E 400 万円
第 2 順位の配当	C 無配当	D 100 万円	C 無配当	D 100 万円	D 無配当	C 無配当

E が第 1 順位で受ける配当は 500 条・501 条の代位による。D は、物上代位の法理により E よりも優先する。乙の売得金の配当後の残金 400 万円は他に配当に与れる差押債権者等がいなければ E に交付される。

　逆に物上保証人所有の不動産が先に競売されて配当が行われた場合、物上保証人は債務者に求償することができる (372 条・351 条)。のみならず、この求償権を確保するため、求償権の範囲内で、元の債権者が債務者に対して有していた債権やその担保権を当然に代位して行使することができる (弁済者代位。500 条・501 条前段)。この代位は、債務者所有不動産上の後順位担保権者より優先する (大判昭 4・1・30 新聞 2945 号 12 頁、最判昭 44・7・3 民集 23巻 8 号 1297 頁)。さらに、物上保証人所有の不動産上の後順位担保権者は、物上保証人が代位する抵当権から、あたかも物上代位をしたのと同様に優先して弁済を受けることができる (最判昭 53・7・4 民集 32 巻 5 号 785 頁は物上保証人に代位の付記登記があれば後順位抵当権者の権利の行使には、登記も差押えも必要でないとする)。具体的に Case 31 では**図表 12** の異時配当 2 のとおりとなる。判例・学説においても、現在、この結論には異論がない。

　以上、この場合には 392 条は適用されないものの、弁済者代位と物上代位の考え方の組み合わせによって同時配当の場合の配当結果が異時配当でも維持される。逆に、異時配当の結果が同時配当において異なることになるのは、妥当でないとも言える。

図表13　187頁のCase 31の［2］の配当結果

	同時配当		異時配当1 （甲の競売が先行）		異時配当2 （乙の競売が先行）	
	甲	乙	甲	乙	乙	甲
第1順位の配当	B 2100万円	B 1400万円	B 2400万円	B 1100万円 C 300万円	B 1600万円	B 1900万円 D 100万円 E 100万円
第2順位の配当	C 300万円	D 100万円	C 無配当	D 100万円	D 無配当	C 300万円

CやDが第1順位で受ける配当は500条・501条の弁済者代位＋物上代位による。異時配当1の場合の乙の競売では、Fは500条・501条で弁済者代位するが、Cにすべて配当されるため、配当を受けられない。乙の売得金の配当後の残金100万円は他に配当に与れる差押債権者等がいなければEに交付される。

(2) 共同抵当不動産が異なる物上保証人に属する場合

この場合には、392条の趣旨である後順位抵当権者との間での利益調整ではなく、物上保証人相互の負担の公平を図ることが主眼である。したがって、392条ではなく501条4号（同号は「価額」と表現しており392条の表現とは統一されていない）により、各不動産の価額に応じて物上保証人間に負担が割り付けられ、先に抵当権を実行された物上保証人は、他方の物上保証人の負担部分の限度で債権者に代位して抵当権を行使できる。代位する物上保証人の所有不動産上の後順位担保権者は、上記(1)の場合と同様、物上代位の考え方により優先弁済を保障される。187頁のCase 31の［2］の配当結果は、**図表13**のとおりである。

(3) 共同抵当不動産が同一の物上保証人に属する場合

この場合には、392条が適用される（最判平4・11・6民集46巻8号2625頁）。配当の結果は183頁の**図表11**とほぼ同じであり、乙の売得金の配当後の残金100万円が交付される所有者がEである点のみが異なる。

(4) 392条の意義と類推適用の可能性

共同抵当不動産が異なる所有者に属しているときには、500条・501条に

よる弁済者代位と物上代位によって、同時配当の場合の配当結果と同じものが、異時配当においても保障される。しかし、共同抵当不動産が同一所有者に属しているときには、自分自身に対する代位は成り立たず、後順位担保権者の物上代位もありえない。そのため、392条の特別な規律が必要になるのである。

抵当権の規定の準用も392条に相当する独自の規定（たとえば次章で触れる根抵当権の場合の398条の16-18）もない場合には、392条は類推適用されないとされる（我妻430頁など通説）。しかし、たとえば複数の自動車上の共同抵当権や、譲渡担保権と抵当権が共同担保権として設定されている場合においても、後順位担保権者の担保価値把握の保護や所有者の担保価値の活用促進は必要であり、共同担保権の公示という問題は残るが、392条を類推適用する余地がある（石田489頁-490頁も同旨）。

2　共同抵当権者の抵当権の放棄

共同抵当権者が、共同抵当権の1つを放棄し、その後に残りの抵当権を実行すると、後順位担保権者は、代位することができたはずの権利がすでになくなっていて代位できないことになる。しかし、一方的な権利放棄によって後順位抵当権者の代位の利益が奪われる理由はない。それゆえ、判例では「先順位の共同抵当権者が後順位抵当権者の代位の対象となっている甲不動産に対する抵当権を放棄したときは、先順位の共同抵当権者は、後順位抵当権者が甲不動産上の右抵当権に代位し得る限度で、乙不動産につき、後順位抵当権者に優先することができない」とされている（大判昭11・7・14民集15巻1409頁、188頁の最判昭44・7・3）。さらに、抵当権を放棄した先順位の共同抵当権者が事実上優先弁済を受けたときには、後順位抵当権者は不当利得として返還請求ができる（前頁の(3)の最判平4・11・6）。

これに対して、抵当権を放棄して所有者＝債務者にその不動産をすみやかに高値で任意売却させ、その代金から被担保債権の一部の弁済を受けるという実務が行われているところ、抵当権の放棄一般を担保保存義務違反（504条）と位置づけているこれらの判例には、抵当権者の合理的な債権回収行為を妨げる、として批判的な見解も少なくない（さまざまな見解につき高木242

頁-243頁)。しかし、「放棄がなければ代位できた限度」や「償還を受けることができなくなった限度」(504条)を正しく検討すれば、担保義務違反はあってもそれと因果関係のある償還不能部分は不合理なほど大きくはならないから、判例は支持できる(松岡久和「担保保存義務の忘れられた要件」現代民事判例研究会編『民事判例Ⅱ　2010年後期』(日本評論社、2011年)6頁以下)。

　この問題は債権総論で弁済者代位と担保保存義務を勉強してからもう一度考えていただきたい応用問題である。

3　その他の注意点

　以上の比較的大きな問題に加えて、注意するべき点をいくつか挙げておく。

(1)　「不動産の価額」

　180頁のCase 30や186頁のCase 31のように比較的単純な事例では、競売による売得金額が負担割付の基準となる「不動産の価額」となる。しかし、たとえば、甲にBの共同抵当権より先順位の抵当権(被担保債権額を1000万円としておこう)があれば、売得金額2400万円から先順位抵当権者が配当を受ける1000万円を控除した1400万円が基準の価額となり、甲と乙の負担割合は、7:8となる。

　また、1個の不動産上に共同抵当権と同順位の他の抵当権が存するときは、まず、その不動産の価額を同順位の各抵当権の被担保債権額の割合に従って按分して不動産の価額を算定するものとされている(最判平14・10・22判時1804号34頁)。

　複雑なようにみえるが、要するに共同抵当権者が優先弁済権を主張できる額が「不動産の価額」となるのである。

(2)　「次順位の抵当権者」

　この「抵当権者」が広く担保権者を指すことはすでに説明した(182頁の第2項)。これに加えて「次順位」も直近の後順位者のみではない(大判大11・2・13新聞1969号20頁)。たとえば、180頁のCase 30において、Gに対する100万円の債務を担保するため乙に第3順位の抵当権が設定されていた

とする。同時配当の場合、Gは100万円の配当を受けることができる。その結果を保障するため、抵当権が乙・甲の順に実行された場合、Gは、甲の競売において、Bに代位し、B・Dに次いで100万円の配当を受けられる（いずれの場合もAに交付される残金はなくなる）。

(3) 一方の不動産のみに後順位担保権者がいる共同抵当権の同時配当

後順位抵当権者のいない方の不動産から先に共同抵当権者が配当を受けることを認めれば、後順位担保権者はより高額の配当を受けられることになる。しかし、判例（大判昭10・4・23民集14巻601頁）は、この場合にも負担割付がされるとし、割付残余額以上の配当を受けた後順位担保権者に対して、他方の不動産を仮差押えした債権者の不当利得返還請求を肯定した。

この結論は、執行後に一般債権者の不当利得返還請求を認めないその後の判例（85頁の補足の最判平10・3・26）に照らし維持できないように思うが、一般債権者の利益をも考慮した負担割付重視の考え方自体は、通説に従って支持できる。後順位担保権者や差押債権者など登場する者の利益保護を段階的に柔軟に処理する提案（石田486頁-487頁）は魅力的ではあるが、多数の不動産が同時配当されるときに複雑になりすぎ、画一的処理による執行の迅速性確保に適しない。

第5項　関連する応用問題

> Case 32　AはBからの借入金の担保として自らの所有する土地甲と土地乙に共同抵当権を設定し、それぞれ抵当権設定登記を行った。その後、Aは、抵当権のついたまま甲をXに売却して移転登記を行い、それと前後して、Yに対する債務を担保するため乙に第2順位の抵当権を設定し、抵当権設定登記を行った。Aが債務不履行に陥り、両方の共同抵当権が実行され、同時配当が行われることになった。この場合、392条による負担割付は行われるか。

1 通説の理解

通説的見解は、第三取得者Xと後順位抵当権者Yの対抗要件である登記具備の先後で、392条の負担割付がなされる場合とそうでない場合を分けるようである。登記については明示されていないが、第三者は登記を備えない物権変動を否定できるという一般的な理解が適用されるものと思われる。

すなわち、Xが先に移転登記を備えた場合には、Yは、Xの所有に帰した不動産はもはや共同抵当権の負担を分担しないものと考えて担保価値を評価するべきである（我妻462頁）、あるいは、なるべく債務者所有の不動産から債務を弁済するべきである（道垣内210頁）という理由で、まず債務者の財産として残っている乙から負担を割り付ける。この考え方では、共同抵当不動産の一部が物上保証人に属する場合（187頁以下の(1)）と同じ問題処理をすることになる。つまり、債務者からの第三取得者Xを物上保証人と同視し、392条の負担割付を行わないことになる。それゆえ、異時配当の場合にXは代位できるがYは代位できない。これに対して、Yが先に抵当権設定登記を備えた場合には、負担割付が行われる不動産をXが取得する。Yの代位の期待は、その後のXへの譲渡によって害されない。それゆえ、同時配当の場合には392条による割付が行われ、異時配当の場合には、Yは負担割付を控除した残余価値を期待して抵当権を取得したのであり、392条によるその割付額を基準として、XもYも代位ができる。

2 疑問と試論

この場合に通説のように登記の先後で優劣を付けることは妥当でない。180頁のCase 30のようにAが甲と乙に後順位抵当権を設定した場合、その設定登記の先後にかかわりなく、負担割付が行われる（392条）。また、共同抵当権を設定した甲と乙をAが順次抵当権付で譲渡した場合も、その移転登記の先後にかかわりなく、負担割付が行われる（501条3号）。

このように、392条と501条3号や4号は、共同抵当権の負担を各不動産の価額に応じて割り付けることにより、後順位抵当権者や第三取得者にとって、各不動産の有する残余の価値を明確にし、その取引の安全を図ろうとする共通の趣旨をもつ。共同抵当権の登記がされていれば、第三取得者も後順

位抵当権者も、権利取得の時点で、他方の共同抵当不動産にすでに代位権のある者が登場しているか否かに関係なく、負担割付を前提にその不動産の残余価値を評価するべきである。第三取得者は前主である設定者の物権的地位を承継する者であって、通説のように、第三者の所有に帰した不動産はもはや共同抵当権の負担を分担しないものと考える根拠はない。

通説のように解すると、Xが甲を買い受けた後に、乙に抵当権が設定された場合には割付はされず、乙が売却された場合には割付がされる（501条3号）。前者の場合に先に抵当不動産の第三取得者となった者が代位の期待を有するのが当然だとして割付を否定するとすれば（生熊115頁-116頁）、後者の場合に割付を認める上記規定は、Xの与り知らない事後の売却処分によりその期待を侵害することになってしまい説明がつかない。民法の規定から考えて、そもそもそういう期待は保護に値せず、保護されていないのである。

また、Yが形式的には所有権を取得した譲渡担保権者であれば、どう処理されることになるか。近時通説的になっている担保権的構成では、後順位抵当権の設定と同視して、割付をせずXがYに優先することになるであろう。しかし、Yが譲渡担保権を実行・清算して所有権取得者としての地位を確保しても、501条3号の割付は適用されないのか。

さらに、債務者からの第三取得者を物上保証人と同視する見解は、債務者との関係では価額による392条の負担割付がされない物上保証人と、同条の負担割付がされた債務者所有の抵当不動産を承継取得した第三取得者との違いを見過ごしている。

それゆえ、第三取得者と後順位担保権者の間でも、不動産価額による負担割付が行われ、異時配当の場合には、割付を控除した残余価値の実現のために、いずれもが代位することができると解するべきである（第三取得者の代位は500条・501条により、後順位担保権者の代位は392条2項による）。

文献
　　共同抵当権については、制度の趣旨と判例を理解できれば十分である。共同抵当権の被担保債権の額が異なっている場合や、複数の共同抵当権の順位が交錯する場合（Aが甲につき1番抵当、乙につき2番抵当、Bが甲につき2番抵当、乙につき1番抵当という俗に言う「たすき掛け」状態）など、さらに複雑な問題については割愛し

た。これらについては、新注民(9)614頁-634頁［高木多喜男］および佐久間弘道『共同抵当の理論と実務』（金融財政事情研究会、1995年）。

第11節　根抵当権

　本節では、根抵当権という制度を概説する。根抵当権については、抵当権の章の最後の第4節において、398条の2から398条の22という枝番号の付いた規定が置かれている。枝番号が示しているように、根抵当権は、1896（明治29）年の民法制定時には規定されていなかった。しかし、実務では古くから多用され、判例によって慣習法としてその効力が認められてきた。根抵当権は、物権法定主義（175条。用益物権との関係でこの概念を論じている『物権法』249頁以下の第3節の記述は担保物権にも妥当する）の例外ともいえるが、慣習法によるため同条の禁じる「創設」ではなく、「法令に規定されていない事項に関するもの」（法適用通則3条）として、175条の射程外と表現する方がよいだろう。

　規定がなかったことから、疑義や見解の対立が多く取引に支障が生ずるおそれがあった。そのため、1971（昭和46）年に民法の一部改正により、21か条の詳細な規定が作られた。この根抵当権と対比する場合、これまで扱ってきた抵当権は、普通抵当権と呼ぶ。根抵当権の規律は非常に詳細であり、細かいことを述べるとかえって理解が難しくなる。そこで、本書は、普通抵当権と比べた根抵当権の特徴に重点を置いて概略を説明するにとどめる。詳細は209頁の 文献 をご覧いただきたい。

第1項　根抵当権の意義

1　根抵当権の意義と必要性

　根抵当権とは、不特定の債権を極度額の範囲内で担保する抵当権をいう（398条の2第1項）。住宅ローンのような1本の債権を担保する場合には普通抵当権で足りるが、継続的な商取引の当事者間におけるように、次々に発生

し弁済により消滅する多数の債権をまとめて担保したいという場合には、普通抵当権では不便である。すなわち、被担保債権が発生・消滅するたびに登記を書き換えなければならず、手間と費用（登録免許税や代行を依頼する司法書士への報酬）がかかるうえ、変更時からしか対抗力が生じない。ある時点で被担保債権が弁済によってまったくなくなれば、付従性によって抵当権が消滅するから、その後の取引で生じた債権をも当初の抵当権設定登記で担保しようとすると、無効な登記の流用と解されて限定的な効力しか認められないおそれがある（32頁以下の第3項）。そのため、根抵当権は、継続的な信用授受において不特定の債権を責任限度である極度額の範囲で担保する抵当権として民法施行前からすでに実務において使われていた。

2 根抵当権の特色としての付従性の緩和

普通抵当権の場合には、被担保債権が成立しなければ抵当権も成立しないのが原則であるし（ただし、緩和されていることについて23頁以下の(2)）、被担保債権が消滅すれば抵当権も自動的に消滅する（成立や消滅における付従性）。また、被担保債権が譲渡されれば被担保債権の回収を確実にする手段である抵当権も移転する（付従性の一面とも考えられる随伴性。被担保債権と切り離した抵当権のみの処分とは異なる。抵当権の処分については161頁以下の第8節）。

これに対して、根抵当権の場合には、元本の確定という手続（398条の19）によって根抵当権の実行の際に担保される債権が具体的に定まるまでは、個々の被担保債権と根抵当権の結びつきが緩やかで、付従性が緩和されている。すなわち、被担保債権が成立していなくても根抵当権は成立し、被担保債権が全部消滅しても根抵当権は消滅せずその後に発生する被担保債権を担保する。また、被担保債権が譲渡されたり移転しても、根抵当権は当然には随伴しない（398条の7）。さらに、根抵当権は被担保債権と切り離して譲渡できる（398条の12以下）。元本が確定すると根抵当権は普通抵当権に近づく（両者の整理として山野目345頁の図は一見に値する）。

第2項　根抵当権の設定

1　根抵当権設定契約

　根抵当権設定契約が諾成不要式の債権契約であるという性質、契約の当事者（物上保証人を含む）、根抵当権設定者（以下、「設定者」と略す）の処分権限については、普通抵当権と変わるところはない（18頁以下の第2節）。設定契約で定めるべき根抵当権に不可欠の内容は、被担保債権の範囲と極度額である。

2　被担保債権の範囲

（1）　4種類への限定

　被担保債権は、不特定のものでよいが、①継続的な売買契約など債務者との特定の継続的取引契約から生じる債権（398条の2第2項）、②銀行取引など複数種類の取引をまとめて「一定の種類の取引」とみることができる場合に、それから生じる債権（同前）、③継続的な不法行為など契約以外の特定の原因に基づいて継続的に生じる債権（同条3項）、④手形または小切手上の請求権（同前）のいずれかの種類に属しなければならない。もっとも、これらの基準を併用することは許される。また、この4種に属さない既発生の特定の債権は、根抵当権の性質上、単独では被担保債権にならないが（登記申請も受理されない）、次に述べる包括根抵当権の弊害は生じないので、①〜④の債権と併せてであれば被担保債権に含めることができると解されている。

　このように被担保債権の種類を限定するのは、無限定の包括根抵当権を認めないということを意味する。包括根抵当権を認めると、債務者が無資力状態にある場合、極度額までまだ担保余力のある根抵当権者は、債務者に対する不良債権を安く買い受けて額面どおり回収することができ、後順位担保権者や一般債権者がその犠牲になりかねない（具体的な説明として**図表14**）。

図表 14　包括根抵当権の弊害

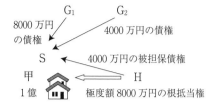

　図のようにSの唯一の財産甲が極度額8000万円の根抵当権の設定された不動産であり、現在の被担保債権総額は4000万円だとする。根抵当権が実行され甲が1億円で売却された場合、一般債権者 G_1・G_2 も配当要求して参加すると、Hに4000万円が優先配当され、残額6000万円を G_1 と G_2 が債権額で2対1に按分し、G_1 に4000万円、G_2 に2000万円が配当される。

　もし包括根抵当権が許されるとすると、極度額に4000万円の余裕のあるHは、たとえば G_2 から4000万円の債権を2500万円で買い受けて（G_2 は2000万円以上であれば売るだろう）、8000万円全額の優先弁済を受ける。Hの1500万円の利益と G_2 の500万円の利益は、配当額が2000万円に下落する G_1 を犠牲にして得られる。

　性質上譲渡が想定されている手形・小切手上の請求権は、債務者の支払の停止、倒産手続開始の申立て、抵当不動産に対する競売の申立てや滞納処分による差押えがあった場合には、その前に取得したものであるか、こうした事由の発生後に取得した請求権については事由の発生を知らずに取得したものに限って担保される、という制限を受ける（398条の3第2項。ただし、取下げ・取消し・解除によりこれらの事由が消滅すれば制限はなくなる）。これも同様の不公正な行為を防止するためである。

> **補足　債務者・債権者間で直接授受された手形・小切手**
>
> 　債務者・債権者間で直接授受された手形・小切手上の請求権は、④に含まれないという見解がある（道垣内236頁）。①〜③の限定を厳格に理解したうえで、それ以外の原因で発生しているものまで手形・小切手を授受することによって被担保債権とするのは法の予定していないところだからという。しかし、既発生の特定の債権を個別に被担保債権に追加することも許されていることと同じく、このような手形・小切手によっては包括根抵当の弊害は生じないので、文言に反してまで被担保債権から除外する必要はない。

(2)「一定の種類の取引」

　最もよく使われる②の一定の種類の取引という限定について補足しておく。取引の種類の定め方は、銀行取引、信用金庫取引、保証取引、保証委託取引など、相当抽象的であってもよい（山野目章夫編『不動産登記重要先例集』（有斐閣、2013年）376頁-384頁に、許容されるものとされないものの多数の登記先例が

紹介されている。ただ、通達等では結論のみが示されて理由が付記されていないので、たとえば「売買委託取引」や「消費貸借取引」が許容されて、「委託販売取引」や「準消費貸借取引」が許容されない理由は理解しにくい）。

保証債権は当該種類の取引から生じる債権に当たるか。信用金庫が設定者に対して有する保証債権は「信用金庫取引」による債権に含まれるとする判例がある（最判平5・1・19民集47巻1号41頁）。他方で、信用保証協会が根保証債務者に対して有する（本件保証委託取引とは別件の取引による）保証債権は、「保証委託取引による債権」には含まれないとされた（最判平19・7・5判時1985号58頁）。一見矛盾を孕むようにも見えるが、そうではない。前者の判決は信用金庫取引約定書の合理的解釈を介して保証債権が「信用金庫取引による債権」に当たるとした原審の理由を批判し、「信用金庫取引」という登記の記載のみから判断し、その記載が法定された信用金庫業務を意味するものと解し、保証債権は当然に信用金庫取引から生じる債権に含まれるとしたものである。他方、後者の判決の「保証委託取引」は、債務者が別の金融機関から貸付けを受ける際に信用保証協会が保証人になる取引であり、文言上、信用保証協会が保証人に対する債権を取得するこれとは別の取引は含まれない。第三者に対する関係においても基準が明確であることを要するとした点で、両者の判断は共通している（山野目章夫「判批」金法1833号59頁）。

3　極度額

極度額とは、根抵当権の実行によって債権者が優先弁済を受けることができる最大限度額を意味する（398条の2第1項）。極度額は、物上保証人や根抵当不動産の第三取得者が負う物的責任の限度を意味する。この極度額は登記事項である（不登88条2項1号）。第三者は登記で極度額を確認することにより、根抵当不動産の担保余剰価値を判断することができる。

第3項　実行手続の前提としての元本の確定

根抵当権の実行手続は、基本的には普通抵当権の実行手続と同じである（77頁以下の第5節）。以下では、根抵当権に特有の元本の確定についてのみ

説明する。

1 元本の確定の意義

根抵当権を実行して優先弁済権を主張するためには、設定時には不特定だった被担保債権を特定して、どの債権が具体的に担保されるのかを決める必要がある。これを根抵当権の元本の確定という。

2 元本確定事由

元本を確定する事由には多様なものがあるが、次頁の図表15のように4群に整理できる。詳細は図表15と条文で確認していただくことにして、以下では、重要な点のみを説明する。

(1) 合意された確定期日の到来

当事者は5年以内の範囲で任意の元本確定期日を設定・変更することができる。登記が効力要件である（398条の6、不登88条2項3号）。根抵当権設定時に元本確定期日を定めることもできるし、設定後に追加的に定めることも可能である（不登66条）。いずれにせよ、合意された確定期日が到来すれば当然に元本は確定する。

(2) 設定契約の当事者からの元本の確定請求

確定請求は、確定期日の合意がない場合に限って可能である。設定者からは根抵当権の設定の時から3年以上経過している場合に請求でき、請求時から2週間の経過で確定する。これに対して、根抵当権者からは、3年以上の経過を要件とせず、いつでも請求ができ、請求時に確定する（398条の19）。

不良債権処理の過程で、担保付でないと高く売れないため、根抵当権付で被担保債権を処分する必要が生じた。元本が確定しないと根抵当権は被担保債権に随伴しないから（398条の7第1項前段）、根抵当権者の側から迅速に元本を確定させる必要があった。2003（平成15）年の担保・執行法の改正前には取引の終了等によって担保するべき元本が生じなくなったことが元本確定事由であったが、どのような場合にいつ取引が終了したのかがわかりにくく、

図表15　根抵当権の元本の確定事由

類型	確定事由	適用条文	概要や特徴
(a)合意	合意された確定期日の到来	398条の6	1) 確定期日は合意から5年以内 2) 当事者の合意だけで期日の変更および更新が可能 3) 登記が効力発生要件
(b)確定請求	設定者からの確定請求	398条の19第1項	1) 設定から3年以上の経過が要件 2) 請求から2週間の経過で確定
	根抵当権者からの確定請求	398条の19第2項	1) いつでも確定請求ができる 2) 請求時に直ちに確定
(c)根抵当権の実行	根抵当権の実行の申立て	398条の20第1項1号	競売手続もしくは担保不動産収益執行手続の開始または物上代位の差押えが要件
	滞納処分による差押え	同項2号	国または地方公共団体が根抵当権者である場合
	他の債権者による競売手続または滞納処分の開始	同項3号	1) 手続開始を知って2週間を経過して初めて確定 2) 他の債権者による強制管理もしくは収益執行の手続または物上代位手続が開始しても確定しない
	債務者または設定者についての破産手続開始決定	同項4号	会社更生および民事再生については、(d)の末尾欄を参照
(d)その他	根抵当権者または債務者の相続	398条の8第4項	相続開始後6か月以内に、相続開始後に発生する一定の債権について担保する旨の合意をして登記しなければ、相続開始時に確定
	根抵当権者または債務者の法人合併または会社分割	398条の9第3項-5項 398条の10第3項	債務者が設定者でない場合、5項の期間内に確定請求をすれば、合併時または分割時に確定
	純粋共同根抵当の1つについての元本の確定	398条の17第2項	残りの不動産の純粋共同根抵当権も同時に元本が確定
	担保権消滅請求	民再148条6項・7項 会更104条7項・8項	1) 消滅許可決定の送達時から2週間の経過で確定 2) 申立ての取下げや許可取消しの場合には確定しない

紛争の種となっていた。そのため改正法は、取引の終了等という元本確定事由を削除し、これに代わって根抵当権者からの元本確定請求制度を新設した。元本確定請求は、以後発生する債権につき担保を放棄する性質を有し、これによって設定者は不利益を受けないので同人の承諾を要せず、根抵当権者の一方的な意思表示で可能である。迅速さが要請されるため、元本確定の登記も根抵当権者が単独で申請できる（不登93条）。

(3) 根抵当権の実行

　根抵当権者自身による実行の申立てはもちろん、他の債権者による競売のための差押えや債務者または設定者についての破産手続開始決定など結果的に根抵当権が実行される場合が広くこの「実行」に含まれる。もっとも、競売や破産手続の効力が消滅すれば、確定を前提に新たに利害関係を持つに至った第三者が登場しない限り、元本は確定しなかったものと扱われる（398条の20）。

　収益執行や賃料債権に対する物上代位は担保権の実行方法の1つであることから、根抵当権者がこうした申立てをしても根抵当権の元本は確定する（398条の20第1項1号。被担保債権の弁済期前に可能な代替的物上代位は満足に進まず仮差押えに近いから除くべきである。59頁の(a)）。これに対して、他の債権者の申立てによって根抵当権の対象である不動産に強制管理や収益執行や賃料債権への物上代位が行われても、当然には根抵当権の元本は確定しない。根抵当権者は、競売による満足の可能性を考慮して収益執行や賃料債権に対する物上代位の申立てをしないこともでき、この場合には根抵当権は実行されないからである（民執107条4項1号ハ）。この規律により、先順位の根抵当権を確定させる目的のみで後順位担保権者等が収益管理を濫用的に申し立てる弊害は生じない。

(4) その他

　根抵当権者または債務者に相続や会社合併または分割が生じた場合（398条の8第4項・398条の9第3項-5項・398条の10第3項）、純粋共同根抵当権（208頁以下の第5項）の1つについての元本確定（398条の17第2項）、担保権消滅請求（民再148条6項・7項、会更104条7項・8項）などがある。

　相続の場合には、元本を確定させない合意を相続開始後6か月以内に登記しないと、相続開始時に元本が確定する。これに対して、会社の合併または分割の場合には、合併後の存続法人の債権債務、分割後の複数の会社の債権債務は、引き続き根抵当権で担保されるのが原則であり、それを知ったときから2週間内、知らなくても1か月内に設定者が元本の確定請求をしないと、元本は確定しない。このように2つの場合に原則と例外が逆になっているの

は、相続の場合は、相続人が被相続人の事業を承継して取引を継続するとは限らないのに対して、会社の分割または合併の場合にはむしろ取引を継続することが原則と考えられるためである。

　破産の場合には確定するのに、会社更生や民事再生の場合には確定しないのは、破産が債務者の経済活動を止める清算型手続であるのに対して、会社更生や民事再生は再建型手続であり、以後に取引を継続することで発生する債権にも根抵当権による担保を及ぼす必要があるからである。

3　元本確定の効果

　元本が確定すると、根抵当権は、元本確定時に存在していた被担保債権のみを担保し、それ以後に当事者間に所定の範囲内の債権が発生しても、それは担保されない。また、元本確定により、根抵当権は、普通抵当権と同じように付従性・随伴性を有するものとなる。すなわち、被担保債権が弁済や消滅時効等によって消滅すれば、根抵当権も消滅する。被担保債権が譲渡されれば、根抵当権も随伴する。被担保債権の弁済者は根抵当権者に代位して根抵当権を行使することができるようになる（元本確定前の弁済者の保護について、207頁のコラム）。さらに、処分についても、普通抵当権と同じ376条による（398条の11第1項の反対解釈）。

4　根抵当権独自の規律

　元本確定後も、根抵当権が普通抵当権とまったく同じものとなるわけではなく、次の点については、根抵当権独自の規律が妥当する。

(1) 優先弁済を主張できる範囲

　極度額を上限とし、375条は適用されない。すなわち、極度額の範囲内では、利息等や債務不履行による損害賠償金などは、普通抵当権のような最後の2年分という制約（375条）を受けず、全額が担保される（398条の3第1項）。他方、競売で配当剰余金が生じる場合、根抵当権者は、配当を受ける他の債権者が存在しなくても、極度額を超える部分は弁済として受領することができない（最判昭48・10・4判時723号42頁）。極度額が根抵当権の行使

できる限界を定めていると解するからであろう。この判例の考え方によれば、根抵当権者は、極度額を超える債権を有する場合には、配当要求の終期までにその不動産に仮差押えをして配当要求を行い、後に債務名義を得て供託金から配当を受けるという手続を採る必要がある（民執51条・52条・87条1項2号・91条1項2号・92条1項）。

これに対して、極度額制度は第三者保護を目的としているから、他の債権者や第三取得者が登場していないときには被担保債権全額の配当を受けうる、とする考え方も学説では有力である（高木262頁、道垣内237頁など）。

(2) 設定者の極度額減額請求

設定者は、請求時に残存している元本債務額およびそれ以後2年分の利息等・債務不履行による損害賠償額の合計額にまで、極度額を減じるよう請求することができる（398条の21）。根抵当権が直ちに実行されない場合、設定者は、この請求により担保余力を増加させ、後順位の抵当権を設定して借り入れられる額を増やすことができる。

(3) 根抵当権消滅請求

確定後に現存する被担保債権の額が根抵当権の極度額を超える場合、物上保証人、根抵当不動産の第三取得者（条件成就未定の停止条件付の者は除く。398条の22第3項による381条の準用）や後順位の用益権者（地上権者・永小作権者・賃借権者）は、その極度額に相当する金額を支払うか供託して、その根抵当権の消滅請求をすることができる（同条1項）。これは、物上保証人等の責任を極度額に制限するものであり、全額弁済責任を負う債務者、保証人ならびにこれらの者の包括承継人および停止条件の成否未定の間の停止条件付第三取得者は、消滅請求ができない（同条3項による380条・381条の準用）。

第4項　元本確定前の法律関係

元本確定後の法律関係については前項3および4で述べたので、本項では、主として元本確定前に根抵当権に生じる変動について、普通抵当権と異

なるどのような規律がされているのかを説明する。

1　当事者の変更

(1) 個々の被担保債権の債権者または債務者の変更

　元本確定前は、根抵当権は被担保債権に対する付従性・随伴性を有しないので、債権譲渡・債務引受け・当事者を交代する更改等によって、個々の債権について債権者または債務者が変更しても、根抵当権は随伴せず、従来の債権者・債務者間に発生する被担保債権のみを担保する。被担保債権を弁済した第三者も、根抵当権者に代位して根抵当権を行使することができない (398条の7。弁済者の保護については207頁のコラム)。

(2) 被担保債権の範囲を定める基準としての債務者の変更

　(1)と混乱しないように注意していただきたい問題として、根抵当権が担保する4種の被担保債権の範囲を定める基準としての債務者を変更する合意があり、これは被担保債権全体の債務者を変更する合意である。この中には、新債務者を追加する場合と交代する場合の2種がある。この意味での債務者を変更して新債務者の債務を担保するようにすることは、設定契約の当事者だけで可能であるが、元本確定前の登記が効力要件である (398条の4)。債務者を交代するにもかかわらず、旧債務者に対してすでに発生していた特定の債権をも担保することを希望するのであれば、被担保債権として明示的に登記する必要がある (髙橋225頁)。

　なお、債権者を変更して新債権者の債権を担保するようにするには、根抵当権の譲渡の手続 (207頁の(2)) による。また、根抵当権者や債務者につき相続または会社の合併もしくは分割が生じた場合については、すでに触れた詳しい規定がある (398条の8-10)。

2　根抵当権の権利内容の変更

(1) 被担保債権の範囲の変更

　元本確定前には (元本確定後の変更は意味がない)、被担保債権の範囲の変更は、根抵当権者と抵当不動産所有者のみの合意で可能である (398条の4第1

項)。後順位担保権者その他の第三者の承諾は不要である(同条2項)。しかし、元本確定前に登記をしないと変更の効力は生じない(同条3項)。

(2) 極度額の変更

極度額の変更には、根抵当権者と抵当不動産所有者の合意に加えて、利害関係を有する者の承諾が必要である(398条の5)。極度額を増額する場合には、後順位担保権者・第三取得者・差押債権者などが利害関係を有し、極度額を減額する場合には、根抵当権上に転抵当権を有する者が利害関係人となる。承諾を得て付記登記(不登66条)をすることが変更の成立要件であると解されている。叙述の便宜上、元本確定前の法律関係の個所で説明しているが、極度額の変更は元本確定後も可能である。

(3) 元本確定期日の変更

担保される債権がどの時点で決まっても極度額には影響はなく、後順位の抵当権者等は極度額までは根抵当権者に優先されることを予期しているから、元本確定期日の変更は根抵当権者と抵当不動産所有者のみの合意で可能であり(398条の6第1項)、後順位担保権者等の第三者の承諾を要しない(同条2項の準用する398条の4第2項)。元本の確定前には、元本確定期日は、5年以内の範囲で変更できる(同条3項)。当事者間では登記がなくても変更の効力が生じ、登記は対抗要件だと解されている(新注民(9)506頁[高木多喜男])。しかし、元の確定期日の到来前に登記をしなければ、その変更をしなかったものとみなすとされることから(同条4項)、登記は効力要件とみるべきであろう(石田540頁、生熊172頁)。

3 根抵当権の処分

(1) 転抵当権の設定

根抵当権の上には、転抵当権を設定できる(398条の11第1項ただし書)。元本確定前の根抵当権の場合には、被担保債権が弁済されても根抵当権は消滅しないので、原根抵当権の被担保債権の弁済は、転抵当権に影響を与えない。したがって、その弁済には、根抵当権の元本確定前は、転抵当権者の承

諾を要しない（同2項）。また、債務者への転抵当権設定の通知や債務者からの承諾は不要である。

(2) 根抵当権の譲渡

　確定前の根抵当権については、相対効による複雑な関係を避けるため、普通抵当権のように、放棄・順位の放棄・順位の譲渡（376条1項）という根抵当権の処分を行うことはできない（398条の11第1項本文）。根抵当権者が普通抵当権者からこうした処分を受けることはできる（398条の15はこれを踏まえた規定である）。また絶対的効力を生じる374条の順位の変更も根抵当権の確定前に可能である。

　376条1項の相対的処分に代わって全部譲渡・分割譲渡・一部譲渡という根抵当権の処分が認められている（398条の12-14）。処分を第三者に対抗するには登記を要する。全部譲渡があれば譲受人の債権のみが担保される。分割譲渡・一部譲渡では、譲渡人の債権も引き続き担保される。分割譲渡では、たとえば極度額1000万円の根抵当権を、極度額700万円と極度額300万円の2つの根抵当権に分割し、その1つが譲渡され、分割された同順位の根抵当権がそれぞれの極度額の範囲内で債権を担保する。分割後の一方に担保余力があっても他方がこれを利用することはできない。これに対して、一部譲渡では根抵当権は分割されることなく、譲渡人と譲受人が根抵当権を準共有し、特約とその登記（不登88条2項4号）がなければ、両者は確定時の元本債権額の割合で配当を受ける。一方の債権の額が小さければ他方の債権の担保される額が大きくなる点で分割譲渡とは異なる。

　保証人等の第三者の弁済による一部代位の場合には、原根抵当権者を優先する旨の特約を付して（502条の一部代位の場合に原担保権者を優先する185頁の最判昭60・5・23と同様の結果）、根抵当権の一部譲渡を用いることで弁済者が保護される（ コラム ）。

元本確定前の弁済者の保護

　債務者の債務を第三者が弁済しても、元本確定前は代位して根抵当権を行使することができない（398条の7第1項後段）。弁済者は債務者に対する求償権を有してい

るが、これが代位によって確保されないのである。このような規律が設けられたのは、保証人は、求償権について予め債務者に担保（根保証や根抵当）を提供させる自衛策を採ることができるし、そうでない場合にも、特定の求償権のために根抵当権の一部譲渡を受けることが可能だからである（我妻501頁）。

この説明から逆に、弁済を求められた保証人は、特約がなくても、根抵当権者に対して根抵当権の一部譲渡手続を求め、それが行われるまで弁済をしなくてもよいと考えられる。ただし、根抵当権の一部譲渡の場合には、抵当不動産所有者の承諾が必要である。

これに加えて、2003（平成15）年の改正により、根抵当権者は、設定者の承諾を得ることなく一方的な意思表示で即時の元本確定ができるようになった。そのため、保証人は、根抵当権者が債務者との取引の継続を望んでいない限り（望む場合は上記の一部譲渡請求をする）、元本確定を求め、代位権を確保することと引き換えに弁済をする、と主張できてしかるべきである。

以上のように、398条の7第1項後段にもかかわらず、根抵当権者は、代位による求償権確保という保護を弁済者に与え、担保保存義務（504条）の履行として代位利益の確保に協力しなければならない、と考えるべきである。

第5項　共同根抵当権

共同根抵当権の場合、民法は、根抵当権者の合理的意思を推定し、原則として、各対象不動産から、それぞれの極度額に至るまで優先権を行使できる累積共同根抵当権であるとする（398条の18）。これに対して、被担保債権の範囲や極度額を共通にするとの登記（不登83条1項4号）がされたものを純粋共同根抵当権といい、その極度額の範囲でのみ優先弁済権がある。実務では純粋共同根抵当権の方がよく利用されているようである。

累積共同根抵当権の場合には、普通抵当のように割付は行われないので、後順位担保権者が392条の代位を行うこともできない。各根抵当権は、独立しており、それぞれの不動産に別の被担保債権の範囲や極度額を定めたり、変更したり、各根抵当権を独立して処分することができる。一方に元本確定事由が生じても他方には影響しない。

これに対して、純粋共同根抵当権の場合には、392条が適用される。各根抵当権の被担保債権の範囲や極度額の変更や根抵当権の処分もすべての不動産について登記をしなければ効力を生じない（398条の17第1項）。一方の根

抵当権につき元本確定事由が生じれば、他方も確定する（398条の17第2項）。元本確定後の極度額減額請求や根抵当権消滅請求は、1つの不動産について行えば足りる（398条の21第2項、398条の22第2項）。

文献
　詳細は必要に応じて新注民(9)476頁-563頁［高木多喜男］を参照。根抵当権を民法に導入した1971（昭和46）年の改正前の議論をふまえた解説は、我妻462頁-552頁、鈴木禄弥『根抵当法概説〔第3版〕』（新日本法規、1998年）。

第12節　特殊な抵当権

　特別法上の抵当権は、民法の抵当権・根抵当権の制約を克服するために制定されたものが多い。もっとも登記費用や実行手続の煩雑さなどから、あまり利用がなく、譲渡担保に取って代わられている。近年の新しい立法も見当たらない。以下では特色だけを指摘する。

　①立木抵当権　　立木法（明42年法22号）による。登記した樹木の集団をその生育する地盤から独立させて抵当権の対象とする。伐採などを想定した規定、抵当権実行の際の法定地上権や伐木運搬関係規定などが立木抵当の特殊性を反映している。

　②財団抵当権　　鉄道抵当法（明38年法53号）、工場抵当法（明38年法54号）、鉱業抵当法（明38年法55号）、軌道抵当法（明42年法28号）、運河法（大2年法16号）、漁業財団抵当法（大11年法9号）、港湾運送事業法（昭26年法161号）、道路交通事業抵当法（昭27年法204号）、観光施設財団抵当法（昭43年法91号）の9法がある。企業経営に用いている土地・建物・機械設備などの所有権、各種用益物権、賃借権、知的財産権等の集合体を一括した1個の財団を対象とする。民法が集合物に対する抵当権を認めない点を補う。財団の保存登記により財団が成立し、そのうえに抵当権の設定登記がされる。財団目録により抵当権の及ぶ範囲が公示される。

　③特殊な物権上の抵当権　　特別法上の物権には抵当権の設定を認めるものがある。漁業法（昭24年法267号）は、経営に必要な資金の融通のためや

むを得ない場合に限って漁業権の上に抵当権の設定を認める。認可が抵当権設定の効力要件である。鉱業法（昭25年法289号）は、一定の採掘権についてのみ抵当権の設定を認める。特定多目的ダム法（昭32年法35号）は、ダム使用権を不動産とみなしてその上に抵当権の設定を認める。いずれも抵当権の対象となっている権利の変更や処分には抵当権者の同意ないし承諾を要するとしている。

④動産抵当権　農業動産信用法（昭8年法30号）、自動車抵当法（昭26年法187号）、航空機抵当法（昭28年法66号）、建設機械抵当法（昭29年法97号）等による。これらは、比較的高額の動産について、民法上の動産抵当制度の不存在を補うために、特別な登記または登録制度を設けて、動産上の抵当権の公示を可能にしたものである。

⑤抵当証券　抵当権を証券化し投下資本を流動化するもので、1930（昭和5）年の金融恐慌による不動産金融の行き詰まりを打開する方法として、抵当証券法（昭6年法15号）により創設された。長年利用が少なかったが、近年の投資ブームに乗って復活した。悪質な投資勧誘の手段となる弊が生じたため、金融商品取引法（昭23年法25号。平16年法97号で証券取引法から法令名も改正）の規制の対象となっている。

第3章…質　権

　本章は、抵当権との違いに重点を置いて質権を概説する。質権は、多様な財産権を対象として成立するため、正直に言えば、複雑で理解しにくいうえ、その説明は冗長で退屈な感じが否めない。そこで思考実験を試みたい。すなわち、これまで有体物についてのみ留置的効力として理解されてきたものを、多様な質権の共通性を明確化するため、より広げて「権利行使制約力」（新造語である）と考えることができないか試してみる。この試みは、担保物権が財産的価値のある権利の交換価値を把握する権利であり、有体物上の担保物権も、物それ自体ではなくその所有権を対象としているとする理解（1頁および389頁以下の第9章）に基づく。読者の皆さんには多少迷惑かもしれないが、おつきあいいただきたい。

　本章は、抵当権の場合の叙述の構成にならいつつ、それを簡略化して、意義と機能（第1節）、設定（第2節）、対抗要件（第3節）、効力（第4節）、質権者と第三者との関係（第5節）、処分と消滅（第6節）の6節で構成し、それぞれの箇所で対象毎に分説する方式を採用する。

第 1 節　質権の意義と機能

第 1 項　質権の意義

　貸金が返済されるまで貴金属を預かり、期日が来ても返済されなければその貴金属を競売するなどして貸金を優先的に回収する、というのが質権の典型的なイメージである（342条）。質屋に物を預けて借金をするのも、質屋営業法による取締規制を受けるが、質権の設定である。質権が約定で設定され、債務不履行の場合に質権者が競売等により被担保債権の優先弁済を受ける点は抵当権と共通である。質権が抵当権と異なるのは、債権者が物の占有を設定者から取り上げて、心理的な圧迫によって間接的に被担保債務の弁済を促す点である。不動産が対象である場合も同様に、その不動産の占有を設定者から取り上げる点が非占有担保権である抵当権との本質的な違いである。
　民法は、所有権以外の財産権の上にも広く質権の成立を認めている（362条以下の権利質）。このような無体の権利については、動産や不動産と同じ意味で留置的効力を観念することは困難である。そのため、これまでの学説は、留置的効力の有無が抵当権と質権を本質的に区別するとする一方で、権利質には留置的作用が発揮される余地はほとんどないとする（たとえば我妻107頁-112頁）。これでは権利質がなぜ質権とされているのかを説明できず、混乱をもたらす。
　次のように考えてみてはどうか。有体物の場合も、質権の対象は有体物そのものではなく、所有権であるとすれば、留置的効力とは、使用・収益権能を所有者から奪って（不動産質では処分権能は奪われないが動産質では事実上それも大きく制約される）、所有権の行使を物権的に制約するものと再定義できる。権利行使を制約する効力は、所有権以外の権利を対象とする権利質にも認められるから、それを質権共通の本質的効力であると位置づけることが可能であり、権利行使制約力と呼ぶことにする。留置的効力は、有体物質権における権利行使制約力のひとつの現れである、とみることになる。

この概念を使うと、質権は設定者の財産権の行使を制約し、その財産権から優先弁済を受ける権利である、と定義される。

第2項　質権の機能

民法は、動産質、不動産質、権利質の3種を規定し、すべてに共通する総則を置いている（342条-351条）。しかし、これらの3種の質権は、それぞれの特性に応じて多くの点で異なる扱いを受けるほか、意義や機能も違う。

1　動産質

動産質は、比較的低額の動産を引渡しという簡単な方法で担保にして金を借りられる点で、長い間、庶民金融の中心を占めていた。担保に見合った程度の貸付けしか受けられないことから、逆に過剰貸付けのおそれがない消費者金融の方法として合理性がある。しかし、クレジット・カード、ローン、無担保金融業（いわゆるサラ金）などの発展により、近年はその利用が減少し続けている。

2　不動産質

不動産質権者は、原則として、対象である不動産を留置するだけではなく、それを使用・収益することができる代わりに、管理費用を負担しなければならず、被担保債権の利息を請求することもできない（356条-358条）。不動産質権は、不動産の担保方法として歴史的に古いが（日本では買戻しの機能をも兼ねていたと言われる。近江104頁-105頁）、抵当制度の発展によって重要性が薄れた。対象不動産の引渡しは、生産・生活の本拠が使えなくなる点で設定者に不便であり、管理の負担は債権者にとっても好ましくないからである。

3　権利質

所有権以外の権利を対象とする質権が権利質である。有体物以外を対象に担保物権を認める点で物権概念をどう理解するかという理論的な問題にもかかわる（この問題は最終章で再度扱う）。実践的にも、企業金融の分野で担保の

対象を広げる意義が大きい（鎌田薫編『知的財産担保の理論と実務』（知的財産研究所、1997年））。ただ、対象となる多種多様な権利の性質に応じて規律も多様である。

第 2 節　質権の設定

　質権は、質権設定契約（以下、見出し以外では原則として「設定契約」と略す）によって設定される約定担保物権であり、質権を設定する契約が不可欠である。それに加えて、質権が有効に設定されるには、対象となる物を引き渡すなどにより設定者の権利行使を制約することが必要であり、さらに対象となる権利を処分する権限が設定者にあることも必要である。以下では、質権設定契約（第1項）、物の引渡しなど（第2項）、質権設定者の処分権限（第3項）に分けて説明する。

第 1 項　質権設定契約

1　質権設定契約の性質
　動産質・不動産質は対象となる物の引渡しによって初めて効力を発生するため（344条）、通説は質権設定契約を要物性のある物権契約とする（我妻129頁、高木62頁など）。しかし、物権行為の独自性を認めず、設定契約を物権契約と理解しないのであれば（19頁の1）、ここでも同じように考えることができる。すなわち、質権を設定する旨の債権契約は諾成的に成立し、債権者は、質権を発生させるため、この契約上の債権に基づいて対象となる物の引渡しを請求できる。設定契約の履行としての引渡しによって質権が成立する（道垣内81頁-82頁）。

2　質権設定契約の当事者
　質権は、抵当権の場合（19頁以下の2）と同様に、債権者と質権設定者（債務者または物上保証人。以下、見出し以外では「設定者」と略す）の間の契約に

よって設定される。

3 被担保債権

　被担保債権には特別の制限はなく、設定契約によって自由に定めることができる。金銭債権に限られないことや、条件付債権や将来債権でもよいことなど、抵当権の場合（22頁以下の**3**）と同様である。

　多くの動産質・権利質では、後順位担保権者や第三取得者の出現が考えにくいため、被担保債権の範囲が大きくなってもこうした者を害するおそれが少ない。それゆえ、包括根質も有効であり、極度額を定める必要もない（大判大 6・10・3 民録 23 輯 1639 頁）。これに対して、不動産質では、後順位担保権者や第三取得者の保護が問題になるから、抵当権の場合と同様に、被担保債権の額または種類と極度額を定め、登記する必要がある（361条。根抵当権につき 197 頁-199 頁の**2**および**3**）。

4 質権の対象となる物や権利

　譲渡できない物には質権は設定できない（343条）。譲渡性のない物は、債務不履行時に換価し、その代金を弁済にあてることができず、質権の設定を認めても無意味だからである。このような制限は抵当権にも妥当しうるが、抵当権が設定できる対象につき譲渡が禁止される場合はごく限られているため（登記した譲渡禁止特約のある永小作権には抵当権は設定できない。272条ただし書）、抵当権については本条に対応する規定がないにすぎない。

　銃砲・刀剣・麻薬のように所持すら認められない禁制品はもとより、法律上の譲渡禁止がある場合も含む。質権設定に許可を要する場合もある（農地3条など）。これに対して、譲渡が禁止されていない差押禁止財産（民執131・152条）には、質権は設定できる（民執192条・193条の準用除外も参照）。

　債権者自身が給付を受けることに重要な意味のある債権では、譲渡等の処分が禁止され（881条、労基83条、生活保護59条など）、質入れもできない。当事者の特約による債権譲渡禁止も悪意の第三者には対抗できるため（466条2項。改正後の新466条以下では、一般には、債務者は悪意または善意重過失の譲受人に対する履行拒絶や譲渡人に対する抗弁の対抗ができるにすぎず、譲渡や質入れ

自体は有効となる）、譲渡・質入れの禁止特約があることが広く知られている銀行の預金債権には、銀行の承諾がなければ質権は設定できない（大判大13・6・12民集3巻272頁。改正後も預貯金債権については、新466条の5により、譲渡・質入れの無効が維持される）。なお、銀行が自行に対する預金債権に質権を設定するなど、自己を債務者とする債権にも質権の設定は可能である（大判昭11・2・25新聞3959号12頁）。

　特別法上の物権その他の権利には質権設定が否定されることがある（漁業23条、鉱業13条・72条、特許33条2項など）。抵当制度のある船舶（商850条）・自動車（自抵20条）・航空機（航抵23条）・建設機械（建抵25条）など登記・登録済の動産には質権設定が禁じられている。同様に、財団抵当が認められる場合には、質権は設定できない。こうした制限は、これらの権利の実施や動産の占有を質権者の手に移すことは不当だという政策上の理由に基づくとされているが（我妻106頁）、これを換言すれば、権利行使制約力のある質権ではなく、担保権設定者に使用・収益を継続させる抵当権が担保として適切だ、という意味である。いずれにしても、この制約は、譲渡禁止とは趣旨を異にする。

5　質権の存続期間

　不動産質では10年が最長の存続期間である（360条1項）。期間の更新は可能であるが、その場合の存続期間も更新時から10年以内に制限されている（同条2項）。歴史的には買戻し（580条）と共に、受戻しの存続期間としての意味があり、その期間の経過後は、質権者は流質処分を行うことができた。しかし、近代的な担保権として流質禁止＝清算義務が確立すると、受戻期間としての意味は失われた（近江105頁-107頁）。存続期間が満了すると質権が消滅して被担保債権は無担保となり（大決大7・1・18民録24輯1頁）、期間の更新は登記しないと第三者に対抗できないため、不動産質権は更新時の順位となると解されている。こうした制限は担保権として不合理であり、不動産質の現代的再活用を図るうえでも障害となっている（鈴木禄弥「不動産質制度再利用のための立法論」別冊NBL10号（1983年）8頁以下）。

第2項　物の引渡しなど

1　動産質権および不動産質権

　動産や不動産上に質権を成立させるには物の引渡しが必要である（344条）。この引渡しは、質権者の代理人として設定者に占有させる占有改定による引渡し（183条）では足りないが（345条）、簡易の引渡し（182条2項）や指図による占有移転（184条）でもよい（355条は指図による占有移転による質権の多重設定が有効であることを前提としている）。第三者に預託または賃貸している物に質権を設定する場合には、指図による占有移転を要する。

　占有改定以外の引渡しが成立要件として必要なのは、設定者の権利行使を制約する留置的効力が、有体物の質権には本質的だからである（石田215頁-216頁は、不動産質権の場合には登記によって対抗力を備えているので引渡しを要しないとするが、特約で引渡請求権を否定する場合には抵当権として扱われるべきだとするので、それはもはや質権ではない）。

2　権利質権

　権利質権について引渡しに相当する行為を要するのか否かが問題となる。
　まず、無記名債権は動産として扱われるため（86条3項）、証券の引渡しが質権の成立要件である。譲渡につき証券の交付を必要とする証券的債権の場合には、質権の設定についてもその証書の交付が成立要件である（363条）。指図債権の場合には証券の裏書が対抗要件とされている（365条）。しかし、これらの規定には証券の性質と適合しないとの批判があり、民法改正案ではこれらの規定は削除されて、一群の有価証券の規定が新設される。それによれば、指図証券の質入れには証券の裏書交付が（新520条の7による新520条の2の準用）、記名式持参人払証券および無記名証券については証券の交付が（新520条の17を介した新520条の13の準用、さらに新520条の20によるこれらの規定の準用）、その他の記名証券については債権質一般の方式が（新520条の19・第1項）成立要件となる。株券発行会社の株式や社債券を発行する旨の定めのある社債も、株券や社債券の交付が成立要件である（会社146条2項・692条）。

これに対して、証券化されていない一般の指名債権の場合（民法改正後はたんに債権という）、証書があっても、証書を提示せずに権利行使が可能だから、証書の交付は不要であり、質権設定の合意だけで足りるとされている。たとえば、土地賃借権への質権設定の場合、判例は、質権の対象は土地ではないから賃借地の引渡しは不要とする（大判昭9・3・31新聞3685号7頁）。しかし、賃借権の行使を制約することが抵当権との本質的差異だとすれば、362条2項を根拠に、土地の引渡しを要すると解するべきである（道垣内105頁、山野目275頁など。石田232頁は不動産質権について債権者への占有移転を不要としてこの場面でも不要とする）。

物の使用と関係のない指名債権については、債務者への質権設定の通知または債務者の承諾（364条の準用する467条1項）により設定者が債権を行使できなくなることが、有体物の引渡しに相当すると考えられる。通常の見解はこれを債務者対抗要件と解しているが、権利行使制約力が質権の本質的効力だとする本書の見解では、成立要件と位置づけられる（上述の520条の19・第1項）。

このように、引渡しに相当する行為の内容は、債権の性質次第で異なる。

債権質以外の権利質については、登録（特許98条1項3号など）、質権者の振替口座への記載または記録が（ペーパーレス化した社債・国債や電子化後の株式等。社債株式振替74条・99条・141条・175条・206条）成立要件とされているものや、著作権・出版権のように合意のみで質権が設定できるもの（著作権77条2号・88条1項2号を参照）など多様に分かれる。電子記録債権や社債・国債・株式では登録や記載または記録により設定者の権利行使が制約されるので、これを引渡しに相当する行為と理解できる。株券や社債券が発行されず、振替口座をも使わないものは、株主名簿や社債原簿への記載または記録が対抗要件と規定されているが（会社147条1項・693条1項）、これにより設定者の権利行使を制約する成立要件と理解するべきである。

特許権などの知的財産権の場合には、契約で別段の定めをした場合を除いて質権者が権利を行使することはできない（特許95条、著作権66条1項など）。設定者は権利の実行に制約を受けず、権利行使制約力を発揮する引渡しに相当する行為も存在しない。質権者は物上代位で対価等の交換価値を支配する

のみである。それゆえ、これは「実質上の抵当権」(我妻111頁)であり、質権という名称や質権としての処遇は適切でない。これを質権と規定しているのは、もう1つの約定担保物権である抵当権が不動産所有権と地上権・永小作権にしか成立しないとされているため (369条)、ひろく権利上に約定担保権が成立するのは権利質だけであるという観念に基づくと思われる (石田152頁-155頁が簡潔に紹介するように諸外国の法制も占有の伴わない法定の質権——実質は日本の先取特権と類似する機能を有する——を認めるなど質権概念が混乱している)。

第3項　質権設定者の処分権限

　質権の対象となる権利について設定者に処分権限があることが必要である。もっとも、無権利者が設定契約を結んだ場合でも、動産質権・有価証券質権・電子記録債権質権では即時取得 (192条、小切手21条、手形16条2項、商519条、会社131条2項・689条2項、電子記録債権38条。民法改正により商519条は削除され、民法520条の5・520条の15・520条の20による520条の15の準用に変わる) により善意無過失または無重過失の債権者は質権を取得でき、真の権利者は物上保証人と同様の責任を負担する (最判昭45・12・4民集24巻13号1987頁)。これに対して、不動産質権や指名債権質権などでは即時取得に相当する規定がないから、処分権限のない者と設定契約を結んだ債権者は、善意無過失であっても原則として質権を取得できない。例外は、94条2項が類推適用される場合である。

第3節　質権の対抗要件

　質権設定の対抗要件は、権利譲渡の場合の対抗要件に準じ、対象となる権利の性質に応じてきわめて多様である。ただ、質権の権利制約力を重視する本書の考え方では、通常は対抗要件と解されているものが、成立要件または存続要件となる。成立要件・存続要件をみたしていれば、別途対抗要件を考

える必要はない。

第1項　動産質権

　動産質権では占有の継続が質権の対抗要件であるとされているが（352条）、権利行使制約力（有体物では留置的効力）を質権の本質的な効力と理解するのであれば、占有の継続は、引渡しによって成立した質権の存続要件と考える方が一貫している（石田165頁-166頁は、引渡しを一般的に効力要件と理解したうえで結果同旨。これに対して、本書は引渡しを動産所有権の場合には対抗要件と理解しつつ、質権についてはその性質から引渡しを成立要件、占有の継続を存続要件と解する）。

　引渡し要件の制限（345条）と同様、占有の態様を占有改定に変えると質権は消滅する（236頁以下の3）。質権者が第三者に質物を引き渡しても、第三者の直接占有を介して質権者に間接占有がある限り占有は継続している。第三者に占有を奪われた場合も、質権者は占有回収の訴え（200条）によって占有を回復することができ（353条）、訴えの提起から勝訴による占有の回復までの間、占有は継続していたとみなされる（203条ただし書）。

第2項　不動産質権

　物権の一般原則に従い登記が対抗要件である（177条）。この点は、地上権や永小作権を対象とする質権についても同じである。不動産質権では、成立要件としての占有・存続要件としての占有の継続と対抗要件としての登記とが分離するのである。

第3項　権利質権

　権利質権の場合には第三の義務者（第三債務者など）が存在するため、対抗要件はいっそう複雑である。しかし、引渡しに相当する行為は成立要件とみるべきである（とりわけ、改正法による場合。217頁以下の2）。

1 指名債権譲渡の規定または債権質権設定登記によるもの

指名債権質権の場合は、債権譲渡の場合（467条）に準じ、質権設定についての通知または承諾が対抗要件である、とされる（364条）。すなわち、第三債務者に対しては通知または承諾だけで足りるが、優先を争う第三者との関係では、確定日付（民施4条以下）のある証書による通知または承諾が必要である、と説かれる。しかし、対象権利の行使を制約する必要があるから、第三債務者に対する通知または承諾は、引渡しに相当する質権の成立要件とみるべきであり、確定日付のある証書による通知または承諾（確定日付の具備）が真の意味の対抗要件である。質権者を特定しない事前の承諾では第三者に対する対抗要件としての効力がない（最判昭58・6・30民集37巻5号835頁）。

法人が有する指名債権である金銭債権については、質権設定登記をもって第三者対抗要件に代えることができる（動産債権譲渡特例14条）。もっとも、準用される同法4条2項・3項によると登記事項証明書を交付して行う通知も第三債務者の承諾もない場合には、第三債務者は設定者に弁済できる。本書の理解によれば、第三債務者に対するこの通知または承諾があって初めて、設定者の権利行使を実効的に制約することができるから、登記および登記事項証明書を交付して行う通知または第三債務者の承諾は債権質の成立要件と解される（石田235頁は結果同旨。複数の質権者の登記と通知または承諾に先後がある場合の処理も同頁を参照）。通知と承諾に関するこれ以上の説明は債権総論の体系書や教科書の債権譲渡の対抗要件の説明に譲る。

2 証券の占有の継続

動産として扱われる無記名債権（86条3項）・無記名社債の上の質権や株券発行会社の株式について登録をしない略式質権の場合は（会社147条2項・693条2項）、動産質権の場合と同様に占有の継続を存続要件とみるべきである。

3 裏書きによるもの

指図債権の場合（365条、手形19条）、その性質上、質入裏書は成立要件とみるべきである（民法改正により、対抗要件として規定していた365条は削除され

て、新520条の7の準用する新520条の2により裏書交付は質権の成立要件であることが明示される）。

4　登録等によるもの

電話加入権（電話質5条1項）、著作権・出版権（著作77条2号・88条1項2号）は登録簿等への記載または記録が対抗要件となる。登録等が成立要件となっている場合は別途対抗要件を必要とせず、第三者に対抗できる。

第4節　質権の効力

質権には、中心的な効力として権利行使制約力と優先弁済権がある（342条）。質権者は、被担保債権の全額の弁済を受けるまで、対象である権利全部に質権の効力を及ぼすことができる（不可分性。350条・296条）。

第1項　権利行使制約力

本書は、質権が設定者の権利行使を制約することによって対象の価値を支配し、債務者に心理的圧迫を加えて間接的に弁済を促す効力を権利行使制約力と呼ぶ。この権利行使制約力が、対象物の使用・収益を所有者に委ねる抵当権との最も大きな違いであり、多様な対象を有する質権を統括する性質である。

質権の権利行使制約力は、被担保債権の行使とは異なるので、それだけでは時効中断の効力はない（350条・300条）。もっとも、物の返還請求に対して質権を抗弁とする場合は、被担保債権の主張がされるので、時効が中断する（最大判昭38・10・30民集17巻9号1252頁。ただし、これは留置権の例）。

1　有体物の留置的効力

有体物の質権の場合、質権者は被担保債権の弁済を受けるまで対象物を留置できる（347条）。動産質・不動産質では、この留置的効力によって心理的

な圧迫を加え間接的に弁済を促す。質権を設定した有体物所有者の側から留置的効力をみると、所有者は、直接占有を失い、使用・収益という所有権の権能の行使を制約される（質物所有権の譲渡はできる。質権は第三取得者にも対抗できるので、譲渡によって害されることがなく、譲渡を制約する必要がないからである）。有体物質権の留置的効力は、有体物に即した権利行使制約力の現れとみることができる。

　被担保債権の弁済などによって質権が消滅する前に、対象物（証券を含む）の返還を請求された場合、質権者は留置的効力を理由に返還を拒絶できる。質物は譲渡できるが、第三取得者（＝譲受人）は質権に拘束されるから、質権者は譲受人の所有権に基づく返還請求も拒絶できる。

　返還請求は弁済により質権が消滅して初めて可能となるから、被担保債権が存続する間に提起された返還請求の訴えは、被担保債権の弁済と引換えに返還を命じる一部認容ではなく、請求棄却の判決となる（大判大9・3・29民録26輯411頁）。

2　無体物の権利行使制約力

　債権質権の設定者は、取立て・免除・相殺・更改など、質権の設定された債権を消滅・変更することができない。質権が追及効を有するので、対象債権の譲渡は可能であるが（最判平12・4・7民集54巻4号1355頁は転付命令も可能とする。対象債権の時効中断など権利保存行為もできる）、譲受人も同様に権利行使に制約を受ける。これが留置的効力に相当する債権質権の場合の権利行使制約力である。民法には直接の規定がないが、この効力は、質権の本質から根拠づけられる。債権に質権を設定した者は、質権者の同意があるなどの特段の事情がない限り、第三債務者の破産を申し立てることもできない（最決平11・4・16民集53巻4号740頁）。

　債権質権の場合には、第三債務者の債務の履行は、質権の対象となっている債権の権利行使でもあるから、これをも制約する必要がある。そのため、第三債務者に対する質権設定の通知または承諾によって、債権が差し押さえられた場合（481条1項）に準じて、第三債務者も拘束を受ける。すなわち、第三債務者は、債権の弁済・相殺など債権を消滅・変更させる行為の効力を質

権者に対抗できない（供託は可能であり、質権は、物上代位の法理により供託金（還付請求権）の上に存続する。366条3項）。第三債務者は、債権者に弁済しても、質権者に二重に弁済しなければならなくなる。

債権以外の権利についても、質権が設定されると対象となる権利の行使が制約される。賃貸中の物を質入れする場合に、賃貸人たる地位も質権者に移転するとされているのは（大判大9・6・2民集13巻931頁）、占有移転という形式の問題もさることながら、賃貸人としての権利行使を制約する必要があるからだと解される（我妻130頁）。もっとも、不動産の場合に質権者が賃借人から賃料を受領できるのは、使用・収益権があるからであり、賃貸人の地位を質権者に移転させることが不可欠かどうか疑わしい（質権に基づく取立権と考えることもできよう）。

これに対して、知的財産権では設定者の権利行使が原則として許される（特許95条、著作権66条1項など）。これらの担保権は、理論的には、権利上の抵当権と構成されるべきものである。

第2項　質権者が対象に対して有する権利および義務

質権者が対象に対して有する権利および義務も対象の性質により異なる。

1　動産質権

動産質権者は当然には対象物の積極的な使用・収益権を有しない。動産は使用・収益により価値が損耗することが多いからである。物の保存に必要な使用の場合を除き、対象物を自ら使用したり第三者に賃貸するには、質物所有者の承諾が必要である（350条・298条2項）。

また、動産質権者は返還するべき他人の物を占有しているので、善良な管理者の注意をはらって対象物を管理する義務を負う（350条・298条1項）。無断使用・無断賃貸や善管注意義務違反があれば、質物所有者は質権の消滅を主張できる（350条・298条3項）。

2　不動産質権

　不動産は使用・収益により損耗するおそれが少なく（建物は、逆に使用しないと損傷しやすい）、不動産を使用・収益しないことは国民経済上も不利益である。そのため、不動産質権者は、原則として、対象不動産を積極的に使用・収益する権利を持ち、質物所有者の承諾を得ることなく自ら使用したり、他人に貸して賃料などを取り、被担保債権の弁済にあてることができる（356条）。その反面、管理費用などを負担し（357条）、被担保債権の利息を取ることができない（358条）。ただ、これと異なる特約を行なった場合（不登95条1項2号・6号により登記を要する）や収益執行が開始した場合には、356条から358条の規律は適用されない（359条）。

　すでに賃貸している建物に質権を設定した場合、質権者は賃貸人の地位を承継し、賃料を請求できる（大判昭9・6・2民集13巻931頁。ただし、この判決が、質権設定につき賃借人の承諾を要するかのように判示しているのは誤り。来栖三郎「判批」法協55巻7号1415頁）。

3　権利質権

　質権者は、被担保債権が債務不履行となる前は原則として対象となる権利を行使することができない。質権の実行によって権利行使が可能となる場合があるが、不動産の使用・収益権のように質権設定時点から認められる権利ではない。知的財産権上の質権についてはその趣旨の規定がある（特許95条、著作権66条1項など）。

第3項　優先弁済権

1　優先弁済を実現する質権の実行方法

　質権者は、債務者が債務不履行に陥れば、質権を実行し、他の債権者に優先して、質権の対象から弁済を受けることができる（342条）。質権の実行には、競売・収益執行・物上代位の他に質権特有の方法があるが、私的実行（流質）は制限されている。以下ではそれぞれについて簡略に説明する。

　なお、質権者は、被担保債権を行使して債務者の一般財産に対して執行す

ることができる（この場合には債務名義が必要である。不動産質権では394条の制約もかかる）。ただ、質屋に質入れをする者は質物を限度とした物的有限責任を負うにすぎないので（質屋20条2項）、不可抗力による滅失・損傷や質物の評価の誤りなどで十分な弁済を受けられなくても、質屋は債務者の一般財産には執行できない（山野目279頁は立法的な再検討が必要とする）。

(1) 競　売

質権者は、自ら対象の競売を申立て、売得金からその順位に応じて優先的な弁済を受けることができる。競売手続は対象に応じて、動産執行・不動産執行・債権執行の手続に準じる（民執191条・188条・193条2項。詳細は省略）。

(2) 収益執行

不動産質権者は、収益執行（86頁以下の第3項）を申し立てることもできる。使用・収益権能を有しない抵当権者でも担保権の実行の一方法として収益執行を申し立てることができることから、同様に、収益をしない旨の特約がある不動産質権の場合も、収益執行ができる（359条）。

(3) 物上代位

質権すべてに物上代位権がある（350条・304条）が、裁判上その適用が問題になることはほとんどない。特別法には、対象の価値変形物に質権の効力が及ぶ旨の規定が多い（会社151条、特許96条など多種多様）。また、供託金や受領物（366条3項・4項）には差押えを要せず質権の効力が及ぶ。これは物上代位の特則である。

(4) 倒　産

質権の対象となっている権利の権利者（設定者や第三取得者）が倒産した場合、質権者は抵当権と同じく別除権や更生担保権を認められる（90頁以下の第4項を参照）。

(5) その他の方法
(a) 動産質権

動産質権者には、果実収取による債権回収（229頁の(2)）のほか、質物を直接弁済にあてる実行方法が認められている。ただ、これが可能なのは、設定者の利益を守るため、競売手続によると費用倒れに終わって債権回収ができない、というような正当な理由がある場合に限られる。しかも、鑑定人の評価に従うこと、設定者に予め通知すること、裁判所の許可を得ることなど手続的にも厳格である（354条、非訟93条）。

(b) 不動産質権

不動産質権者は、反対の特約がない限り、収益執行の手続によることなく（収益執行と違って被担保債権の債務不履行も不要）、対象不動産の使用・収益による債権回収ができる。もっとも、質権者よりも先順位の担保権者が収益執行の申立てをすれば、質権者は使用・収益ができなくなる。これに対して、後順位の担保権者の収益執行の申立ては、先順位の不動産質権者が占有している場合には、管理人による使用・収益が不可能であるとして却下される。

(c) 権利質権

債権質権者は、対象債権を第三債務者から直接に取り立てることができる（366条1項）。第三債務者が争わなければ、執行の手間と費用を省略できて便利である。

対象が金銭債権の場合には、取り立てうる範囲は被担保債権額に限定されるが、取り立てた金銭をそのまま被担保債権の弁済にあてることができる（同条2項）。もっとも、被担保債権の弁済期が未到来の場合には、期限前の質権実行による債権回収を認めるわけにはいかないので、第三債務者に対して供託を請求できるにとどまり、質権は供託金（正確には供託金還付請求権）の上に存続する（同条3項）。

対象が金銭債権以外の債権の場合には、取り立てたものを弁済にあてることはできないので、債権質権は弁済として受領した物の上の質権に転換して存続する（同条4項。株式質権については会社151条）。

2　流質特約の禁止

　質権を設定して融資を受けようとする者は経済的・社会的に弱い立場にあることが多く、債務不履行の場合には直ちに質物の所有権を失うなどの苛酷な契約条項を伴って、債務額よりはるかに高価な質物の提供を強要されるおそれがある。このように、法律に定めた方法によらない質権の実行を約することを流質特約という。そこには質権者が清算義務を負わない旨が含まれる。民法は、債権者の暴利行為を防止するため、ローマ法以来の伝統に従って流質特約を禁止した（349条）。これに反する特約は無効であり、質権者には清算義務がある。

　ただ、弁済期後に結ぶ流質特約は、設定者が受ける圧力が弱まるので禁止されていない（もっとも清算義務は免れない）。さらに、流質特約の禁止には、簡易な354条による実行（前頁の(a)）のほか、次のような例外がある。

　①質物による代物弁済を行う選択権がもっぱら設定者にある場合は、設定者に不利益ではないので特約は無効でない（大判明37・4・5民録10輯431頁）。

　②商行為による債権を担保する質権の場合にも、自己の利益を守るための経験・知識がある商人が当事者であるから、特約は有効である（商515条）。

　③質屋の場合にも、期間徒過後に質入者が所有権を失う「質流れ」の特約は有効である（質屋19条）。質屋が都道府県公安委員会の監督下にあって、設定者の利益が守られているからである。一般的には清算義務も生じないと考えられているが、むしろ清算義務を強化するべきだという傾聴するべき意見がある（石田186頁-188頁）。

3　優先弁済を主張できる被担保債権の範囲

　動産質権および権利質権では、抵当権の場合（375条）と比べ、質権実行費用、質物保存費用（350条・299条を参照）、質物の隠れた瑕疵によって生じた損害の賠償などを含む点でも、2年分の限定がない点でも、担保される範囲が広い（346条）。

　一般の不動産質権では、逆に、特約をして登記しないとそもそも利息が請求できないほか（358条・359条、不登95条1項2号・6号）、合計2年分という制約を受ける（361条・375条。40頁以下の2）。これに対して、不動産根質権

には根抵当の398条の3が準用され、被担保債権は極度額の範囲で2年の制限なく担保される（203頁の(1)）。

4 　質権の効力が及ぶ対象の範囲

(1) 付加一体物・従物・従たる権利

　質権の効力が及ぶ範囲は設定契約によって定まるのが基本であるが、質権の種類に応じて差異がある。

　動産質権では引渡し要件をみたす物でなければならない。たとえば、従物は主物の処分に従うが（87条2項）、引き渡されなかった従物には質権は及ばない。

　不動産質権の場合は、抵当権に関する370条が準用される結果、対象不動産の付加一体物に効力が及ぶ（抵当権に関する44頁以下の1を参照）。

　権利質権では、質権の対象とされた権利に従属する権利にも質権の効力が及ぶ。たとえば金銭債権に質権を設定した場合、その債権を担保するための保証債権や担保物権にも質権は及ぶ。なお、株式質権では、消却・併合・分割・転換・買取などにより株主が受けるべき金銭または株式に効力が及ぶとの特則がある（会社151条）。

(2) 果　実

　果実についても質権の種類によって差がある。動産質権および権利質権では、原則として質権者は積極的な使用・収益権を持たないが、被担保債権の弁済期後は、果実（天然果実のみならず債務者の承諾を得れば自ら対象物を賃貸して生じた賃料などの法定果実も含む）を収取し、他の債権者に先だって被担保債権の弁済にあてることができる（350条・297条）。債権質権の場合には、利息債権が元本債権の果実に相当する。登録株式質権の場合には、質権者に利益配当・新株券引渡請求権等を認める特則がある（会社151条-154条）。

　これに対して、不動産質権は、原則として収益的効力を有し（356条）、当然に果実に及ぶ。特約により果実収取権がない場合にのみ、上述の果実の一般的規律が妥当する（道垣内99頁）。

第5節　質権者と第三者との関係

　対抗要件を備えている質権が一般債権者に優先して弁済を受けるのは、権利の性質上当然である。また、すでに触れたように（222頁以下の1および2）、対抗力を備えている質権の対象となっている権利の第三取得者は、質権の負担の付いた権利を取得する。以下では、それ以外の第三者との関係について説明する。

第1項　質物の無権限占有者等との関係

　動産質権自体に基づく物権的返還請求権は認められない（353条。反対解釈として後述のように物権的妨害排除や妨害予防の請求権は認められる）。したがって、たとえば質権者が第三者に騙されて質物を引き渡した場合には、「奪われたとき」に当たらず占有回収の訴えもできないため（200条1項）、質権者は、所有者の返還請求権を代位行使する（423条）くらいしか回復手段がない。
　質権に基づく返還請求権の否定は、継続した占有を対抗要件とすることとも整合しにくく（無権限占有者は対抗要件の欠缺を主張する正当の利益を有する「第三者」ではないはず）、質権者の保護に欠ける立法の過誤だとの批判が強い（我妻132頁など）。しかし、占有継続が権利行使制約力を維持する存続要件であると解すれば、占有喪失により質権が消滅すると解することにはそれなりに理由がある。
　返還請求権とは対照的に、質権の対象となっている物や権利が侵害されている場合には、質権者は、質権に基づく物権的請求権によって妨害の排除や停止を求めることができる。不法行為の要件を備えれば、侵害者に対して損害賠償を請求することもできる（抵当権と共通のものについては92頁以下の第6節）。

第2項　他の債権者による執行との関係

1　動産質権の場合

　質権者が直接占有をしている質物に対しては、原則として、質権者の同意がなければ差押え自体ができない（民執124条）。第三者に占有させている物に差押えがされた場合、質権者は第三者異議（民執38条）によって執行を排除できる。すなわち、他の債権者の執行によっても留置的効力は妨げられない。ただし、自己より優先する権利を持つ者（たとえば質物の保存行為を行った者。334条・330条2項）には、留置的効力を主張できない（347条ただし書。順位に沿った優先弁済権はその競売で主張できる）。

2　不動産質権の場合

　不動産では、他の債権者が差押えをしたり、担保権の実行を申し立てることが十分考えられる。競売により不動産上の担保物権は清算されて消滅するのが原則である（消除主義）。しかし、最先順位の不動産質権は、使用・収益しない特約がある場合を除き、他の債権者の申し立てた競売では消滅せず、買受人に負担として引き受けられる（民執59条1項・4項）。この質権者は、留置的効力を買受人に対しても主張できることになる。

3　権利質権の場合

　質入債権に対して他の一般債権者は差し押さえることができるが、質権はこれによって影響されない、とされる（我妻194頁）。もっとも、自己より優先する権利を持つ者による執行については議論が見当たらないが、質権者は、自らも実行を申し立てて、順位に沿った優先弁済権を主張できるにすぎないと解するべきであろう。配当要求の形での優先弁済権の主張は、民事執行法154条の文言により認められない。

第3項　他の担保権との関係

　他の担保権と質権との優劣は、対抗要件（独自の対抗要件がなければ成立要

件としての登記や引渡し）の先後によって決まる。なお、複数の動産質権が競合するのは、預託または賃貸している物を指図による占有移転によって多重に質入れするという稀な場合に限られる。設定の順に従う（355条）とされているが、これも指図による占有移転という要件具備の順と理解してよい。ただ、後に質権の設定を受けた者が即時取得の要件をみたせば、順位は逆転する（先取特権との優劣に関する特則については281頁の(2)）。

第6節　質権の処分および消滅

　質権の処分については規定のある転質だけを取り上げる。

第1項　転　質

1　転質の意義と機能
　質権者が融資を受ける際に「質物」を担保にすることを転質という（348条）。転質は、金融業者の貸付資金調達手段として徳川時代から重要な作用を営んでいたと言われ（近江94頁）、貸付資金を流動化する手段の1つである。

2　責任転質と承諾転質
　設定者の承諾を要しない転質は責任転質と呼ばれ、承諾を経た承諾転質と区別される。判例はかつて、承諾のない転質は横領罪となるとし、有効な責任転質を認めなかった（大判明44・3・20刑録17輯420頁）。しかし、そう考えると348条の意味が理解しがたいと学説から批判を受け、承諾のない転質が原質権の範囲を超える場合にだけ横領罪の成立を認め、範囲内で行う責任転質の有効性を承認すると判例変更した（大連決大14・7・14刑集4巻484頁）。現在では348条が責任転質を意味することに争いはない。のみならず、転質権が原質権の範囲を超えても原質権の範囲でのみ効力があると解することで、範囲の大小は成立要件の問題にならない（通説）。

実務では承諾転質がほとんどのようだが、以下では民法に規定のある責任転質を中心に概説する（承諾転質の効力は契約内容による）。

3 転質の法的構成

責任転質の対象が何かについては、質権付の被担保債権を質入れするとする共同質入説（柚木＝高木114頁、近江97頁）と、被担保債権と切り離して原質物または原質権に質権を設定するとする単独質入説が対立し、単独質入説の中に、転質権者への解除条件付質権譲渡とする説（梅謙次郎『訂正増補民法要義　巻之二物権編』（有斐閣、1911年）444頁）、質権自体を質入れするとする質権質入説（清水163頁、高橋68頁）、質物を再度質入れするとする質物質入説（我妻149頁、道垣内97頁。上記の大連決大14・7・14もこの説のようである）がある。本書は、質権質入説を支持するが、転抵当権のところで述べたと同様（163頁以下の(2)）、具体的な違いはほとんどない。

4 転質権の成立と対抗要件

転質権も質権の一種であるから、質権一般の成立要件（214頁以下の第2節）を備えなければならない。なお、不動産転質では付記登記が対抗要件となる。責任転質の場合、共同質入説では、被担保債権についても当然に証書交付や対抗要件を備えなければならない（363条以下。特に364条）。単独質入説でも、転質権の対象である原質権を消滅させないために、原債務者や原設定者に弁済をさせないよう拘束する必要があり、364条または377条を類推適用して、転質権の設定を原債務者や原設定者に知らせなければならないことになろう（道垣内95頁を参照。376条とあるのは2003（平成15）年改正前の条文のままの誤記）。権利行使制約力を質権の本質的効力と解すれば、原質権の行使を阻止するのに必要な行為を成立要件として求めることになり、その行為は質権の種類によって異なる（読者が各自で具体的に考えてみていただきたい）。

転質権の存続期間は原質権の存続期間内でなければならない（348条）。かつては、これを手がかりに、転質権の被担保債権の額は原質権のそれより小さく、前者の弁済期は後者のそれより前に来るものでなければならない、と主張されたこともある。しかし、このような要件を立てなくても、関係者の

利益が十分保護されるから、被担保債権額の大小は問題にならない。そのため、同条は存続期間に関する要件は不動産質権に特有のものである、とするのが現在の通説であるが、不動産質権でも不要とするべきであろう（道垣内97頁-98頁）。

なお、前提となるのは転質権者が転質権の設定であることを知っていることである。転質権者が通常の質権の設定であると過失なく信じた場合には、即時取得（192条）の規定により通常の質権が取得され、原質権による制約は及ばない。

5 転質権の効力

(1) 加重責任

質物の占有が質権者から転質権者に移転することによって増加する危険は、責任転質では、転質権を設定した原質権者が負担する。したがって、善管注意義務を尽くしていても避けられなかった不可抗力による損失についても、原質権者は設定者に対して責任を負う（348条後段。承諾転質の場合には不可抗力による損失については免責される）。

(2) 転質権の実行と優先弁済権

責任転質では、転質権は原質権の被担保債権の範囲内で優先弁済を受ける効力を有する。転質権を実行するには、転質権の被担保債権につき弁済期が到来しているだけでなく、原質権の被担保債権についても弁済期が到来していなければならない。

原質権の被担保債権だけが先に弁済期にある場合には、転質権者は、原設定者に対し、転質権の被担保債権額の範囲内で供託をするよう請求でき、転質権は供託金（還付請求権）上の質権に転換する。これらの結論は、共同質入説による場合には当然に認められるが、単独質入説でも366条3項を類推適用して同様の結論が採られる。

転質権が実行された場合、換価代金からまず転質権者が優先弁済を受け、転質権の被担保債権はもとより、原質権の被担保債権もその限度で消滅する。この場合、残余があれば原質権者が被担保債権の差額分につき弁済を受け、

さらに剰余金があれば設定者に交付される。

(3) 権利行使制約力

転質権者に無断で弁済等により原質権を消滅させてはならないという拘束が、原質権の設定者・債務者・原質権者に課せられる（転質権者の承諾があれば拘束は外れる）。共同質入説では被担保債権の弁済禁止も当然の拘束であるが、単独質入説も同じ結論を採っている。

原質権の実行も制約される。転抵当の場合には原抵当権の実行はできると考えるが（165 頁の補足）、公示が不十分で権利関係が執行裁判所にわかるとは限らない動産の転質や権利の転質の場合には、転質権者が差押えを承諾しない限り、転質権者を保護するため権利行使制約力に服して原質権の実行はできない。権利関係が登記で公示される不動産転質では、こうした問題は生じず、転質権者の担保価値の把握自体は保障されるため、原質権の実行を肯定する見解がある（道垣内 95 頁）。しかし、転質権者の使用・収益による債権回収の利益は、抵当権と異なり保護される必要がある。

第 2 項 質権の消滅

質権は、物権や担保物権の一般的な消滅原因（抵当権についての 169 頁以下の 1 および 171 頁以下の 2）によるほか、次のような特有の原因で消滅する。

1 義務違反を理由とする消滅請求

質権者が善管注意義務に違反したり、違法な転質を行ったり、動産質権者が債務者の承諾を得ずに対象となる物を使用・収益した場合には、債務者は質権を消滅させることができる（350 条・298 条）。この権利は「消滅を請求する」（298 条 3 項）と表現されているが、請求権ではなく、債務者の一方的な裁判外の意思表示で足りる形成権（すなわち質権者の同意は不要）と解されている。また、債務者以外が所有者であるときは（物上保証など）、所有者もこの権利を行使できる（最判昭 40・7・15 民集 19 巻 5 号 1275 頁。ただし留置権の例）。

2 存続期間満了・代価弁済・消滅請求

いずれも不動産質権にのみ妥当する消滅原因で、代価弁済・消滅請求による消滅は抵当権の規定が準用される（361条。その内容は、抵当権についての118頁以下の**2**および119頁以下の**3**）。

3 質物の任意の返還

質権者が対象である物を設定者に任意に返還した場合、占有改定による質権設定を禁じる345条や対抗要件との関係で質権がどうなるかについて争いがある（230頁の第1項も参照）。

判例は、いったん質権が有効に設定された後は、設定者に対象である物を返還しても代理占有の効力を生じないだけで、質権が消滅するものではないとする。この考え方によれば、動産質権の場合にも、占有喪失によって対抗要件が失われるにすぎず、登記を対抗要件とする不動産質権では何らの影響も生じない（大判大5・12・25民録22輯2509頁）。

これに対して、学説では、判例に賛成するものが多いが（注民(8)259頁〔石田喜久夫〕など）、留置的効力が質権の中心的要素であることを重視する考え方も有力で、この説では留置的効力を放棄した場合には動産質権・不動産質権を問わず質権そのものが消滅する（我妻180頁など）。もっとも、この説を採っても、債権契約としての設定契約を認めるならば、任意の返還が担保権放棄の趣旨でない限り、債権者は設定者に対して引渡しによる質権の再設定を求めることができる（道垣内84頁）。

対抗力を欠く質権にはほとんど意味がないから、動産質ではいずれの説によるかで大差がなく（質権自体に基づく返還請求は対抗力喪失説でも353条の規定で否定されている）、不動産質で差が出る。かつて筆者は対抗力喪失説を採ったが（田井ほか333頁）、質権喪失説に改める（動産質権では譲渡担保への転換、不動産質権では抵当権への転換を認め、当初の対抗力が維持される可能性があろう）。筆者が対抗力喪失説を採った理由は、留置的効力を放棄したからといって、登記による優先弁済権の対抗力まで常に失われるとするのは、当事者の意思解釈として不自然であるということであった。しかし、非占有担保としての譲渡担保や抵当権が認められており、当事者の合理的意思解釈により、それ

への転換を肯定することが可能であろう。そうすると、権利行使制約力という本質的効力を失った質権としては消滅すると解する方が自然である。

文献
　事例の検討を通じて収益的効力の再評価を説く田髙184頁-196頁、通説的理解から抵当権と質権の共通性を探る原謙一「債権質の拘束力について：担保価値維持義務の法的根拠に関する考察」横国21巻2号（2012年）53頁以下およびボアソナード民法からの修正に不動産質に関する現行規定の問題の根源を探る佐野智也「失われた不動産質：不動産質の果実収取権を中心に」法論252号（2013年）334頁以下。

第4章…留置権

　本章と第5章では法定担保物権を扱う（担保物権の中での法定担保物権の位置づけについては、7頁以下の**1**および8頁以下の**2**）。

　このうち、本章で取り上げる留置権は、正面から優先弁済権が認められていないという点で、他の担保物権とはかなり異なった特徴をもつ。狭義の物権の中にあって占有が事実上の支配状態の保護という特殊な位置づけを与えられている（『物権法』257頁以下の第4章）ということと同様、占有を基礎とする留置権も、事実上の優先弁済が認められているにすぎない。にもかかわらず、留置権は、担保物権の1つとして扱われている。本章では、とりわけその理由、適用場面および問題点をしっかり理解していただきたい。

　本章は5章で構成する。これまでの約定担保物権と対応させて、意義と機能（第1節）、成立要件（第2節）、効力（第3節）、消滅（第5節）を順に論じ、第4節において、留置権に特有の問題として、同時履行の抗弁権との関係に簡単に触れる。

第1節　留置権の意義と機能

　留置権は、他人の物を占有する者が、その物に関して生じた債権の弁済を受けるまで、その物の引渡しを拒むことができる法定担保物権である（295条）。たとえば、盗品を買い受けた者は、原則として被害者からの返還請求に応じなければならないが（193条）、その物の維持・管理に必要な費用を支出していれば、その償還（196条1項本文）を受けるまでその物を返還しなくてよい。

　債務を弁済しないとその物の返還が請求できないため、間接的に被担保債権の弁済が促され、債権者は事実上優先弁済を受けることができる。この点で留置権は担保としての機能を発揮する。また、原則としてだれからの引渡請求をも拒める点で、留置権には対世効がある。こうした点から、留置権は物権と構成されている。留置権は、付従性・随伴性・不可分性という担保物権に共通の性質を有すると解されている。もっとも、留置権が随伴するのは、被担保債権の移転と同時に占有を新債権者に承継させる場合に限る。これに対して、留置権の随伴性を否定し、新債権者に新たに留置権が成立するか否か問うべきだとする見解もあるが（道垣内39頁）、債権譲渡は債権の性質や物との牽連性には影響しないので、公平の理念の実現という留置権の趣旨では消滅を基礎づけられない。

　他方で、留置権は、優先弁済権や物上代位性や追及効を欠くと解されており（石田53頁以下のみが優先弁済権や物上代位を肯定する。256頁のコラムで触れるように立法論としては考慮に値するが、解釈論としては無理がある）、対象の価値を直接的に支配することができる権利とは言えない点で他の担保物権とは著しく異なる。留置権がこのように事実上の価値支配を保護されることは、事実的支配である占有が物権とされているものの他の物権とは異質であることと似ている。いずれも物権概念をどう考えるかに繋がる（389頁以下の第9章）。

　留置権が認められる理由は、一般には公平の理念の実現にあるとされる。先に挙げた例の場合において、返還するべき盗品に費用を投じた者が、もし

費用の償還がなされないうちに対象物を返還せざるをえないとすると、修理により価値が維持された物を差し押さえた債権者がその利益を受ける反面、約定担保権により自衛する機会が乏しい債権者の費用償還債権は満足されず、公平を失するからである。さらに、契約当事者間でも留置権を認める見解によると、留置権が法律上当然に発生するためいちいち約定担保権を設定しなくてもよいから、相手方の信用状態を調査せず取引ができることになる。このような場面を考慮して、沿革を異にする商事留置権（商31条・521条・557条・562条・589条・753条、会社20条）を含め、取引の迅速化・活発化に資することをも留置権の趣旨とする見解もある（道垣内12頁）。

補足　**民事留置権と商事留置権の相違**
　　民事留置権は、ローマ法上の悪意の抗弁権に沿革を持ち、同時履行の抗弁権と分化して発展した制度であり、対象物と牽連性のある債権とその物の返還が同時に実現されることを保障している。多くの場合、留置権者の給付によって対象物の価値や債務者の責任財産が維持され、または増加しているので、その限りで留置権者が事実上最優先で弁済を受けても、他の債権者の期待しえない部分が留置権者に戻るというにすぎず、他の債権者を不当に害することはない。しかし、民事留置権には法的な優先弁済権は認められておらず、破産財団に対しては効力を失う（破産66条3項）。
　　これに対して、商事留置権は、中世の商人慣行を沿革に持ち、継続的信用取引関係の維持・促進を目的として、動産上に一種の包括根質を法定的に認めたものであり、債務者所有の動産につき、牽連性を持たない被担保債権についても成り立つ。この場合に、商事留置権の最優先を認めることは、対象物の価値の維持・増加分を超えて債務者の責任財産を囲い込むことを意味し、他の債権者を害するおそれがある。そのため、破産法は、商事留置権を特別の先取特権とみなしたうえで、他の特別の先取特権より劣位に置いている（破産66条1項・2項）。以上の沿革から、商事留置権は、不動産には成立しないという学説（近江20頁など）や下級審裁判例（東京高判平8・5・28高民集49巻2号17頁など）も有力である（淺生重機裁判官の「判批」金法1452号20頁以下および256頁のコラムも参照）。
　　なお、両者の違いを含め留置権やこれに相当する制度について各国の法制度の組立ては様々であり、日本法の留置権は最も体系的に整理された包括的な内容を有する（我妻21頁-25頁、石田14頁-18頁）。

第2節　留置権の成立要件

留置権の成立には、「他人の物の占有」、「その物に関して生じた債権を有すること（対象物と被担保債権の牽連性）」、「被担保債権が弁済期にあること」、「占有が不法行為によって始まったものでないこと」という4つの要件をみたすことが必要である（295条）。もっとも留置権を主張する者がこれらのすべての要件に当てはまる事実を主張・立証しなければならないわけではない。留置権は、通常は所有権に基づく返還請求に対する抗弁として主張される。請求の中で留置権者が占有をしていることが明らかになるので、留置権を主張する者は「対象物に関して生じた債権を有すること」を主張・立証すれば足りる。留置権を否定しようとする返還請求者が、被担保債権の弁済期の未到来や占有が不法行為によって始まったことの主張・立証責任を負う。

対抗要件はとくに必要とされておらず、不動産上に留置権が成立する場合にも登記は不要である。留置的効力を有する現実の占有が不完全ながら公示の機能を果たしている。以下、各要件を順に説明する。

第1項　他人の物の占有

条文上、対象物は債務者所有の物に限られず、他人の物であればよい（大判明42・11・8民録15輯858頁）。たとえば、Xの所有物の賃借人Aがそれを修理に出した場合、修理をした者YはXからの所有権に基づく返還請求に対しても、修理費用が支払われるまでは修理した物を留置することができる。

これに対して、処分権限のないAの行為によってXが負担を被るのはおかしいという理由で、債務者所有の物であることを必要とし、そうでない場合にはYに善意取得の要件が備わる必要があるとする説がある（257頁の文献の清水190頁、石田26頁など）。

このような場合のAに所有権や処分権限があるか否かについて、Yに厳格な調査義務を課さないとすれば、善意取得が容易に成立するため、両説の結論は大差がない。さらに、Yの修理によってXの所有物の価値が維持さ

れるという利益を受け、YのXに対する直接の不当利得返還請求権（転用物訴権）が成立することを認めるときは（最判平7・9・19民集49巻8号2805頁）、Aが所有者でないことをYが知っていた場合でも留置権の成立を認めることになろう（257頁の文献の関241頁以下）。X自身がYに対して直接的に債務を負うことになり、少数説に立っても、要件がみたされるからである。

　運送人が193条により盗難にあった運送品の返還請求をする場合、占有者が物を修理したため取得する必要費の償還請求権の債務者は所有者であって運送人ではないから、有力説ではこの場合には留置権は成立しないことになろう。しかし、所有者が費用を償還できないリスクは、運送人に転嫁できてよい。それゆえ、物は債務者以外の者の所有物であってもよい。

　判例・通説は、対象物は動産・不動産を問わないとする。

　一般に、占有取得は代理占有（間接占有）の形でもよいとされる。たとえば、賃借人が転貸している物について必要費を支出した場合、留置権は成立する。これに対して、占有改定では成立要件はみたされない。というのは、債務者を介した間接占有の取得では、質権の場合と同様（345条。217頁の1）、留置権の場合も本質的効力である留置的効力が発揮できないからである。

第2項　対象物と被担保債権との牽連性

Case 33　次の場合において、占有物甲の明渡しや返還を所有者Xから求められたとき、占有者YはXの請求を拒むことができるか。
  [1] XがYに甲を売る契約を結び、Yに甲を引き渡し、YがXに代金を払った後で、甲に隠れた瑕疵があることがわかり、Yがこの契約を解除した場合
  [2] XがYに甲の修理を依頼し、修理代金10万円の支払債務を負った。Xには、それ以前にYからの5万円の借入金返還債務があった場合
  [3] Yは不動産甲を担保のためにAに譲渡し登記も移転したが、被担保債権の弁済期到来後にAが甲を譲渡担保であることを知ら

> ないXに売って、Xが移転登記を備えた場合
> ［4］ Yは不動産甲を担保のためにAに譲渡し登記も移転したが、被担保債権の弁済期到来前にAが甲を譲渡担保であることを知らないXに売って、Xが移転登記を備えた場合

　対象物の占有と被担保債権には一定のつながり（牽連性）が必要である。この牽連性は、一般に、被担保債権が物自体から発生した場合、または、被担保債権が物の返還請求権や引渡請求権と同一の法律関係もしくは事実関係から発生した場合に認められるとされる。

1　被担保債権が物自体から発生した場合

　占有者がその物に必要費（大判昭14・4・28民集18巻484頁）や有益費（大判昭10・5・13民集14巻876頁）を投下することによって費用償還債権を取得する場合や（有益費については弁済期にあるという要件が問題になることに注意。247頁の第3項）、その物の瑕疵によって損害を受け損害賠償債権を得る場合（709条・717条）などがこの例となる。学説にも異論はない。

2　被担保債権が物の返還請求権や引渡請求権と同一の法律関係または事実関係から発生した場合

　この基準がみたされる例は、物の売買契約（最判昭47・11・16民集26巻9号1619頁：代金未払のまま買主が転売した事例）や修理・保管・運送などの契約によって物の引渡債権と代金債権が発生した場合（保管契約につき大判昭9・6・27民集13巻1186頁）、売買契約の無効・取消し・解除によって物の返還債権と代金返還債権が発生した場合（東京高判昭24・7・14高民集2巻2号124頁。Case 33の［1］はこの類型）、仮登記担保や譲渡担保の実行としての売却によって第三取得者の引渡債権と設定者の清算金請求権が発生した場合（仮登記担保につき最判昭58・3・31民集37巻2号152頁、譲渡担保につき最判平9・4・11集民183号241頁。Case 33の［3］はこれに相当）などである。

　逆に牽連性が欠けることに争いがない例は、Case 33の［2］の貸付金返還債権である。Yは修理代金10万円が支払われるまでは甲を留置すること

ができるが、貸付金返還債権5万円についてまで留置権を主張することはできない。留置権は、牽連性のある修理代金債権だけを担保する。これに対し、XYが共に商人であるとすると商事留置権が成立し（商521条）、その場合のYは、5万円の貸付金返還債権も弁済されるまでは、甲を留置できる。商事留置権は、継続的取引関係における包括的な担保関係を推定または擬制するものであるから牽連性を要しないのである（241頁の補足）。

3 建物や造作の買取請求権が行使された場合

建物買取請求権（借借13条・14条）の場合には、建物と代金債権の牽連性が認められ、建物の買取請求をした者は、建物のみならずその敷地も留置できる（大判昭18・2・18民集22巻91頁）。これに対して、造作買取請求権（借借33条）の場合には、建物と造作代金債権には牽連性がないとして、造作の買取請求をした者が建物を留置することは認められない（大判昭6・1・17民集10巻6頁、最判昭29・1・14民集8巻1号16頁）。借家人が建物に関する費用償還請求権によって建物とともに敷地を留置することはできない（大判昭9・6・30民集13巻1247頁）。

しかし、いずれの場合にも、買取請求権の行使によって売買契約が成立し、被担保債権は物の引渡請求権と同一の法律関係から発生している。少なくとも建物・造作そのものについては牽連性はみたされているから、両事例で結論を異にするには、さらに何らかの別の基準が必要である。それは、牽連性の問題ではなく、牽連性をみたして成立した留置権の効力がどこまで及ぶかという問題として考える方がわかりやすい（250頁の❷）。

4 違法な処分の場合

第一買主Yが占有する不動産を売主Aが第二買主Xに二重譲渡しXが移転登記を備えた場合（最判昭43・11・21民集22巻12号2765頁）、対抗要件を欠く借主Yが占有する宅地を貸主Aが第三者Xに譲渡しXが登記を備えた場合（大判大11・8・21民集1巻498頁）、譲渡担保権設定者Yの占有する不動産を譲渡担保権者Aが弁済期前に第三者に処分し、その後転々譲渡されて転得者Xが登記を備えた場合（最判昭34・9・3民集13巻11号1357頁。

244頁のCase 33の［4］はこれに相当）、所有者Xに対する国の無効な買収処分に続いてその農地を国から買い受けたYが占有する場合（最判昭51・6・17民集30巻6号616頁）などにおいて、Xからの返還請求に対し、Aに対する損害賠償債権を被担保債権とするYの留置権は認められない。その理由として、AのYに対する所有権移転債務が履行不能となって損害賠償債務に転化するとしても、Aは対象物の返還をYに請求できるようになるものではなく、Yが対象物の返還を拒絶することによって損害賠償債務の履行を間接的に強制するという関係は生じないため、損害賠償債権と対象物の間には牽連性が欠けるからだという。通説もこうした判例を支持している。

　しかし、Xの引渡請求権や返還請求権とYの損害賠償債権は、Aの処分という同一の行為によって生じている点では、牽連性の基準はみたしているとも思われる。両方の権利が「同一の法律関係または事実関係の中に含まれている場合」ではないという論理で補強し、この場合の牽連性を否定する説明がされることがある（前頁の最判昭34・9・3の我妻栄「判批」法協78巻3号349頁。近江26頁の説明もこれに似る）。さらに、被担保債権の債権者X・債務者Aの間においてAが占有者たるXに対してその物の引渡請求権を持たない場合にはXが物を留置したとしてもAの債務弁済を動機づけないので、留置権を認める前提を欠き、留置権の成立はYにとっては不意打ちとなって不利益が大きいとして、基準を絞ろうとする試みもある（安永461頁）。

　しかし、AY間では、Aの責めに帰すべき履行不能によりYが契約を解除すれば、AのYに対する対象物返還請求権とYのAに対する代金返還請求権が発生し、両者の間には牽連性が認められる（Case 33の［1］）。被担保債権の弁済期後の対象物処分による譲渡担保の実行の場合（Case 33の［3］）には、我妻や安永が補強した論理では牽連性が否定されるはずだが、実際には留置権が認められており、この説明は苦しい（安永462頁注7）。この問題も、判例・通説の基準による牽連性の有無の判断では説明が付かない。問題は、成立した留置権の対抗力として検討するべきである（252頁以下の **5**）。

　要するに、判例・通説の基準では、牽連性が要件として機能しておらず、公平上留置権を認めるべき場合を牽連性があると言い換えているにすぎない。むしろ、物と債権との関連を緩やかに解したうえで、成立した留置権の効力

の問題として検討するのが適当であろう（道垣内15頁-17頁・20頁-24頁・28頁-31頁）。

第3項　被担保債権が弁済期にあること

　弁済期前に留置権の成立を認めると、事実上期限到来前の弁済を強要することになって適切でないので、被担保債権の弁済期が到来していることが要件である。たとえば、返還するべき盗品に費用を投じた事例において、有益費を支出した占有者が悪意であり、その償還請求につき裁判所が期限の猶予を与えた場合には（196条2項ただし書）、留置権は成立しない（弁済期が到来していないことは留置権の不成立を主張する側が主張・立証責任を負う）。

　また、判例は、賃貸借契約の終了の場合、賃借人の敷金返還債権は賃借物の返還後に初めて請求できるようになる（返還が先履行）として、敷金返還債権に基づく留置権の成立を否定している（最判昭49・9・2民集28巻6号1152頁）。これに対して、学説には、賃借人保護の観点から反対するものが多い（詳細は賃貸借契約の解説に譲る）。被担保債権の額と対象物の額の大小は成立要件では問題にならず、代担保提供による消滅請求（255頁の第2項）で対処すればよいので、留置権を認めるべきである。

第4項　占有が不法行為によって始まったものでないこと

> Case 34　Yは抵当権の設定された建物甲を所有者から賃借していたが、抵当権が実行されてXが買受人となった。Yには6か月の明渡猶予が認められた（395条）。その間、台風により甲に雨漏りが生じたので、Yは30万円をかけて応急修理をした。明渡猶予期間が満了してXが甲の明渡しを求めたとき、Yは30万円の償還を受けるまで明け渡さないと主張できるか。

　不法行為によって占有を取得した者に対してまで留置権を認めては、被害

者に酷で公平でないので、民法は、このような場合に留置権の成立を否定する（295条2項。占有が不法行為によって始まったことは留置権の不成立を主張する側が主張・立証責任を負う）。

前頁のCase 34のように、占有開始時に存在した占有権原が後になって抵当権の実行によって対抗できなくなったり、契約関係の解消などにより失われた場合には、占有は不法行為によって始まったものではない。しかるに、判例は、同項の類推適用に積極的で、契約解除後に賃借人（大判大10・12・23民録27輯2175頁、最判昭46・7・16民集25巻5号749頁）や買主（最判昭41・3・3民集20巻3号386頁）が必要費や有益費を支出した場合のみならず、農地買収処分の無効を知ることができたのに善意で有益費を投じた場合（246頁の最判昭51・6・17）にも、留置権の成立を否定している。留置権により返還請求が困難になることが公平でなく、留置権が濫用されやすいという理由である。

学説には、判例に賛成するもの、無権原占有者には広く本項の類推を認めるもの、悪意占有者にのみ類推を認めるもの、著しい不信行為を要件とするものなど多様な見解がある（257頁の文献の清水260頁以下、関467頁以下）。判例の解釈に従うと、占有権原のないことを知りえたというだけで、費用支出者に無資力危険を負わせることになる。しかし、この結論は、悪意者や他主占有者にも直ちに償還請求を認め、留置権の取得を認めると考えられる諸規定（196条2項・299条2項ほか多数）と整合しない。つまり、これらの規定は、悪意者や他主占有者による費用支出（それによる償還債権取得）を認めるものである。にもかかわらず、これらの場合も「不法行為」に相当するとして295条2項を類推適用する判例の見解は、これらの規定の趣旨と矛盾する。

また、少額の債権を口実にする引渡拒絶に対しては、代担保提供による留置権消滅請求（301条。255頁の第2項）という対抗策もある。したがって、295条2項の類推適用は、占有者の悪意や過失だけを基準とするのではなく、債権取得の態様が取引通念から見て許されない不法行為と評価される場合（実質的に違法な場合）に限定するべきであり（清水205頁）、この考え方が同条の文言にも最も調和する。

占有権原を失った者に留置権の成立を肯定すると、不法占有であったもの

が被担保債権獲得後には権原に基づく適法な占有に転化することを認めることになり不自然だとの指摘がある（道垣内26頁注40）。しかし、247頁のCase 34のYの占有は、猶予期間内であっても無権原の占有であり、建物の使用利益相当額をXに支払わなければならない。395条の明渡猶予自体が一種の占有権原を与えていると考えたとしても、猶予期間経過後はYは完全な無権原者である。しかし、Yは自らに占有権原がないこと（少なくとも猶予期間後はなくなること）を知っているが、不法行為者ではない。必要費の支出が相当なものであれば、償還債権取得の態様は、物の返還を困難とする不法行為とは評価されない。留置権の成立を認めても猶予期間の満了後の占有が権原に基づく適法な占有に転化するのではなく、必要費償還請求権を確保する範囲で留置権が占有権原になるだけである。295条2項の「不法行為」を709条の「不法行為」と同じものとみるのであれば（道垣内25頁）、上述のようにむしろ実質的な違法性の有無を考慮しないと一貫しない。

第3節　留置権の効力

　留置権の効力には、留置的効力、果実からの優先弁済権、形式競売権がある。順次説明する。

第1項　留置的効力

1　事実上の優先弁済権

　留置権者は、被担保債権が弁済されるまで対象物の占有を継続して、その明渡しや引渡しを拒絶することができる（留置的効力。295条1項本文）。債権の全額の弁済を受けるまで対象物全部を留置でき（不可分性。296条）、留置物の一部を債務者に引き渡した場合でも、残部を留置できる（最判平3・7・16民集45巻6号1101頁。分譲宅地を造成後順次引き渡した例）。

　対象物が動産の場合には、そもそも、対象物所有者の他の債権者がこれに強制執行を行おうとしても、留置権者が拒めば差押えができない（民執124

条)。引渡請求権の差押え（民執163条1項）に対しては、なお留置権を主張できる。一方、不動産の差押え・競売手続は、留置権に関係なくできるが留置権に影響を及ぼさず、留置権は対象不動産の買受人に引き受けられるので、買受人に対しても主張できる（民執59条4項）。留置権者は、配当手続において競売代金から優先弁済を受ける権利を持たない一方で、このように留置的効力を通じて、事実上最優先の弁済を確保できるのである。

ただ、このような引受主義では買受人が出にくい。国税徴収法21条は、留置権についても消除主義を採る代わりに最優先順位の配当受領権を認めており、立法論としてはこれを一般化するべきである（松岡・257頁 文献 ）。こうした立法は、2003（平成15）年の担保・執行法の改正でも検討事項とされていたが、最終的には検討時間が足りず見送られた。

2　留置権の効力が及ぶ対象の範囲

対象物自体のほか、従物や付合物（87条・242条）なども留置できる。また、債権が物の一部の保存・改良による場合にも、その物全体が留置できる。対象物の価額と被担保債権の差がある場合には代担保請求で対応すればよい。

特に争われているのは、造作留置権に基づいて建物全体が留置できるかである。判例は建物の留置を認めない（245頁の**3**）。従物に対する債権で主物を留置するのは公平に反するとして判例に賛成する見解もあるが（松尾＝古積261頁［古積］）、通説は、造作は賃貸人の同意を得て建物と経済的にも法的にも一体となっており、造作上の留置権が建物に延長すると解するのが造作買取請求権制度の趣旨に適合する等の理由で、建物の留置を認める（我妻30頁、高木25頁など）。判例が、建物買取請求権については建物留置の反射的効力として敷地の留置を認めることと対比しても、建物と造作で結論を異にする理由は乏しい。問題の核心は、具体的場面で留置権を肯定することが当該被担保債権の弁済を促す手段として適切・妥当か、その制度と整合するかという価値判断であり、牽連性の有無をこの基準とするのは問題をわかりにくくするので適切でない。

3 留置の態様

　留置権者は、対象物の引渡しを拒絶することができるにすぎず、積極的な使用収益権をもたない。したがって、対象物を使用・賃貸・担保提供するには、その保存に必要な使用の場合を除き、債務者または所有者の承諾が必要である（298条2項）。債務者以外の者の所有物に留置権が存在する場合もあるので、298条の「債務者」に「所有者」をも含むとするのが判例（235頁の1の最判昭40・7・15）・通説である（永田眞三郎「判批」担保の判例Ⅱ144頁）。

　判例は、借家の居住継続を対象物の保存に必要な使用と認める一方（244頁の1の大判昭10・5・13）、借地上の建物の新たな賃貸（大判昭10・12・24新聞3939号17頁）および船舶の遠距離航行（最判昭30・3・4民集9巻3号229頁）には債務者の承諾を要するとした。

　留置権者は、返還するべき他人の物を占有しているので、善良な管理者の注意をもって対象物を管理する義務を負うが（298条1項）、必要費・有益費を支出した場合には、本来負担するべき所有者にその償還を求めうる。もっとも、有益費については、所有者の意思に反して過大な費用の支出を無理強いすることを避けるため、所有者は、支出額か価値増加額のいずれかを選択して償還することができる（299条2項本文。合理人なら低い方を選択する）。留置権者は、この必要費・有益費をも被担保債権として対象物を留置できるが、有益費につき期限が許与された場合には成立要件が欠けるので（同項ただし書）、有益費償還請求権を被担保債権とする新たな留置権は成立しない。

4 留置権の行使の効果

　訴えによる対象物の引渡請求に対して留置権が抗弁として行使された場合には、質権の場合のように請求棄却になる（223頁の1末尾）のではなく、被担保債権の弁済と引換えに返還を命じる引換給付判決（請求一部認容）となる（最判昭33・3・13民集12巻3号524頁）。質権とは異なり、債務者に先履行を強いるほどの効力を認めなくても、留置権の制度目的である公平は十分達成できるからである。

　留置権の行使は、被担保債権の行使とは別で、時効中断の効力はない（147条・300条）。したがって、たとえば、譲渡担保不動産を譲渡担保権者か

ら譲り受けた者は、留置権を主張して明渡しを拒む設定者の清算金請求権の消滅時効を援用して、留置権の消滅を主張できる（最判平11・2・26判時1671号67頁）。

しかし、被担保債権の消滅時効が留置中も常に進行するとしては、優先弁済権を法律上実現する積極的な手続を欠く留置権者にとって苛酷な結果となりかねない。裁判上抗弁として留置権が行使された場合には、訴訟係属中被担保債権の催告が継続していると扱うべきである（いわゆる裁判上の催告。222頁の第1項の最大判昭38・10・30。新147条1項1号は、時効の完成猶予として、この旨を明文化する）。

5　留置権の対抗力

債務者所有の物についていったん成立した留置権は、その物が後に第三者に譲渡されても、この第三者に対抗できる（通説）。留置権が占有を要件としている以上、第三者は対象物にこのような負担が付着していることを知ることができるし、この場面での留置権の対抗力を否定すると、同時履行の抗弁権とは別個に留置権制度が認められる意義が狭くなりすぎてしまう。

これに対して、違法な処分の場合（245頁以下の4）のように、対象物の所有者が債務者以外の者である場合にも、留置権は債務者との関係では成立するが、原則として、第三者には対抗できない。対抗要件を備えていない占有者を保護するのは、背信的悪意者排除論（筆者は準当事者・悪意者・善意の有過失者を排除する考え方を採る。『物権法』136頁以下の(6)・195頁以下の3）などによるべきである。第三者の所有権取得の優先を認めた以上、留置権の対抗を認めるのは、対抗要件を先に備えた者や真の所有者を保護するという別の原理と矛盾する。判例・通説も同様の考慮から同じ結論を導いているが（我妻28頁・34頁、高木27頁）、牽連性要件が欠けるからであると説明している。しかし、牽連性の有無を基準とするのは、制度や原理間の衝突・調整という実質的判断をわかりにくくするので適切でない（道垣内29頁-31頁、これを批判する高木24頁・27頁も、牽連性否定の実質的根拠は「留置権制度の本来の趣旨」に求める）。

他方、243頁のCase 33の［3］の場合に留置権の対抗が肯定されるのは、

そのような評価矛盾は生じないからである。(比較的少額の) 清算金請求権を限度とする Y の留置権は、Y の占有が継続していることから譲渡担保関係の未清算を推定できる X が覚悟するべきであり、むしろ留置権を認めることが、譲渡担保権設定者の保護の強化に努力してきた判例・学説の態度と調和する。なお、244 頁の Case 33 の [4] の場合でも、Y は損害賠償債権を被担保債権とする留置はできないが、違法処分を追認して清算金を請求するのであれば留置権を認めてよい。適法な処分の場合でさえ清算金の支払が留置権で確保される以上、違法な処分の場合にもその程度の保護を与える方が均衡がとれる (譲渡担保の 341 頁以下の(a)も参照)。

第2項 果実収取による優先弁済権

留置権者は果実 (天然果実のみならず債務者の承諾を得て賃貸した場合の賃料などの法定果実も含む) を収取し、他の債権者に先立って (利息・元本の順で) 被担保債権に充当することができる (297 条)。留置権にもこの限りでは優先弁済権がある。留置権には対象物の積極的な利用権がないから、果実は本来は不当利得 (703 条) として所有者に返還するべきところ、果実収取による優先弁済権は、簡易な実行と清算を認めたものである。

第3項 形式競売権

留置権者は、対象物を長期にわたって管理しなければならない不便を避けるため、対象物を競売して換価することができる (民執 195 条)。このような請求権の実現を目的としない換価のための競売を形式競売という (形式的競売とも表現される。いずれにせよ、その中味は不明確である。清水 211 頁-212 頁)。他の債権者の配当要求があれば優先を主張することはできない。しかし、そうした配当要求がなく、債務者が対象物の所有者である場合には、留置権者は、被担保債権と交付された換価金の返還債務とを相殺することによって事実上の優先弁済を受けられる (近江 35 頁、道垣内 37 頁)。

第4節　留置権と同時履行の抗弁権の関係

　留置権と同時履行の抗弁権（533条）には、①物に関してのみ成立するか、行為を内容とする給付一般につき成立するか、②契約関係を必ずしも必要としないか、双務契約の主たる給付の間にのみ成立するか、③第三者に対抗できるかできないか、④抗弁権にとどまらない競売等の権利行使が可能か否か、⑤代担保提供による消滅が認められるか否か、⑥破産における保護がないかあるか（256頁の第4項で述べるとおり民事留置権は消滅するが、同時履行関係は尊重される。破産66条3項と53条を対比せよ）などの違いがある。しかし、物の引渡しを主たる給付内容とする双務契約では、両者がともに成立しうる。通説は、両者のいずれをも主張できるとし、両者を同時に認めた下級審判決もある（244頁の２の東京高判昭24・7・14）。これに対して、契約関係当事者の間では同時履行の抗弁権のみで処理するべきだとする非競合説も有力であり、筆者もこの考え方に傾いている。請求権競合問題や物権・債権の関係など民法体系全般にかかわる根の深い難問で、簡単に決着はつきそうにない（257頁の文献の清水155頁以下および関611頁以下。本書はこのような問題性を考慮し、契約関係のない所有者・占有者間に成立する留置権を本章冒頭（240頁）で典型例として用いている）。

第5節　留置権の消滅

　留置権は、物権や担保物権の一般的な消滅原因（抵当権の169頁以下の１および171頁以下の２）によるほか、次の４つの特有の原因によって消滅する。

第1項　義務違反を理由とする消滅請求

　留置権者が善管注意義務に違反したり、債務者または所有者の承諾を得ずに対象となる物を保存に必要な限度を超えて使用したり、賃貸したり、担保

に供した場合には、債務者または所有者は留置権を消滅させることができる（298条。形成権であることについては、質権の235頁の1を参照）。義務違反があれば足り、現実の損害の発生を要しない（最判昭38・5・31民集17巻4号570頁）。留置権者がいったん留置物の使用等の承諾を得た場合には、留置物の所有権を後に譲り受けた者は、消滅請求を行うことができない（最判平9・7・3民集51巻6号2500頁）。譲受人はそのような使用等を許諾された留置権の負担を承継しているからである。

第2項　代担保の提供による消滅請求

　債務者や留置物の所有者は、被担保債権額を回収するに足りる相当の担保を提供して留置権の消滅を求め、比較的少額の被担保債権で対象物を留置される不便を解消できる（301条）。留置権者としても、債権回収が確実にできる担保が提供されれば損害を受けることはない。この代担保は、保証人などの人的担保でもよい。通説は、消滅の請求には留置権者の承諾を要するとする。しかし、それでは留置権者が任意に承諾をしない場合にこれに代わる判決（414条2項ただし書）を得たうえでそれでも争われれば、原対象物の返還請求訴訟をさらに起こさなければならず迂遠すぎる。該当判決がないのもこのためであろう。消滅請求権を形成権として扱い、必要なら留置権者がその行使の成否や効力を争えばよい。

第3項　占有の喪失

　留置権は占有による留置的効力を中核としているので、占有を失うと消滅する。占有を奪われた場合には、占有回収の訴え（200条）によって復活させうるだけで（203条ただし書）、留置権自体に基づく物権的返還請求権は認められない（妨害排除請求や妨害予防請求は可能）。
　占有は代理占有でもよいので、対象物を賃貸・質入れしても留置権は消滅しない。302条ただし書はその旨を注意的に定めただけであり、無断賃貸・無断質入れによっても留置権は直ちに消滅するわけではない。この場合には、

留置権は、義務違反を理由とする消滅請求を待って初めて消滅することになる。

第4項　対象物所有者の倒産

　対象物所有者の総財産を清算する破産手続において、民事留置権は破産財団に対しては効力を失う（破産66条3項）。立法論としては批判があるところである。これに対して商事留置権は特別の先取特権のなかで最劣位のものとみなされる（同条1項・2項）。

　清算が行われない会社更生手続や民事再生手続においては、民事留置権者は、更生担保権や別除権を与えられないが（会更2条10項、民再53条1項。商事留置権者は、更生担保権や別除権を有する）、消滅する旨の規定もないので、そのまま存続すると解される（倒産法概説147頁［沖野眞已］、伊藤897頁注4）。

　なお、民事留置権を除く担保物権一般について、消滅請求制度があり（破産186条以下、会更104条以下、民再148条以下）、商事留置権については、さらに、破産法と会社更生法に、手続開始時にも特別の消滅請求制度が置かれている（破産192条、会更29条）。

> **留置権の将来像**
> **——不動産商事留置権をめぐる解釈論の限界**
> 　バブル経済破綻の後始末として難しい問題が登場した。建物建築請負人が工事請負代金の未払を理由に建物（高層のオフィスビルが多い）のみならず敷地にも商事留置権を主張した。巨額の工事請負代金について敷地の商事留置権まで認めて、敷地競売時にそれが引受けになると、競売が困難になって、建物の建築以前にその敷地を更地と評価した抵当権者を害する（法定地上権に関する135頁以下の(1)を参照）。
> 　かといって、不動産商事留置権を否定すると、請負人の債権回収は著しく困難になる。というのは、民事留置権は、敷地には請負代金債権全額との牽連性が認められにくいため（土地の基礎工事の限度では牽連性が認められるかもしれないが）、土地利用権がなく非常に低評価となる建物しか対象にできないからである。さらに、注文者が破産した場合に民事留置権は失効してしまう。
> 　どちらを勝たせても問題が残るため最善の解決が見当たらず、下級審裁判例も学説も激しく対立し混迷している。解釈論による対応には限界があり、牽連性の不要な不動産商事留置権を否定する一方で、牽連性がある限度で敷地にも成立する民事留置権

に優先弁済権を正面から肯定して消除主義を採り、破産の場合も民事留置権が効力を失わないとするなどの立法的措置が必要であろう（松岡・下記 文献 の 102 頁以下）。

しかし、2003（平成 15）年の民法改正や 2004（平成 16）年の破産法改正では、そのような抜本的措置には慎重論もあり（山野目 245 頁、倒産法概説 129 頁-130 頁［沖野］）、この点の改正は見送られた。

文献

清水元『留置権概念の再構成』（一粒社、1998 年）と関武志『留置権の研究』（信山社、2001 年）が総合的な研究として詳しい。沿革については、鈴木正裕「留置権小史」河合伸一判事退官・古稀記念『会社法・金融取引法の理論と実務』（商事法務、2002 年）191 頁以下も詳しい。ほかに、松岡久和「留置権に関する立法論」別冊 NBL69 号（2002 年）88 頁以下。

第5章…先取特権

　本章では先取特権を扱う。先取特権は、留置権と同様に担保物権設定契約によらず法律の規定によって当然に成立する法定担保物権であるが、他方、留置権とは異なって必ずしも占有を伴わずに対象財産から優先弁済を受けることができる。先取特権は、多種多様な要件・効力を持ち複雑である。本書では、民法上の先取特権についての説明を実際に機能していると思われる重要なものに限定し、その代わり特別法をも含めた先取特権制度全体を概観することに重点を置く。

　本章は、他の章と対応させて、意義と機能（第1節）、成立要件（第2節）、効力（第3節）、消滅（第4節）の4節で構成し、それぞれの箇所で先取特権の対象毎に分説する質権の場合と同じ方式を採用する。

第1節　先取特権の意義と機能

第1項　先取特権の意義

　先取特権は、法律が種々の理由から優先弁済権を与えることにより一定の債権を強化するものである。留置権とは異なって、先取特権は対象物の占有を要件としない。他の債権者に優先することが認められる点で対第三者効のある物権と構成される（加賀山260頁以下は債権そのものの効力として構成する意欲的な試みであるが賛成できない。物権概念全体の問題として389頁以下の第9章で詳しく取り上げる）。しかし、通常の物権のような対象物との結びつきや公示は必ずしも必要とされない。そのため、他の債権者にとっては、不測の不利益をもたらすおそれがあるとして、フランス法にならって多種多様な先取特権を認める日本民法には批判がある。また、すぐ後で見るように民法上の先取特権は若干のものを除き、裁判例に登場することも稀で、現実的にはあまり機能していない、との指摘もある（いずれも我妻50頁-57頁）。しかし、おびただしい数の特別法がさらに多くの先取特権を認めているし、裁判で争われることがなくても、先取特権が付与された債権の弁済は詐害行為や否認の対象となりにくいので任意に弁済されるなど、裁判に至る前の段階で先取特権制度は十分機能しているとも考えられる。

第2項　先取特権の根拠

　先取特権が認められる根拠は、被担保債権に優先弁済を認めて保護するべきであるという政策にある。そのような政策は多様なので、統一的に先取特権の根拠を説明することは難しい。

1　民法上の先取特権

　民法上の先取特権については、次のような理由が挙げられ、これらの1つ

または複数の組み合わせが根拠となる。代表的な例と合わせて説明しよう。

①公平の確保

他の債権者にも利益になる費用については、利益を受ける者が平等に負担するべきで、出捐者だけに債務者の無資力の危険を負担させるべきでない。公平というのはこうした考慮である。共益費用の先取特権（307条）や動産および不動産保存の先取特権（320条・326条）がこの典型例である。ただ、公平の確保という理由は、程度の差こそあれ、すべての先取特権に妥当するものともいえる。すなわち、債権者が債務者の責任財産の増加や維持に寄与している場合、その増加分や維持分は、約定担保による自衛を期待しにくい費用出捐者に優先的に割り当て、債権者平等の扱いをしない方が公平である、という発想が広く認められる。

こうした観点でみると、先取特権による優先は、その先取特権が付与された債権者による価値の取戻しによって、一見増加している債務者の責任財産を「あるべき責任財産」に復するにすぎないものであり、他の債権者は本来期待できない増加分を失うだけであって不当な不利益を受けるものではないと捉えることも可能である。こうした理解からみると、先取特権制度は不合理な制度ではない。

②弱小債権者保護の社会政策

弱小債権者には、その生活等にとって不可欠な債権であっても、約定担保権による回収確保の自衛的措置を期待できない。他方で、被担保債権が比較的少額であるため、これを優先しても、他の債権者を害する度合いは少ない。そのため社会政策としてこれを優遇する。雇用関係の先取特権（308条）や農工労務の先取特権（323条・324条）がこの例である。責任保険金請求権について被害者に先取特権を付与しているのは（保険22条）、こうした考慮に加え、保険金請求権が損害賠償債権の支払を確保するという制度の機能も理由であろう。

③債務者に必要な給付を行う契約の促進

売掛代金が保護されれば、債権者は債権回収を心配せずに物やサービスを先履行として提供することができるから、この先取特権の存在は、債務者にとっても有益となる。葬式費用の先取特権（309条）や種苗肥料供給の先取

特権（322条）がこの例である。もっとも、債務者の財産が不足している場合にはあまり役に立たないとの指摘もある。

　④担保意思の推測

　債権者は、債務者の一定財産が債権の引き当てとなることを期待する一方、債務者にも担保を設定する意思があることが推測されるから、合意がなくても担保の成立を認める。不動産賃貸の先取特権（312条）などがこの例である。

2　特別法上の先取特権

　特別法による先取特権では、さらに次の2つの理由が加わる。

　⑤公益的収入の確保

　租税債権や国・公共団体などの手数料・徴収金債権、社会保険料債権など（税徴9条、地税14条の2、健保182条、国民年金98条など）がこの例である。これらの場合には、たしかに債務者の責任財産の積極的な増加はない。しかし、これらの税や公的負担は、債務者が通常の生活を送るためには不可避であり、それにあてられるべき財産は、他の債権者が責任財産として正当に期待できるものではない。比喩的にいえば、税金等は社会生活・経済生活というゲームへの参加料である。その負担は同じゲームに参加する全ての者が了解済みなので、税金等の優先的徴収は、「あるべき責任財産」への復帰にすぎず、①に述べた価値の増加分の取戻しと似た性格を持つ。

　⑥担保設定手続の省略

　特殊法人などの社債・借入金債権のように多数の者からの少額の出資を募る場合には、個別の担保権設定手続は非常にコストがかかる。そのため、これを省略しつつ、出資者の債権の回収を保障して出資を促進するために、先取特権が付与されている（放送80条、国立大学法人33条など）。③と同じく債務者の便宜を図るものではあっても、③が反対給付の供給促進を重点とし社会的弱者保護の意味を併せ持つのに対し、⑥は資金調達の円滑化に重点があって、意義が異なる。また、⑥の先取特権が実行されることは皆無に近いが、担保設定コストの削減による資金調達の簡易化の役割は十分に果たされている。

特別法の全般的な特徴として、戦後の法令整備期から高度成長期にかけての立法が多く経済政策の動向との関係が深い。全時期を通じて⑤⑥を主たる理由とする立法が多い（松岡久和「特別法上の物権」北川善太郎ほか編『民法財産法注解(2)物権』（青林書院、1997年）61頁以下）。

第3項　先取特権の性質

先取特権が、担保物権として付従性と不可分性（305条）を有することには異論がない。物上代位性（304条）を有することは明らかだが、それが実際に問題になるのは動産の先取特権に限られる（273頁の(1)）。

若干議論があるのは随伴性である。一般的には随伴性は肯定されているが、使用人の保護を目的とする雇用関係の先取特権（308条）では債権譲受人を保護する必要がなく、債権者の期待の保護を趣旨とする先取特権については、譲受人には優先権行使への合理的期待がないとして否定するものがある（道垣内77頁）。しかし、使用人が将来の給料債権などを譲渡担保として融資を受けることを希望する場合、随伴性がないと譲渡しようとする債権の担保価値が低く評価されて使用人保護が図れないので、随伴性は肯定するべきである（石田83頁）。

第2節　先取特権の種類と成立要件

先取特権は、その対象となる責任財産によって、一般の先取特権・動産の先取特権・不動産の先取特権の3種に大別され、総責任財産に成立する一般の先取特権と対比するときには、個別の動産・不動産に成立する動産の先取特権と不動産の先取特権をまとめて、特別の先取特権と呼ぶ。それぞれに固有の要件および効力がある（次頁の**図表16**）。

図表 16　民法上の先取特権一覧

種類		名称	条	主な根拠	被担保債権	対象
一般の先取特権		共益費用	307条	公平確保	共益費用の債権	総責任財産
		雇用関係	308条	社会政策	給料その他の雇用関係上の債権	総責任財産
		葬式費用	309条	社会政策	相当な葬式費用の債権	総責任財産
		日用品供給	310条	給付促進	最後の6か月間の飲食等の債権	総責任財産
特別の先取特権	動産の先取特権	不動産賃貸	312条-316条	意思推測	賃料その他の賃貸借関係上の債権	備付動産等
		旅館宿泊	317条	意思推測	宿泊料・飲食料の債権	持込手荷物
		運輸	318条	意思推測	運送賃および付随費用の債権	占有荷物
		動産保存	320条	公平確保	動産の保存等の費用の債権	当該動産
		動産売買	321条	公平確保	動産の代価および利息の債権	当該動産
		種苗肥料供給	322条	給付促進	供給物の代価および利息の債権	1年内の果実
		農業労務	323条	社会政策	最後の1年間の賃金債権	果実
		工業労務	324条	社会政策	最後の3か月の賃金債権	製作物
	不動産の先取特権	不動産保存	326条	公平確保	不動産の保存等の費用の債権	当該不動産
		不動産工事	327条	公平確保	不動産工事費用の債権（増価額限度）	当該不動産
		不動産売買	328条	公平確保	不動産の代価および利息の債権	当該不動産

第1項　一般の先取特権

　債務者の総責任財産を対象とする。といっても、総財産を一個の物とみたてて先取特権が成立するのではなく、個々の財産権のいずれをも対象とするという意味である。なお、不動産を対象とする一般の先取特権は登記することもできるが（336条、不登3条5号）、登記がされることは稀である。
　一般の先取特権は、民法では4種のみが認められるが（306条）、特別法には多数の一般の先取特権が定められている。以下、分説する。

1　民法上の一般の先取特権
（1）共益費用の先取特権
　この先取特権（306条・307条）は、債権者の共同の利益のために債務者の財産の保存、清算、配当に必要な費用を支出した場合の償還債権につき認め

られ、債務者の財産全体の利益となっていることから一般の先取特権と構成される。これに対して、特定の財産の保存等については、当該財産を対象とする動産の先取特権や不動産の先取特権が成立する（320条・326条）。

　費用が一部の者のみの利益になる場合には、利益を受けた者との関係でしか優先権は認められない（307条2項）。たとえばある債権者が抵当権付不動産の贈与を詐害行為だとして取り消しても、保存費用の先取特権は、同不動産上の抵当権には優先しない。抵当権には追及効があるため、詐害行為取消権が行使されなくても優先弁済権を確保しており、取消権の行使により抵当権者が利益を受けたとはいえないからである。

(2) 雇用関係の先取特権

　この先取特権は（306条・308条）、国民の8割が賃金労働者であり賃金が生活の拠り所であることから、雇用関係から生じる給料等（ボーナスや退職金を含む。最判昭44・9・2民集23巻9号1641頁）の債権の支払を確保して、「使用人」の生活を保障する社会政策に基づく。労務が特定の財産の維持や増加に結びついているとは限らないので、一般の先取特権と構成されるが、労務が特定の果実や製作物を生じる場合には、動産の先取特権（323条・324条）が重ねて成立する。

　2003（平成15）年の改正において、その人的および物的範囲が拡張された。すなわち、雇主が会社である場合の保護（商旧295条・旧有限会社46条2項）との不均衡は不合理なので、改正法は、最後の6か月の給料債権に被担保債権を限定していた旧規定を商法等の規律に合わせ、広く雇用関係に基づいて生じた債権に広げ、期間を限定せずに、先取特権で保護することとした。6か月以上も給料が未払になることは考えにくいが、退職金は給料の後払の性格をも有し、退職後の生活を支えるきわめて重要なものであるから、先取特権が認められる退職金の範囲を給料の6か月分程度に限定する（上記の最判昭44・9・2）のはかえって不合理だからである。この改正によって、商法と有限会社法の規定は削除されたが、従来の解釈と同様、請負契約や個人事業の形式を採っていても、実質的な雇用関係があれば、そこから生じた債権は先取特権によって保護される。「使用人」は労働基準法が適用される労働者

（労基9条）より広く、同居の親族や家事使用人（同法116条2項により適用除外）も含む。

(3) 葬式費用の先取特権

この先取特権（306条・309条）は、債務者または債務者の扶養するべき親族が死亡した場合の葬式費用の（業者の）支払債権や近親者の費用償還債権が被担保債権である。この先取特権は、資力の乏しい者であっても相応の葬式を行いやすくするため、葬儀費用債権につき先取特権を認めることにより葬儀社等が安心して葬式を引き受けられるようにする公益的な配慮に基づく。もっとも、この機能は、現在ではむしろ生活保護法などによって担われている（生保18条）。

この先取特権は、特定の対象物が存在しないので一般の先取特権として構成されている（都道府県や市町村が葬式を行ったことによる費用については生保76条や老福27条により死者の遺留品につき動産の先取特権が与えられている）。

債務者自身が死亡した場合は、権利能力が失われているため葬式費用の債務が発生しないようにもみえる。しかし、死者が生前に葬儀の契約を結んでいる場合や、遺産について破産手続・限定承認・財産分離などの特別の清算が行われて相続人が債務を負わない場合に、遺産からの優先弁済を保障するため、例外として死者について債務の発生を認めることになる。この先取特権の優先は社会的に相当と認められる額の葬式費用に限られる。

(4) 日用品供給の先取特権

この先取特権（306条・310条）は、債務者または債務者の扶養するべき同居の親族（内縁の配偶者を含む）・家事使用人などの生活に必要な飲食料品や燃料・電気等の供給の代金債権を担保することにより、こうした日用品等の供給を受けやすくしようとしている。供給されるものが消費物や無体の電気エネルギー等であるため、この先取特権は、特定の対象物が存在せず、一般の先取特権として構成されている。制度の趣旨から、法人が債務者である場合は含まれない（最判昭46・10・21民集25巻7号969頁：大阪市の水道料金債権の例）。代金債権のうち優先弁済権があるのは、最後の6か月分に限られる。

クレジット・カード払による日用品等の購入の場合には、クレジット債権の債権者にこの先取特権が付与されると解するべきであろう（道垣内51頁）。

2　特別法上の一般の先取特権

強制執行・滞納処分・競売・倒産処理などの費用については、先取特権という名称を用いていないが、共益費用の先取特権と同趣旨の最優先の一般の先取特権が成り立つ（民執42条・194条、税徴9条・10条、地税14条の2、14条の3、破産148条1項1号・2号、152条2項、会更127条1号-3号、民再119条1号-3号）。

同様に、公益的収入確保の目的で、租税にも高い優先権が与えられており（税徴8条以下、地税14条以下）、その性質は、債務者の総責任財産に成立する一般の先取特権である。国または地方公共団体の徴収金（自治231条の3など）、公法人の徴収金（区画整理41条など）、社会保険料など（健保182条、国民年金98条など）は、国税・地方税に次ぐ順位の一般の先取特権である。

また、特殊会社や公団等の社債または債券には、担保設定手続の省略や公益的事業の資金調達促進を目的とする一般の先取特権がある（放送80条、国立大学法人33条など）。出資された金銭は出資を受けた会社等の総責任財産を増やしていると考えられるので一般の先取特権とされる。一方、財産増加が維持されているとは限らないので、この先取特権は最劣位の担保権として処遇される。

> 補足　**企業担保権**
>
> 　企業担保権は、企業担保法（昭33年法106号）によって認められる約定担保物権であり登記により公示される。手続が煩雑で高額の費用がかかる財団抵当の欠点を補う簡易な担保制度として創設された。個々の財産上の担保物権や租税債権・一般の先取特権に劣後し、特有の実行手続においてしか優先弁済を主張できない。その被担保債権が株式会社の発行する社債に限られ、その会社の総財産を対象とする点、および、登記した担保物権のみならず、他の先取特権よりも後れる点で、上記の資金調達促進のための一般の先取特権に似る。企業担保権は、機能的には財団抵当と先取特権の中間的な存在である。企業担保権は、一部の優良企業においてしか利用されておらず、本来この種の担保の必要な中小企業の需要には応えていない。

第2項　動産の先取特権

　動産の先取特権は、債務者の特定の動産から優先弁済を受ける権利で、民法上は8つある（311条）。不動産賃貸・旅館宿泊・運輸の先取特権は、主として担保意思の推測を根拠としている。動産保存・動産売買の先取特権は、公平を主たる根拠とする。種苗肥料供給の先取特権は給付の促進（農業振興策も根拠とみうるがその点では不十分であり農業動産信用法（昭8年法30号）により拡充が図られた）、農工業労役の先取特権は弱小債権者保護という社会政策が主な根拠である。以下では、これらの先取特権のうち比較的重要な不動産賃貸と動産売買の先取特権だけを詳説するにとどめる。

1　不動産賃貸の先取特権

　これは、不動産の賃貸借関係から発生した債権（賃料債権や損害賠償債権）を被担保債権とし、賃借人の一定の動産を対象物とする先取特権である（312条）。地上権や永小作権に準用される（266条2項・273条）。他の債権者を圧迫しすぎないようにするため、被担保債権の発生時期と額に限定があり、対象となる物の範囲については議論がある。

(1)　被担保債権の発生時期の制限

　賃借人の財産が総清算される場合（賃借人の破産、賃借法人の解散など）、損害賠償債権は前期・当期の2期分（賃料の支払時期を基準とし、たとえば毎月払であれば、今月が当期、先月が前期である）、賃料債権などその他の債権は前期・当期・次期の3期分についてのみ、先取特権が認められ（315条）、残りは無担保債権となる。

　なお、借地借家法では、最後の2年分の地代等について、地主が借地上に借地人が所有する建物に先取特権を有するとする（借借12条。不動産の先取特権であることに注意。借地権の登記を要するためあまり利用されていない）。これは不動産賃貸の場合の動産の先取特権を、賃借人保護の強化との均衡を理由に拡張するものである。

(2) 敷金がある場合

敷金によりその範囲で賃貸人の債権はすでに担保されているから、敷金を債務に充当してなお足りない部分だけが先取特権で担保される（316条）。

(3) 対象物

土地の賃貸借の場合、①排水ポンプのようにその賃借地に備え付けられた動産、②その借地の利用のための建物に備え付けられた動産（313条1項。次頁の補足）、③農機具などその賃借地の利用に用いる動産、④農作物などその賃借地の天然果実で賃借人の占有する物である。建物賃貸借の場合には、賃借人がその建物に備え付けた動産である（同条2項）。

どこまでを「備え付けた動産」と見ることができるかにつき、判例は、一定期間継続して置いておくために建物内に持ち込んだ物であれば、金銭・有価証券・宝石類や営業用什器・商品なども含まれるとする（大判大3・7・4民録20輯587頁、大判昭18・3・6民集22巻147頁）。これに対して、畳・建具などの従物と建物の常備する家具程度に限るとする説が多いが（近江45頁-46頁、高橋38頁-39頁など）、近時は判例を支持する見解も増えている（内田512頁、石田92頁など。先取特権の本来の使い方ではないが、平野387頁注553は夜逃げした賃借人の残留動産を賃貸人が処分するためにも有益だとする）。建物利用と無関係な所持品類にまで及ぶとすることは賃貸人の期待を超える保護の付与であり、そうした物の供給者や一般債権者を害する。他方、店舗や倉庫としての建物賃貸借では、商品等も合理的な期待の範囲内と考えられる。判例を基本としたうえで、賃貸借契約の趣旨に照らして期待の合理性の有無により「備え付けた」に当たるかどうかを判断するべきであろう（道垣内54頁）。

(4) 対象物の範囲の拡大

対象物の範囲は、次に2つの場合に拡大される。

①賃借権の適法な譲渡・転貸がなされた場合には（この限定については石田94頁-95頁）、譲受人や転借人が持ち込んだ動産、および、賃借人が譲受人・転借人に対して有する譲渡代金債権・転貸料債権にも、先取特権が及ぶ（314条。後者は物上代位の一種である）。

②備え付けられた物が債務者以外の者の所有物であれば、本来先取特権はそれには及ばないはずである。しかし、民法は、その物を賃借人の所有物であると過失なく誤信した賃貸人の期待を保護するため、即時取得の規定を準用して（占有取得は必ずしも要件でない）、先取特権がそれに及ぶことを認めている（319条。ただし195条の準用は無意味である）。期待を保護するといっても、高価な物が備え付けられたことを知ったから賃料を値上げするというような関係はないから、善意・無過失の判断時期は先取特権の実行着手時と解するべきであろう（平野387頁。石田96頁は備付時説、道垣内55頁＊＊は賃貸人が備付を知った時とする）。

即時取得の準用は、不動産賃貸の場合のほか、同じく担保意思の推測に基づき債権者の期待を保護する旅館宿泊・運輸の先取特権にも認められている。

|補足| **借地上にない建物に備え付けられた動産**

通説は、借地上にある建物に備え付けられた動産は、「その土地……に備え付けられた動産」に含まれると解し、それとの対比で「その利用のための建物に備え付けられた動産」は、借地の利用のための建物中の備品等のように、借地上にない建物に備え付けられた動産を指すと読んでいる。道垣内53頁注21は「その利用のための建物」に限定されているからそれで差し支えがないとする。しかし、借地上の建物内の動産に拡張することすら、賃貸人が担保として合理的に期待しているかどうか怪しいのに、借地とのつながりがみえないところまで「その利用のため」という主観的な要件で拡張するのは、いっそう疑わしい。313条の元となった旧民法債権担保編149条1項は「居宅竝ニ土地利用ノ建物内ニ備ヘタル動産」としており、賃借地上にある居宅と居宅以外の厩などの付属建物中の動産のみを指していたと思われる。

たとえば、企業Ｓが倉庫甲の敷地をＸから、倉庫管理用の建物乙の敷地をＹから借りている場合、乙が甲の倉庫としての土地利用のための建物であるとすると、乙中の管理用制御装置にもＸは先取特権を行使できることになってしまう。遠隔管理が可能になっている現代では甲・乙が近くにあるとは限らず、乙の存在を知らないＸには偶然の利得をもたらす。起草委員の穂積陳重も、（旧民法の規定を誤解したものと思われるが）賃借地と離れた居宅にある備品にまで先取特権が及ぶのは行き過ぎだと述べている（速記録二412頁）。のみならず、Ｘの先取特権がＹの先取特権と乙について競合し、必要以上に複雑な関係を生じる弊害もある。

2　動産売買の先取特権

動産の売主は、売買代金債権とその利息債権について、売買対象物の上に

この先取特権を取得する（321条）。売主の給付した物で買主の責任財産が増えるのだから、それと対価関係にある未払の代金債権を優遇することが公平にかなうというのが主たる根拠である。売主の代金債権を保護する制度としては留置権（295条）・同時履行の抗弁権（533条）もあるから、この先取特権がとりわけ有用なのは、売主が売却した物の引渡しを先履行している場合である。1980年代の半ばに、この先取特権に基づく物上代位を厚く保護する最高裁判決が相次ぎ（274頁の(2)）、一躍脚光を浴びた。なお、製作物供給契約の代金債権についてもこの先取特権を認めてよいだろう（道垣内57頁）。

第3項　不動産の先取特権

　不動産の先取特権は、債務者の特定の不動産から優先弁済を受けるもので、民法上は、不動産保存・工事・売買の先取特権という3種がある（325条）。不動産保存・工事の先取特権は（326条・327条）、不動産の価値を維持・増加したことが、他の債権者の利益にもなっているので、共益費の先取特権（307条）と同じように、保存費や増価分の優先的な回収を認めて公平を確保するものである。不動産売買の先取特権は（328条）、動産売買の先取特権と同様の公平の確保という根拠による。

　しかし、これらの不動産の先取特権はきわめて使いづらい。いずれも優先弁済権を保存するためには登記を行なわなければならない。これが効力要件なのか対抗要件にすぎないのかには争いがあるが、いずれにしても、建設工事関係の顧客と建設業者の力関係から、顧客に登記への協力を求めることは、工事の契約自体の締結を拒まれるおそれが高いため、困難である。しかも、とりわけ工事前の予算額の登記を要求し、予算額超過の場合に優先権を認めないことは（338条）、途中での変更が多い工事請負契約の実態にそぐわない。そのため、不動産の先取特権は、現実にはほとんど使われていない（最低売却価額の決定等に際して、増価額が反映されていなくても、不動産工事の先取特権者の優先弁済権の有無には影響がないとした最判平14・1・22判時1776号54頁は、数少ない最高裁判例である）。

　商事留置権が不動産について成立しないものとする立法論を採る場合には

(256頁のコラム)、建築工事請負代金債権の保護を強化して均衡を図るべきだと思われる。2003（平成15）年の担保・執行法改正の際には、不動産商事留置権の否定と合わせて、建物建築請負人を保護するために不動産工事や不動産保存の先取特権の単独登記を認めるなどの改善案も議論されたが、新たな執行妨害のおそれがあるとの慎重論もあり、見送られた。

> 補足 **先取特権制度の改正**
>
> 　2003（平成15）年の担保・執行法改正では、雇用関係の先取特権の拡充（265頁以下の(2)）や先取特権の実行方法の改善（275頁の(b)）が行われた。しかし、特別法を含めた先取特権制度全体の見通しの悪さや古さは手付かずであった。また、先取特権の形式を取らないものの対象財産を一般の責任財産から分別して実質的には先取特権と同等の機能を果たす制度（信託の倒産隔離機能、宅建業25条以下の営業保証金制度など）があり、これらと先取特権制度との機能分担関係も不透明である。
>
> 　2004（平成16）年の民法の現代語化の改正においては、国家賠償法の制定と運用により無意味となっていた公吏保証金の先取特権（旧320条）が削除された。その際、旧324条の農工業労役の先取特権を農業労務の先取特権と工業労務の先取特権に分けることで、条文番号の変更は、旧321条から旧323条までが1か条ずつ繰り上がるにとどまった。
>
> 　優先の根拠や順位を再検討して見通しのよい整理を行うことが先取特権制度の立法課題である。

第3節　先取特権の効力

第1項　優先弁済権

　先取特権者は対象物を競売し、その換価代金から、順位（278頁以下の第2項）に従って、優先的に被担保債権を回収することができる（303条）。

　この優先弁済権を確保する限度で、先取特権者は、不動産を対象にする場合の物権的な登記請求権、対象物に対する物理的侵害の停止・妨害の排除を求める物権的妨害排除、さらに妨害予防の請求権を有すると考えられる。対象物の占有を内容としないので、物権的返還請求権は有しないと解される。また、動産に対する先取特権には追及効がなく、対象物の処分を妨げる効力

については否定的に解されている（277頁の(4)）。総じて実例も議論も乏しく、抵当権の場合（100頁以下の2）に準じて考えることになろう。

1 先取特権の効力が及ぶ対象の範囲

　先取特権の効力の及ぶ範囲がそれぞれの先取特権によって異なることは、成立要件について述べたとおりである。さらに、先取特権は物上代位によって、対象物に代わって生じた債権あるいは対象物から派生した債権にも及ぶ（304条。抵当権と共通するところは、53頁以下の第4項に譲る）。

(1) 物上代位が認められる先取特権

　物上代位は、先取特権の総則で規定されてはいるが、実際にはほぼ動産の先取特権についてのみ意義がある。すなわち、一般の先取特権は債務者のすべての責任財産を対象とするので、財産の形態が変わっても、それが新たに先取特権の対象となるだけであり、物上代位の手続による必要がない。また、不動産の先取特権はそもそも利用されることが少ないうえ、登記による追及効があるので、抵当権の場合と同様、売買代金に物上代位をする必要性に乏しい（対象不動産の代替的価値や賃料には物上代位の必要があるが、いまだ適用例を見ない）。

　これに対して、動産を対象とする先取特権は、その動産が転売されて第三者に引き渡されると消滅するため（333条。285頁以下の第2項）、代わりに生じた転売代金債権で補填する必要がある。主として、転売代金債権に対する動産売買先取特権に基づく物上代位が問題になっている。他には不動産賃貸の先取特権が及んでいる動産の価値代替物にも物上代位が考えられる。

　さらに、判例では以下のようなケースが問題となった。ある設備の設置工事をYから請け負ったAが、同設備の一部となる機械を第三者Xから購入した（購入代金は請負代金の8割以上であった）。Aが買い受けた機械をXからYに直接引き渡させ、それを用いて請負工事を行った。請負代金も購入代金も支払われないうちにAが倒産したので、XがAのYに対する請負代金債権に対して、動産売買先取特権に基づく物上代位を主張した。判決は、請負代金債権は原則として物上代位の対象とならないが、請負代金全体に占め

る当該動産の価額の割合や請負契約における請負人の債務の内容等に照らして請負代金債権の全部または一部を右動産の転売による代金債権と同視するに足りる特段の事情がある場合には、Xは、請負代金債権のその部分に対して物上代位権を行使することができるとした（最決平10・12・18民集52巻9号2024頁）。学説には賛否があるが（百選Ⅰ158頁［直井義典］）、担保物権が価値の支配権であることを反映する247条2項の趣旨を考慮し（285頁の2）、給付された動産の価値が請負工事の成果物の中に残存している限り、より広く物上代位を認めてよい。

(2) 物上代位の要件としての差押え

物上代位権を行使するには、払渡しまたは引渡し前に差押えをすることが必要である（304条1項ただし書）。

最高裁は、動産の売主は、債務者（＝買主兼転売主）が破産宣告を受けた後でも、動産売買先取特権に基づいて、債務者が転買主に対して有する転売代金債権を差し押さえて物上代位権を行使することができるとした（61頁の最判昭59・2・2）。さらに、一般債権者が物上代位の対象である転売代金債権を差し押えた後であっても、配当要求の終期まで、先取特権者はこの債権に対し物上代位権を行使することを妨げられないとした（61頁の最判昭60・7・19）。この2判決により、物上代位権を行使するためには、必ずしも自ら最初に差押えをする必要はないことがわかる（276頁の(2)）。

一方、動産の先取特権には追及効がないため、それに基づく物上代位権も、対象債権が譲渡されたり、他の債権者が差し押さえて転付命令を受けると消滅する。前述の2つの最高裁判決は傍論としてこの旨を判示しており、後の判例は（最判平17・2・22民集59巻2号314頁。以下「平成17年判決」という）、債権譲渡が対抗要件を備えた後の物上代位を否定した。この結論は、抵当権の場合（61頁の(c)の平成10年判決）と対照的である。この平成17年判決によって、先取特権に基づく物上代位のための差押えは、対象債権の譲受人等の第三者の利益を保護する趣旨を含むこと（平成10年判決のような第三債務者保護説を採らないこと）が明らかにされた。

2 被担保債権の範囲

　先取特権によって担保される元本債権の範囲についても、それぞれの先取特権によって異なる。これに対して、利息・損害金については、先取特権の性質に反しない限り抵当権の規定が準用されるので、最後の2年分に限られる（341条・375条）。

3 実行方法

(1) 競売等の申立て

　先取特権者は、以下に述べる区分に従って、先取特権の実行を申し立てることができる。担保権の実行なので債務名義は不要である。不動産に対する先取特権の実行（不動産の先取特権の場合のほか、一般の先取特権に基づく不動産への執行を含む。以下同じ）では、競売のほか収益執行を行うこともできる（民執180条。抵当権についての77頁以下の第5節）。

(a) 不動産に対する先取特権の実行

　申立てには、確定判決等の謄本、公正証書の謄本または先取特権の登記事項証明書の提出が必要であるが（民執181条1項1号-3号）、一般先取特権に基づく場合には、担保権の存在を証する文書を提出することでもよい（同項4号）。

(b) 動産に対する先取特権の実行

　競売の申立てには、先取特権の存在を証する文書の提出が必要である。さらに、債権者が執行官に対して対象動産を提出するか、債権者が執行官に対し当該動産の占有者が差押えを承諾することを証する文書を提出しなければならなかった。債権者が占有を有しない場合には、債務者が任意に協力してくれない限り、実行が困難であった。

　そのため、2003（平成15）年の担保・執行法改正において、担保権の存在を証する文書を提出した債権者の申立てにより、執行裁判所が、動産競売の開始を許可することができるものとし（民執190条2項）、債権者がこの許可決定書を提出すれば（同条1項3号）、執行官が債務者の住居等を捜索して対象動産を差し押さえることができるものとした（民執192条・123条2項）。

(c) 債権その他の財産権に対する先取特権の実行

物上代位権を行使する場合を含め、債権その他の財産権に対して先取特権を行使するには、担保権の存在を証する文書を提出しなければならない。実行手続は債権執行の例による（民執 193 条・143 条以下）。

(2) 他の債権者による競売等

先取特権者は、自らが競売を申し立てることのできる対象物に対して他の担保権者が担保権の実行を申し立てたり一般債権者が強制執行をする場合にも、順位に即して優先的な弁済を受けることができる。登記済の先取特権者は何もしなくても自動的に配当が受けられる（民執 87 条 1 項 4 号）。それ以外の先取特権者は、配当要求の終期までに、(1)の要件をみたして、二重に競売を申し立てるか（民執 47 条または 125 条）、配当要求（民執 51 条・133 条・154 条 1 項）をする必要があり、これを怠れば優先弁済権を失う（最判昭 62・4・2 判時 1248 号 61 頁）。

なお、この最判昭 62・4・2 や最判平 5・3・30 民集 47 巻 4 号 3300 頁は、他の債権者の債権執行に対して、動産売買先取特権者が配当要求により物上代位権を行使できるとした判例であると解する学説が多かった。しかし、その後、最高裁は（59 頁の(4)の最判平 13・10・25）、民法 304 条 1 項ただし書と民事執行法 154 条（先取特権者のみが配当要求できるとし物上代位に言及していない）の文言に忠実に、物上代位権を行使するには、配当要求では足りないと判示した。差押えを行うことを求めても酷ではないため、この判断は支持することができる（松岡久和「物上代位に関する最近の判例の転換(上)」みんけん 543 号（2002 年）12 頁以下）。これは抵当権に関する判断だが、先取特権者が物上代位権を行使する場合にも同様に妥当する。

(3) 先取特権の存在を証する文書

先取特権自体の実行と先取特権に基づく物上代位権の実行のいずれにおいても、担保権の存在を証する文書を提出しなければならない。しかし、とりわけ雇用関係の先取特権の場合、この要件を厳密に解すると、労働債権の保護が不十分になってしまう。担保・執行法の改正では、この文書の内容を明

確にして、労働債権の保護を強化することが検討されたが、定式化は難しいのみならず逆に保護を狭めるおそれもあるとして、運用に委ねられることになった。公的な証明制度の整備が必要だとの指摘があるが（道垣内72頁）、費用対効果には疑問がある。賃金台帳や労働者名簿の当該労働者に関する部分について、雇主に対する労働者の謄本請求権を法定してはどうだろうか。

(4) 先取特権の保全

　動産売買先取特権やそれに基づく物上代位についても、対象物の即日支払での売却や転売代金債権の譲渡・取立てがなされること（これらの場合には物上代位はできない）を防ぐため、仮差押えや仮処分による保全が議論されている。しかし、強制執行を予定した権利の保全を目的とする仮差押えと担保権の実行とは別個の根拠に基づく制度であること、物上代位権行使の手段は差押えに限定されていること（民執193条2項・143条）を理由に仮差押えを否定する裁判例がある（東京高決昭59・10・2判時1137号57頁、東京地決昭60・3・15判時1156号80頁）。処分禁止や現状不変更の仮処分については肯定例もあるが（大阪高決昭60・2・15判時1157号123頁、東京高決昭60・5・16判時1157号118頁）、先取特権に転売代金債権の処分や弁済を禁じる実体法上の効力がないことから処分禁止の仮処分を認めないものや（東京高決昭60・11・29判時1174号69頁、広島高決昭61・6・10判時1200号82頁）、先取特権が占有を内容としないことから差押承諾請求権を被保全権利とする執行官保管の仮処分は認められないとするものなど（大阪高決平元・9・29判タ711号232頁、東京高決平3・7・3判時1400号24頁）、否定例の方が優勢である。

(5) 一般の先取特権の実行の制限

　一般の先取特権は債務者の総責任財産を対象とするから、他の債権者に対する影響を少なくする工夫がされている（335条）。すなわち、複数の財産から同時に配当がなされる場合には、まず不動産以外の財産から弁済を受け、なお不足があるのでなければ、不動産から弁済を受けることができない（同条1項）。不動産についても、抵当権・質権・先取特権などの特別担保の対象となっていないものから先に弁済を受けなければならない（同条2項）。一

般の先取特権者がこの順序で配当加入をすることを怠った場合には、順序に従った配当加入を行っていれば配当が受けられたはずの額については、別の財産の配当において、登記をした第三者に対して先取特権を行使することができない（同条3項）。順序に従わずに先取特権者自身が競売を申し立てた場合、利害関係者は執行異議（民執11条・182条）を申し立てることができる。

これに対し、不動産以外の財産の代価に先立って不動産の代価を配当するか、他の不動産の代価に先立って抵当権などの特別担保の対象である不動産の代価を配当する場合には、こうした制約はない。権利主張の機会を逸すると実効性のある債権回収ができなくなるからである。

4　対象財産権者の倒産

一般の先取特権者は、優先破産債権（破産98条）・優先的更生債権（会更168条1項2号）・一般優先債権（民再122条）として優先弁済を受ける。退職金を含む給料債権については、財団債権（破産149条）・共益債権（会更130条）として、さらに優先的な保護が与えられている（前者は給料の3か月相当分、後者は6か月相当分。再生手続によらずに随時弁済される民事再生の場合には特別な措置はない）。特別の先取特権者は（物上代位権を行使する場合を含め）、別除権（破産65条、民再53条）・更生担保権（会更2条10項）として、それぞれ優先弁済を得ることができる。

第2項　先取特権相互や他の担保権との優劣関係

> Case 35　中小企業のAは、敷金60万円を預けてBから賃借した工場用の建物において、Cから後払で仕入れた原材料甲を、従業員Dによって加工し、出来上がった製品乙をEらに販売していた。不況により事実上の倒産に追い込まれたAには、Bに対する賃料4か月分・100万円、Cに対する代金1000万円、Dに対する給与4か月分100万円の未払債務があった（それ以外の大口債務はすべて約定担保が付されている）。その後、Aは、国Fに対して税金300万円の法定納期限を徒過した。

他方、Aに残された財産で約定担保が設定されていないのは、工場内に存在する現金100万円、未加工の200万円分相当の甲、販売前の300万円分相当の乙、Eに対する400万円の売買代金債権丙のみであった。このAの財産からB・C・DおよびFはどれだけ債権を回収することができるか（簡略化のために手続費用を問題にしないことにする）。

1　先取特権の優劣関係決定の特殊性

　Case 35のように、不動産賃貸の先取特権・動産売買の先取特権・雇用関係の一般の先取特権・国税の優先権などの先取特権が同じ動産上に競合することがある。物権法の一般原則によれば、先に成立したか対抗要件を備えたものが優先するはずである。しかし、先取特権は種々の理由で一定の債権を特に優遇するものなので、民法は、成立時期や対抗要件の先後とは異なる基準を設けている。特別法では先取特権の順位を明記しているものが多く、これらを含めると優劣関係は非常に錯綜している。民法典は、先取特権相互の優劣関係を「先取特権の順位」と呼んでいるが、以下では、「第四節　先取特権の効力」で規定されている他の担保権との優劣関係もあわせて概観する。

2　先取特権の種類ごとの優劣関係

　次のような優劣の原則が認められる。
　①強制執行費用・滞納処分費・競売費用等は、最優先で回収される（民執42条・194条、税徴9条・10・19条、地税14条の2・14条の3）。倒産手続でも、最優先の扱いである（破産148条1項1号・2号・152条2項、会更127条1号-3号、民再119条1号-3号）。この優先権は、当該対象財産の換価金から回収されるので特別の先取特権のようにもみえるが、どの財産についても成り立つので一般の先取特権に相当し、共益費用の先取特権の特別なものと位置づけられよう。
　②租税や公の徴収金・社会保険料などは公益の観点から徴収を確保する必要性があり、高い優先順位を与えられている（租税債権の優先主義として税徴8条、地税14条、分担金等につき自治231条の3）。この優先権は、法定納期限前に成立した特別の先取特権などのうち一定のもの（税徴19条・20条、地税14

条の13、14条の14）には劣後するが、それ以外の特別の先取特権より優先する。なお、2004（平成16）年の破産法改正では、租税債権等については財団債権として優先される範囲に制限が設けられ（破産148条1項3号）、使用人の給料債権は破産手続開始前3か月分の限度で財団債権とされて優先度を増した（破産149条・152条1項）。

③上記①以外の共益費用の先取特権は、公租公課に次ぐ。この先取特権が利益を受けたすべての債権者に優先する（329条2項ただし書・330条2項後段・331条1項。307条2項も参照）との考え方は、①や②の場合にも妥当しているともいえる。

④特別の先取特権は、①から③の場合を除いて、一般の先取特権より優先する（329条2項）。一般の先取特権は、当該財産以外からも優先弁済を受けうるからである。同一債権者が両者を主張できる場合もある。たとえば農業労務者は、その労務によって生じた果実の上に最後の1年の賃金について動産の先取特権を有するが、果実が十分でないか賃金が1年を超えて遅配になっていて満足を受けられない賃金債権の部分については、雇用関係の先取特権によって果実以外の総責任財産に優先権を行使できる。

3　同種の先取特権相互と他の担保権との優劣関係

(1) 一般の先取特権

一般の先取特権相互間では、306条に定める順による（329条1項）。一般の先取特権と抵当権・不動産質権の間では、通常は一般の先取特権には登記がないので、登記済の抵当権等が優先する。未登記の抵当権等は優先弁済権を主張できず一般債権者と同列となるので、一般の先取特権は登記がなくてもこれらに優先する（336条）。

以上の原則に対し、上記2の①から③の場合は一般の先取特権が優先する。担保権と租税債権の優先権との優劣は、担保権の対抗要件が、租税の法定納期限以前に備わったか否かで定まる（税徴15条・16条・23条・24条8項、地税14条の9・14条の10・14条の17・14条の18第9項）。留置権は、通常の競売では買受人に引き受けられて事実上の最優先となるが（249頁以下の1）、滞納処分による公売では消滅する代わりに租税債権にも優先する（税徴21条、

地税14条の15)。

(2) 動産の先取特権

　動産の先取特権相互については330条による。原則として、第1順位が当事者の意思の推測に基づくもの（不動産賃貸・旅館宿泊・運輸の先取特権）、第2順位が動産保存の先取特権、第3順位が動産売買先取特権など残りのものという順である（同条1項）。例外として、第1順位者といえども、債権取得時に知っていた後順位の先取特権や、自分の利益になった動産の保存行為の先取特権には優先できない（同条2項）。また、農業による天然果実に関しては、生産に対する寄与の度合いを考慮して、農業労務従事者、種苗肥料供給者、土地の賃貸人という特別な順位が定められている（同条3項）。

　動産質権は約定担保物権であることから、意思推測に基づく第1順位の動産の先取特権と同順位とされている（334条）。問題は同じ動産の上に成立する先取特権と規定のない譲渡担保の優劣である。判例は、譲渡担保を所有権移転という法形式に重点を置いて理解し、333条に基づき先取特権は消滅するとした（最判昭62・11・10民集41巻8号1559頁。物上代位は対象を欠くため問題にならない）。昭和59年および昭和60年の最高裁判決（61頁の(c)および274頁の(2)の最判昭59・2・2および最判昭60・7・19）によって注目された動産売買先取特権の効力は、これによって相当殺がれることになった。譲渡担保を担保目的という実質に重点を置いて理解する学説には、判例に反対する見解も多い（371頁の(4)）。

(3) 不動産の先取特権

　不動産の先取特権相互については、325条に定める保存、工事、売買の先取特権の順による（331条1項）。同一不動産が転々売買されて不動産売買の先取特権が複数成立する場合には時間的に前の売買によるものが優先する（同条2項）。不動産保存・工事の先取特権は、登記によって保存されれば、先に登記された抵当権にも優先する（339条）。これは共益費用の先取特権の優遇（264頁以下の(1)）と同じ考え方により、保存や工事によって他の債権者が利益を受けていることから、その限度で優先を認めるものである。

(4) 同順位の先取特権

　順位が同じ先取特権は相互に平等であり、被担保債権の額の割合に応じて弁済を受ける（332条。破産152条1項も参照）。もっとも、公租公課については、国税優先の原則（税徴8条）、先着手の国税の優先（税徴12条・13条）、先着手主義の例外としての担保付国税の優先（税徴14条）という特別な規定がある。さらに、私債権と国税等の債権が三すくみになる場合の調整方法も定められており（税徴26条）、その結果、同一申立ての複数不動産競売において先行する配当手続で配当を受けられなかった国税等の債権は、後行の配当手続で私債権に優先する（最判平11・4・22判時1677号66頁）。

4　具体的な適用例

　以上の2・3の基準を具体例として278頁のCase 35に適用すると以下のようになる（留意するべき点の説明や金額の計算などは本書では割愛したので、法セミ706号（2013年）59頁-60頁を参照）。

(1)　各自の先取特権の優先弁済権の額と対象

(a)　建物賃貸人Bの先取特権

　Bは不動産賃貸の先取特権（312条以下）を有する。優先弁済が主張できるのは、未払賃料債権100万円のうち、敷金60万円で担保されていない40万円分である。賃貸建物内にある現金（判例による場合。本書の見解でも現金が工場の売上金である場合。269頁の(3)）および動産甲・乙が先取特権の対象であり、Eに対する代金債権丙は物上代位の対象となる。

(b)　材料供給者Cの先取特権

　Cは未払代金1000万円につき動産売買先取特権（321条）を有する。甲が対象であるのみならず、加工品乙にも及ぶと考えてよいし（285頁の2）、その転売代金債権丙は物上代位の対象となる。現金は、この債権が取り立てられたものであっても対象とならない（304条1項ただし書）。

(c)　従業員Dの先取特権

　Dの先取特権は、雇用関係の先取特権（308条）と工業労務の先取特権である（324条）。雇用関係の先取特権は一般の先取特権なので、Aの総責任財

産を対象とする。工業労務の先取特権は、最後の3か月間の給与75万円について労務によって生じた製品乙を対象とする。すでに生じていた加工品を転売して得られた転売代金債権丙は物上代位の対象となる。

(d) 国Fの先取特権

Fの先取特権は300万円の国税債権についての優先権であり（税徴8条）、Aの総責任財産を対象とする。

(2) 各財産についての先取特権の順位

(a) 現金100万円

Bの動産の先取特権とD・Fの一般の先取特権が成立する。Bの先取特権は、不動産賃貸の先取特権であり、かつ、税金の法定納期限前に成立しているから、Fの先取特権に優先する（税徴20条1項1号）。Dの先取特権とFの先取特権についてはこのような順位の特則がないため、Fの先取特権が優先する（税徴8条）。それゆえ、B⇒F⇒Dの順となる。

(b) 200万円の原材料甲

B・Cの動産の先取特権とD・Fの一般の先取特権が成立する。

Bが債権取得時に先取特権者Cの存在を知っていたとすると、Cの先取特権が優先する（330条2項）。Bの先取特権はFの先取特権に優先し（税徴20条1項1号）、FがDに優先する。したがって、BがCについて悪意の場合は、C⇒B⇒F⇒Dの順となる。

これに対して、BがCの存在を知らなければBが優先する（330条1項）。BだけがFに優先する（税徴20条1項1号）。CはDに優先する（329条2項）。したがって、BがCについて善意であれば、先取特権の順序は、B⇒F⇒C⇒Dとなる。

工場用の建物を貸しているBは、代金後払で原材料を納品するCの存在を知っていた可能性が高いから、Cが優先するという前者の結論が妥当であろう。

(c) 300万円の加工製品乙

B・C・Dの動産の先取特権と、D・Fの一般の先取特権が成立する。B・C・Dの動産の先取特権の順位は、BがC・Dの存在のいずれも知らなけれ

ば、B⇒C・D（同順位）の順となり（330条1項）、BがC・D両者の存在について悪意であればC・D（同順位）⇒Bと逆転する（330条2項）。BがCについてのみ悪意である場合にはC⇒B⇒D、Dについてのみ悪意である場合にはD⇒B⇒Cの順序になる。甲についてと同様、Bは工場内の賃金労働者である従業員Dの存在を知っていることが多いだろうから、Fや一般の先取特権者としてのDとの関係については、そのような前提で整理する（BがC・Dのいずれかまたは両者につき善意の場合は、各自が考えてみていただきたい）。甲の場合と同じ根拠規定（329条2項、税徴8条・20条1項1号）により、C・動産の先取特権者としてのD（同順位）⇒B⇒F⇒一般の先取特権者としてのDという順序になる。

　（d）400万円の売買代金債権丙

　B・C・Dの動産の先取特権に基づく物上代位とD・Fの一般の先取特権が成立する。乙についてと同じように扱われ、C・動産の先取特権者としてのD（同順位）⇒B⇒F⇒一般の先取特権者としてのDという順序になる。

第4節　先取特権の消滅

第1項　物権や担保物権に共通の消滅原因

　先取特権は、物権や担保物権の一般的な消滅原因（抵当権の169頁以下の**1**および171頁以下の**2**）により消滅する。以下ではそこで触れていなかった2点のみを補足しておく。

1　準消費貸借と担保権の存続の可否

　立法時には、被担保債権について準消費貸借契約が行われた場合、担保は消滅するとされていた（梅謙次郎『民法要義巻之三　債権編　改訂増補第17版』（有斐閣、1908年）591頁-592頁）。しかし、現在では、更改契約との違いを理由に、旧債務上の担保や抗弁は準消費貸借による新債務にも原則として引き継がれると解されている（新注民(15)31頁［平田春二］）。

2　対象物の添付

　添付（付合・加工・混和の総称）した物の所有権を対象とする権利は、対象物が添付により社会通念上別の物になってしまえば、消滅するのが原則である（247条1項。『物権法』82頁以下の(5)）。しかし、担保物権にとっては物の有体的な個性は重要でなく、その価値支配は、合成物等にも及ぶ（厳密には、元の対象物の価値が合成物等の中に存続している限りでという限定を付するべきであろうが、ほとんどの場合、合成物等の方が元の対象物より価値が大きいので問題になりにくい）。すなわち、元の対象物に対する担保物権は、合成物等が債務者の単独所有となる場合にはそれに全面的に及び（同条2項前段）、債務者と他の者との共有になれば債務者の持分権に及ぶ（同項後段）。同条は債務者以外の者の所有物が添付する場合を念頭に置いているが、たとえば、動産売買先取特権の付着した材料の所有権を取得した債務者が加工により製品を作成した場合にも2項を類推適用するべきである。

　さらに、対象物に対する債務者の所有権が失われた場合には、債務者は合成物等の所有権を取得した者に対して償金請求権を取得するので（248条）、動産の先取特権者は、物上代位によって償金請求権につき優先弁済権を主張することができる。

第2項　各種の先取特権に固有の消滅原因

　動産に対する先取特権（動産の先取特権および動産を対象とする場合の一般の先取特権の総称である）は、対象物が第三者に引き渡されれば消滅する（333条）。対象物についての債務者の処分権を保障するという方法で、公示のない先取特権の追及を遮断して取引の安全を図る趣旨である。したがって、第三者の善意・悪意は問わず、第三者は先取特権の成立を知っていても追及されるおそれなく安心して買い受けられる。これに対して、333条の規律を、善意取得の一種と解して第三者に善意（ないし善意無過失）が必要であるとする見解もある（平野389頁-390頁、石田121頁-123頁）。しかし、先取特権の成立の可能性を知っている第三者が先取特権の負担を承継しなければならないとしたのでは、先取特権の対象物の円滑な処分ができなくなるので妥当でない。ま

して333条は一般の先取特権にも適用される。転売代金債権を含めて他のどの財産からも優先弁済を受けられる一般の先取特権者には、第三取得者が悪意であっても、追及効を認める必要はない。

同条において第三取得者に要求されている引渡しは、対抗要件としてではなく、権利保護資格要件としての引渡しだと考えられる(『物権法』202頁以下の(a))。取引を完結する引渡しがあればよいから、引渡しには占有改定を含む(大判大6・7・26民録23輯1203頁。建物賃貸人の先取特権の対象である動産が売却された事例。譲渡担保について281頁の(2)の最判昭62・11・10も同旨だが疑問)。

不動産に対する先取特権は追及効を有するが、抵当権の規定が準用されるから(341条)、代価弁済(378条)や消滅請求(379条以下)によっても消滅する。

文献
　先取特権制度全体の概観として角紀代恵「先取特権の現代的意義」内田貴＝大村敦志編『民法の争点』(有斐閣、2007年)135頁-136頁。古いが、注民(8)83頁-224頁および加藤一郎＝林良平編『担保法大系第2巻』(きんざい、1985年)並びに米倉明ほか編『金融担保法講座Ⅳ』(筑摩書房、1986年)所収の諸論文が詳しい。動産売買先取特権の成否に関する事例分析として、田髙171頁-183頁。

第6章…仮登記担保

　本章から非典型担保に入る。非典型担保は、所有権の移転または不移転という形式によって債権担保の実を挙げる慣習法上発達した工夫であり、その特徴は、競売手続等の公的実行によらずに債権回収を図る点にある（9頁の3の総論も参照）。

　本章では、他の担保権の章の組立てと同様に、意義と機能（第1節）、設定と対抗要件（第2節）、効力（第3節）、消滅（第4節）の順に概説する。仮登記担保の規律は、法の規律が欠けている譲渡担保や所有権留保の解釈・立法のあり方を考える際に参考となる。

　最後に、第5節で仮登記担保法の功罪を検討する。なお、本章においてのみ「法1条」というような略記で同法の条文を示すことにする。

第1節　仮登記担保の意義と機能

第1項　仮登記担保の意義と基本的な仕組み

1　仮登記担保の意義

　仮登記担保契約は、金銭債務を担保するため、その不履行があれば、設定者に属する権利を債権者に移転する旨を約し、その約束に基づく権利移転請求権を仮登記を用いて保全する契約である（法1条）。

2　担保の仕組み

　債務不履行の場合に債権者に権利を移転するのは代物弁済や売買などの契約による。
　まず、代物弁済は、債務者が債権者の同意を得て元の給付に代わる物（代物）を給付すれば弁済として債務が消滅する、という契約である（482条）。仮登記担保契約ではこれを応用して、債務不履行があれば、停止条件が成就して当然に代物弁済が効力を生じるか（停止条件付代物弁済契約）、代物弁済契約を成立させる予約完結権が債権者に発生する（代物弁済予約）旨が合意される　補足。
　次に、売買による場合には、被担保債権相当の代金額での売買契約とし、債務不履行を停止条件とするか、債権者に予約完結権を与える（556条1項）。債権者は、条件成就や予約完結により権利を取得し、代金債務を被担保債権と相殺する。
　いずれにせよ債権者は権利を取得することで被担保債権を回収する。そして、仮登記の順位保全効（『物権法』119頁以下の3）を利用することで、権利移転請求権を第三者に対しても主張できるようにする。

> 補足　**仮登記担保と抵当権の併用**
> 　仮登記担保は抵当権と併用されることが多かった。その場合には、停止条件付代物弁済契約にすると、停止条件が成就して代物弁済の効力が生じた時点で、所有権と抵

当権の混同により抵当権が自動的に消滅してしまうおそれがあるので（179条1項）、債権者に選択の余地のある代物弁済予約の方が好んで使われた。対象物の競売手続や対象物所有者の倒産手続において効力を失う根仮登記担保も、根抵当権と併用すると、根抵当権に私的実行機能を追加することになる。

第2項　判例の展開と仮登記担保法の制定

　本来の代物弁済では元の給付と代物給付の間の価値的な不均衡は問題にされず、売買予約でも売買代金をいくらにするかは当事者が自由に決定できるから、いずれにしても清算の問題は生じない。仮登記担保契約は、この仕組みを利用して、債権者が債権額に比して過大な財産を丸取りする手段として利用された。判例は当初は清算義務を否定し、暴利行為を理由とする無効（90条）で対処したが、この方法では、対象物の価格が被担保債権額のおおむね3～4倍以上になる場合に例外的にしか契約の効力は否定されなかった。しかし、その後、担保としての実質を重視して債権者に清算義務を課すことになった（最判昭42・11・16民集21巻9号2430頁、最大判昭49・10・23民集28巻7号1473頁）。これを受けて疑義の残る細部の規律を明確にするため、仮登記担保法が制定された。

第3項　仮登記担保権

　仮登記担保契約に基づき債権者が有する「担保仮登記に係る権利」（法13条ほか）を、簡略に仮登記担保権と呼ぶ。仮登記担保権は、仮登記担保法が定めた新たな担保物権であると解され、約定担保物権に属する非占有担保である。担保としての付従性・随伴性・不可分性・物上代位性を備えると考えられる。ただ、被担保債権と仮登記担保権の繋がりが登記上は明らかでなく、被担保債権が譲渡された場合に当然に随伴し、仮登記担保権の移転に対抗要件（仮登記の移転の付記登記）を要しないといってよいかには疑問がある。

　これに対して、物権としての公示が不十分であることから、仮登記担保法は一定の局面で物権的効力を有する契約を規制するにすぎず、仮登記担保権

という担保物権は存在しないとの理解もある（佐藤修市「仮登記担保権と抵当権規定の準用」野田宏＝後藤邦春編『裁判実務大系14　担保関係訴訟法』（青林書院、1991年）288頁-289頁、道垣内271頁など）。この見解は、抵当権に関する規定の類推適用に否定的であるが、各所で触れるように疑問である。また、立法担当者も担保物権とは言わないものの、仮登記担保権という表現を用いている（306頁の文献の『仮登記担保法と実務』340頁ほか）。

第2節　仮登記担保権の設定と対抗要件

　仮登記担保権の設定には、抵当権の場合と同様、仮登記担保権設定契約（以下、「設定契約」と略す）および対象となる権利について仮登記担保権設定者（以下、「設定者」と略す）に処分権限があることが必要である。仮登記担保権の設定後に設定者が他の担保権を多重に設定できることも同じである（18頁以下の第2節）。以下では、抵当権の場合と異なる点を中心に概説をするにとどめ、設定された仮登記担保権の対抗要件についても本節で合わせて論じる。

第1項　仮登記担保契約

1　仮登記担保契約の性質と当事者

　仮登記担保契約は、債権者と設定者が当事者である諾成・不要式の債権契約である。債務者以外の第三者（物上保証人）も設定者となりうる（抵当権についての19頁以下の1および2）。仮登記担保法は、「債務者又は第三者」を「債務者等」と呼んでいるが（法2条）、民法と同じ「設定者」（たとえば質権についての345条や抵当権についての377条）という言葉を使わないのは、仮登記担保権を正面から担保物権と認めることを避けようとしたためと考えられる。しかし、仮登記担保権を新しい担保物権と解する本書では、設定契約、設定者と呼ぶことにする。

2　契約の内容

　金銭債務を担保するという目的が必要である。住宅公団の買戻しの特約には仮登記が用いられることがあるが、この特約は、公団住宅分譲の趣旨に従い、譲受人に契約違反等の事由が生じたときに公団が分譲した住宅を再取得して有資格者に再譲渡することができるようにするためのものであり、担保目的ではないため仮登記担保法は適用されない（東京地判平元・6・29 判時 1338 号 123 頁）。

　契約の名称や構成は重要でない。たとえば、買戻特約付売買契約という名で仮登記がされていても、その内容が債務不履行を停止条件とする売買契約である場合は、仮登記担保法が適用される（名古屋高金沢支判昭 61・9・8 判時 1221 号 59 頁）。一方、仮登記を経ないで代物弁済の本登記がされたものの、登記以後も債権者が債務の弁済を求めていた場合につき、当該契約は代物弁済契約ではなく譲渡担保契約であると認定して、仮登記担保法を適用しなかった判例がある（最判平 14・9・12 判時 1801 号 72 頁）。

3　被担保債権

　金銭債権に限る（法1条）。もっとも、非金銭債権についての設定契約も直ちに無効とするのではなく、債務不履行の場合の損害賠償債権を担保する趣旨と意思解釈してよいだろう（通説。新注民(9)568 頁［高木多喜男］）。

　将来債権や不特定の債権でも被担保債権になりうることは抵当権の場合と同じである（22 頁以下の(1)）。ただ、根仮登記担保の効力はきわめて制限されているので（法 14 条・19 条 5 項。304 頁の4）、不特定の債権を被担保債権にすることは危険であり、現実にはほとんどみられない（288 頁の補足で述べたように根抵当権との併用は考えられる）。

4　対　象

　譲渡可能な権利で仮登記や仮登録が可能であれば、法律上特に制限はない。対象物は不動産に限らず航空機のような仮登録のできる動産でもよいし、権利は、所有権のみならず地上権などの用益物権も対象となる。

　もっとも、実際に行われていたのは土地または建物の所有権を対象とする

契約がほとんどであった。そのため、仮登記担保法は、2条以下で不動産所有権を中心に規定し、19条までの規定をそれ以外の場合に準用する（法20条）。以下の叙述においても、所有権を念頭に置いて、簡略に対象物という表記を用いる。

第2項　対抗要件

仮登記担保権は、仮登記または仮登録で公示される。この仮登記または仮登録は、抵当権の登記に相当する対抗要件である。

不動産所有権移転請求権の仮登記は、抵当権と違って登記簿の甲区（所有権に関する事項）に登記される（その他の権利については乙区）。被担保債権は記載されない。したがって、抵当権との併用仮登記担保以外においては、登記面からは担保目的かどうかすら判別できず、担保目的のものでも、第三者は担保価値の残量を判断できない。そのため、設定者が後順位担保権を設定してさらに融資を受け、担保価値を効率的に利用することは容易でない。

第3節　仮登記担保の効力

Case 36　Xは、3000万円を年利10％、期間1年の約定でYに貸し付け、Yが元利金の返済ができない場合には、Xが代物弁済としてY所有の土地甲（時価6000万円）の所有権の移転を受けることができる旨を約し、Yに対する所有権移転請求権を保全する仮登記を備えた。その後、YはZからも借入れをして甲に抵当権を設定しその登記がされた。1年後にYが元利金の返済を怠った。
　［1］Xは、代物弁済により甲の所有権を取得したとして、Yに対し直ちに甲の明渡しを請求できるか。
　［2］Xは甲の時価が5000万円に下落していると評価し、元利金や費用の合計を3500万円と算定し、1500万円の清算金が生じる旨を

YとZに通知した。甲の評価額や費用に不満で清算金額に異論のあるYやZはどうすればよいか。

第1項　仮登記担保権の二面的効力

　仮登記担保権は二面的な効力を持つ。1つは、債務不履行があれば権利を取得できるという権利取得的効力である。債権回収が公の競売手続等を介さずに実現できることから、私的実行と呼ばれる。この権利取得的効力が仮登記担保権の本来的効力である。しかし、強制競売等（強制競売、担保権の実行としての競売または企業担保権の実行を指す。法13条。国税滞納処分につき税徴129条4項）が開始されれば、仮登記担保権者は私的実行による権利取得的効力を主張できない（法15条、税徴52条の2。債権者自身が併用抵当権の実行手続を選択した場合も同様。最判昭43・2・29民集22巻2号454頁）。その代わりに、強制競売等において、仮登記担保権は、抵当権とみなされ優先弁済権が与えられる（法13条、税徴129条4項）。倒産手続についても抵当権と同様の扱いがされている（法19条）。このような優先弁済権が、仮登記担保権のもう1つの効力である。

　仮登記担保権者には競売申立権はないとするのが立法者の見解であるが（306頁の文献の『仮登記担保法と実務』138頁・347頁など）、設定者が倒産した場合の効力（304頁以下の第4項）や先順位の仮登記担保の清算見積金に不満がある場合の対応策を考えれば（299頁以下の(1)）、競売の申立てを認めないと不合理である（石田625頁-627頁。道垣内287頁＊＊は、後者の場合に競売申立権がないことを立法論として疑問とするが、解釈論として競売申立権を認めることは可能である。仮登記担保権が担保物権でないという理解にこだわるべきでない）。競売申立権を否定していた旧説（田井ほか342頁・347頁［松岡］）を改める。

　なお、仮登記担保権の侵害に対する物権的請求権や損害賠償請求権については、明文の規定はなく、実例も議論も乏しいので、非占有担保権である抵当権の場合（98頁以下の第3項）を参考にすることになろう。

第2項　私的実行による権利取得的効力

　私的実行の場合においても、担保としての実質を貫徹して不当な丸取りを防止するため、仮登記担保権者に清算義務が課され（法3条1項。清算金請求権については、被担保債権の債権者が逆に債務者となるので混乱しないように注意）、清算が確実に行われることを確保する方策として、さまざまな工夫がされている。

1　優先弁済を主張できる被担保債権の範囲

　2か月の清算期間（法2条1項）が経過する時点で存在する元本と利息・損害金すべてと、設定者が本来負担するべき費用を債権者が立て替えた場合の費用償還請求権が担保される（同条2項）。私的実行の場合には、利息や損害金は、抵当権の場合の民法375条のように最後の2年分には制限されない（通説。これに対して石田627頁-628頁は法13条2項・3項を類推適用するべきだとするが、被担保債権の表示がなく、後順位者の信頼保護の基礎が欠けている）。

2　効力が及ぶ対象の範囲

　仮登記担保権の効力が及ぶ範囲は設定契約で定めることができる。契約で明確な定めがなければ、付加物・従物の扱いについては、抵当権の場合と同様に解してよい（370条の類推適用。結論は変わらないが担保物権法理の類推に否定的な道垣内278頁**は、所有権に関する242条や87条2項を根拠にする）。

　注目に値するのは、先順位の仮登記担保権が私的実行された場合について、後順位の仮登記担保権者が清算金請求権に物上代位できるとする規律である（法4条2項）。強制競売等の場合とは異なって、私的実行の場合には仮登記担保権は抵当権とみなされるわけではないので、物上代位の肯定は、仮登記担保権に担保物権としての性質を認めた結果と解される。それゆえ、私的実行前に対象物が滅失・損傷したことにより設定者が損害賠償債権や保険金債権を取得する場合にも、抵当権の場合と同様（代替的物上代位。56頁の(b)）、仮登記担保権者に物上代位を認めてよい（高木310頁、平野342頁など通説。道垣内273頁では法4条2項に後順位仮登記担保権者を含む理由は説明困難）。

3 実行手続

(1) 概　要

　債務者の債務不履行があると、仮登記担保権者は、対象物を取得でき、債権債務もその時に消滅するはずである。しかし、仮登記担保法は、所有権移転や債務の消滅について、特別の規定を置く。仮登記担保権者が私的実行によって確定的に対象物を取得できるまでを概観すると、次のようになる。

　仮登記担保権者は、まず、設定者に清算金の見積額等を通知しなければならない（法2条。第三取得者には後述のとおり、法5条2項の通知をする）。通知後に債務が弁済されないまま2か月間の清算期間が経過して初めて所有権が仮登記担保権者に移転し（法2条1項）、被担保債権が消滅する。しかし、清算金がある場合には、仮登記担保権者から設定者への清算金の支払と本登記や引渡しは、同時履行の関係に立つ（法3条2項）。また、本登記や引渡しがされても、清算金が支払われるまでは、設定者は、受戻権を行使して対象物を回復することができる（法11条）。さらに、清算金が支払われる前に、他の債権者の申立てによって対象物の競売手続が開始されると、私的実行は貫徹できない（法15条1項）。結局、仮登記担保権者は、清算が完了して初めて、確定的に対象物を取得できるのである。

　以下では、それぞれの詳細について述べる。

(2) 清算金見積額等の通知

　判例はかつて後順位担保権者や第三取得者に清算金請求権を認めていたが、仮登記担保法は設定者に限った（法3条1項）。仮登記より後れる者の権利が仮登記の順位保全効によって否定されるという理論的な理由と、清算関係を単純化して仮登記担保権者に負担をかけないという実質的な理由による。したがって、仮登記より後れる者は物上代位権や債権者代位権によって設定者の清算金請求権について権利を主張できるにとどまる。第三取得者に直接の清算金請求権を認めないのは、仮登記担保権を担保物権とは考えない見解に基づくと思われるが、所有権を失っている設定者に一度清算金請求権を発生させる実質的理由はなく、かえって権利関係が複雑化するうえ、第三取得者は設定者の他の債権者に優先を主張できないという不当な結論になる。立法

として疑問である。

　清算期間満了時を基準に、対象物の価額から被担保債権等の額（法2条2項。294頁の1）を控除したものが清算金の額になる（法3条）。被担保債権等の額の方が大きければ支払うべき清算金はない。仮登記担保権者は、清算金の見積額を（清算金が生じないと認めるときはその旨を）、設定者に通知しなければならない（法2条1項）。債務の弁済や受戻権行使の機会を保障するためである。この通知では、対象物の見積価額と被担保債権等の額を明示しなければならない。複数の不動産を共同で仮登記担保権の対象物とする場合には、各不動産に割り付けた負担の額を明示しなければならない（法2条2項）。この通知をしなければ、仮登記担保権の私的実行はできない。

　仮登記より後れて対象物に権利を取得した者が、仮登記担保権の私的実行への対抗手段を講じる機会を保障するため、仮登記担保権者は、これらの者（設定者への清算金見積通知時に登記簿をみてわかる者だけでよい。法5条）に対しても、登記簿上の住所に宛てて、遅滞なく通知をしなければならない。通知するべき内容の中心は、物上代位権を持つ後順位担保権者に対しては清算金見積額（同条1項）、第三者弁済の機会が問題になる第三取得者等に対しては被担保債権額である（同条2項）。後順位担保権者が競売しても剰余を生ずる見込みがない場合であっても、仮登記担保権者は後順位担保権者に通知をしなければならない。通知を怠ったときは、仮登記担保権者は、その後順位担保権者に対して仮登記に基づく本登記の承諾請求ができない（最判昭61・4・11民集40巻3号584頁）。

(3) 清算期間経過後の所有権移転と被担保債権の消滅

　設定者に清算金見積額の通知が到達した日から2か月間を清算期間という。債務の弁済がされずにこの期間が満了した時点で、所有権が移転する（法2条1項）。本条は、176条の例外と解することができる片面的な強行規定であり、当事者間の契約でその時点より早い所有権移転時期を定めても無効である。

　仮登記担保法制定以前には、仮登記担保権者が本登記に必要な書類を設定者から預かっておいて、債務不履行があれば直ちに本登記を行い、他に転売

して債権を回収すること（処分清算）が多く見られた。しかし、本法は帰属清算を原則とし、清算期間前の本登記は、所有権が未移転なので無効である。もっとも、債務者が追認すれば本登記は有効となるし（大阪高判昭 59・1・24 判タ 525 号 121 頁）、その後清算期間が経過して所有権が移転すれば、本登記の抹消は請求できない（東京高判昭 59・1・31 判時 1106 号 73 頁）。

292 頁の Case 36 の［1］の場合、X が法 2 条と 5 条の通知をしていなければそもそも私的実行はできない。［2］の場合のように通知をしてもその後に 2 か月の清算期間が経過しないと、X は所有権を取得していないので、Y に明渡しを請求できない。

清算期間の満了時に清算金の有無と具体的な額が確定し、対象物の所有権の移転と共に、被担保債権もその時点の対象物の客観的価額の範囲で消滅する。対象物の価額が被担保債権額に満たない場合、清算金支払義務は発生しない。この場合、一般の代物弁済では債権者は特約がない限り不足額を請求できないが、仮登記担保権では担保の実質が重視され、逆に特約がない限り、不足分が無担保債権として残る（法 9 条）。

対象物の価額がこの間に上昇したり見積時の評価が低すぎた場合には、清算金は見積額より増える。これに対して、逆に清算期間満了時点の清算金額が見積額に満たない場合には、仮登記担保権者は、見積額の縮減を主張できない。後順位担保権者は通知された清算金見積額を拠り所として、競売の申立てか物上代位権の行使かを選択するから（299 頁以下の(1)）、その信頼を保護するため仮登記担保権者は自らの行った通知に拘束されるのである。

(4) 清算金支払義務

清算金の支払と移転登記や引渡しは同時履行の関係に立つ（法 3 条 2 項）。設定者は、清算金の提供を受けないままで移転登記や引渡しを請求された場合はもとより、提供された清算金見積額が客観的な清算額より少ない場合にも、履行を拒むことができる。不清算特約や移転登記・引渡しを先履行とするなど設定者に不利な特約は、清算期間経過後になされたもの以外は無効である（法 3 条 3 項。349 条の流質の処理と類似する）。設定契約と同時に同じ不動産につき結ばれた代物弁済契約は、清算金の支払を不要とする特約をしたに

等しいので、同項の趣旨に照らし無効である（東京高判昭62・9・29金法1197号27頁）。

　292頁のCase 36の［2］の場合、適法な通知がされた後に被担保債権が弁済されないまま清算期間が経過していれば、XはYに対して所有権に基づく明渡しを主張できる。これに対して、Yは、自らの主張する評価額に基づく清算金2500万円の支払との同時履行を抗弁とすることができる。いずれの評価額が正しいかは最終的には裁判で決着を付けるしかなく、裁判所の認定した評価額を基礎にした清算金の支払との引換給付判決が下される。いずれにせよ、Xは3300万円を回収するために少なくとも1500万円を用意しなければならない。Xが甲の所有権を取得することを望んでいるのであればまだしも、転売して債権を回収する目的であれば、清算金を用意する負担は軽くなく、帰属清算の強制は合理的でない。

　清算金請求権に差押えや仮差押がなされた場合、仮登記担保権者は清算期間経過後に、清算金を供託して債務を免れることができる。その場合には、差押債権者や設定者に対して、遅滞なく供託の通知をしなければならない（法7条1項・4項）。

(5) 本登記請求等の相手方

　本登記請求の相手方は設定者である。設定後に対象物について権利を取得した者は、本登記によって権利が消滅する利害関係人なので、本登記手続には、本来はこれらの者の承諾書か承諾に代わる裁判の謄本が必要となる（不登109条1項）。しかし、後順位担保権者が清算金請求権を物上代位の手続により差し押さえれば、その事実と仮登記担保権者が清算金の供託をしたことを証する書面をもって承諾書に代える、という簡便な手続が認められている（法18条）。

(6) 設定者の受戻権

　対象物の所有権移転により債務は一応消滅するが、清算金が支払われるまでは、設定者は債務相当額などの弁済を提供して所有権を取り戻すことができる（法11条）。清算金支払義務が発生しない場合は受戻権も発生しない。

受戻権も清算金の支払を促す仕組みである。受戻権は形成権であり、受戻権が行使されると、仮登記担保権者の弁済受領や受戻しに対する承諾がなくても対象物の所有権は設定者に復帰する。

受戻権は、清算金の弁済を受けなくても、清算期間満了時から5年が経過するか、第三者が対象物の所有権を取得すると消滅する（法11条ただし書）。期間制限は買戻しに関する580条3項と同様、権利取得を安定させる趣旨である。後者は、清算期間満了後に仮登記権者および第三者が本登記を得ている場合に限られよう。というのは、清算期間満了前の権利移転の合意や本登記は無効であるから（296頁以下の(3)）、清算期間満了前に登場した第三者は、94条2項が類推適用される場合を除いて、権利を取得できず、第三者が登場しても受戻権は消滅しない。また、清算期間満了後に仮登記のままで買い受ける第三者には清算の未了が予測可能であり、受戻権を対抗されてしかるべきである。第三者の所有権取得により受戻権が失われるのは、清算期間満了後に仮登記担保権者が預かった書類を悪用して本登記を得た場合か、処分清算等の特約によって本登記が先履行された場合などである。

受戻権を行使した設定者と第三取得者の関係については議論がある。通説的見解は、第三取得者の所有権取得が受戻権行使の前後のいずれであるかを問わず、両者は対抗関係に立ち、先に登記を取得した者が所有者となるとし、例外的に背信的悪意者だけを除外するものと思われる（306頁の文献の『仮登記担保法と実務』124頁-125頁。筆者は、準当事者でないことと善意無過失であることを必要とする。『物権法』136頁以下の(6)・195頁以下の3）。なお、設定者は、受戻権行使による所有権の復帰を第三者に対抗できない場合でも、清算金請求権を被担保債権とする対象物の留置権を取得し、清算金の支払だけは確保できる（244頁の2の最判昭58・3・31。252頁以下の5）。

4 後順位担保権者の保護

(1) 物上代位権の行使と競売の選択

仮登記担保権より先順位の制限物権は、仮登記担保権の私的実行によっても影響を受けず、仮登記担保権者が取得した所有権の物的負担として引き継がれる。これに対して、後順位の担保権者などは仮登記担保権の私的実行に

よって権利を失う。しかし、清算金は対象不動産の担保価値の残りなので、仮登記担保法は、まず、後順位担保権者に（仮登記担保権の設定後にさらに仮登記担保権を取得した者を含む）、清算金請求権に対する物上代位権を認める（法4条1項・2項）。複数の後順位担保権者が物上代位権を行使した場合には、その順位は元の担保権の順位による（法4条1項）。

　292頁のCase 36の［2］の場合の後順位担保権者Zは、1500万円の清算金を了承してこれに物上代位権を行使するか、それが不満であれば、対象物の競売を申し立て、仮登記担保権の私的実行を中止させることができる（法12条・15条）。競売にかけると時価の8割前後での売却が想定される。Case 36の［2］の場合、競売価格は4800万円前後となることが想定されるので、Zが競売を申し立てるかどうかは難しい判断である。

　後順位担保権者の競売申立権には2種がある。1つは、清算金見積額を不満とする場合の特別の競売申立権で、清算期間内に申し立てる必要がある代わりに、自らの被担保債権の弁済期が未到来でも行使できる（法12条）。なお、通知を受けていない後順位担保権者は、清算期間経過後でもこの競売申立権を主張できる（296頁の最判昭61・4・11）。もう1つは、通常の競売申立権で、被担保債権の弁済期の到来を必要とするが、清算金があればその支払があるまで、清算金がなければ清算期間の経過まで、競売を申し立てることができる（法15条1項）。清算金額を争う機会を保障するためには、後順位仮登記担保権者に、少なくとも対抗策としての法12条の競売申立権を認めるべきである。

　仮登記担保法以前の判例では、仮登記担保権者が私的実行に入れば、他の債権者は担保権の実行や強制執行ができないとされていたが（先着手主義という。289頁の第2項の最大判昭49・10・23）、仮登記担保法は、公的競売を原則形態と見る立場から、清算の完了までは競売の申立てを認めることにした。なお、すでに清算を完了した仮登記担保権者は、その後に競売開始決定がなされても、仮登記のまま第三者異議によって競売手続を排除できる（法15条2項）。もっとも、所有権の確定的取得を対抗するためには本登記を要するのが物権変動の原則であるから、この規定は立法論的には疑問である。

(2) 物上代位権の確保措置

後順位担保権者に対する通知（法5条1項）は、物上代位権の行使機会を保障するものである。さらに、物上代位権を確保する措置として、まず、清算期間中は、設定者が清算金請求権の譲渡等の処分を禁じられるほか（法6条1項）、仮登記担保権者は、清算金の弁済を後順位担保権者に対抗できない。仮登記担保権者が前述の通知を行わなければ、清算期間後の弁済もやはり対抗できない（法6条2項）。清算期間中でも清算金請求権の差押えは可能であるが、清算期間が経過する前は券面額が確定しないから差押債権者は転付命令を得られず、元の担保権の順位に沿わない抜け駆け的な権利行使ができない仕組みになっている。

仮登記担保権者が清算金を供託した場合には（298頁の(4)末尾）、差押えや仮差押えは供託金還付請求権に対してされたものとみなされるので（法7条2項）、清算金請求権に対する物上代位権は供託金還付請求権を対象とするものに転換する。

5 利用権との調整

(1) 法定借地権

私的実行によって、仮登記担保権者が同一所有者に属する土地建物のうち建物だけを取得する場合には、予め建物の所有権取得を停止条件とする賃借権設定契約などによって利用権を確保し、さらに仮登記により権利を保全することができる。実際、優位に立つ仮登記担保権者が融資時にこのような契約をも設定者に結ばせることは十分期待できる。そこでこの場合には法が手当をする必要がない。

これに対して、仮登記担保権者が土地の所有権だけを取得する場合には、設定者が同様の利用権設定契約を結ぶことは法的には可能であるが、仮登記担保権者との力関係から現実には期待できない。さらに、設定者が自己の土地上の将来の利用権を仮登記によって保全することは法的にも認められない。そのため、仮登記担保法は、この場合に限って、私的実行がされるときに、建物所有者が賃借権を取得するものとした（法10条）。存続期間や賃料は当事者が協議して定めればよいが、決まらない場合には、当事者の請求によっ

て裁判所が定める。抵当権の場合の法定地上権（388条）とほぼ同じである。
　法定地上権との違いは、①土地についての担保権実行の場合に限定したこと、②建物のための土地利用権はほとんど賃借権であることから成立する利用権を賃借権としたこと（高木325頁の指摘するとおり法定地上権との無用の調整問題が生じるので立法として疑問）、③私的実行の場合にのみ本条が適用されること（競売の場合には法定地上権を定める388条・民執81条などによる。道垣内292頁は後順位担保権の実行の場合にも本条が適用されるとするが「仮登記に基づく本登記がされる場合」には当たらない）である。

(2) 短期賃貸借および明渡猶予

　仮登記より前に設定されていた利用権は、私的実行によって所有権を取得した仮登記担保権者にも対抗できる。逆に、仮登記より後に設定された利用権は、仮登記の順位保全効によって無視され利用継続ができない。この場合に、旧395条を類推して短期賃貸借の限度で利用権を保護するべきかどうかが争われた。仮登記担保法制定前の事件につき、判例は否定説をとった（最判昭56・7・17民集35巻5号950頁）。抵当権に対抗できる短期賃貸借も、抵当権の実行によって消滅する仮登記担保権に対抗できない場合には、効力を失うとする下級審判決もあった（東京高判昭60・9・24判時1181号107頁）。
　2003（平成15）年の法改正で短期賃貸借制度が廃止されたので、改正後の395条を類推適用して対象物の利用権者に私的実行による所有権取得時から6か月の明渡猶予を認めるかどうかが問題となる。突然の明渡請求からの保護は仮登記担保の私的実行の場合にも同様に必要なので、肯定するべきであろう（道垣内291頁、石田647頁。ただし、道垣内説は仮登記担保権を担保物権と認めないことと一貫しない）。

第3項　強制競売等における優先弁済権

1　仮登記のままでの優先弁済権

　仮登記の一般的な理論（『物権法』115頁以下の3）によれば、仮登記より先順位の担保権が実行される場合には、所有権取得を目的とする仮登記は効力

を失うはずである（民執59条2項）。先順位担保権者自身が担保権の実行を申し立てた場合だけではなく、後順位担保権者の申立てによる担保不動産競売や一般債権者による強制競売の場合にも、先順位担保権は原則として同時に実行されることに注意していただきたい（同条1項）。一方、仮登記より先順位の担保権が存在しなかったり、存在しても同時に実行されない場合には、後順位担保権者による担保不動産競売や一般債権者による強制競売が行われても、仮登記により保全された権利は影響を受けず、それに対応する負担が買受人に引き継がれるはずである。しかし、仮登記担保権が担保物権の実質を持つことを考えると、前者のように失効してしまうだけでは保護に欠けるし、後者のように買受人の負担として存続するのでは買受人が登場しにくく、競売が困難になってしまう。

そのため、仮登記担保法は、根仮登記担保を除き（次頁の4）、仮登記担保権を強制競売等において抵当権とみなし、優先弁済権を与えている（法13条1項前段）。すなわち、先順位・後順位のいずれの担保権が実行された場合にも、仮登記担保権は、権利取得的効力を否定されるが、優先弁済効を認められ、売却によって消滅する（法16条1項）。清算未了の仮登記担保権者の第三者異議の訴え（民執38条）は認められない（法15条1項）。

仮登記がされた時に抵当権設定登記がされたものとみなされるため、仮登記自体が、抵当権の本登記と同様の対抗力を有する（法13条1項後段）。設定者の倒産手続においても同様である（次頁以下の第4項）。

2　優先弁済を主張できる被担保債権の範囲

競売の場合に仮登記担保権者が優先弁済を受けられるのは、元本のほか、最後の2年分の利息その他の定期金・遅延損害金に限られる（法13条2項・3項）。私的実行の場合（294頁の1）と異なり、抵当権として処遇される強制競売等の場面では、抵当権に関する375条と同様に扱うのが公平だと考えられたためである。

3　仮登記担保権の届出と失権効

ある仮登記が、所有権取得のみを目的とする本来の仮登記か仮登記担保の

仮登記かという区別は、登記簿からはわからない場合も多い。そのため、仮登記のされている土地等に強制競売等が開始された場合には、裁判所から名義人に対して、仮登記担保権であるか否か、仮登記担保権であれば被担保債権がなお存在するか否か（私的実行がすでに行われているかどうかが判断できる）、被担保債権がなお存在していればその発生原因と額を届け出るよう催告する。配当要求の終期までにこの届出をしないと、仮登記担保権者は優先弁済を受けることができない（法17条）。

4　根仮登記担保権の失効

不特定の債権を担保する根仮登記担保権は、強制競売等や倒産手続においては効力が否定されている（法14条・19条5項）。根抵当権と違って被担保債権額や極度額が公示できないため、優先弁済権を認めると包括根抵当と同じ弊害を生じかねない、という理由からである。この規制の結果、根仮登記担保は私的実行ができるとはいっても、清算結了までは公的競売に持ち込まれて無効になる危険性が高く、根抵当権との併用以外では危険で利用しにくい。根仮登記担保の効力を全面否定するに近いこのような規制は行き過ぎだとの批判も強い（石田651頁-652頁は、被担保債権の範囲や極度額の定めがあれば、解釈論としても効力を認めてよいとする）。

第4項　設定者の倒産

設定者が倒産した場合、破産・民事再生では、仮登記担保権者には、抵当権者に関する規定が適用される（法19条1項-3項。抵当権についての90頁以下の第4項）。すなわち、仮登記担保権者は、別除権が与えられ、原則として破産や民事再生の手続に影響されず、権利を実行できる。これを文字どおりに解すると、私的実行も可能であり（306頁の 文献 の『仮登記担保法と実務』260頁・659頁、高木323頁、石田643頁-644頁）、本書の見解では選択的に競売の申立てもできることになる（293頁の第1項）。通説的見解のように、強制競売等で私的実行が認められないとすれば、より強力な包括執行である破産等で私的実行が許されるのは不均衡である。他方、破産等の場合に私的実行を

認めないとするのであれば、せめて競売申立権を認めないと権利実行の方法がなくなって不合理である。

会社更生では、仮登記担保権は抵当権とみなされる（法19条4項）。すなわち、仮登記担保権者は更生担保権を与えられ更生債権より優先的に扱われるが、更生計画に拘束されて、私的実行も競売の申立てもできない。

第4節　仮登記担保権の消滅

仮登記担保権は、物権や担保物権の一般的な消滅原因（抵当権の169頁以下の1および171頁以下の2）によって消滅する。さらに、代価弁済（378条）や抵当権消滅請求（379条以下）の類推適用の余地はある。なお、被担保債権の弁済と仮登記の抹消は、他の約定担保権の場合と同じく、弁済が先履行であり同時履行の関係にはない（最判昭61・4・11金法1134号42頁）。

第5節　仮登記担保法の功罪

以上に見てきたように、仮登記担保法は、清算義務を徹底して設定者の利益を保護することを中心にしつつ、仮登記担保権者の私的実行の利益と他の債権者の利益を調整する精緻な仕組みを作った。受戻権、仮登記のままでの抵当権としての処遇、仮登記担保権者を含む後順位担保権者の物上代位の利益の確保の仕組みなど、大胆に新しい考え方を取り入れたわが国独自の制度である（韓国は1983年に仮登記担保に関する法律を定め、同法は一部の譲渡担保にも適用されている）。

しかし、他方で、抵当権とみなすという理論的には不透明な「玉虫色の解決」（平野340頁）がとられ、根仮登記担保の実質的禁圧や帰属清算原則の徹底によって債権者には利用しにくいものとなった。立法がされたためにかえってその適用がほとんどなくなったのは皮肉な現象であり、立法としては成功していると言いがたい。

制定法による規定がない譲渡担保の処理を考える際、仮登記担保の規律の類推適用は、その功罪を見極めて慎重に行う必要がある。

文献

　立法の解説である法務省民事局参事官室編『仮登記担保法と実務』（金融財政事情研究会、1979年）のほか、新注民(9)565頁-606頁［高木多喜男］や石田617頁-666頁が詳しい。立法直後までの判例学説の状況については、生熊長幸「仮登記担保」講座(3)241頁以下。

第7章…譲渡担保

　譲渡担保は債権の担保のために先に財産権を移転する形式を採るものを指し、譲渡可能な財産権を広く対象とすることができる非典型担保である。譲渡担保は、民法その他の法律に定義や規律がほとんどなく、慣習法により生成し、多数の判例法によって規律されている。

　現在は、多数の動産や債権をまとめて担保の対象とする流動財産譲渡担保がより重要になってきているが（松岡・372頁の文献の「譲渡担保立法の方向性」）、これらに関する法理は、単体の財産権を対象とする譲渡担保を基礎として発展してきた応用形であるので、単体の財産権を対象とする譲渡担保を取り上げ（第1節～第5節）、これをふまえて第6節で独立して取り上げる。

　本章も、基本的には他の担保物権と同様、意義と機能（第1節）、設定と対抗要件（第2節）、効力（第3節）、消滅（第4節）の順に構成される。ただ、譲渡担保の法的構成については、具体的な問題をふまえて総論的な再検討を行うという本書の方針に沿って、第1節第2項で概略的な説明をしたうえで、個別具体的な問題の検討をふまえて第5節で再考する。流動財産譲渡担保（第6節）では、この第1節から第4節の順にほぼ沿って、単体の譲渡担保との違いに重点を置いて説明する。

第 1 節　譲渡担保の意義と機能

第 1 項　譲渡担保の意義と担保の仕組み

　現在の判例の準則によれば、譲渡担保はおおむね次のように定義できる。譲渡担保は、設定者の財産権を債権担保の目的で債権者に移転し、被担保債権が弁済されれば移転した権利を設定者に復帰させるものである。被担保債権が債務不履行に陥れば、債権者は、権利取得を確定して被担保債権の弁済に充てるか（仮登記担保と同じ権利取得的効力と帰属清算）、競売手続によらないでその財産権を第三者に売却して得られる代金を被担保債権の弁済にあてる（処分清算）。いずれの方式にせよ、公的な競売手続によらない私的実行によって、被担保債権が回収できるのである。

　財産権を債権者に売却し、債務者が売買代金および契約費用を返還すれば売買契約を解除して財産権を返還するという形式を採るものや（579条以下の不動産の買戻し）、債務者が債権者にいったん移転した財産権を買い受けるという二度の売買契約の形式を採るものでは（556条を利用した再売買の予約）、形の上で被担保債権が残らない。そのため、かつての判例（大判昭8・4・26民集12巻767頁）や学説（我妻593頁など）は、これを売渡担保と呼び、譲渡担保とは異なる扱いをした。しかし、現在では、譲渡担保で確立された清算義務は、同じく債権担保の実質を有する売渡担保にも適用されるべきだと考えられている（高木331頁-332頁、道垣内297頁など）。

　判例も、担保目的の権利移転であれば、契約書の文言にこだわらずに広く譲渡担保であると認める傾向にある。たとえば、代物弁済の文言があっても実際の当事者間の合意の内容を具体的に検討して、代物弁済または譲渡担保のいずれの合意があったかを判断するべきだとされる（最判昭41・9・29民集20巻7号1408頁）。譲渡担保と認定される場合には、仮登記担保法は適用されない（291頁の2の最判平14・9・12）。また、買戻特約付売買契約の形式が採られていても、対象不動産の占有の移転を伴わない契約は譲渡担保契約と

推認される（最判平18・2・7民集60巻2号480頁）。

第2項　譲渡担保の機能

1　暴利取得の正当化機能の否定

　譲渡担保の利用には、歴史的に、債権者が被担保債権額を超える利益の獲得を求める面があったところ（10頁の補足）、わが国においても、制限物権型の典型担保の厳格な清算義務を回避してそのような利益を追求することが利用目的とされてきた。しかし、このようないわば暴利取得を正当化する機能は、判例法理により一般的な清算義務が確立されるに至り（最判昭46・3・25民集25巻2号208頁。327頁以下の1）、現在ではもはや認められない。

　これ以外の譲渡担保の機能は、対象となる権利の性質によって異なっているので、対象毎に述べる。

2　不動産譲渡担保の場合

　不動産の場合には非占有担保としての抵当権が利用可能であるから、動産譲渡担保のような抵当権の代用としての機能（次頁の3①）は問題にならない。一方、仮登記担保が仮登記担保法の厳格な規律によって使いにくくなったため（305頁以下の第5節）、その代替として不動産譲渡担保が使われているという面もある。

　①私的実行による簡易迅速な権利実現機能　　抵当権に基づく競売や収益執行には時間とコストがかかる。不動産譲渡担保では、私的実行により、この時間とコストを節約し、迅速な債権回収が可能である。

　②担保価値向上機能　　不動産の場合には、担保権実行としての競売は市場メカニズムを反映しているが、競売価格はいわば卸売価格となる（78頁のコラム）。そのため、私的実行によって時価に近い価額で売却されれば、担保価値を向上させる機能がある。もっとも、次述③の点での制約があるため、担保価値向上機能は、設定者にとっては限られたものである。

　③後順位権利者排除機能　　抵当権の場合、滌除（現在の抵当権消滅請求）・短期賃貸借保護などの制度は、抵当権者にとって権利の制約や負担と

感じられた。不動産譲渡担保では、債権者に所有権の移転登記がされるため、設定者は対象不動産を売却したり、後順位担保権を設定することが困難になる。対象不動産の賃借人が現れても、先に対抗要件を備えた譲渡担保権者は、簡単に排除できる。こうして負担となる制度の適用は回避される。

しかし、このことは同時に対象不動産を収益・処分する設定者の権利を制限し、その活用を妨げる。また、担保・執行制度の改正により、抵当権の問題点は相当程度に改善され、比較的短期間での時価に近い価額での競売が可能になった。そのため、②や③の機能は積極的に評価するべきではない。

3　動産譲渡担保の場合

①動産抵当機能　　たとえば製造機械を担保として融資を受ける場合、設定者がその利用を継続したいと思っても、質権では345条に反して認められない。また、動産抵当権は特別法によってごく限られた場合に設定できるにすぎない。そのため、動産譲渡担保は、法の不備を補い、利用を継続したまま動産を担保化するという設定者の需要をみたす非占有担保（動産抵当）として機能している。

②担保価値向上機能　　担保権の実行としての競売手続では、とりわけ動産の場合、しばしば時価に比べて非常に安い価額でしか売れない。私的実行によって時価を反映する価額で売れれば、債権者の債権回収にとっても、設定者の担保価値の活用にとっても有利である。

4　債権その他の権利の譲渡担保の場合

①債権回収迅速化機能　　とりわけ金銭債権は、第三債務者（債権譲渡では、譲渡対象債権の債務者を単純に「債務者」と呼ぶのが通例であるが、債権譲渡担保を問題にする場面では、担保付融資の当事者を債権者・債務者と表記することから、融資の債務者との混乱を避けるため、本書では「第三債務者」と呼ぶ）に十分な資力があり、請求に応じて支払をしてくれるならば、煩瑣な換価手続を踏まなくてもよく、迅速な債権回収が可能となるという長所がある。

単体の債権については、債権譲渡担保は債権質と機能的にはあまり違わない。すなわち、債権譲渡担保では、譲受人が自らの名前で債権を行使して第

三債務者から取り立てることができるが、債権質権を設定した場合でも債権者は被担保債権の弁済期の到来後には第三債務者からの取立てができる（366条）。債権譲渡担保の特色は、第三債務者保護のために被担保債権の弁済期前の本来は違法な取立ても（権利移転的構成では真正の債権者への弁済、担保権的構成では債権の準占有者への弁済として）有効と扱われること、および、弁済期前の対象債権を売却することによる債権回収が可能であることくらいである。

　②新規担保創造機能　　債権以外の権利の譲渡担保については、新規担保を創造する機能が注目される。すなわち、新たに登場してくる様々な権利や利益を担保化するには、権利質では十分でない。担保化のための明確な規律がない営業権やゴルフ会員権（契約上の地位）などのような権利であっても、譲渡が可能であれば担保とすることができる。

第3項　譲渡担保の有効性

　判例・通説は譲渡担保の有効性を古くから承認しており、現在では有効性が正面から問題にされることは少ない。すなわち、物についての譲渡担保は、通常、占有を設定者にとどめ、また債務不履行の場合に対象物の所有権の取得を確定する形で実行されるため、質権についての代理占有の禁止（345条）や流質契約の原則禁止（349条）に抵触する疑いがある（石田672頁以下は、当初からの所有権移転の登記は仮登記担保法の趣旨に反し、虚偽表示として無効とする）。しかし、これらは質権固有の規定であるため、譲渡担保はその脱法行為ではない。また、譲渡担保は、取引慣習の積み重ねによって発展し、上述のように担保制度の不備や欠点を補う社会的に有用な機能を果たす合理的な面を持っている。それゆえ、物権法定主義（175条。9頁の**3**および『物権法』249頁以下の第3節）に反しない慣習法上の物権だと位置づけられている（新注民(7)223頁［徳本鎮］）。

　もっとも、譲渡担保と虚偽表示（94条）の関係については、譲渡担保の法的構成との関係でなお問題になりうる（340頁以下の**3**および349頁以下の(3)）。

第4項　譲渡担保の法的構成

1　担保の実質と権利移転の形式

　譲渡担保による権利移転という形式は、通常の売買や贈与とは異なって、終局的・確定的に権利を移転するものではなく、債権担保を目的とした手段であり、暫定的あるいは条件付の権利移転である。担保目的であるとの実質を重視すれば、被担保債権の回収という目的さえ達成できれば十分で、目的に対して過大な法形式の効力を制限して、典型担保にできるだけ近づけようとする方向に向く。清算義務を徹底して債権者の不当な利益獲得を防ぐという点ではこの方向はすでに確定している。

　しかし、他方で、当事者があえて権利移転形式を選択し、それが定着していることには、法制度の欠落を補ったり短所を避ける点で、一定の合理性がある。現行制度の問題を放置したままで典型担保と異なる効力を厳しく規制するだけでは、融資を行おうとする者が減って融資を受けたい者にはかえって不利益になる。担保目的に反しない合理的な範囲では、当事者の意図をできるだけ尊重するべきである。このように、譲渡担保をめぐる法律論の中心的な課題は、実質と形式をどう合理的に調和させるか、という点にある（加藤雅信「非典型担保法の体系」別冊 NBL31 号（1995 年）57 頁以下）。

2　権利移転的構成と担保権的構成

　以上のような課題に対する答えとしての譲渡担保の法的構成については、さまざまな見解が対立している。

　判例は、大審院時代には、法形式を重視し、文字どおりに譲渡担保権者に所有権が移転するとした。これは通例では所有権的構成と呼ばれているが、債権その他の権利の譲渡担保の場合に「権利の上の所有権」という概念は使うべきでないから、権利移転的構成という表現の方がよい。この考え方では、譲渡担保権の設定時から譲渡担保権者に権利が移転し、設定者との譲渡担保契約によって債権的な拘束を受けるにすぎない（大連判大 13・12・24 民集 3 巻 555 頁。信託的譲渡説）。

　この考え方は、清算を不要であるとしたり、不動産譲渡担保権者が弁済期

第1節　譲渡担保の意義と機能　313

前に対象物を悪意者に譲渡した場合もそれを当然に有効と扱う処理と結びついていた。そのため、学説は、設定者の保護に欠けるとして批判的である。そして、設定者に何らかの物権的な権利を認めて、その地位を強化するべく様々な構成が提案されている。主要な説のみを紹介する。

　①所有権はいったん譲渡担保権者に完全に移転するが担保目的を超える部分が設定者留保権として設定者に復帰的に移転するとする説（二段階物権変動説、鈴木368頁。もっとも現在は権利分属という説明に変更）

　②設定者には弁済により所有権復帰を求めうる物権的期待権があり、譲渡担保権者にはこのような物権的な負担の付いた所有権が移転するとする説（物権的期待権説、川井461頁。権利の分属という意味でこれを支持するのは平野260頁）

　③債権者に移転するのは所有権から設定者留保権を除いたものであるとする説（設定者留保権説、道垣内300頁）

　④そもそも所有権は設定者の下に留まり譲渡担保権者は私的実行ができる抵当権（抵当権説、米倉明「不動産譲渡担保の法的構成」タートンヌマン2号1頁以下）あるいは「一種の制限物権」を取得するにすぎないとする説（担保権説、高木334頁）

　これらはまとめて担保権的構成（または担保的構成）と呼ばれ、担保目的という実質を重視する考え方である（補足）。後の考え方ほど設定者の保護に厚いという傾向はあるが、法的構成から必ずしも論理必然的に個別問題の処理が導かれるものではない。最近では、議論の重点は、法的構成よりも個別問題毎の検討に移行しており、こうした観点から信託的譲渡説を再評価する見解もある（松尾＝古積413頁-415頁［古積］）。また、債権譲渡担保については、第三債務者の保護のために権利移転的構成を採る必要があるのではないかということも問題になる（343頁の(d)）。

　本書の見解は、個別問題の検討をふまえて第5節（347頁以下）で提示する。

　補足　**どこまでが担保権的構成？**
　　学説の名称や分類は文献によって差があり、注意しないと混乱する。多くは、本文のような二分類をしているが、同じ名称を使っていても、譲渡担保権者に所有権が移転するかしないかに注目し、④のみを担保権的構成と呼ぶものがある（平野258

頁-262 頁)。また、同様の発想から、①から③までをひとまとめにして、判例と④の純粋の担保権的構成との中間に位置づけ、三分類で整理するものもあり(山野目 358 頁-359 頁、清水 264 頁-265 頁)、これは場面によってはわかりやすい整理である。さらに、不動産譲渡担保権者が対象物を処分した場合、①や②の一部のうちで設定者と第三者との関係を対抗問題として処理する説を判例と同じグループに入れる理解もありうる。新注民(9)655 頁-665 頁〔福地俊雄＝占部洋之〕、生熊 276 頁-280 頁。

3　現在の判例

　判例は、以下にみるように、所有権移転の効力を債権担保の目的を達成するのに必要な範囲に限ることで、全体として担保権的構成へ近づいている。もっとも、個別問題毎の検討を優先させていて、法的構成は結論を導くうえで必ずしも決定的でない。

　これに対して、譲渡担保権者が対象不動産を処分した場合の設定者と第三者の関係については、背信的悪意者排除論を加味することで通説的な 94 条 2 項類推適用論との差が縮まっているが、基本的にはなお権利移転的構成による対抗問題としての処理の枠組みを維持している(340 頁以下の3)。

　①借地上の建物の譲渡担保と借地権の無断転貸・無断譲渡　借地上の建物を譲渡担保に供しても、終局的に債権者に賃借権を移転するものではないから、民法 612 条の譲渡・転貸には当たらず、地主はこれを理由に賃貸借契約を解除することはできない(最判昭 40・12・17 民集 19 巻 9 号 2159 頁)。他方、譲渡担保権者が建物の引渡しを受けて使用・収益をする場合は、譲渡担保権がまだ実行されていなくても、譲渡・転貸に当たる(最判平 9・7・17 民集 51 巻 6 号 2882 頁)。前者は担保権的構成に、後者は逆に権利移転的構成に親和的であるが、譲渡担保の法的構成自体は解決の鍵ではない。むしろ、だれに所有物を使用・収益させるかについての賃貸人の意思を尊重する 612 条の趣旨から、現実の使用・収益の主体が変わっているかどうかが両者の結論の違いを導いている。

　②会社更生手続における譲渡担保権者の処遇　譲渡担保権者は、債務者たる更生会社との間に債権債務関係が存続している限り、更生手続において取戻権を主張することはできず、更生担保権者に準じてその権利の届出を行い、更生手続によってのみ権利を行使するべきである(最判昭 41・4・28 民集

20巻4号900頁)。この判決は、担保権的構成に歩み寄ったものとも理解できるが、会社の再建という会社更生法の趣旨から取戻しを禁じる結論は、権利移転的構成を採っても支持されるべきものである。

③不法占有者に対する物権的請求権　土地の所有者が利用権のないまま建物を所有して土地を不法に占有する者に対して建物収去・土地明渡訴訟を提起した後、その土地を譲渡担保に供して所有権移転登記を行った。譲渡担保権者に所有権が完全に移転しているとすると設定者が物権的請求権を維持することは難しいように思えるが、判例は、土地の所有者には、なお被担保債権を弁済して所有権を回復できる地位があり、物権的請求権が認められるとした（最判昭57・9・28判時1062号81頁）。この問題については、どういう権利や利益に物権的請求権を付与することが適切かという観点での検討が重要で、この判例は、権利移転的構成によってもこの結論を導くことができることを示している。

④対象物についての損害保険契約　譲渡担保権者のみならず、設定者も自己を被保険者として対象物の損害保険契約を締結できる（最判平5・2・26民集47巻2号1653頁）。被保険利益をどう考えるかが重要で、法的構成はその点に間接的に影響するが、どのように構成してもこの結論は導ける。

⑤滌除権　譲渡担保権者は実行完了前には所有権を確定的に取得していないから、先順位の抵当権を滌除できない（122頁の最判平7・11・10。判旨は抵当権消滅請求にも妥当する）。たしかに担保権的構成によると、後順位担保権者が先順位担保権を強制的に消滅させることの問題性を的確に示すことができるが、濫用的な滌除を防ぐという観点からは権利移転的構成でも同じ結論になる。

⑥物上代位　譲渡担保権者は対象物の転売代金債権に対して物上代位をすることができる（最決平11・5・17民集53巻5号863頁）。この決定は、譲渡担保を担保権として扱っていることになるが、304条の類推適用は権利移転的構成と両立しないわけではない（326頁以下の(2)）。

⑦根抵当権と譲渡担保権の併用　根抵当権者が譲渡担保を併用して所有権移転登記を備えても、対象不動産の所有権が確定的に移転しているのではないから、根抵当権は混同消滅せず、根抵当権に基づく競売の申立ては適法

である（最判平17・11・11判時1919号103頁）。譲渡担保権併用の趣旨が重要で、権利移転的構成を採っても混同の例外としてこの結論は導ける。

⑧譲渡担保権の多重設定　譲渡担保権が多重に設定できることを認めるかのような判決が登場している（最判平18・7・20民集60巻6号2499頁）。もっとも、当該事件との関係では傍論にすぎない（337頁の(b)、370頁以下の(2)および(3)）。

第5項　譲渡担保権

> Case 37　AはBに対する貸金債権αを担保するため、BのCに対する売掛代金債権βの譲渡を受け、BがCに譲渡を確定日付のある証書で通知した。その後、Aは、α債権をXに、β債権をYに、相次いで譲渡し、αについてはBに、βについてはCに、Aが譲渡を確定日付のある証書で通知した。β債権は、XとYのいずれに帰属するか。

譲渡担保契約に基づき債権者が有する権利を簡略に譲渡担保権と呼ぶ。判例の見解では、担保目的に制約された所有権その他の権利というのが正確であろうが、判例もしばしば譲渡担保権という略称を用いている。譲渡担保権は、慣習法上の新たな担保物権であり、約定担保物権に属する非占有担保である（設定者から直接占有を奪わないという意味で）。

特定の被担保債権についての譲渡担保の場合には、担保としての性格上、一般的には、付従性・不可分性・物上代位性を備えると思われる（根譲渡担保権は根抵当権と同様、元本確定までは付従性・随伴性がない）。しかし、譲渡担保権は、典型担保物権とは異なって、被担保債権とは別個独立の権利として公示され、被担保債権に付従する権利であることが必ずしも明らかでない。それゆえ、判例でも、付従性は厳密には要求されず、担保目的で債権者以外の者に財産権を譲渡することも可能であるとされている（大判大7・11・5民録24輯2122頁。債権者の息子に対して土地を譲渡担保に供する三者間合意）。

また、一般的に、被担保債権が譲渡されると担保権も随伴して当然に移転

し、担保権の移転については、対抗要件を備える必要がない、とされている（保証債務につき大判明 39・3・3 民録 12 輯 435 頁、最判昭 45・4・21 民集 24 巻 4 号 283 頁。弁済による代位と原担保権の関係につき最判平 23・11・22 民集 65 巻 8 号 3165 頁の田原睦夫裁判官の補足意見）。しかし、前頁の Case 37 において、X が、α 債権の担保となっている β 債権をも随伴性によって当然に取得し、対抗要件を備えることも必要ないとすれば、β 債権の第三債務者 C や二重譲受人 Y には不測の不利益が生じるおそれがある。随伴性を肯定するとしても、X は、C に対する債務者対抗要件や Y に対する第三者対抗要件を備える必要があり、C や Y は対抗要件の欠缺を主張して、X の β 債権の取得を争えるとするべきであろう（もっとも、筆者の見解では、C や Y が準当事者であったり、悪意または過失があれば、対抗要件を備えなくても権利取得を対抗できる。『物権法』136 頁以下の(6)・195 頁以下の 3 ）。

第 2 節　譲渡担保権の設定と対抗要件

第 1 項　譲渡担保権設定契約

1　譲渡担保権設定契約の性質と当事者

　譲渡担保権という担保権を肯定する見解では、譲渡担保契約は、譲渡担保権設定契約と表現するべきであろうが、以下では簡略化して「設定契約」という。設定契約は、債権者と譲渡担保権設定者（債務者または物上保証人。以下では見出しを除いて原則として「設定者」と略す）の諾成・不要式の債権契約である（抵当権についての 19 頁以下の 1 および 2 ）。

2　被担保債権

　仮登記担保と異なり金銭債権に限る必要はなく、設定契約で自由に決めてよい。将来債権等も被担保債権になりうることは抵当権の場合と同じである（22 頁以下の(1)）。

　不特定の債権を被担保債権とする根譲渡担保権の設定契約も有効である。

後順位者がほとんど登場せず、また登記による被担保債権の公示もできないため、被担保債権の範囲や極度額の定めを欠いていても解釈による補充が可能であれば有効とするのが通説のようである。もっとも、包括根譲渡担保は、一般債権者の利益を害することが甚だしいので無効だとする説が有力である（新注民(9)670頁-671頁［福地俊雄＝占部洋之］）。極度額についても、設定者の責任を明確に限定するために、貸金等根保証契約（465条の2以下。民法改正では個人根保証契約として再編される）や根抵当権と同様に、明示の合意を必要とするべきであろう。

なお、形式上は被担保債権が存在しない担保目的の買戻しや再売買の予約（売渡担保）も譲渡担保として扱うべきことは、すでに述べたとおりである（308頁以下の第1項）。これらの場合、買主が支払った代金に契約の費用を加えた額（買戻しの場合。579条）または再売買の代金額（再売買の予約の場合）が被担保債権額となる。

3　譲渡担保権の対象となる権利

不動産や動産の所有権・債権・株主権・手形や小切手・電話加入権・知的財産権・契約上の地位（たとえばゴルフ会員権）あるいはこれらの権利の共有持分権など、譲渡可能な財産権はすべて対象とすることができる（質権についての215頁以下の**4**）。

第2項　譲渡担保権設定者の処分権限

設定契約により譲渡担保権が発生するために対象となる権利について設定者に処分権限が必要なことは、抵当権や質権の場合と同じである（28頁以下の第2項、219頁の第3項）。

譲渡担保権の多重設定は、担保権的構成では肯定される。他方、権利移転的構成では否定的に解される傾向にあるが、必ずしも論理必然ではない。所有権の多重譲渡を認め、譲受人のうちの一人が対抗要件を備えて優劣が確定するまで暫定的に所有権の多重帰属状態が生じているとする判例・通説によるならば、権利移転的構成でも多重設定は成り立つからである。もっとも、

対抗要件を先に備えた方への権利移転が排他性を備えるから、権利移転的構成では、譲渡担保の同時の多重存在は認めにくい。

設定者が処分権限のない動産を譲渡担保の対象とした場合には、即時取得（192条・手形16条2項など）による保護が考えられる。しかし、占有改定による即時取得を認めない判例や多数説（『物権法』214頁の(1)）によれば、譲渡担保権者は即時取得の要件をみたさない。これに対して、占有改定による即時取得を認める見解では、譲渡担保権の即時取得を認めうる。筆者は、一定の公示性を占有改定の要件として即時取得の可能性を認める（『物権法』221頁以下の2および下記 補足 ）。

即時取得の規定のない不動産や債権その他の権利を対象とする譲渡担保では、94条2項などの第三者保護規定が適用（または類推類推）される場合にのみ、譲渡担保権の取得が認められる。

> 補足　**動産譲渡登記と即時取得**
> 　占有改定に代えて321頁以下の(2)で説明する動産譲渡登記が行われた場合にも、即時取得が認められるか。公示性のある占有改定による即時取得を認める本書の見解では、引渡しよりも公示性のある動産譲渡登記が備われば、占有取得要件をみたす。178条の引渡しがあったものとみなされる動産譲渡登記（動産債権譲渡特例3条1項）は、178条の引渡しに含まれる公示性のある占有改定と同等のものとして扱うことができ、同時に、192条の占有取得要件をもみたす。

第3項　対抗要件

権利の移転という形式を尊重するならば、譲渡担保権の取得を第三者に対して主張するには、対象となる財産権の譲渡についての対抗要件を具備しなければならない、と考えるのが自然である。これに対して、権利移転は生じず、担保物権の設定があるのみと構成する見解では、それにふさわしい公示とは何かを考えることになる。

対象となる権利は上述のとおり多様であるが、以下では議論の多い不動産および動産の所有権と債権だけを取り上げる。

1 不動産譲渡担保の場合

　所有権移転登記が譲渡担保権設定の対抗要件である（177条）。かつては売買や贈与を登記原因とするものが多かったが、最近では譲渡担保を登記原因とする移転登記（昭54・3・31民三2112号民事局長通達）が定着して増えている。2004（平成16）年の不動産登記法の改正により登記原因証明情報（不登61条）の提出が義務づけられたため、譲渡担保を登記原因とする申請がさらに多くなるだろう（道垣内306頁＊）。もっとも、不動産譲渡担保により悪質な貸金業者から金を借りていることがわかり、債務者の信用を下げるとの悪評（平野250頁注337）がある限り、今後も売買や贈与を登記原因とする申請はなくならないと予想される。

　一般に、登記原因が事実と異なっていても、登記が物権帰属の現状を反映している限り、登記の効力には影響がない、と考えられている（『物権法』114頁以下の(1)）。譲渡担保権者に権利が移転しないという構成を採る者も、譲渡担保権を公示する限度で所有権の移転登記は有効であると解している（高木340頁）。登記が無効で無担保融資となるとすると債権者にとって過酷な結果となるし、担保提供義務を履行できないとして債務者が期限の利益を失うおそれもあり、債務者や設定者にとっても不利益となりかねない。

　担保権的構成を採る者の中には譲渡担保を登記原因とする移転登記のみが許されるとする見解も少なくないが（清水268頁注1、石田687頁など）、これによる場合も被担保債権等は公示されず、譲渡担保権実行の前後も登記面からはわからないので、きわめて不完全な登記である。そもそも不動産譲渡担保は合理性が乏しく、立法論的には認めない方向で検討するべきであるが（松岡・372頁の 文献 「譲渡担保立法の方向性」101頁-102頁）、もし存続させるのであれば、端的に私的実行可能な担保物権として被担保債権を記載する方法で乙区に登記を行わせるとともに、私的実行の開始または終了をも登記させることが望ましい（清水・前掲箇所）。

2 動産譲渡担保の場合

(1) 占有改定

　動産の譲渡は引渡しが対抗要件であり（178条）、設定者が利用を続けられ

ることに最も重要な意味がある動産譲渡担保では、通常、占有改定（183条）による（最判昭30・6・2民集9巻7号855頁。通説も支持）。

　もっとも、一般に、占有改定には公示性が乏しいと考えられており、対象動産を占有している設定者からの譲受人に容易に即時取得（192条）されて譲渡担保権が消滅する危険がある。これを防ぐため、実務上は、ネームプレートなどの明認方法が講じられることもある。登記原因の問題と似て、信用不安を起こさないため譲渡担保と明記することは嫌われ、単に所有者（譲渡担保権者）の名前や住所等の連絡先を記載することが多いようである。こうした明認方法を対抗要件と解するべきだとの説も主張されている（吉田眞澄『譲渡担保』（商事法務研究会、1979年）94頁以下。米倉明『譲渡担保』（弘文堂、1978年）15頁は、対抗要件を不要とする。さらに、近江311頁・314頁は、対抗要件不要を原則としつつ、明認方法が慣習化している場合にのみ対抗要件と認める）。

　明認方法などの一定の公示性を伴う占有改定のみを対抗要件や即時取得の占有取得要件として慎重に認定することとし、他方で、対抗要件を欠いていても第三者に当たらない者（不法占有者など第三者の客観的資格を欠く者はもちろん、悪意者や善意有過失者も第三者ではないと解する）に対しては、譲渡担保権の取得を対抗できると解するのが最もバランスがよい（『物権法』221頁以下の2）。

(2) 動産譲渡登記

　「動産及び債権の譲渡の対抗要件に関する民法の特例等に関する法律」（平10年法104号を平16年法148号により改正し法令名の冒頭に「動産及び」を追加。以下「動産債権譲渡特例法」と略称する）では、動産を活用した企業の資金調達の円滑化を図るため、登記によって動産の譲渡を公示できるようにした動産譲渡登記制度が創設された（概要は『物権法』198頁の補足＊でも触れた）。登記できるのは、法人が譲渡人である動産譲渡に限定されるが、個別動産でも集合動産でも譲渡登記を行うことができる。担保目的に限らず、単体の動産の譲渡も登記できるが、登記の費用や手間がかかることから、流動動産譲渡担保について使われる場合が多い。動産譲渡登記は、対抗要件としての引渡し（178条）と同等の効力をもつ（動産債権譲渡特例3条1項）。登記された動産に

ついても即時取得は妨げられない。しかし、たとえば譲受人が同種取引をよく知る同業者や金融業者の場合には、登記を調査する義務を怠った過失があるとして即時取得の成立が否定されることが多いだろう。

3 債権譲渡担保の場合

(1) 確定日付のある証書による債権譲渡の通知または承諾

指名債権の場合には、確定日付のある証書による債権譲渡の通知または承諾が対抗要件である（467条2項。その他の対抗要件については、権利質に関する220頁以下の第3項）。通知は、動産の明認方法と同じく、第三者に設定者の経営の危機を宣伝するようなものだとして設定者からは嫌がられる。そこで債権譲渡担保では、譲渡担保権者が、日付を空欄にした債権譲渡通知書を設定者から預かっておいて、実行の必要が迫った時に設定者に代わって通知することも多いようである。しかし、通知をするまでは譲渡担保権の取得には対抗力が欠ける。また、設定者の財産状態が悪化した後に行った通知の効力は、否認権（破産164条、会更88、民再129条）により否定されるおそれがある。

(2) 債権譲渡登記

法人が有する指名債権である金銭債権については、債権譲渡登記をすることで、確定日付のある証書による債権譲渡の通知と同等の効力を得ることができる（動産債権譲渡特例4条1項）。ただ、将来債権を含む多数の債権をまとめて譲渡担保に供する流動債権譲渡担保について使われる場合がほとんどであり、第三者対抗要件と債務者対抗要件を分離したことは、もっぱら流動債権譲渡担保について意義が大きい。それゆえ、その詳細は流動財産譲渡担保の個所（351頁以下の第6節）で述べる。

第3節　譲渡担保権の効力

第1項　対象物の利用関係

　物の所有権や利用権（地上権・賃借権等）を対象とする譲渡担保では、その主たる機能は、通常、実行時までは占有を設定者に留めてその利用の継続を認めることで果たされる。占有を債権者に移転する特約も有効であるとするのが多数説であるが、異論もある（近江297頁は買戻しと呼ぶべきだとするが、清算義務を認めるので用語法の問題にすぎない）。
　設定者に物の利用を継続させる場合、設定契約では、譲渡担保権者に所有権等の権利が移転しているとの形式を前提として、賃貸借や使用貸借などの利用契約を併用して設定者に利用を継続させることが多い。問題となるのは、賃料不払など設定者がこの利用契約に違反した場合に、譲渡担保権者が譲渡担保権を実行することなく（すなわち設定契約とは無関係に）対象物の引渡しを求めることができるかである。
　かつて判例は、当事者間で所有権が移転するか否かによって処理を分けた（第三者との関係では物の所有権が移転するとしたので、内外共移転型と外部的移転型と呼ばれた）。すなわち、当事者間においても所有権を移転する内外共移転型では（312頁の2の大連判大13・12・24以来これが原則型だとされた）、併用される利用契約は有効であり、独自の解除による明渡請求も可能だとされた（大判大5・9・20民録22輯1821頁）。これに対して、所有権が当事者間では設定者に留保されている外部的移転型では、賃貸借契約は無効であり、解除を理由とする明渡請求は認められなかった（大判大4・1・25民録21輯45頁）。
　担保権的構成を採る通説は、設定者の利用は設定者に残る物権的な権利に基づくものであり、賃料は実質的には融資金の利息だと見る。そして、利息の延滞によって必ずしも直ちに譲渡担保権が実行できるわけではないから、設定者の利用は譲渡担保権実行まで覆されるべきではなく、解除による引渡請求を認めることはできない、とする（高木351頁など）。これに対して、賃貸借契約とその解除の意味を、利息不払によって非占有担保型から占有担保

型に変換する特約であると解して、明渡請求を認める見解もある（道垣内310頁。契約の趣旨次第なので古い判例のような二分論は採用しない）。契約の趣旨次第というのは指摘のとおりであるが、譲渡担保権者が占有担保型に変換したうえで譲渡担保を実行しないという特約をわざわざ結ぶことは考えにくく、道垣内説は、当事者の意思解釈として無理があるように思われる。

第2項　担保目的による当事者の拘束

　設定契約上、当事者は、対象物の保管についての善管注意義務（400条）など相手方の権利・利益を害してはならない義務を負う。たとえば、動産の設定者が、譲渡担保権の設定がないものとして、対象動産を売却したり、質権や譲渡担保権を設定することは、通常、譲渡担保権を侵害する債務不履行である。また、リゾートクラブ会員権に譲渡担保権を設定した者は、譲渡担保権者の同意がなければ、クラブの債務不履行を理由としても入会契約を解除できない（東京地判平 11・3・12 判時 1699 号 93 頁）。

　被担保債権が弁済されれば設定者に財産権が完全に復帰するから、設定者のみならず、譲渡担保権者も同様の義務を負う。担保権的構成では、そもそも実行完了前には譲渡担保権者は、完全な権利者にはなっていない。権利移転的構成によって対外的には完全な権利者であるとされるとしても、譲渡担保権者は担保目的に拘束される。たとえば、譲渡担保権者が弁済期前に対象山林を伐採する行為は、設定者に対する債務不履行にあたり、損害賠償義務が生じる（最判昭 35・12・15 民集 14 巻 14 号 3060 頁）。譲渡担保権の実行としての正当な処分の場合を除き、譲渡担保権者が清算完了までに対象である財産権を担保目的による拘束がないものとして第三者に処分することもまた、設定者の権利を害する債務不履行である。被担保債務弁済後の処分が設定者に復帰した権利を害する違法なものであることは、いうまでもない。

第3項　優先弁済権

　被担保債権が債務不履行となった場合には、譲渡担保権者は、原則として

（会社更生では実行が制約される。314頁以下の②および339頁以下の(b))、公的な競売手続によらずに譲渡担保権を実行して、被担保債権を優先的に回収できる。私的実行による優先的な債権回収が譲渡担保の特徴である。

> **Case 38** Xは、利率年利9％、遅延損害金年利18％、元利金を1年後に返済する約束で5000万円をYから借り受け、この債務の担保として、駐車場用にZらに30区画を賃貸していた自己所有の土地甲の所有権をYに譲渡し、譲渡担保を登記原因としてYへの移転登記を行った。Xは、以後もZらから賃料を受領していた。Xは、甲の片隅に駐車の整理・監視用の鉄塔を建てた。
> Xは弁済期に債務が弁済できなかった。その2年後、Yが、「譲渡担保権を実行し甲（時価約8200万円）は自己の所有に確定した。清算金はない。」旨の通知をした。Xは、元利金7250万円余を提供してYに甲の返還を求めることができるか。

1 優先弁済を主張できる被担保債権の範囲

優先弁済を主張できる被担保債権の範囲は設定契約によって定まる。ただ、譲渡担保が担保であるという実質を重視して清算義務を強調する現在の考え方では、利息は賃料の形式を採っていてもつねに利息制限法が適用される。

不動産譲渡担保では登記名義が譲渡担保権者に移転されて後順位担保権者が生じないから、抵当権についての375条は類推適用されず、優先弁済を受ける利息・遅延損害金は2年分に限定されない（通説。石田695頁のように仮登記担保13条の類推適用説もある）。権利移転形式を採る以上、動産や債権その他の権利の譲渡担保でも同様に考えてよいであろう。

Case 38では、Yは1年分の利息450万円と2年分の遅延損害金1800万円を元本5000万円に加えた7250万円を被担保債権として、甲から弁済を受けることができる（利息1条3号・4条1項の範囲内）。

2 譲渡担保権の効力の及ぶ対象の範囲

譲渡担保権の効力が及ぶ対象の範囲についても、基本的には設定契約によ

って定まる（代担保や増担保の請求権も特約次第）。問題はやはり明示または黙示の約定がない場合の扱いである。

(1) 付加一体物

不動産譲渡担保の場合の付加一体物につき、担保権的構成を採る通説は、抵当権に関する370条（44頁以下の1）を類推適用する。すなわち、付合物、従物、従たる権利などに譲渡担保権の効力が及ぶことになる。たとえば、前頁のCase 38の鉄塔は土地の付加一体物であり、譲渡担保権の効力が及ぶから、Xは譲渡担保権の実行の際に鉄塔を除外せよとは主張できない。

これに対して、仮登記担保の場合と同様に所有権に関する242条以下や87条2項を根拠にする見解がある（道垣内307頁）。この見解は、所有権移転の登記を見た第三者が、移転登記以後に設置された従物には譲渡担保権が及んでいないと考える可能性があるとして、370条の類推適用を否定し、設定後の従物には効力が及ばないとする。しかし、そもそも効力が及ぶか否かを論じるときに、及んだ効力の第三者への公示や対抗の問題を論拠とするのはおかしい。また、抵当不動産の従物についても登記の公示力は十分でないが、現地を調査すれば主物・従物関係を知ることができることから、抵当権の効力が及ぶことを対抗できるとされている。さらに、道垣内説のように実行時に確定的に権利が移転すると解すれば、実行時が基準になってもおかしくない。結局、両構成で結論は異ならず、設定時にこだわる理由はない。

判例の見解は必ずしも明確ではないが、借地上の建物を譲渡担保とした場合には、従たる権利として敷地利用権に譲渡担保権の効力が及ぶとする（最判昭51・9・21判時833号69頁）。

債権の譲渡担保の場合には、対象となっている元本債権に対する利息債権のような従たる債権についても譲渡担保権が及び、譲渡担保権者は利息債権についても直接に取立権を行使できる。

(2) 果実および価値変形物

果実についても、設定契約で帰属を決定すればよいが、約定がない場合には、通常は直接占有者である設定者に帰属させるべきである。そのこととの

均衡もあり、設定者が対象物を賃貸する場合の賃料債権（法定果実）は、当然に譲渡担保の拘束を受けるものではない。325頁のCase 38において、Xは、適法・有効な譲渡担保権の実行通知があるまでは、Zらに対する賃料債権を自由に取り立てることができる。

譲渡担保権者が法定果実に対して権利を主張するには、物上代位権行使の手続による必要がある。もっとも、譲渡担保権の帰属清算型の実行によって、譲渡担保権者は、所有権の確定的な取得と共に賃貸人の地位の移転をも受け、以後は自らが直接の権利者として賃料を取り立てることができる。それゆえ、法定果実への付加的物上代位を考える必要は少ない（高橋295頁も同旨）。

これと対照的に、代替的物上代位の必要性は高い。譲渡担保の対象である輸入貨物（流動性のない動産群）を設定者が譲渡担保権者から認められた処分権限に基づいて転売した場合、譲渡担保権者は、物上代位権の行使として転売代金債権を差し押さえることができる（315頁の⑥の最決平11・5・17）。通説もこの決定以前から物上代位を広く肯定していた（新注民(9)669頁〔福地＝占部〕）。これに対し、所有者が代償財産の所有権を主張できないこととの対比から、当事者の選択した法形式以上の権利を認める必要はないとする物上代位否定説がある（道垣内308頁-309頁）。しかし、第三者への引渡しによって消滅する動産先取特権（333条）と同様、当初の対象物の追及ができないから、代替的物上代位による担保権者の保護が必要となる。違法に処分された場合の所有者の保護の薄さこそが問題であり（389頁以下の第9章）、逆に所有権に基づく物上代位という発想すら必ずしも突飛ではない（松岡久和「判批」法教232号113頁。留保所有権に基づく物上代位につき382頁の❷）。

第4項　譲渡担保権の実行

1　清算義務の確立

判例は古くから譲渡担保権者の清算義務を認めていたものの（大判大10・3・5民録27輯475頁）、不清算特約の有効性をも承認し、被担保債権額と対象物の価額の不均衡が著しい場合に限って暴利行為（90条）により特約が無効だとしていた（最判昭38・1・18民集17巻1号25頁）。しかし、仮登記担保

における清算義務の確立と同時期に、担保目的という実質を重視する学説の影響を受け、一般的な清算義務が認められるに至った（309頁の1の最判昭46・3・25）。したがって、たとえば、325頁のCase 38において清算金がないというのが不清算特約の結果だとすれば、そのような特約やそれを前提とする実行通知は無効である。

もっとも、厳密な価額評価による清算は、時に合理的ではない場合がある。そのため、一定範囲で不清算特約を有効とする見解もある（竹内俊雄『譲渡担保論』（経済法令研究会、1988年）36頁・68頁など）。しかし、対象物の評価をある程度の幅を持たせて弾力的におこなえば、わずかな清算金が発生すること自体が抑制されるから（道垣内318頁。次頁以下の3）、濫用のおそれのある不清算特約を、あえて有効と解する必要はない。

2 実行と清算の方法

譲渡担保権の実行と清算の方法には、2種のものがある。1つは、対象である財産権の債権者への移転を確定させる手順を踏んだうえで、その財産権の適正評価額と被担保債権額の差額があれば清算金として返還する方式であり、帰属清算と呼ばれる。

もう1つは、対象である財産権を処分してその売却代金から被担保債権を回収して残額があれば清算金として設定者に返還する方式であり、処分清算と呼ばれる。動産譲渡担保の場合には、設定者が占有したままでは処分清算は困難であるし、対象物が商品の場合には、譲渡担保権者が同種商品を扱う者でなければ、設定者に処分セールなどを行わせて売上金から回収する方が現実的である。債権の譲渡担保の場合には、とくに期限未到来の債権であればこうした売却処分による実行が考えられるが、弁済期が到来していれば第三債務者から直接取り立てて被担保債権の弁済にあてる方法もある。権利移転的構成では、債権質の場合（366条2項や3項）と異なり、被担保債権が弁済期になくても対象債権全額の取立てを認めうる。第三債務者との関係では譲渡担保権者が債権者だからである。

判例は、不動産について、譲渡担保権者がいずれの清算方法を採るかを選択できるとする（最判平6・2・22民集48巻2号414頁）。これに対して、この

判決以前の下級審裁判例や学説では、帰属清算を原則形態とし、処分清算には特約を要するとの見解が多かった（現在も生熊310頁など根強い）。処分清算では、売り急ぎなどにより換価額が低くなるほか、対象物の明渡しや引渡しが先履行となって設定者の清算金請求権が十分に保障されないこと、非典型担保の範型となる仮登記担保法が帰属清算を原則としていることなどがその理由として挙げられる。

しかし、処分清算には市場価格が反映してむしろ現実の価額が明確となる。高額の不動産では債権者が清算資金を調達しなければならない不合理を避けることも考慮されてよい（仮登記担保の具体例に即した297頁以下の(4)。加賀山644頁-646頁も担保権的構成に立ちつつ処分清算原則を強く主張する）。また、契約時から財産権を移転する形式がとられている譲渡担保は仮登記担保とは異なるから、帰属清算しか認めていない仮登記担保法の規定をそのまま当てはめることは妥当でない。清算金請求権が留置権によって担保できれば（244頁以下の2・252頁以下の5の後段・341頁以下の(a)）、清算金を全く受け取れないまま設定者が明渡しや引渡しを先履行しなければならないわけではなく、判例の見解を支持してよい（松岡久和「判批」民商111巻6号73頁）。ただし、受戻権（331頁以下の5）の行使機会を保障するために、譲渡担保権者は設定者に処分清算を行う旨を事前に通知するべきであろう。通知の懈怠に対しては、処分自体を無効とすること、処分は有効だが設定者の受戻権が失われないとすること（処分と受戻権行使による復帰的移転の対抗問題となり、設定者の受戻権の存続について譲受人に悪意または過失がある場合には、設定者は登記なくして譲受人に対抗できる可能性が生じる）、または譲渡担保権者に設定者に対する義務違反の損害賠償責任が生じるにすぎないとするなどの可能性がある。受戻権保護の実効性と譲受人の取引安全の保護との均衡を考えれば、受戻権が存続するという2つ目の選択肢が穏当である。

3　清算金の評価基準時と額

対象である財産権の適正評価額が清算の基準となるが、帰属清算の場合には、清算金の支払もしくは提供、または対象物の適正評価額が債務の額を上回らない（＝清算金がない）旨の通知の時点（最判昭62・2・12民集41巻1号67

頁）の時価額、処分清算の場合には、処分時点の処分価額が一応の基準となる（贈与や廉価処分では時価額）。

ただ、処分清算の場合、下級審裁判例では、不動産の処分価額が時価額より2割前後低くても、適正な清算の範囲内だとするものが多く、適正評価額にはある程度の幅がある。不動産の公的な競売における売却価額がいわゆる「卸売価格」であることや（78頁の コラム 。動産ではもっと低い）、担保権実行としての処分を急ぐために時価額より多少値段を下げなければならないことを考慮すると、私的実行により公的競売を回避する利益が関係当事者に確保される額であれば、処分額が時価額より低くても適正な処分清算と評価してよい。同様に、帰属清算の場合の評価額も、おおよその時価額の範囲内であれば足り、多額の費用と時間を要する不動産鑑定士等による厳密な鑑定評価によることは必ずしも不可欠でない。

たとえば、325頁のCase 38において、弁済期の3年後にYが譲渡担保権を実行した場合には、元利金が8150万円になっており、近隣の取引事例を考慮した甲の時価額がその前後であれば、Yの実行通知は、清算金が発生しない清算として適法・有効と解される余地がある。

具体的な清算金額は、適正評価額から、先順位の担保権の被担保債権額または極度額、当該譲渡担保の被担保債権額、および評価に要した相当費用など設定者が負担するべき費用を控除して計算する（最判昭51・6・4金法798号33頁、最判昭51・9・21判時832号47頁）。借地権付建物については、多少複雑になる。賃貸人が土地の賃借権の譲渡を承諾してくれる場合には、借地権付き建物としての適正評価額を基準として、賃借権譲渡の承諾を得るために賃貸人に対して給付を要する適正な金額を控除することができる。これに対して、賃貸人の承諾が得られず建物買取請求権を行使するほかないと認められる場合には、買取請求権を行使する場合の建物時価が基準となる（326頁の(1)の最判昭51・9・21）。

適正評価額が被担保債権を上回らない場合には、清算金請求権は発生せず、回収できなかった被担保債権は無担保債権として残る。いずれの清算方法においても、評価額は譲渡担保権者から設定者に示されるべきであり、設定者がこの額が適正かどうかを争えば、最終的には裁判所によって判断されるこ

とになる。

4　対象物の引渡請求など

　譲渡担保権者は担保権を実行するために、設定者に対する対象物の引渡請求のほか、権利の移転に必要な行為を求めることができる（最判昭50・7・25民集29巻6号1147頁。ゴルフ会員権譲渡に必要なクラブ理事会への承諾の申請手続への協力請求）。こうした行為の履行は、特段の事情がない限り、清算金の支払と同時履行の関係に立つ（309頁の1の最判昭46・3・25）。設定者は同時に留置権も主張できる（244頁の2の最判平9・4・11）。譲渡担保権者が円滑に処分清算を行うためには、設定者に対して清算金の一部を前払したり、第三者をまじえた三者間決済を行うなど清算金の支払を担保する措置をとって、設定者の協力を求める必要がある（生熊312頁も結果同旨か）。このように解することで、処分清算の場合にも清算金支払が確保できるようになる。

5　設定者の受戻権

(1)　受戻権の概念

　弁済期を徒過しても、設定者は直ちに確定的に譲渡担保の対象となっている財産権を失うわけではなく、譲渡担保権の実行が完了するまで債務を弁済して譲渡担保権を消滅させ、その財産権を取り戻すことができる（最判昭47・11・24金法673号24頁）。これは受戻権あるいは取戻権と呼ばれているが、倒産法上の取戻権（破産62条、会更64条、民再52条）と混同しないようにするため受戻権と表現する方がよい。

　仮登記担保権の場合には、2か月の清算期間の経過によって不動産所有権が債権者に移転し被担保債権が消滅した後でも清算完了までは、被担保債権相当額を支払って所有権を回復することが認められている（仮登記担保11条）。そのため、形成権としての受戻権に特別の意味がある。これに対して、被担保債権がまだ残っている時点で、弁済（供託でも可）により担保権を消滅させることは当然に可能だから、独自の受戻権を観念する実益は乏しいとの指摘がある（道垣内318頁-319頁）。判例も、債務の弁済と弁済に伴う不動産の返還請求権等とを合体して、これを一個の形成権たる受戻権であると法律構

成する余地はないとする（受戻権自体が167条2項の20年の消滅時効にかかることを否定した最判昭57・1・22民集36巻1号92頁）。

しかし、譲渡担保の場合にも、被担保債権額を提供して意思表示をすることにより、弁済受領や供託がされなくても権利が設定者に直ちに復帰するという形成権としての受戻権を観念することは可能である。すなわち、被担保債権を消滅させてからでないと、対象物の返還を請求できないとする担保権の一般的な扱い（株式譲渡担保につき弁済と返還の同時履行関係を否定した最判平6・9・8判時1511号71頁）を一部変更し、行使時に権利が直ちに復帰する形成権と構成して第三者に対する関係での設定者の保護を強化することが妥当である（高橋288頁が便宜上受戻権という表現を使うとするのを、形成権と構成してさらに一歩を進める）。形成権構成を採れば、提供された弁済を債権者が受領せず、債務の弁済供託前に対象物を処分した場合、受戻権が消滅せず対抗問題とする余地が残る点で、設定者の保護を強化できる（引渡請求は被担保債権の消滅後にのみ可能で、変更するのは権利復帰の部分）。

なお金銭債権の譲渡担保では、受戻権には意味が乏しい。不動産と異なって金銭債権には個性がなく、金銭債権自体を回復することに特段の利益はないし、被担保債権額と譲渡した債権の額の差が小さい場合には、差額を清算する方が簡略だからである。譲渡担保権者が倒産して清算金請求権では保護が足りない場合は例外である（345頁の(b)）。

(2) 受戻権と清算期間や存続期間

学説や下級審裁判例には、仮登記担保法2条1項を類推適用して、清算金見積額の通知や2か月の清算期間を認めるべきだとの見解もあるが（たとえば近江299頁、高橋288頁）、最高裁判例は類推適用を否定し、清算期間を置かなくてもよいとしている。すなわち、帰属清算の場合には、（適正な）清算金の支払ないし提供または清算金がない旨の通知がされた時、処分清算の場合には第三者に処分した時、受戻権が消滅するとしている（329頁の3の最判昭62・2・12）。逆に言えば、譲渡担保権者の弁済期前の違法な処分によっては、受戻権は失われない。これに加えて、上記(1)のとおり、処分の事前通知を怠ると弁済期後の処分でも違法な処分と扱われるという形で設定者の保

護を強化することが考えられる。

また、受戻権の存続期間についても、学説では仮登記担保法11条ただし書を類推適用して清算期間経過時から5年とする説が有力であるが（高木365頁、平野285頁など）、判例は、上述のように清算期間自体を認めず、受戻権の20年の消滅時効も否定している（前頁の最判昭57・1・22）。

実行着手から2か月の清算期間を経過しないと清算が完了せず処分もできないとする仮登記担保法2条1項の規律は帰属清算を前提としており、そもそも帰属清算の合理性には疑問がある（328頁以下の2）。また、債権者が譲渡担保権を実行しない場合、次の(3)のとおり設定者側からは清算要求ができないのに、受戻権だけが消滅するのは不合理である。逆に被担保債権が時効消滅してしまえば、付従性に基づく譲渡担保権の消滅を理由に対象物の取戻しが可能であるため、受戻権を独自に観念する必要はない。結局、受戻権は、被担保債権の存続する限り、清算が終了するまで存続すると解すれば足りよう（近江304頁。ただし近江説では起算点は清算期間2か月の経過時）。ただし、あまりに長期間を経過した後の受戻権の主張は、権利濫用となる可能性がある（高橋288頁も同旨）。

(3) 設定者側からの清算要求

譲渡担保権者が譲渡担保権の適法な実行を行って受戻権が消滅する前に、設定者が受戻権を放棄しても、譲渡担保権者に対する清算金支払請求権は発生しない。受戻権と清算金支払請求権は別個の権利であり、このような形での清算金支払請求権の発生を認めると、譲渡担保権者が担保権の実行時期を決定する自由が制約されるからである（最判平8・11・22民集50巻10号2702頁。これに対して、生熊316頁は履行遅滞後2年を経過すれば設定者に清算請求権を認めるべきだとするが、2年を基準とする根拠は示されていない）。

もっとも、設定者が破産した場合には、破産管財人は、譲渡担保権の私的実行を行うべき期間を定めるよう裁判所に申立てをすることができ、譲渡担保権者は、期間を徒過すると私的実行ができなくなる（破産185条）。この場合には、清算要求が間接的に認められる。これは破産手続の適時の進行を重視した扱いである。

6　利用権との調整

仮登記担保の場合と同様に考えてよい（301頁以下の**5**）。すなわち、譲渡担保権者が土地の所有権を取得する場合には、同地上の建物につき法定借地権の成立を認める（仮登記担保10条の類推適用）。不動産譲渡担保より後に設定された利用権に基づく占有者は、譲渡担保権が実行されると所有権に基づく明渡請求に服することになるが、明渡猶予を認めうる（395条の類推適用）。

第5項　譲渡担保権者と第三者との関係

1　侵害に対する保護

(1)　物権的請求権

権利移転的構成を徹底すれば、譲渡担保権者のみが物権的請求権を行使できると考えられる（大判大6・1・25民録23輯24頁）。しかし、その後の判例は、ここでは被担保債権を弁済して所有権を回復できる設定者の地位を考慮して、設定者にも不法占有者に対する返還請求権を認める（不動産譲渡担保の場合につき315頁の③の最判昭57・9・28）。設定者に物権的な権利を認める担保権的構成によると、この結論は、たしかにより容易に導ける。しかし、問題の主眼は、どのような者に物権的請求権の行使を認めて保護するかという点にあり、権利移転的構成からもこの結論を導くことは可能である（315頁の③）。

設定者と譲渡担保権者の物権的請求権は、まずは侵害前の設定者の占有を回復するとの内容で一致するので、両方を認めても矛盾は生じない。問題となるのは譲渡担保権者への明渡しや引渡しを認めることができるかである。抵当権の場合に抵当権者への明渡しを認める判例（106頁の(iv)の平成17年判決）と対比すると、譲渡担保権者の所有権が占有権原となるので、本来占有権原のない抵当権に比べて譲渡担保権者への明渡しや引渡しを認めやすい。ただ、基本的には非占有担保である譲渡担保権の性質を考慮すれば、抵当権と同様の扱いが妥当であり、譲渡担保権者への明渡しや引渡しは、設定者の適切な維持管理が期待できない場合や譲渡担保権の実行としての引渡請求ができる場合に限定するべきである。

(2) 損害賠償請求権

不法行為に基づく損害賠償請求権について、判例によると、譲渡担保権者は、担保対象物の価額でなく、被担保債権額の限度での賠償を求めることができる（大判大 12・7・11 新聞 2171 号 17 頁）。学説もこれに賛成するものが通説的である。この場合、設定者の損害賠償請求権の内容は、対象物の価額から被担保債権額を控除した額とされる（高木 363 頁）。

一方、設定者にのみ対象物の価額の全額について損害賠償請求権を認めたうえで、譲渡担保権者がこの損害賠償請求権に物上代位権を行使できるとすれば足り、譲渡担保権者に直接の損害賠償請求権を認めないという構成も考えられる。直接の損害賠償請求権を認める考え方は物上代位との併存を肯定するものが多いと思われるが、抵当権侵害の場合とは異なって、譲渡担保権に基づく物上代位を否定して、直接の損害賠償請求権だけに限定する考え方もある（道垣内 309 頁）。しかし、抵当権侵害について述べたのと同じ理由で、譲渡担保権者に直接の損害賠償請求権を認めないのは担保権侵害に対する保護として不十分であり、設定者の損害賠償請求権との併存を認めるべきである（114 頁以下の(4)）。譲渡担保権者には、この直接の損害賠償請求権、設定者の損害賠償請求権への物上代位、設定者に対する代担保・増担保請求など多様な救済の選択が認められる。

2 譲渡担保権者と設定者側の第三者との関係

譲渡担保権者は、対抗要件を備えている限り、自己の権利取得を第三者に対しても主張できる。特に登記名義が譲渡担保権者に移転している不動産の場合には、設定者側に第三者が登場すること自体が稀である。譲渡担保権者と設定者側の第三者の関係という問題は、主として、対抗要件の公示性が乏しい動産について生じる。

Case 39　A 社は 1000 万円の債権の担保として工作機械甲（時価 2000 万円）の所有権を X に譲渡した。X は、X の所有者名と連絡先を書いたネームプレートを甲に貼り付け、甲を引き続き A に利用させていた。

次の場合、Xはどういう主張ができるか。
　[1] Aが甲をY₁に売却して引き渡し、Y₁が持ち去った場合
　[2] Aが甲を担保のためにY₂にも譲渡し、占有改定による引渡しを行った場合
　[3] Aの債権者Y₃（債権額800万円）が甲をAの物として差し押さえた場合

(1) 設定者から権利を取得した第三者との関係

(a) 個別動産や債権の単純譲渡の場合

　どのような法的構成を採っても、設定者に対する譲渡担保権者からの処分授権がない限り、設定者は、譲渡担保の対象である権利を担保の負担のない権利として譲渡したり質入れする権限を有しない。譲渡や質入れは無権限処分であり、第三者は即時取得（192条）の要件を備える場合にのみ保護される。

　Case 39の[1]の場合には、Xの占有改定にはネームプレートによる公示性があるため、Y₁の占有取得時にネームプレートが剥がされていてXの権利を知りえなかったなどの特段の事情がなければ、Y₁はXの権利について善意無過失とは評価できず、即時取得は成立しない。Xは、Y₁に対して所有権（権利移転的構成）または譲渡担保権（担保権的構成）に基づいて、甲を自己に返還するよう請求できる。Aは担保の滅失によって期限の利益を失っているので（137条2号）、Xは譲渡担保権の実行が直ちに可能であり、Aによる甲の適切な維持管理も期待できないからである。この場合、Aは、同時履行の抗弁権や留置権を主張する機会を失うが、対象物の違法な処分をしており、この程度の不利益を受けてもしかたがない。

　担保権的構成では、即時取得が成立しない場合でも、第三者が譲渡担保権の負担の付いた権利を取得できる余地がある（Case 39の[1]のY₁はAの物上保証人的地位に立つ）。第三者が権利を取得した場合にも、譲渡担保権者は、被担保債権が弁済されない限り、譲渡担保権の実行ができる。Case 39の[1]のXは、Y₁に対しても直接に甲の引渡しを求めることができる。債権譲渡担保の場合には、対抗要件を先に備えた譲渡担保権者は、対象債権の譲

受人などの第三者の存在を無視して、第三債務者からの取立てや債権の売却処分ができる。

(b) 譲渡担保権の多重設定

前頁のCase 39の［2］の場合、権利移転的構成を採る判例では、第2の譲渡担保権の設定は売却の場合と同じ扱いになる。しかも、判例では、占有改定による即時取得が認められない結果、先行する設定契約による譲渡担保権のみが成立すると解するのが自然である。流動動産譲渡担保に関する判例は、「重複して譲渡担保を設定すること自体は許されるとしても」と述べるが（316頁の⑧の最判平18・7・20）、後順位譲渡担保権者の即時取得も私的実行も否定されているので、判例の上記引用部分は、傍論である。所有権移転的構成を維持しつつ第2の譲渡担保権の成立を認めるには、そのような第2の譲渡担保権が、設定者が第1の譲渡担保の受戻しにより所有権を回復する期待権を対象とするものであり、設定者の所有権回復を条件とする将来の所有権移転を意味するものと解する必要があるだろう。この意味では、この判例は、現在の所有権移転を意味する譲渡担保権が多重に成立することを認めているわけではなく、設定契約を多重に結ぶことができるというのと変わらない。

これに対して、担保権的構成では、後順位譲渡担保権の成立が認められる。先の譲渡担保権が被担保債権の弁済によって消滅した場合の順位上昇および第一譲渡担保権者に対する設定者の清算金請求権の上に第二譲渡担保権者の物上代位を認める点で、譲渡担保権の多重設定の肯定には実益がある。さらに、占有改定による即時取得を認める見解では、後から譲渡担保権の設定を受けた第三者が善意無過失であれば、順位が入れ替わりうる（たとえば、占有改定による即時取得について折衷説に立つ鈴木378頁。筆者は肯定説を採る。『物権法』221頁以下の❷）。ただ、Case 39の［2］の場合には、Xの権利にネームプレートによる公示があるため、原則として、Y_2は善意無過失要件をみたさず、XがY_2に優先する。

(c) 譲渡担保不動産の賃貸

設定者が譲渡担保権を設定した不動産を第三者に賃貸する場合、賃借人と譲渡担保権者の関係が問題になる。賃貸が適法である場合には、譲渡担保権

者も担保権の実行までは利用に干渉できない。しかし、賃貸が約定に反する場合や適法であっても担保権の実行開始後は、先に対抗力を備えた譲渡担保権者は、占有する賃借人に優先するため、不動産の明渡しを求めることができる（395条の類推適用により最長6か月の明渡猶予を認めうる。334頁の❻）。

(2) 設定者の債権者との関係
(a) 設定者の債権者による差押え

　設定者の債権者によって譲渡担保権の対象である権利に対して差押えが行われた場合、権利移転的構成に立つ判例によると、譲渡担保権者は、第三者異議の訴え（民執38条）により差押えを排除できる（転譲渡担保権を設定した譲渡担保権者につき最判昭56・12・17民集35巻9号1328頁、普通の譲渡担保権者につき最判昭58・2・24判時1078号76頁）。

　これに対して、担保権的構成を主張する学説の多くは、第三者異議の訴えによる執行の全面排除ではなく、担保目的に即して優先弁済を認めれば十分であるとする（対象物の価格が譲渡担保の被担保債権額を下回れば例外的に第三者異議の訴えを許容する。川井476頁）。もっとも、優先弁済請求の訴え（民訴旧565条）が廃止された現行民事執行法の下では、第三者異議の訴えの一部認容として優先弁済を認めるのか（三ヶ月章『民事執行法』（弘文堂、1981年）152頁）、配当要求（民執133条）の類推適用によるのか（高木356頁、生熊292頁）など手続的方法については意見がまとまらない。

　権利移転的構成はもとより、担保権的構成を採っても、公的な競売手続を回避する私的実行についての譲渡担保権者の利益が顧慮に値すると考えれば、積極的に第三者異議の訴えを認めることができる（中野＝下村290-293頁、平野哲郎『実践　民事執行法　民事保全法〔第2版〕』（日本評論社、2013年）111頁-112頁。ただし、平野は、配当要求債権者の範囲を解釈に委ねるのは手続の明確性の観点から望ましくなく、配当要求が認められないことから第三者異議を認めざるを得ないとし、立法論としては配当要求の規定を改正して譲渡担保権者を含めるべきだとする。私的実行の利益を考えない点で本書の見解とは異なる）。たとえば、336頁のCase 39の［3］の場合において、動産の競売を行うと甲は高くても時価の半額程度でしか売却できず（10分の1以下のことが少なくないと聞く）、Xに

優先される Y_3 には配当がほとんど期待できない。対象物の競売価額よりも X の債権額が大きいと、X も競売では債権の満足な回収ができない。A の債務も被担保債権額 1000 万円以下しか減少しない。これに対して、第三者異議の訴えを認め、その後の私的実行でより高い価額（たとえば売り急ぎなども考慮して時価額の 8 割の 1600 万円）で売ることができれば、Y_3 は、A の X に対する 600 万円の清算金請求権に対してあらためて執行することで債権回収が可能になり、A の債務も 1600 万円は減少する。このように、動産執行の現状をふまえれば、「三方一両得」の結果が期待できる肯定説が妥当である（理由は明らかでないが、内田 533 頁は担保権的構成に立ちつつ第三者異議の訴えを肯定。鈴木 379 頁は対象物の価額が被担保債権額を上回る場合にその差額の提供を第三者異議の条件とするが、とりわけ弁済期前は譲渡担保権者に過度の負担となるので疑問）。

|補足| **国税債権の場合の特則**

　　強力な先取特権を与えられている国税債権の滞納処分の場合、国税債権と譲渡担保権の優劣は、他の約定担保の場合と同様、国税債権の法定納期限等（「等」の意味については税徴 15 条 1 項を参照）と担保権設定の対抗要件具備の先後で決まる（税徴 24 条 8 項）。この基準により国税債権が優先する場合には、設定者の財産につき滞納処分を執行してもなお徴収するべき国税に不足すると認められるときに限り、譲渡担保財産から納税者の国税を徴収することができる、とされている（税徴 24 条 1 項）。このような譲渡担保権者の責任を、二次的な物的納税責任と呼ぶ。国税債権に優先する譲渡担保権者には物的納税責任は課されない。

(b) 設定者の倒産

　かつての権利移転的構成によれば、設定者が破産した場合、譲渡担保権者には、所有権に基づく取戻権（破産 62 条、民再 52 条）が認められ、破産手続の拘束に服さないと解された。しかし、最高裁は、設定者に会社更生手続が開始した場合、取戻権（当時の会更 62 条、現 64 条）を認めず、更生担保権者に準じて更生手続に服して権利を行使するべきだとした（314 頁の②の最判昭 41・4・28。以下「昭和 41 年判決」という）。

　通説は、担保権的構成により、昭和 41 年判決に賛成し、破産や民事再生においても、他の担保物権と同様に別除権（破産 65 条、民再 53 条）を認めれ

ば十分だとしている（倒産法概説132頁-133頁・148頁-149頁・159頁［沖野眞己］、伊藤451頁-452頁・903頁-905頁）。さらに最近の最高裁も、事件の争点ではなかったが、自動車の所有権留保買主の民事再生において、所有権留保の権利者は、取戻権者としてではなく、別除権者として権利行使ができることを当然の前提としている（最判平22・6・4民集64巻4号1107頁）。譲渡担保も、他の担保物権と同様に倒産手続に服させる必要があり（たとえば担保権消滅請求や別除権者の処分期間の指定）、全く制約のかからない取戻権ではなく、別除権を認めるのが妥当である。この結論は、担保権的構成がより整合的だが、権利移転的構成を採用しても、倒産処理の法目的に適合的な解釈として導くことができる。

3　設定者と譲渡担保権者側の第三者との関係

設定者と譲渡担保権者側の第三者との関係が問題になるのは、主として不動産譲渡担保や債権譲渡担保の場合である（以下の引用判例も特に明示しない限り、不動産譲渡担保の事例）。

Case 40　2012年12月1日、Yは、1年後に返済する約束で5000万円を無利子でAから借り受け、この債務の担保として自己所有の土地甲（時価約8000万円）の所有権をAに譲渡し、譲渡担保を登記原因としてAへの移転登記を行った。所有権移転後も甲はYが利用を続けていた。次の場合、Aから甲を譲り受け移転登記を備えたXから所有権に基づく甲の明渡請求を受けたYは、これを拒むことができるか。
　[1]　AからXへの移転登記が2013年10月15日に行われた場合
　[2]　AからXへの移転登記が2013年12月15日に行われた場合
　[3]　2014年1月5日にYがAに被担保債務を弁済したにもかかわらず、同月15日にAからXへの移転登記が行われた場合

---

(1)　設定者と譲渡担保権者から権利を取得した第三者との関係

処分がどの段階で行われたのかによって処理が異なる。債権譲渡担保の場合は、(d)として別にまとめる。

(a) 弁済期前の処分

　古い判例は、譲渡担保権者は所有者として対象不動産を処分しているから、第三者は善意か悪意かを問わず完全な所有権を有効に承継取得できるとした（大判大 9・9・25 民録 26 輯 1389 頁）。しかし、このような権利移転的構成を採っても、受戻権を強化してきたその後の判例を加味すれば、譲渡担保権者のこの処分は設定者との関係では違法であるので損害賠償責任が生じるし、設定者の受戻権は違法な処分によっては失われない（332 頁以下の(2)）。

　もっとも、弁済期前の違法な処分によっては受戻権が消滅しないとしても、その行使の結果生じる譲渡担保権者から設定者への復帰的物権変動は、譲渡担保権者から第三者への物権変動との関係で対抗問題となる。前頁の Case 40 の［1］の場合には、登記を備えた X が勝つのが原則である。Y は X からの明渡請求に服し、A に対する損害賠償請求権を被担保債権とする留置権も主張できない（245 頁の 4 の最判昭 34・9・3）。ただ、後述 (b) の場合との均衡を考えると、Y が A の処分を適法なものとして追認することで、受戻権は失われ所有権の回復はできなくなるが、清算金請求権が発生し、それを被担保債権とする留置権が成立することを認めるべきである。Y が占有を継続していることから、X は譲渡担保関係の未清算を推定することができ、A の適法な対象不動産処分の場合以上の保護を X に認める必要はなく、X は留置権を対抗されることを覚悟するべきだからである（252 頁以下の 5）。

　下級審判例の中には、学説の影響と背信的悪意者排除論の展開を背景に、設定者は悪意または背信的悪意の第三者には受戻権行使の結果として生じる復帰的物権変動を対抗できるとするものがある（東京高判昭 46・7・29 下民集 22 巻 7・8 号 825 頁）。後述 (c) の場合の最高裁判例を考えると、(a) の類型でも対抗問題と構成したうえで、設定者は背信的悪意者には例外的に登記なくして復帰的物権変動を対抗できることになろう。そして、この紛争類型では、裁判所が、弁済期前の処分であることを知っている者を直ちに背信的悪意者と評価することも十分考えられる。

　しかし、Case 40 のように A の登記原因が譲渡担保であり、かつ、設定者が占有を続けていることを X が知っている場合においても、A の処分を弁

済期後の適法な処分であるとXが誤信することはありうるので、Xを常に（背信的）悪意者と評価することはできない（同旨、道垣内315頁）。結局、判例の見解では、340頁のCase 40の［1］のYは、Xの背信的悪意を主張立証できる場合に限り、受戻しによる甲の所有権の復帰を登記なくしてXに対抗できることになりそうであり、設定者の保護が弱い。対抗問題構成でYの保護を強化するためには、177条の第三者につき、準当事者でなく善意無過失であることという要件を加え、XにAY間の権利関係についての調査義務を課す必要がある（『物権法』136頁以下の(6)・195頁以下の3）。

学説では、かつては判例を支持する者が多かったが、現在の通説的見解によると、担保権的構成を基本として弁済期前の譲渡担保権者には受戻権の負担の付いた所有権（説によってはたんなる担保権）しか帰属しておらず、第三者は原則として完全な所有権を取得できない。しかし、94条2項の適用または類推適用により、善意（善意無過失を必要とする説もある）の第三者は負担のない所有権を取得できるとする（類推適用とするのは高木359頁など多数、端的に適用とするのは道垣内315頁）。なお、動産譲渡担保では、担保権的構成によれば、譲渡担保権者の違法な処分の相手方となった第三者の保護は、192条によることになろう。

(b) 弁済期後受戻権行使前の処分

判例によると、この場合の処分は、設定者との関係でも譲渡担保権の実行として適法であり、設定者は受戻権を確定的に失うから（329頁の3の最判昭62・2・12）、復帰的物権変動を観念する余地がなく、設定者と第三者の関係は対抗問題とはならない。それゆえ、Case 40の［2］のXは、背信的悪意者であるか否かを問わず、権利を確定的に取得する（328頁の2の最判平6・2・22。以下、「平成6年判決」という）。Yは、Xの明渡請求に対して、AY間の契約上の同時履行の抗弁は主張できないが（331頁の4の最判昭50・7・25）、Aから清算金（約3000万円）の支払を受けるまで留置権は主張できる（244頁の2の最判平9・4・11）。Yが占有を継続していることから譲渡担保関係の未清算が推定でき、Xは、留置権を対抗されることを覚悟するべきであり、安全な取引のためにはAY間の清算状況を確認する必要がある（生熊312頁は処分清算に反対するがこの点では同旨）。

学説では、平成6年判決以前には(a)と(b)の場合は必ずしも区別されてこなかったが、この違いを意識している論者には、担保権的構成を採っても譲渡担保権の実行としての処分につき、判例の結論に賛成するものもある（道垣内321頁-322頁）。これに対して、帰属清算原則説では、処分清算の特約がないのに譲渡担保権者が処分した場合は、この処分によっても受戻権は失われないから、(a)の場合と同じ扱いをする（安永395頁、生熊299頁-300頁・310頁-312頁）。

(c) 受戻権行使後の処分

この場合は、判例・学説とも(a)の弁済期前の処分の場合と同じ扱いになる。判例は、この類型では、設定者は所有権の復帰を登記なくして背信的悪意者には対抗できると明言している（最判昭62・11・12判時1261号71頁。この判断は(a)類型にも妥当するだろう）。すなわち、権利移転的構成では、340頁のCase 40の［3］のYは、Xの背信的悪意（第三者は準当事者でなく、善意無過失であることを必要とする筆者の見解では、準当事者関係、悪意または過失を基礎づける事実。『物権法』131頁以下の(6)・195頁以下の3。Aの処分権限の欠如が悪意の対象）を証明できれば、登記なくして、Xに対して自らへの権利の復帰を主張できる。担保権的構成では、逆に、Xが自らの善意（善意無過失を必要とする説もある）を証明して94条2項の適用または類推適用により保護されない限り、YがXに所有権を主張できる（道垣内326頁-327頁）。

(d) 債権譲渡担保の場合

債権譲渡担保の場合も、基本的には上記(a)から(c)までの区分が当てはまるだろう。もっとも、債権譲渡担保では、設定者に準物権的地位を観念しにくいことや、受戻権を考える意味が少なく、第三債務者の地位の安定を考えるべきであることなどから、学説でも権利移転的構成を採る者が少なくない（たとえば、潮見佳男『プラクティス債権総論〔第4版〕』（信山社、2012年）473頁memo 125）。権利移転的構成では、譲渡担保権者は、第三債務者との関係では債権者であるから、被担保債権額を超えて第三債務者から取り立てることや（高橋310頁）、被担保債権の弁済期前に第三債務者から取り立てること（鳥谷部・372頁の文献の111頁）が認められる。これに対して、担保権的構成では、債権質（366条2項・3項）に準じて、譲渡担保権者への取立権付与の

特約がなければいずれも否定される（道垣内344頁-345頁、生熊319頁-320頁）。

(2) 設定者と譲渡担保権者の債権者との関係
(a) 譲渡担保権者の債権者による差押え

設定者が対象物を占有することが通常である動産譲渡担保では、そもそも差押債権者にとって執行債務者でない設定者が対象物を執行官に任意提出しない限り差押えができず（民執124条。同法170条による動産の引渡請求権の差押えによる場合には、設定者は譲渡担保権者に対する抗弁を差押債権者に対抗できる）、この類型の紛争自体がほとんど生じない。問題になるのは、権利者に権利の名義を移転する不動産譲渡担保や債権譲渡担保の場合である。

権利移転的構成によれば、差押えは弁済期到来の先後を問わず有効になるとも考えられるが、最近の判例は、処分の場合と同様に弁済期の先後を区別する。すなわち、被担保債権の弁済期後は譲渡担保権者が対象不動産の処分権限を取得するから、設定者は、換価処分と同様に差押えを受忍するべきであり、差押え後に債務全額を弁済または供託しても、第三者異議の訴えにより強制執行の不許を求めることはできない（最判平18・10・20民集60巻8号3098頁。以下、「平成18年判決」という）。これに対して、弁済期前の差押えは、設定者が弁済期までに債務の全額を弁済して対象不動産を受け戻せば、第三者異議の訴えにより排除できる（傍論。なお、同判決は「少なくとも」と留保しているので、行使前の受戻権自体を根拠に第三者異議を認める余地が残る）。

これに対して、担保権的構成を採る説では、弁済期の先後を問題にせず、設定者に残る何らかの物権的な権利に基づいて、第三者異議の訴え（民執38条）により、原則として執行を排除することができるが、財産権の名義を信頼した差押債権者に対しては、94条2項の類推適用により例外的に第三者異議の訴えは否定される、とするものが多数のようであり（田髙寛貴「判批」ジュリ1332号75頁を参照。生熊304頁は設定者に帰責性がないとして94条2項の類推適用を否定）、平成18年判決を批判する評釈が多い。

平成18年判決は、譲渡担保権者が、自己に帰属している担保不動産の所有権を適法・有効に処分する権限を有するかどうかを区別の基準にして、所有権に対する差押えの適法性を分けており、(1)の(a)(b)の区別をここにも

妥当させるものである。しかし、差押債権者の第三者性にはそもそも疑念が残るところ（『物権法』129頁以下のコラム）、譲渡担保の対象である権利の処分と差押えでは利益状況が異なる。競売における買受人の登場によって受戻権が失われるとしても、差押えがされたにとどまる段階で、受戻権を失わせるのは妥当でない。第三者異議の訴えを認めても、差押債権者は、被担保債権または弁済供託された場合の供託金還付請求権を差し押えることで保護を得ることができるように思われる。他にも派生的な問題が生じうるので、なお議論を詰める必要がある（道垣内弘人「判批」法協128巻7号1899頁以下など多数の判例評釈で興味深い議論が展開されている）。

(b) 譲渡担保権者の倒産

2004（平成16）年の改正前の倒産法には、設定者は、倒産した者への財産権の譲渡が担保目的であったことを理由として取り戻すことができない旨の規定があった（破産旧88条、会更旧64条2項、民再旧52条2項）。しかし、判例（大判昭13・10・12民集17巻2115頁）・通説は、設定者は譲渡担保権者の倒産によって影響を受けるべきではなく、被担保債権を弁済すれば譲渡担保権を消滅させて対象である財産権を取り戻すことができるとした。すなわち、古い権利移転的構成を基礎とした上述の諸規定は、被担保債権を弁済しない間は取戻しができない、という意味に縮小解釈されていた。破産法の改正（平16年法75号）により旧88条は削除され、会社更生法・民事再生法での準用もなくなったので、基本的には上記の判例・通説が是認されたものと考えられる（伊藤450頁-451頁）。もっとも、倒産は包括執行とも考えられるから、(a)の平成18年判決の論理により、倒産手続開始が被担保権の弁済期後の場合にもこの結論が維持できるのか疑問もある（(a)で述べたとおり平成18年判決には疑問があり、従来の扱いを維持してよいと思う）。

第4節　譲渡担保権の消滅

第1項　譲渡担保の特殊性による付従性等の制限

　譲渡担保権は、物権や担保物権の一般的な消滅原因（抵当権の169頁以下の1および171頁以下の2）によって消滅する。もっとも、譲渡担保権者に移転する権利が担保目的によって制約されていることは外部からは必ずしも明確にはわからない。そのことに対応して、成立時の付従性や随伴性について特別に検討する必要があると指摘したことは（316頁以下の第5項）、消滅上の付従性についても妥当する。被担保債権が弁済等によって消滅した場合、譲渡担保権者に移転していた権利が付従性によって自動的に設定者に復帰する。本書の見解では、被担保債権の弁済を提供して行う受戻権の行使によっても権利は設定者に復帰する。しかし、このような復帰的物権変動を（本書の見解では善意無過失要件をみたした）第三者に主張するためには、対抗要件を備える必要がある場合が少なくない。このような権利移転の対抗要件の抹消や復帰的物権変動の対抗要件の具備は、他の約定担保権の場合と同じく、弁済が先履行であり、弁済と同時履行の関係にはない。

第2項　抵当権や質権の規定の類推適用の制限

　不動産譲渡担保では譲渡担保権者に登記名義が移転され、担保不動産の第三取得者が登場しないため、代価弁済（378条）や抵当権消滅請求（379条以下）の類推適用の余地はない。これに対して、質権特有の消滅原因のうち、義務違反を理由とする消滅請求（350条・298条）については、譲渡担保に類推適用する余地がある。ただ、類推適用される場面は限られよう。たとえば、譲渡担保権者が担保対象不動産や担保対象債権を違法に処分したとき、および、譲渡担保権者に占有を移転する買戻型の譲渡担保の場合において、譲渡担保権者の善管注意義務違反により対象物が損傷したときなどである。

第5節　譲渡担保の法的構成

譲渡担保権の成立要件と効力の具体的な検討をふまえて、譲渡担保の法的構成の問題を再び取り上げ、本書の見解を述べる。

第1項　譲渡担保の法的構成と具体的問題の帰結

そもそも、対象物の利用関係など設定契約当事者間の紛争においては、権利の所在や性質ではなく、設定契約の（明示または黙示の）定めによる規律や担保目的であることの考慮が優先する（323頁以下の第1項および第2項）。売買契約における所有権の移転時期と紛争解決基準につき述べたのと同じく、物権関係の規律に対する債権関係の規律の優越という考え方（『物権法』92頁以下の(a)および96頁の コラム ）がここでも妥当する。

これに対して、第三者が関与する場面では、法的構成の違いによって異なる結論が導かれうる。しかし、判例は多くの問題について担保権的構成に歩み寄っている（314頁以下の8つの例、326頁以下の(2)の物上代位の可否、339頁以下の(b)の設定者が倒産した場合の扱い）。そのような場合には、問題になっている法規範の目的等、譲渡担保の法的構成以外の考慮要素によって結論が決まり、どのような法的構成を採っても同じ結論に至るべきである。たとえば、設定者の債権者による差押えに対しては担保権的構成を採っても第三者異議の訴えを認めるべきであり、設定者の倒産の場合には権利移転的構成を採っても別除権や更生担保権として倒産手続の拘束が及ぶべきである。また、帰属清算と処分清算のいずれが原則なのか、債権者の選択に委ねられるのかなど少なくない争点は、法的構成とはほぼ無関係である。

第2項　譲渡担保の法的構成によって結論が異なりうる場合

1　譲渡担保権の多重存在

法的構成によって結論が異なりうるのは、まず、譲渡担保権の多重存在を

認めるか否かである（318頁以下の第2項）。順位のある所有権の多重存在は認めにくいから、この点では担保権的構成の方が優れる。

2　譲渡担保権者の違法な処分

(1) 権利移転的構成と担保権的構成の対比

最も大きな差異が生じうるのは、譲渡担保権者が担保対象である権利を違法に処分した場合の第三者との関係である。判例の権利移転的構成は、譲渡担保権者への権利移転を前提として第三者への処分を権利者による有効な処分と捉え、これと設定者の受戻権行使による復帰的物権変動とを対抗問題と構成する。

これに対して、通説と思われる担保権的構成の多くは、譲渡担保権者には完全な権利が帰属しないため、違法な処分の場合には第三者は原則として完全な権利を取得できず、設定者の権利主張に服するが、例外的に94条2項の類推適用が肯定される場合には、第三者は設定者の権利に制約されない完全な権利を取得するとする無権利の法理構成を採る。この対立は、取消しと登記の場合の判例と学説の対立状況（『物権法』154頁以下の1）と似ている。

(2) 対抗問題の再構成の視点

対抗問題について、筆者は、対抗の法理（公示の原則）と無権利の法理（公信の原則）を連続したものとして理解し、不動産物権変動については可能な限り177条によって取引の安全を図ろうとする判例を再評価しつつ、第三者を準当事者でない善意無過失の者に限定するべきだとの見解を採る（『物権法』136頁以下の(6)・195頁以下の3）。この考え方からみれば、適法な実行の場合以外に譲渡担保権者に完全な権利が帰属していないという担保権的構成を採用しても、第三者との関係を対抗問題として処理することは可能である。また、違法な処分の場合に保護される第三者は、（準当事者でない）善意無過失者に限られるため、94条2項の類推適用と大きな違いはない（善意・悪意や過失の有無の立証責任は異なる）。

(3) 帰責事由の考え方

さらに、対抗問題構成の方が、94条2項の類推適用より問題処理に理論的な無理が少ない。というのは94条2項類推適用説では、設定者が権利を失うことを正当化する帰責事由の基礎づけが難しいからである。

通説は、債権者への財産権移転の外形は虚偽表示（94条1項）ではないとするが、担保権的構成を強調すれば、そもそも設定者に財産権を移転する意思があるから財産権移転の外形は虚偽表示でない、という判例（大判大8・12・9民録25輯2268頁）のような論理は取りにくい。94条1項の適用を否定するなら、2項の類推適用による善意者保護も基礎を失うことになる。

そもそも判例の展開してきた94条2項の類推適用は、通謀虚偽表示に類する帰責性の高い外観作出者に責任を負わせるものである。しかるに、譲渡担保の場合、財産権移転の外形が設定者自らの作り出した虚偽表示であるとしても、設定者の物権的権利を適切に公示する方法はない（譲渡担保という登記原因や設定者の占有があっても第三者が適法な処分だと過失なく誤信することがありうる）。「自らの意思で抵当権ではなく譲渡担保の方法をとったことに帰責性を見出すことができよう」との考え方もあるが（高橋298頁注37）、この程度では設定者の帰責性が乏しく、94条2項の類推適用論が判例に採用される見込みは乏しい。

かといって、設定者には帰責性がないとして善意無過失の第三者までもが設定者の権利主張に服する（安永395頁、生熊297頁-298頁）としては取引の安全を著しく害する。そのことは、譲渡担保の対象となる権利の適法な処分に対しても無用の警戒感を助長して売却に困難を来たし、ひいては合理性のある譲渡担保の利用まで阻害しかねない。それは設定者の金融を得る機会をも過度に狭めることになって妥当でない。

虚偽表示性については、次のような巧みな説明がある（道垣内300頁-301頁の要旨）。すなわち、譲渡担保権者への所有権移転登記と債務の弁済を停止条件とする所有権復帰請求権保全の仮登記（不登105条2号）を合わせて備えれば、実体的な権利帰属が適切に過不足なく公示される。仮登記を欠く移転登記だけでは、完全な所有権が移転した外観が生じ、それは設定契約当事者の合意＝通謀によるので、真正の通謀虚偽表示である。したがって、登記を

信じた第三者の保護は、94条2項の類推適用ではなく本来の適用である。もっとも、虚偽表示として無効になるのは実体的な権利帰属を反映していない範囲に限られる。所有権移転登記を単純に抹消すると、譲渡担保権の対抗要件が消失させられることになる、と。この説は、移転登記のみの表示に虚偽表示性があるとして、設定者の請求権保全の仮登記の申請協力請求権を認めることにより、実体と過不足のない公示を達成しようとする。しかし、設定者に仮登記の具備を求めるのは、融資時の両当事者の社会・経済的力関係を考えると無理で、仮登記のないことが94条の想定しているほどの帰責性があるものと評価できるのか疑問がある。仮登記によって身を守るべきであるのにそれをしなかったことから権利を失うという論理は、94条2項型の無権利の法理ではなく、むしろ177条型の対抗の法理のほうに、より親和性があると思われる。

3 小 括

以上のように、本書は、設定者に一種の物権的権利（受戻権行使による権利復帰の物権的期待権）があると考えるので、強いていえば担保権的構成に分類されてよいが、担保権的構成であるからという理由で種々の問題処理が一義的に決まるわけではなく、問題となる規範との関係で、最適な問題処理を考えるべきである。

たとえば譲渡担保権者または設定者のいずれかの債権者による差押えには、他方当事者は第三者異議の訴えによって執行を排除し、私的実行の道を確保することができる（338頁以下の(a)および344頁以下の(a)）。

また、譲渡担保権者による違法な処分の場合、そのような処分の物権変動と、設定者の受戻権行使による権利の完全な復帰の物権変動の関係は、判例のように対抗問題として処理すればよい。ただし、第三者は、準当事者でない善意無過失の者に限るべきである。それに加えて、善意無過失の第三者に対しても、設定者は、清算金請求権を被担保債権とする留置権を主張して、清算金を確保することができる（341頁以下の(a)および343頁の(c)）。

さらに、譲渡担保権者による適法な処分清算の場合には、受戻権が消滅するから、対抗問題とは構成されない。もっとも、設定者は、この場合にも留

置権による清算金の確保が可能である（342頁の(b)）。この留置権は、譲渡担保権者の債権者による競売の買受人にも対抗可能であるため（民執59条4項）、競売処分は清算金請求権相当額を控除した形で行われ、差押債権者が不当に利益を得ることもない。

第6節　流動財産譲渡担保

第1項　流動財産譲渡担保の意義と機能

> Case 41　Aは美術工芸品の製造と卸売・小売などを営んでおり、年間の取引量はかなりの額であるが、経営資金が不足して材料や商品の仕入れが困難になった。会社の建物や敷地にはすでに根抵当権が設定されていて担保余力がなく、保証人や物上保証人も心当たりには目一杯頼んでいるので、さらにお願いできる人は見つけにくい。Aが融資を受けるために担保を設定するとすれば、どのようなものを考えればよいか。

1　流動財産譲渡担保の意義

　流動財産譲渡担保は、企業活動に伴い中身が絶えず入れ替わる在庫商品などの動産の所有権や売掛債権などの債権をまとめて譲渡担保の対象とするものである。「まとめて」という点を強調すると集合財産譲渡担保と呼ぶこともできるが、後述するように「集合物」や「集合債権」という概念は必ずしも不可欠ではない。むしろ「中身が絶えず入れ替わる」ものが対象であること、すなわち、対象の流動性がより本質的で重要であり、流動財産譲渡担保と呼ぶ方が適切である。

　その理由は以下のとおりである（河上364頁-366頁）。工場で稼働中の複数の製造機械や什器備品類をまとめて譲渡担保としても対象が固定していれば、複数の対象に対する1つの設定契約が行われているとみることができる。その効力も、たとえば、設定者による対象物の処分は譲渡担保権者の同意を得

なければできないなど、単体の譲渡担保と同じ扱いで足りる。

　これに対して、流動性のある財産権を対象とする場合には特別の考慮が必要となる。まず、設定者の企業活動を不合理に制約しないことが必要である。すなわち、商品の売却や債権の取立てなどの処分が設定者の合理的な企業活動の範囲内にあれば、設定者が譲渡担保権者の個別の同意を得ることなくこうした処分を許され（このことに対応して、債権譲渡担保では第三債務者が二重払いの危険を負わずに安心して弁済できることの保障が単体の債権譲渡担保以上に求められる）、処分された財産権が譲渡担保権の拘束から外れなければならない。一方、不合理な処分に対しては譲渡担保権者を保護する必要がある。また、設定者が新たに取得する財産についていちいち設定契約をしなければならないようでは、手間と費用がかさんで担保化が困難であるから、そのような財産に譲渡担保権の効力が及び、それが第三者に対抗できなければならない。さらに、譲渡担保権を実行するときなど一定の場合には、流動性を失わせること、すなわち、譲渡担保権の対象を確定すること（固定化と呼ばれる）も必要になる。

2　流動財産譲渡担保の機能

　譲渡担保の機能としてすでに指摘した点（309頁以下の2）に加えて、流動財産譲渡担保には担保価値を集積して融資を拡大する機能がある。不動産と異なって動産や債権は単体では担保価値が乏しいことが多いが、一定数量をまとめて扱えれば担保価値が出てくる。とりわけ、金銭債権は、第三債務者に十分な資力があり、請求に応じて任意に支払をしてくれるならば煩瑣な換価手続を踏まずに債権を回収できる、という長所がある。このことは、第三債務者の資力や支払意思によって債権の実質的価値が左右される不安定さを孕むという短所と表裏一体でもある。しかし、対象となる債権の数が増えれば増えるほど、回収不能の確率の統計的な予測可能性が高まるから、債権群の実質的価値の評価も、より安定した形で行うことができる。

　企業活動で生み出される流動資産を担保に運転資金を融資することをABL（Asset Based Lending）と呼ぶ。ABLには、優良な製品や販売先を持ちながら担保にできる不動産がないため資金難に陥っていた中小企業等の経営

改善や事業の拡張に資することが期待されている。351 頁の Case 41 はまさにそのような例である。流動性のない集合動産の譲渡担保は古くから存在したが、流動動産を販売した代金債権をも含めた企業の資金の流れ（キャッシュ・フロー）を全体として把握する融資は、バブル経済の崩壊、不動産不況、金融の自由化、グローバル化などを背景に 1990 年代半ばから徐々に拡大してきた新しいものである。債権譲渡自体が、長い間、他にめぼしい財産がなくなった倒産間際の企業が行う最後の手段であり、債権譲渡担保もせいぜい副次的な担保と考えられて来た。ABL の考え方は、こうした債権譲渡担保像を転換させるものである（最近の動向を含めて池田真朗「ABL─『生かす担保論』後の展開と課題」NBL975 号（2012 年）32 頁以下）。

　もっとも、ABL の発想は、物権と債権を峻別せず、動産に対する担保権がその売却代金債権などの価値変形物 (proceeds) に及ぶとする英米法に由来しており、物権・債権を別類型の財産権として扱いを大きく異にする日本法では直ちには通用しない。譲渡担保や所有権留保に基づく転売代金債権上の物上代位を認めれば、期待される機能を果たしうるが、安定的ではない。そのため、動産の譲渡担保や所有権留保と売却代金債権の譲渡担保とが組み合わせて使われる。

3　流動財産譲渡担保の法的構成
(1) 流動動産譲渡担保の場合

おおまかには次の 3 説が対立している。

(a) 分析論

伝統的な一物一権主義に忠実に、個々の財産について譲渡担保権が成立するというのが分析論である（松尾＝古積 421 頁-422 頁［古積］、石田 728 頁-730 頁）。これによれば、1 つの譲渡担保権設定と占有改定の合意により、設定者が個々の物を取得するとその上に譲渡担保権が成立し、設定者が占有を取得すると占有改定も効力を生じる。処分時に解除条件の成就または処分授権の合意により、個々に譲渡担保権の効力が消滅すると解される。

(b) 集合物論

判例（最判昭 54・2・15 民集 33 巻 1 号 51 頁）・通説（高木 369 頁、近江 320 頁、

安永 405 頁-407 頁など）は、集合物全体を 1 つの対象として 1 つの譲渡担保権が成立し、占有改定による対抗要件を備えるとする。集合物論によれば、個々の動産の入れ替わりは、集合物が同一性を維持する限り、譲渡担保権の拘束を受ける集合物の構成要素の変動にすぎないと捉えられる。また、新たに構成部分に加わった動産にも譲渡担保権の拘束が及び、すでに対抗要件が備わっているから改めて対抗要件を備える必要はない。集合物から離脱した動産には譲渡担保権の効力は及ばなくなる。

(c) 集合物概念徹底説

この説は集合物論を前提にしつつ（(b)を集合物論Ⅰ、(c)を集合物論Ⅱと呼ぶこともある）、集合物のみならず、その構成要素となる個々の動産も譲渡担保の対象とみる通説は、二重帰属を認める点が不明確で、また譲渡担保権の対第三者効が強力すぎると批判して、集合物概念を徹底しようとする。すなわち、譲渡担保権の実行段階に至って集合物の内容が固定されるまでは、成立するのは集合物に対する譲渡担保権のみであって、構成要素である個々の動産には譲渡担保権の効力は及んでいないとする（道垣内 328 頁-329 頁・339 頁-340 頁、平野 301 頁、高橋 305 頁・308 頁）。

(d) 議論状況

集合物論は分析論を次のように批判する。分析論によると、個々の物の譲渡担保権は設定者が権利を取得した時点で成立するから、設定者が危機に陥った時期以降の譲渡担保権の取得はその時点で責任財産を減少させるものとして、詐害行為取消権（424 条）や否認権（破産 160 条以下）によって担保の効力が否定されることがある。しかし、すでに把握した担保価値を確保するにすぎない集合物への組入れは、危機時期に行われても新たな担保の供与によって一般債権者を害する行為ではない、と。これに対して、分析論は、占有改定の公示力の欠如においては両説には差がないとし、集合物論によると一般財産を不当に譲渡担保に取り込んだ場合にも詐害行為取消しや否認が問題とならないことがむしろ不適切である、と切り返す。

一方、集合物概念徹底説は、集合物論では強くなりすぎる譲渡担保権の効力を制限する試みであり、否認や 370 条ただし書の類推適用による詐害行為取消しを認める。しかし、集合物概念徹底説には、固定化前の構成物の無権

限処分や差押えに対する譲渡担保権者の保護が単体の譲渡担保と比べて不均衡に弱い、との批判がある。

(2) 流動債権譲渡担保の場合

対象となる債権群を集合債権と呼ぶものもある（近江341頁、生熊321頁など）。しかし、無体の存在である債権を集合物概念とは呼べないし、経済的な一体性も必要とされない。さらに、第三債務者が異なる債権群については民法上の対抗要件を一度に備えることができないので、集合債権概念には集合物概念のような機能を期待できず、個々の債権が担保目的で束として譲渡されると解さざるをえない（森田修『債権回収法講義〔第2版〕』（有斐閣、2011年）95頁）。

集合物概念は、対抗要件を譲渡時に備えさせることを目的とした機能的なものであって、説明の道具としては使用してもよいが、構成要素である個々の動産とは別に実体として集合物が独立して存在するわけではない（山野目369頁-370頁、内田540頁-541頁も同旨か）。また、将来の物についての譲渡行為は（物権行為の独自性を認めない考え方では設定契約に含まれる）、集合物概念を介在させなくても、設定契約の時点で観念でき、譲渡登記によって対抗要件を備えうる（362頁の コラム ）。さらに、非常に安価になったICチップによる個品管理の可能性が広がると集合物概念は不要になるだろう（田原・372頁の 文献 の409頁の座談会での田原発言）。流動債権について集合債権概念を用いる意味は乏しく、流動動産と流動債権はできるだけ統一的に理解することが、ABLの促進の観点からも望ましいから、分析論で統一的に理解するべきである。

第2項　流動財産譲渡担保権の設定

Case 42　Aは、Aの小売店舗と倉庫にあるA製作の美術工芸品および卸売りした商品の売掛代金債権の3年分を担保としてXから融資を受ける契約を結び、美術工芸品については動産譲渡登記、売掛代金債権に

ついては債権譲渡登記を行った。Aの債権者Yが、譲渡登記の存在を知らず、売掛代金債権を差し押さえたので、Xが第三者異議の訴えを提起した。Yは、AX間の譲渡担保契約は無効であると争った。

　流動財産譲渡担保権は、不特定な被担保債権を担保する根譲渡担保権であることが普通であるが（道垣内333頁）、そのこと自体は単体の譲渡担保権と変わらない（317頁以下の2）。流動財産譲渡担保権の設定契約に特有の問題は、譲渡人が将来取得する財産権をその発生前に譲渡できるのか、できるとしてどういう制約があるかという譲渡の有効性の問題、譲渡の対象となる財産権の範囲をどのように定めるのかという対象の特定性の問題、および広範な譲渡担保権によって設定者や設定者の債権者を害するおそれがないかという問題である。以下分説する。

1　設定契約
(1) 将来の財産権についての設定契約の有効性

　動産の譲渡担保の場合には、集合物説や集合物概念徹底説によると現存する集合物の譲渡という論理を使うことで、設定者が将来取得する個々の動産についての処分の可否の問題は棚上げされる。処分時に存在する他人物の売買契約（560条以下）とは異なって、譲渡担保権の設定時に存在しない動産の所有権をその時点で譲渡できるのかは、次に説明する将来発生するべき債権（短縮して「将来債権」と呼ぶ。次頁の補足も参照）の譲渡と同様に考えるべきであろう。

　かつては、譲渡対象となる将来債権には発生の基礎となる法律的関係または事実的関係が必要で、発生が確実であることを要するとする考え方が多かった。最高裁判決にも「それほど遠い将来のものでなければ、特段の事情のない限り、現在すでに債権発生の原因が確定し、その発生を確実に予測しうるものであるから、始期と終期を特定してその権利の範囲を確定することによって、これを有効に譲渡することができる」として、1年間の診療報酬債権の代物弁済としての譲渡を肯定したものがあった（最判昭53・12・15判時

916号25頁)。この判決から逆に、1年以上先の債権、原因が確定せず発生が確実でない債権、始期と終期が特定されていない債権などは、譲渡できないと理解される傾向があった。

　しかし、8年余りにわたり毎月発生する診療報酬債権の一定額の譲渡について、当事者は債権不発生の不利益を譲渡人の契約責任の追及により清算することとして契約を締結しているから、契約締結時に債権発生の可能性が低かったとしても、譲渡契約は有効であるとした判決が登場した（最判平11・1・29民集53巻1号151頁。以下、「平成11年判決」という）。現在の判例・学説は、期間や債権発生の可能性による制約を不要とし、将来債権の譲渡可能性を広く認めるに至っている。将来の動産の譲渡可能性についても同様に考えることになろう。すなわち、将来の権利を譲渡担保とする契約は有効であり、設定契約時に設定者が権利を有していることは必要でないのである。したがって、355頁のCase 42の美術工芸品には譲渡担保権設定時にはまだAが製作していない商品が含まれているが、譲渡は有効に行えると考えられる。また、既発生のものとこれから発生するものをあわせて譲渡していると思われるCase 42の譲渡担保契約も、この点では有効性に問題がない。

|補足|　**将来の賃料債権**

　　賃料債権がいつ発生するかは必ずしも明らかでない。諾成契約としての賃貸借契約が成立し、対象物が引き渡されて使用・収益が可能な状態になれば、賃料債権もまとめて発生し、各期毎に弁済期が到来するとみることもできる。この考え方では、この賃料債権の譲渡は、弁済期未到来の「現在の債権」の譲渡と解されよう。これに対して、賃料債権は、抽象的には賃貸借契約時に発生しているとしても、それに基づく具体的な債権は、対象物が使用・収益できる状態になった期間の末日に発生すると考えることもできる（614条。合意による前払特約は可能）。こう解すると、この賃料債権は「将来の債権」と考えられる。

　　以上とは異なる例として、これから賃貸ビルを建設する者が、そのビルの将来の賃借人に対する賃料債権を担保目的で譲渡する場合がある。このような賃料債権は、基礎となる賃貸借契約自体が未成立であり、抽象的な賃料債権も発生していないので、純粋に「将来の債権」である。入居者が未定の場合には第三債務者も不特定であるが、このような将来の賃料債権の譲渡も有効と考えられている（次述(2)）。

(2) 対象の範囲の特定性

設定者の処分の効力を判定するため、および、譲渡担保権者の優先権の範囲を明確にするため、譲渡担保の対象の範囲が特定されなければならない。

判例は集合動産譲渡担保につき、対象物の種類・所在場所・数量などを特定の基準として挙げている。具体的に、倉庫中の乾燥ネギフレーク44トン中の28トンと量的に指定しただけでは足りないとされ（353頁の(b)の最判昭54・2・15。道垣内333頁など設定者と譲渡担保権者が共有関係となるとして特定性を肯定する説も有力である）、「建物内に存すべき運搬具、什器、備品、家財一切のうち設定者所有の物」でも特定性がないとされた（最判昭57・10・14判時1060号78頁）。「家財一切」が何を指すか不明確で、設定者所有の物を識別する基準が示されていないことが問題とされたもので、対象を限定しようとしてかえって失敗した例である。一方、設定者の倉庫内および同敷地・ヤード内にある特定種類（棒鋼）に属する一切の在庫商品という趣旨の定め方は有効とされた（281頁の(2)の最判昭62・11・10）。

流動債権の場合には、債権の発生原因・第三債務者・発生時期・金額などが基準となるが、他の債権と識別できれば足り、これらの要素のいずれもが不可欠ではない。とりわけ、未確定の販売先に対する売掛債権のように設定契約の時点で第三債務者が不特定の債権も譲渡担保権の対象とすることができる点には、現在は争いがない。金額を定めた債権の一部の譲渡も、終期が定められていない譲渡も特定性が肯定されている（356頁の(1)の最判昭53・12・15、最判平12・4・21民集54巻4号1562頁）。

355頁のCase 42の美術工芸品は、店舗と倉庫という所在場所と対象がA製作のものという形で特定していて、特定性の基準をみたす。売掛代金債権も、販売先が不特定であるが卸売の売掛代金債権と特定しており、期間の点でも3年分に限定されているので、特定性が認められる。この流動財産譲渡担保契約が特定性の点で無効となることはないだろう。

|補足| **譲渡登記の記載事項**

動産債権譲渡特例法（同法の概略は『物権法』198頁の補足＊と本書321頁の(2)）7条2項5号と8条2項4号は、譲渡登記の記載事項のうち対象を特定するために必要な事項を法務省令に委ねており、特定性を考えるうえで参考になるが、他と

区別できれば足りるとの見方からするとやや厳格にすぎる。流動動産の場合、「動産の種類」および「1で始まる連続番号」を必要とするが、「動産の記号、番号その他の同種類の他の物と識別するために必要な特質」と「動産の保管場所の所在地」はいずれかでよい（動産・債権譲渡登記規則8条）。また、流動債権の譲渡登記については、「1で始まる債権の連続番号」、「債権発生時の債権者の数、氏名及び住所」、「債権の種別」、「債権の発生年月日」（始期と終期）の記載が必要である。「第三債務者」が特定していればその数、氏名及び住所を記載し、不特定であれば「債権の発生原因」を記載する（同規則9条）。

(3) 公序良俗による制限

357頁の平成11年判決は、あまりに長期にわたるなど、包括的な債権譲渡が、譲渡人の営業活動を著しく制約したり、他の債権者に不当な不利益を与える場合には、特定性基準をみたしていても、公序良俗違反によって債権譲渡の効力の全部または一部が否定される例外がありうることをも認めている。ただ、平成11年判決の事例では、譲渡人には患者の自己負担分の現金収入もあったし、診療報酬債権の譲渡も一定額にとどまっていたため、公序良俗違反は問題にされなかったと思われる。

公序良俗違反かどうかが争われた例として、11社の第三債務者に対する特定商品の売買代金債権につき、既発生のものと将来のものを一括して担保のための譲渡予約が行われた場合において、終期が定められていなくても予約完結権行使時に目的債権が他と識別できる程度に特定されており、公序良俗違反とするべき特段の事情もないとした判決がある（前頁の(2)の最判平12・4・21）。この判断は設定契約（予約と対置される譲渡の本契約）にも妥当する。下級審裁判例を含めても将来債権譲渡を公序良俗違反とした事例はまだないが、被担保債権額に比べて対象財産権の価値が非常に大きい過剰担保であるうえ、設定者に処分権限（366頁以下の1）を認めないものは公序良俗違反となりうるだろう。逆に、平成11年判決は、債権譲渡後も設定者が債権を取り立てて営業資金にあてられるように工夫することが、流動債権譲渡担保権の効力をより安定的なものとすることを示唆していると読める。流動動産譲渡担保の場合も同様に設定者に原則として一定の処分権限を認めることが必要である。355頁のCase 42では、Aの処分権限を否定・制限する合理

的な理由のない特約（たとえば商品の売却に債権者の事前の書面による同意を要するというようなAの販売活動を過度に縛る特約）があるなど特段の事情があれば、契約が無効と解される余地がある。契約の有効性を争う者がそのような特段の事情を立証できなければ、原則として契約は有効である。

集合物概念徹底説を採れば、集合物の固定化以前には原則として個々の構成物には譲渡担保権の拘束が及ばないから、一般債権者との関係で設定契約を無効とする必要はなく、詐害行為取消しや否認の形で問題になる（354頁の(d)末尾）。

設定者が倒産して処分権限に制限を受ける場面では、設定者の一般債権者が期待している責任財産（担保の対象となっていない財産）を用いて譲渡担保権の対象となる流動財産を増やすことは一般債権者を害するから、90条や倒産法の規定の解釈等によって、効力の一部が制限されることもありうる（ドイツ倒産法の議論が参考になる。和田勝行『将来債権譲渡担保と倒産手続』（有斐閣、2014年））。

2　設定者の処分権限

流動財産譲渡担保権の設定についても、単体の譲渡担保権の設定の場合と同様に、設定者に対象となる権利の処分権限があることが必要である（318頁以下の第2項）。流動財産譲渡担保においては設定時に未発生であったり未取得である権利の処分が必ず問題になる点が特徴的である。すでに設定契約の有効性について述べたとおり（356頁以下の(1)）、設定契約時の処分権限は必要でない。譲渡担保権が設定される時点は（権利移転構成による場合には権利が移転される時点）、他人物譲渡と同様、設定者が権利を取得した時点であり、権利移転のための格別の行為（物権行為または準物権行為）を新たに行わなくても譲渡担保権者は権利を取得することになる。

なお、設定者以外に帰属する権利が譲渡担保の対象の範囲に入ってきても、設定者に処分権限がない場合には、即時取得の要件をみたさない限り譲渡担保権は成立しない。この点は、単体の譲渡担保の場合と同様である。

第3項　流動財産譲渡担保権の対抗要件

1　流動動産の場合

(1)　集合物の占有改定

集合物について占有改定（183条）が行われると、その時点で存在する物のみならず、後に集合物に加えられた個々の構成物についても設定時に対抗要件を備えていたものと解するのが判例（353頁の(b)の最判昭54・2・15)・通説である。占有改定の公示性の乏しさから対抗要件としての適格性を否定するものがあることは単体の譲渡担保と同じである（320頁以下の(1)）。

分析論では設定時に将来の対象財産取得時の占有改定の合意が予め行われ、実際の取得時にそれが効力を生じると解される。集合物概念徹底説では、集合物についての占有改定の効力は、集合物の固定化までは個々の構成物には及ばない。

(2)　動産譲渡登記

公示性の乏しい占有改定では、権利の移転が外部からはわからないため、対象物を占有している設定者から権利を取得した第三者に容易に即時取得されて（192条）、譲渡担保権が消滅する危険がある。また、先行する隠れた譲渡が存在した場合には、占有改定の形でしか占有を取得しない債権者は、判例によると譲渡担保権を即時取得できない。このような欠点が、動産を資金調達に活用することを困難にしてきた。

動産債権譲渡特例法は動産譲渡登記制度を創設した。もっとも、動産譲渡登記の公示力は限定的である。設定者に対象物の処分権限が認められる場合には（366頁以下の1）、譲渡登記があっても第三者は権利を承継取得できる。譲渡登記がされていれば第三者の悪意や過失が認められやすいが、登記を調べる義務のない者には、譲渡登記がされていても即時取得が成立しうる。さらに、譲渡登記は、対抗要件としての引渡し（178条）と同等の効力を持つにすぎず（動産債権譲渡特例3条1項）、登記をしたからといって、（公示性の乏しい占有改定がすでにされている）先行する隠れた譲渡に優先するわけではないし、譲渡担保権が即時取得できるか否かにも争いがある（319頁の補足）。

> **将来の動産単体の譲渡担保権の対抗力**
>   たとえば将来製作されるロケットなど高額の特定動産についても担保化の需要はあると思われる。しかし、譲渡登記により譲渡時に対抗力が備わるのかについては議論の余地がある。単体の動産の場合には、集合物の概念を使えないから、設定者がその物の直接占有を取得した時点で初めて占有改定が成立し、未だ存在しない物の譲渡については対抗要件を備えられない。物の有体性から離れられない占有の限界である（石田 728 頁は登記の効力との対比で当初の占有改定の合意時に遡及するとするが、引渡しの解釈としては無理がある）。動産譲渡登記に引渡しと同等の効力しか与えないという考え方によれば、動産の発生前に対抗要件が備わることは認めにくい。
>   しかし、債権譲渡登記には、第三債務者が不特定で民法上の対抗要件を備えられない場合にも対抗力が認められている。それと同様に、動産譲渡登記は占有改定の限界を超えて、動産の発生前の譲渡登記時に対抗要件具備の効力を与えると解しうる。動産譲渡登記は、債権譲渡の通知や債権譲渡登記と同様、権利移転の公示ではなく設定契約による譲渡行為の公示であるとみることができる。

2　流動債権の場合

(1) 通知または承諾

指名債権譲渡についての民法上の債務者対抗要件は、譲渡人による譲渡の通知または第三債務者の承諾であり（467 条 1 項）、第三者対抗要件は、通知または承諾を確定日付のある証書によって行うことである（同条 2 項）。この対抗要件に関する一般的な問題の詳細は債権総論の講義に譲り、以下では、流動債権譲渡担保の場合に限って、民法上の対抗要件に関連する問題点を紹介・検討する。

(a) 第三債務者が不特定である場合の問題点

将来の賃借人に対する賃料債権のように設定契約の時点で第三債務者が不特定の債権も譲渡はできる。しかし、通知または承諾が考えられないので、債権が発生するまで民法上の対抗要件を備えることはできない。この点で、民法上の対抗要件は、流動債権譲渡担保には適合的でない（債権譲渡登記の拡充はこの問題を改善した。366 頁の 補足 ）。

(b) 通知留保とその問題点

とりわけ流動債権の包括的な譲渡担保は、設定者の信用不安の兆候であるとみられかねないので、第三債務者にその設定を知らせることで設定者に信用不安の風評被害を起こすおそれがある。そのため、譲渡担保権者がいつで

も通知できるように設定者から日付を空欄にした債権譲渡通知書を受け取っておいて、譲渡担保の実行時に日付を補充し、設定者の委託を受けた者として通知するという通知留保（サイレントな譲渡とも呼ばれている）が実務では多く用いられた。

通知がされず譲渡が第三債務者に認識されない結果、設定者は事実上債権の回収や処分を行えるし、第三債務者も設定者を引き続き債権者として弁済や相殺などを行うことができるから、通知留保には流動債権譲渡担保に適した面もあった。

しかし、設定者の財産状態が悪化した場合には、多重譲渡が行われたり、譲渡債権が差し押さえられる危険が高くなり、肝心の時に第三者対抗要件を備えていない譲渡担保権者は、競合債権者に優先権を主張できない。また、設定者が経営危機に陥った後に行った通知の効力は、倒産法上の対抗要件否認（破産164条、会更88条、民再129条）によって否定されるおそれがある。

|補足| **対抗要件否認**

対抗要件否認とは、倒産者の支払停止等の場合、権利変動から15日経過した後に支払停止等を知って具備された対抗要件の効力を否定する制度である。その趣旨は、公示のない隠れた権利変動の効力を制約して公示を促進し、公示のない権利変動によって倒産者の責任財産の減少が生じていることを知らずに債権を取得した一般債権者の利益を保護するものである。

(c) 停止条件付譲渡や譲渡予約の通知または承諾の問題点

実務では、対抗要件否認を受ける危険を避けるため、設定者の信用不安の兆候を示す事実の発生を停止条件とする特約や、そのような事実の発生後に譲渡担保権者が予約完結権を行使することにより譲渡の効力が生じるとする特約が用いられた。債権譲渡の効力の発生を遅らせることで、「平時」における設定者の処分を認めると共に、効力発生直後に対抗要件を備えれば、効力発生後15日以内の対抗要件具備になり、対抗要件否認のおそれがないからである。さらに、停止条件付譲渡や予約自体についても、対抗力を得るため確定日付ある証書による通知または承諾を備えるという工夫がされた。

しかし、停止条件付譲渡の効力は否定された。債権譲渡人について支払停止または破産の申立てがあったことを停止条件とする債権譲渡契約は、破産

法の否認権(当時の破産旧72条2号、破産現162条1項)の規定の趣旨に反し、その実効性を失わせるものであって、そのような債権譲渡は、債務者に支払停止等の危機時機到来後に行われた債権譲渡と同視するべきものであり、(対抗要件否認は回避できても)偏頗行為否認の対象となる、とされた(最判平16・7・16民集58巻5号1744頁)。同じ趣旨は譲渡予約にも当てはまると一般に理解されている。

譲渡予約について行われた対抗要件具備の効力も否定された。すなわち、第三債務者は、これによって予約完結権の行使により当該債権の帰属が将来変更する可能性を了知するに止まり、当該債権の帰属に変更が生じた事実を認識するものではないからである(最判平13・11・27民集55巻6号1090頁)。この判旨は停止条件付譲渡にも同様に妥当する。

(d) 将来債権譲渡時点での対抗要件

この判決とほぼ同時期に出た判決が(最判平13・11・22民集55巻6号1056頁)、将来債権を含む債権群の譲渡について行われた確定日付のある証書による通知または承諾に対して、その時点で対抗要件としての効力を認めたことは、きわめて重要である。将来債権の譲渡は、債権が未発生の段階でも譲渡契約時に譲渡の効力を生じ、その譲渡についてまとめて対抗要件を備えることができるとされた。このような譲渡は、設定者の支払不能時より前に融資と引き換えに行われれば、否認されにくい。

譲渡の効力の発生時期と対抗要件の効力に関するこのような理解は、その後にも確認された。すなわち、国税の法定納期限等の到来後に被譲渡債権が発生した場合でも、それ以前に債権譲渡の第三者対抗要件が具備されていれば、当該債権は、「国税の法定納期限等以前に譲渡担保財産となっている」(税徴24条8項。当時は6項)ものに該当し、譲受人は物的納税責任(339頁の補足)を負わない、とされた(最判平19・2・15民集61巻1号243頁)。

(e) 流動債権譲渡と取立権留保または取立権付与

譲渡担保権者が担保権の実行として第三債務者に取立ての通知をするまでは、被譲渡債権について設定者に取立権を付与し、受領した金銭を譲渡担保権者に引き渡す必要がないという内容の流動債権譲渡担保契約が結ばれた事例がある。上記(d)の最判平13・11・22は、「譲渡担保権実行の通知がされ

た場合には、この債権に対する弁済を譲受人にされたい」旨の記載がなされた譲渡担保権設定通知（債権譲渡通知）も、第三者対抗要件としての効力を生じると認めた。

　流動債権譲渡担保設定後にも設定者に対象債権の処分権を認める必要があることへの考慮は、取立権留保または取立権付与の特約の形で図られたのである。もっとも、この事例では、第三債務者がこの種の債権譲渡担保の実情を知る大企業であったのでこの結論に問題はないが、譲渡された債権の第三債務者が事情に疎い消費者のような者であった場合にも、紛らわしい通知に対抗要件の効力が完全に認められるべきかにつき疑問が残る（373頁の文献の『民法総合・事例演習』162頁のマンション賃借人が好例）。

(2) 債権譲渡登記

　法人が有する指名債権たる金銭債権の譲渡に限って利用できる債権譲渡登記には、民法上の第三者対抗要件と同等の効力がある（動産債権譲渡特例4条1項）。この制度の最大の特色は、第三債務者に対する対抗要件と第三者に対する対抗要件とを分離した点にある。流動債権譲渡担保に即して説明すると、債権譲渡登記が行われても、第三債務者は従前の債権者（設定者）に弁済を続ければよく、譲渡担保権者が譲渡担保権の実行として第三債務者に支払を求めるには、登記事項証明書を交付して通知をするか（民法上の債権譲渡の通知と異なって譲渡人からの通知でもよい）、債務者の承諾が必要となる（同条2項）。流動債権譲渡担保の場合には、設定者が取立権の留保または付与によって設定後も通常の営業の範囲で債権を回収できるのが通常であるから、第三債務者に対する対抗要件は、設定者が経済的危機に陥って譲渡担保権が実行される時までは具備されず、信用不安の風評被害を避けられる。こうした2種の対抗要件の分離は、流動債権譲渡担保に要請される特別な考慮要素（351頁以下の1）やサイレントな譲渡の要請（362頁以下の(b)）に応え、さらに民法では対抗要件を備えられない第三債務者不特定の流動債権譲渡担保も可能にする点で、流動債権の性質に即した価値把握に適合的である。355頁のCase 42はまさにこの例である。

　もっとも動産譲渡登記同様、その公示力は限定的である（361頁の(2)）。

|補足| **対抗要件に関する特別法の変遷**

　1993（平成5）年に制定された「特定債権等に係る事業の規制に関する法律」（「特定債権法」と略称）は、多数の顧客に対する少額の債権を有するリース業者やクレジット業者の資金需要に対応したもので、債権譲渡について新聞公告がされると確定日付のある証書による通知があったものとすることで、対抗要件が一挙に具備できるとした。しかし、この法律は、主務官庁の許可ときわめて厳重な監督の下に運営される特定業界のための制度で役割が限られていた。

　そのため、より一般的に債権を流動化させる方策として、債権譲渡登記を第三者対抗要件とする債権譲渡特例法が1998（平成10）年に制定された。もっとも、特定債権法でも債権譲渡特例法でも第三債務者を特定する必要があり、不特定の第三債務者に対する純粋の将来債権の譲渡は登記できなかった。

　動産債権譲渡特例法と法律名を変え、動産譲渡登記制度を導入した2004（平成16）年の債権譲渡特例法の改正により、第三債務者が特定されていない将来債権の譲渡も可能となった。風評被害を防ぐため、流動債権譲渡では莫大に見える総債権額の記載が登記事項から外され、登記概要を商業登記簿に記載することも廃止された。特定債権法は役割を終えて同年末に廃止された。

　これらの制度は、流動財産譲渡担保のみに焦点を当てたものではなく、多様な金融手法に用いうる真正譲渡を含むうえ、対抗要件具備に関する新たな仕組みという制度的基盤を整備したにとどまって、流動財産譲渡担保を規律する実体法的な規定はほとんど含まれていない。

第4項　流動財産譲渡担保権の効力

1　対象財産権についての設定者の処分権限

> Case 43　355頁のCase 42において、Xに対する貸金債務の不履行に陥ったAが、自社の小売店舗において通常販売価格の半額で自社製作の美術工芸品甲をZに現金販売して引き渡した。XはZに対して譲渡担保権に基づく甲の返還を請求できるか。

　単体の譲渡担保と最も異なるのは、対象となる動産の所有権の譲渡・債権の譲渡・債権の取立てなどが、ただちに譲渡担保権を侵害する債務不履行とはならず、設定者の合理的な営業活動が保障される点である。すなわち、流動動産譲渡担保においては、設定者の営業活動を通じた対象の変動が当然に

予定されているから、設定者には、その通常の営業の範囲内で、譲渡担保の対象動産を処分する権限が付与されており、権限内処分の相手方は、その動産について、善意取得によるまでもなく、譲渡担保権の拘束を受けることなく確定的に所有権を承継取得することができる（316頁の⑧の最判平18・7・20。以下「平成18年判決」という。生け簀の中の養殖魚に譲渡担保権を設定後、譲渡や譲渡担保権の多重設定がされた事例でブリハマチ事件と呼ばれる）。この判決は、流動動産譲渡担保の性質に鑑み、集合物論を基本としても（分析論でも同じ結論になり、法的構成による違いは生じない）、設定者の通常の営業の範囲内では、合理的な処分の自由に配慮した流動動産の価値把握が可能なことを示した。これに対して、集合物概念徹底説では、固定化前は譲渡担保権の効力は個々の構成要素には及んでいないから、通常の営業の範囲に入るか否かを考慮する必要なく譲渡は確定的に有効である。譲渡担保権者は物権的な返還請求ができず、損害賠償請求が可能であるにとどまる（道垣内337頁-338頁。譲渡担保権者の保護に欠けると批判を受ける点である）。

なお、通常の営業の範囲内の処分授権という考え方を採る判例や多数説によれば、債権譲渡担保では第三債務者の保護を考慮して債権が担保権実行前に譲渡担保権者に移転するとされるから（343頁の(d)）、設定者への取立権の明示の留保または付与が必要である。これに対して、流動動産譲渡担保では、そのような明示の特約がなくても、契約の性質上、原則として通常の営業の範囲内の処分権限が設定者に当然に与えられるものと思われる。

処分が通常の営業の範囲内にあるか否かは、当該契約の趣旨に照らして判断するべきであるが、代物弁済や既存債務への担保提供は設定者の資金の回転を害し、譲渡担保権者に不利益となるから、特段の事情がない限り、通常の営業の範囲内には入らないだろう。逆に、在庫一掃セールや債権全部の取立てで対象を一時的にすべてなくす処分も、合理的なものであれば通常の営業の範囲内に入る。前頁のCase 43のZは、客観的に通常の営業の範囲に入る処分だと評価される場合には、たとえXが譲渡担保権を有していることを知っていても、甲の所有権を有効に取得できる。客観的に通常の営業の範囲外の処分であると評価される場合には、Xに物権的返還請求権が生じる。しかし、Xの譲渡担保権について善意無過失であれば、Zが甲を即時取

得するので、Xの請求は否定される。

2 優先弁済権

(1) 固定化による処分権限の喪失

流動財産譲渡担保権の効力は、対象が流動性を持っている段階と流動性を失った段階では大きく異なる。譲渡担保権の対象が流動性を失って特定の財産権に確定することを固定化と呼んでいる。集合物概念を用いて説明するなら、固定化した後は、集合物からの流出が防がれる反面、集合物への流入も止まる。固定化により、流動財産譲渡担保は、通常の単体の譲渡担保と基本的に同じ扱いでよいものとなる。以下では、主として固定化前の譲渡担保権の効力を取り上げる。

その前提として、固定化概念の要否には争いがあるので、まずそれを検討する。集合物概念徹底説では、個々の対象に譲渡担保権の効力を及ぼすため、固定化が不可欠である。これに対して、個々の財産にも譲渡担保権の効力が及ぶとする通説的な集合物論では、端的に譲渡担保権の実行を考えれば足り、固定化概念は必要ないとの見解もある（平野304頁、山野目372頁など）。

しかし、対象物の引渡しや対象債権の取立て・転付などの請求や執行は対象が確定していないとできない。また、集合財産が設定契約の趣旨に反して減少した場合、譲渡担保権を実行すると以後に流入する構成要素には譲渡担保権の効力が及ばず、譲渡担保権者にかえって不利になる。さらに、流動動産譲渡担保の対象が滅失・損傷して損害賠償債権や保険金債権に変わった場合に、常に担保権が実行されることになると設定者の資金の回転を不必要に壊すことになる。

これらの場合には、譲渡担保権者は、直ちに実行に入ることなく、処分権限を一時的に喪失あるいは停止させて流出を止めたうえで（代替的物上代位であればその対象となる債権を保全する仮差押えによる）集合財産の補充を求めることができる必要がある（平野309頁は譲渡担保権者の調査権と増担保請求権を認め、適時の補充をしないと債務者は期限の利益を失うとする）。補充が適時に履行されるようであれば、処分権限を再度認めて流動性を回復させるという選択肢（再流動化または固定化の解消）もあってよい。このように、そもそも設定

者に免責事由があって債務不履行にならないか、補充により債務不履行が治癒される場合には、担保権の実行に至らない交渉カードとしての暫定的な固定化を認める必要がある。これは分析論を採っても妥当する。

(2) 物上代位

流動動産譲渡担保権の効力は、譲渡担保の対象となっていた動産が滅失した場合、設定者の損害保険金請求権に及ぶ（最決平22・12・2民集64巻8号1990頁。赤潮による養殖魚の全滅の例）。この決定は、設定者がすでに廃業し、譲渡担保権者が物上代位権を行使して保険金請求権を差し押さえた事例である。設定者が営業を続けることで新たに対象が補充され、担保価値が十分に保持されれば固定化の必要はなく、債務不履行になっていなければ譲渡担保権の実行ができないのはもちろん、保全としての物上代位権行使（59頁の(a)）も権利濫用として許されない場合があるだろう。

3 流動財産譲渡担保権の実行

固定化により設定者の処分権限を奪うには、担保権の実行に至らなくても、設定者や第三債務者に対する通知によって固定化を認識させる必要がある。この通知は、対抗要件としての債権譲渡の通知と違い、確定日付のある証書によらなくてもよい。

流動動産譲渡担保では、譲渡担保権者は、設定者の処分を封じ、自ら適時に換価するために、原則として対象物全部の引渡しを請求できるが、処分後に清算義務が生じるのは当然である。被担保債権額に相当する量の動産が譲渡担保権者の同意の下に引き渡されれば、被担保債権が消滅して残量の引渡請求権は消滅するとされる（高木373頁）。これは一種の帰属清算の合意（327頁以下の1および329頁以下の3）であろう。

4 第三者との関係

(1) 侵害に対する保護

個々の財産権に譲渡担保権の効力が及んでいると考えれば、単体の動産や債権の場合と同じ扱いになる。これに対して、集合物概念徹底説では、固定

化前には個々の財産権には譲渡担保権の効力が及んでいないので、譲渡担保権者は直接の権利主張ができない（道垣内338頁）。筆者は、かつて、設定者が通常の営業の範囲では個々の財産を自由に処分して営業資金にあてうることとの均衡を理由にこの結論に賛成したが（田井ほか365頁）、直接の権利主張を認めないのは保護が弱すぎるとの批判はもっともだと考え直した。直接の権利主張は、原則として認められるが、設定者が営業を続けることで新たに対象が補充され、担保価値が十分に保持される場合には、例外的に権利濫用として退けられうる。

(2) 設定者から権利を取得した第三者との関係

通常の営業の範囲内の処分の場合には、上述のように、譲受人はその動産の所有権を譲渡担保権による制約を受けることなく承継取得できる。

問題は、構成要素である個々の動産や債権を、通常の営業の範囲を超えて設定者が処分した場合の効力である。集合物論や分析論では、個々の構成要素に譲渡担保権が及んでいるから、即時取得が成立しない限り（指名債権では即時取得はないし、譲渡登記がされた動産について、業界の事情を知る同業者が譲受人である場合には、過失があるとして即時取得は成立しにくい）、譲渡担保権者は元の場所への返還を請求できる。設定者が受領できないか受領しない場合には、抵当権に基づく明渡請求と同様、譲渡担保権者自身への引渡請求もできるだろう。これに対して、集合物概念徹底説では、固定化前は個々の物には譲渡担保権が及んでおらず、無権限処分を知っている第三者も対象を承継取得できるから、譲渡担保権者は引渡請求ができないことになる。判例にも、動産が集合物から離脱した場合には第三者の承継取得を認めることを示唆するものがあり（316頁の⑧・367頁の１の平成18年判決）、公示の衣から離脱した場合に伐木への抵当権者の追及を認めない考え方と類似している。その問題について対抗力が分離によっても失われないとするのと同じ理由で、追及を認めるべきである（51頁以下の❸）。平成18年判決の当該判示部分は傍論にすぎない（生熊334頁-335頁）。

(3) 流動財産譲渡担保権の多重設定

平成 18 年判決は、配当手続が整備されている民事執行法による競売の場合とは異なり、後順位譲渡担保権者の私的実行を認めると先順位譲渡担保権者の優先権を行使する機会が奪われるとして、後順位譲渡担保権者の担保権実行を否定した。その前提として、後順位譲渡担保権の設定を容認するかのように読め、判例が担保権的構成に近づいているとの評価もありうるが、この点も仮定的な傍論と思われる（337 頁の(b)。対象が単体か流動財産かの違いは結論に影響しない）。

(4) 動産売買先取特権との優劣

動産売買先取特権の及んでいる動産が、流動動産譲渡担保の対象範囲に入った場合、判例は、333 条に基づいて先取特権が消滅するとする（281 頁の(2)の最判昭 62・11・10。333 条の趣旨については 285 頁以下の第 2 項）。

これに対して、学説には反対が多い（田中壮太・最判解民事篇 683 頁-689 頁）。集合物概念徹底説では、固定化前にはその動産に譲渡担保権の効力が及んでいないので、動産売買先取特権は消えず優先する。競合する異質の担保権の順位調整の問題として、譲渡担保権を動産質権に類似するものとして 334 条・330 条を類推適用し（281 頁の(2)）、原則として譲渡担保権が優先するが、譲渡担保権者が悪意であれば例外的に動産売買先取特権が優先するとする見解が有力である（田原・次頁の文献の 22 頁が先駆的。現在の説としてたとえば生熊 337 頁）。この説によれば、動産売買先取特権が売主に生じることは法定されているから、動産売買先取特権の成立より前に権利を取得していた譲渡担保権者も、特段の事情がない限り悪意と解することができる。この説では、結果的には動産売買先取特権を優先させる集合物概念徹底説とほぼ同じ結論になる。

(5) 設定者の債権者による差押え

集合物論や分析論のように個々の財産権に譲渡担保権の効力が及んでいると考えれば、単体の動産や債権の場合と同じ扱いになる（281 頁の(2)の最判昭 62・11・10 は第三者異議の訴えを認める）。これに対して、集合物概念徹底説

では、固定化前には個々の財産権には譲渡担保権の効力が及んでいないので、譲渡担保権者はやはり直接の権利主張ができない（道垣内 338 頁）。本書は、分析論に立って原則として第三者異議を認める。ただ、流動財産の特殊性を考慮し、設定者が営業を続けることで新たに対象が補充されて担保価値が十分に保持されれば、差押えを無意味にする必要はないから、第三者異議の主張は例外的に権利濫用として退けられうる。

第 5 項　流動財産譲渡担保権の消滅

　流動財産譲渡担保権の消滅は、基本的には単体の譲渡担保権と同じであるが、流動財産を対象とすることから、異なる扱いをされる点がある。すなわち、流動財産譲渡担保権は、たとえば在庫一掃セールや債権全部の取立てによって固定化前に対象が一時的になくなっても、当然には消滅しない。その後に約定範囲に入る財産権を設定者が新たに取得して補充すれば、それらには譲渡担保権の効力が及ぶ。

文献

　古くから非常にたくさんの文献があるが、比較的最近の単行書として鳥谷部茂『非典型担保の法理』（信山社、2009 年）、清算義務確立後の譲渡担保法理の展開と将来の立法論を論じる松岡久和「譲渡担保立法の方向性」論叢 164 巻 1-6 号（2009 年）71 頁以下を挙げておく。最近の千葉恵美子「被担保債権の弁済期後における不動産譲渡担保権者・設定者の法的地位——譲渡担保論のパラダイム変換を目指して」松浦好治・松川正毅・千葉恵美子編『加賀山茂先生還暦記念・市民法の新たな挑戦』（信山社、2013 年）271 頁以下も、不動産譲渡担保を中心にした法的性質論から出発して効果論を議論する思考方法自体に訣別するべき時期が来ているとする。網羅的な文献リストとして、岡孝＝松岡久和＝和田勝行「譲渡担保関連文献目録（上）（下）」学習院 45 巻 2 号 45 頁以下、46 巻 1 号 81 頁以下（いずれも 2010 年）がある。

　債権譲渡全般について、池田真朗教授の一連の研究（『債権譲渡法理の展開』（弘文堂、2001 年）、債権譲渡の研究〔増補第 2 版〕』（弘文堂、2004 年）、『債権譲渡の発展と特例法』（弘文堂、2010 年）、『債権譲渡と電子化・国際化』（弘文堂、2010 年））が重要である。担保法全般にわたってパイオニア的な研究を重ねて来られた田原睦夫元最高裁判事の精選された論文集『実務から見た担保法の諸問題』（弘文堂、2014 年）があり、同書収録の座談会では、譲渡担保の重要問題について先端的な議論を広く扱っている。

松岡久和＝潮見佳男＝山本敬三『民法総合・事例演習〔第2版〕』（有斐閣、2009年）152頁-165頁は、流動財産譲渡担保を扱うかなり応用的な事例であるが、基本問題もほぼすべて扱っている。解答編がないので恐縮だが、ご参照いただきたい。

第8章…所有権留保

　本章は、非典型担保の最後のものとして、所有権留保を検討する。所有権留保は、譲渡担保を裏返したように、「権利を移転しないこと」により担保の機能を果たす。そのため、その法的構成や課題においては譲渡担保と共通する面を多く有している。しかし、他方で、所有権留保は、被担保債権や対象物の種類と範囲・対抗要件・清算義務・信販との結合など少なくない点で、その性質ゆえに譲渡担保とは異なる面も持っている。譲渡担保と対比して理解するように努めていただきたい。

　本章も、おおむね他の担保物権の構成にならい、意義と機能（第1節）、成立要件と対抗要件（第2節）、効力（第3節）、消滅（第4節）で構成される。

第1節　所有権留保の意義と機能

第1項　信用売買の発展と無資力危険

　代金が後払の売買、とりわけ割賦販売は、当事者双方にとって利点がある。買主は、代金全額を用意しなくても直ちに物を手にすることができ、売主もそうした購買層に販路を広げることができるからである。しかし、一方で、売主は買主の無資力の危険を負う。売主の引渡しが先履行とされる結果、留置権も同時履行の抗弁権も主張できないし（295条1項ただし書、533条ただし書）、先取特権制度には様々な問題点があり活用が難しい。すなわち、不動産の先取特権は成立要件の充足が難しい。動産を対象とする先取特権には物上代位権の行使を含めた実行方法に難があり、対象物が第三者に引き渡されると消滅する（271頁以下の第3項、275頁の(b)、285頁以下の第2項）。さらに、売主は、債務不履行を理由に売買契約を解除することも可能であるが、自身も受領代金を返還する必要が生じ、解除前に登場した第三者には売却した物を追及できない（545条1項ただし書）などの限界がある。

　そのため、売買の対象物の所有権移転時期を買主の代金完済時点まで遅らせる特約を結び、買主が債務不履行に陥れば、留保した所有権に基づいて対象物を取り戻す、という方法で代金債権を担保する工夫が用いられる。これが所有権留保である。所有権によって債権を担保し、私的実行によって債権を回収する点で、所有権留保は有体物の譲渡担保と機能的に類似している（石田766頁は、担保目的の所有権留保を、いったん買主に移転した所有権につき買主が売主のために譲渡担保権を設定すると構成する）。しかし、本来の所有権留保では対象物と担保される売買代金債権が共に売買契約から発生する等価的関係にあって、過剰担保や清算の問題があまり大きくない点で譲渡担保とは異なる（ただし、被担保債権の範囲が拡大されるときは、譲渡担保に近づいてくる。378頁の2）。

第2項　所有権不移転の形式と担保の実質

　譲渡担保と同様、おおまかには、所有権が買主に移転せず売主に留まるという形式を重視する判例（譲渡担保の場合の権利移転的構成に対応する所有権不移転構成）と、「売主に留保された所有権」（以下、「留保所有権」と称する）を債権担保の目的という実質に即して端的に約定担保物権であると理解する通説（担保権的構成）が対立している。担保権的構成の中でも多様な見解がある（田村・388頁の|文献|の274頁-309頁）。ただ、譲渡担保と同じように（347頁以下の第5節）、この法的構成の違いから直ちに具体的な問題の結論が導かれてはいない。また、そうするべきでもない（山野目379頁も同旨）。

第2節　所有権留保の成立要件と対抗要件

　担保権として表現すれば、留保所有権という担保権の設定の要件が問題になる。特約（第1項）と設定者の処分権限（第2項）が必要である。対抗要件（第3項）は存在しないというのが通説的見解である。

第1項　所有権留保特約

1　約定の性質と当事者

　仮登記担保や譲渡担保とは異なり、所有権留保契約という独立した担保設定契約は存在せず、売買契約等による所有権移転時期の特約という形を採る。所有権以外も対象となりうるのは仮登記担保と同じであるが、所有権以外の例は少ないため、所有権留保という名前を使う。また、権利の移転を内容とする契約であれば売買契約に限らず、請負契約や製作物供給契約などの特約としても利用可能である。割賦販売法が適用される場合には、所有権留保特約の存在が推定される（割販7条）。

　売買契約の売主と買主が当事者である（三者間契約については380頁の|補足|）。物上保証は通常考えられないが、対象物の第三取得者が物上保証人的な地位

に立つことはある（384頁の(1)）。

2　被担保債権

通常は対象物の売買契約から生じる残代金債権が被担保債権の中心であるが、損害賠償額の予定や違約金（割販6条や消契9条の制約も参照）なども含まれる。継続的売買などである回に引き渡した対象物によって別の回の代金債権をも担保するなど、被担保債権を拡げる特約（拡大された所有権留保）も有効であろう（米倉・388頁の文献の『所有権留保の実証的研究』312頁-313頁、石田769頁-770頁）。ただ、無関係の取引上の債権にまで被担保債権を拡げる特約は、代金債務の逐次弁済により増大した担保価値の流用であり、実質的には包括根譲渡担保に類似する性質を有するため、90条違反で無効とされることもありうる（東京地判平16・4・13金法1727号108頁、道垣内362頁）。

3　対象となる権利

動産・不動産を問わず所有権は対象となる。ただ、不動産の場合、宅地建物取引業者が売主となる所有権留保は、代金額の10分の3以上の支払がある場合には禁止されている（宅建43条。譲渡担保権の設定も脱法行為を防ぐために同じ範囲で禁止されている）。また、住宅ローンを抵当権によって担保する方法が一般的なので、不動産の所有権留保はあまり使われず、一定期間経過後も価値が保たれる（耐久性のある）動産が所有権留保の中心である。自動車については抵当制度があるが、費用や実行の手間を考えるためか、所有権留保を用いる方が普通のようである。以下の説明は原則として動産所有権留保に絞る。

原材料や転売を目的としている商品については、所有権留保の効力を加工品や商品の転売代金債権に及ぼす特約（ドイツで多用されているいわゆる延長された所有権留保）が考えられないではない。このような特約は、加工品の所有権帰属の特約や（将来の）転売代金債権譲渡担保の設定契約と解される。転売先が未確定の状態では債権譲渡の第三者対抗要件を備えることが困難なため、日本ではあまり実例がなかった（債権譲渡に対抗要件を要しないドイツとは事情が異なる）。しかし、債権譲渡登記制度が改良され第三債務者不特定の

場合にも対抗要件を備えることができるようになったため（366頁の補足）、今後は所有権留保プラス転売代金債権譲渡担保または物上代位という方式がABL（352頁の2）の手法の1つとして活用されるかもしれない。

第2項　設定者の処分権限

売主に所有権が帰属していることが留保所有権の設定の当然の前提である。無権利者が売主となった場合、買主が即時取得によって所有権または物権的期待権を取得しても、売主が留保所有権を取得することはない。対象物の真の所有者の所有権が留保所有権に変わることになる。

第3項　対抗要件

所有権留保は所有権の譲渡がないのであるから、対抗要件は不要（178条を参照）と解するのが通説である（道垣内362頁、高橋317頁など。近江324頁は動産譲渡担保と同様の理由で原則不要説）。同じ理由から動産譲渡登記も利用できない。本来の狭義の所有権留保の場合には、買主の所有権の取得と代金の支払は、責任財産としてはほぼプラス・マイナス・ゼロである。それゆえ、買主が未払の状態にある限り、買主の買い受けた物（の価値）全部が責任財産を構成するという買主の債権者の期待は保護に値せず、対抗要件によって所有権留保を公示して取引の安全を図る必要は乏しい。また、買主が所有権を未取得であっても買主からの転得者は即時取得や転売授権によって保護されるから（384頁以下の2）、第三取得者の取引の安全を考えても、やはり対抗要件は不可欠ではない。

これに対して、所有権の留保も実質的には、買主に移転した所有権上に担保権を設定する物権変動だとして占有改定を対抗要件とする考え方もある（高木381頁）。しかし、この考え方でも公示性は乏しい。実務上は、譲渡担保同様、ネームプレートなどを使用して買主からの転得者の即時取得を防ぐ工夫が用いられることもあり、これを慣習法による対抗要件と解する説もある（米倉・388頁の文献の『担保法の研究』35頁-42頁）。さらに、動産譲渡登記

に買主のための所有権移転請求権の仮登記を認めるべきだとする説もある（石田751頁）。なお、長期の割賦販売の多い高額の建設機械については、1971（昭和46）年以来、日本建設機械工業会の統一譲渡証明書が所有権移転（＝所有権留保の解消）の証明として使われていて、買主の手許に譲渡証明書がないことが所有権留保についての公示の機能を果たしている。

　判例は、従来、通説同様に、所有権留保には対抗要件を不要としてきたように思われるが、最近、興味深い判決が登場した。自動車購入代金を立替払した信販会社が、自動車の買主の民事再生手続において、立替払金等の支払債権を被担保債権とする所有権留保を主張するためには、再生手続開始の時点で信販会社自身を所有者とする登録を要するとする（340頁の最判平22・6・4）。この判決は物的編成主義の登記・登録のある動産の所有権留保に対抗要件として登記を必要とするものだとの理解もありえよう（近江327頁）。しかし、売主・買主・信販会社との三者間契約の解釈には何とおりもの可能性があり（補足）、この判決は、対抗要件を不要とする一般的な理解を変更するものではないだろう（和田勝行「判批」論叢170巻1号135頁）。

　補足　**クレジット契約と所有権留保**

　　クレジット契約の場合には三者間契約となり、その約定次第で法律構成が異なる。信販会社が買主に代わって売買代金を弁済するのであれば、信販会社が法定代位（500条）により売主の留保所有権を引き継ぎ、法定代位による権利移転については対抗要件は不要であるが、被担保債権は元の残代金債権の範囲に限られる。これに対して、立替金に手数料等を加えたものを被担保債権とする場合には、①売主から留保所有権を引き継いだ信販会社のための被担保債権の変更、②売主から完全な所有権を引き継いだ信販会社が初めて行う所有権留保、③完全な所有権を取得した買主からの信販会社への譲渡担保などと考えることも可能であり、対抗要件の要否などが異なりうる。和田・前掲「判批」130頁-131頁および、より一般的な概観として、千葉恵美子「複合取引と所有権留保」争点153頁。

第3節　所有権留保の効力

第1項　対象物の利用関係

　通常の売買契約等の場合と基本的には同じである（たとえば対象物が当事者に責任のない事由によって滅失・損傷しても、すでに引渡しを受けている買主は534条により代金債務を免れない。民法改正で同条は削除されるが、新567条で同じ結果がもたらされる）。担保権的構成では、買主に所有権または物権的期待権が移転し、それが買主の利用を根拠付ける。また、これらの権利は、買主への引渡しにより対抗要件を備えると構成される。この買主の権利は、第三者に対する一定の物権的保護を与えられ、譲渡担保の場合に設定者留保権や期待権と呼ばれるものに相当する（その鏡像的なもの）と解される。ただ、対象物の担保価値を確保するため、代金完済まで買主の使用・収益・処分を制限する特約が用いられることが多く、これに違反すると買主は期限の利益を失う。

第2項　優先弁済権

　売主は、買主が債務不履行に陥れば、売買対象物を引き揚げ（その直接占有を再取得し）、他に転売するなどして、被担保債権（378頁の２）の優先的な回収を図ることができる。

1　要件としての買主の債務不履行

　買主が売買代金の支払を怠った場合、541条（改正法も同じ）によって売主は契約を解除できる。特約では、催告なしに直ちに対象物を引き揚げることができるとする失権条項や、割賦代金全額の弁済期が到来しその不履行を要件に対象物を引き揚げることができるとする期限の利益の喪失条項が定められることが多い（割販5条では20日以上の相当な期間を定めた書面による催告が必要であり、同条は強行規定である）。使用・収益・処分を制限する特約に買主が違反した場合も、債務不履行となる。

2 留保所有権の効力の及ぶ対象の範囲

留保所有権の効力が及ぶ範囲は設定契約によって定めうるが、原則として引き渡した物に限られ、引渡しにより物の果実や使用利益は買主に委ねられるため、これらには効力は及ばない。また、特約がなければ、対象物の滅失の場合、買主に代担保や増担保の提供義務を課すべきではなかろう。

対象物の代替的価値については物上代位を考えることができる。これは、転売代金債権に対する延長された所有権留保（378頁以下の3）と機能的に類似する。（留保）所有権に基づいて物上代位を認めるという発想はこれまで主張されていなかった。しかし、動産譲渡担保に基づく物上代位を認めた判例（315頁の⑥の最決平11・5・17。326頁以下の(2)）の事案は、担保権の性質が所有権留保とも構成可能なものであったし、譲渡担保と同様に物上代位をも認めうる（松岡久和「判批」法教232号113頁、新注民(9)750頁〔安永正昭〕。道垣内363頁は譲渡担保の場合と同様の理由で反対）。

第3項　留保所有権の実行

1　清算義務と清算方式

売主は対象物の換価処分額や評価額から被担保債権額を控除して残額（清算金）があれば買主に返還しなければならない。もっとも、使用による減価が著しく中古市場も充実していない動産では、清算金が生じない場合が多い。

清算金返還債務と対象物の返還債務は、売主の評価による帰属清算方式であれば、同時履行（533条）の関係になるほか、買主には留置権も成立しうる。これに対して、売主による処分清算が合理的な物については、買主は対象物の引渡しを先履行せざるをえない。

2　対象物の引揚げ

清算金が生じない場合であっても、売主は買主の意思に反して対象物の直接占有を実力で回収することはできない（自力救済の禁止）とするのが通説である。これに対して、一定範囲の自力救済は許されているとする見解（米倉・388頁の文献の『担保法の研究』51頁-54頁、田原・372頁の文献の408頁〔三

上徹発言〕）もある。もっとも、いずれの見解によっても、強引な引揚げ等が違法であると評価されれば（通説と少数説ではこの評価に差が出る）、買主に対する不法行為となり、売主に損害賠償責任が生じる。

　買主が正当な理由なく引揚げに抵抗し自力救済も許されない場合には、売主は、対象物の引渡請求権あるいは返還請求権を通常の権利実行手続に沿って主張する必要があり、仮処分を利用することになる。

3　解除権行使の要否

　かつての多数説や実務は、買主の占有権原の抗弁を退けるために、対象物の引揚げには解除権の行使が必要だとしていた。しかし、解除をすると被担保債権である代金債権も消滅してしまうし、所有権に基づく第三者に対する請求も制限され（545条1項ただし書）、所有権留保をした意味が乏しくなる。むしろ、引揚げは担保権の実行と理解するべきであり、代金債権そのものを公正証書で強制執行したり、対象物引揚げ後・清算前の買主の受戻権または物権的期待権の行使を認めるためには、売買契約等の解除を伴わない引揚げを考えなければならない（新注民(9)753頁〔安永〕）。

第4項　第三者との関係

> Case 44　XはAに対して代金を分割払いで甲を売却し、直ちに引き渡した。この売買契約には代金完済時に甲の所有権がAに移転する旨の所有権移転時期の特約が入っていた。Aが代金を完済する前に、自己の所有物として甲をYに譲渡し、引き渡した。XはYに対して甲の返還を求めることができるか。

　基本的な考え方は、単体の動産譲渡担保の場合と同じである。対象物は買主が占有しているので、売主の対象物処分や売主の債権者の差押えは問題になりにくい（残代金債権とともにする留保所有権の法定代位による移転はありうる。380頁の補足の①の考え方）。

1 取引関係に立たない第三者との関係

対象物に対する侵害については、原則として、単体の動産譲渡担保で述べたところと同じように考えられる（334頁以下の1）。

最近の興味深い判決は、留保所有権者に、所有者としての妨害除去責任を認めた。すなわち、自動車購入代金を立替払いして留保所有権を取得した者は、契約上、期限の利益喪失による弁済期後には買主からその自動車の引渡しを受け、これを売却して残債務の弁済にあてることができるとされていた場合、弁済期後は、第三者の不動産上に放置されて土地の所有権行使を妨害している自動車の撤去義務を負うという（最判平21・3・10民集63巻3号385頁）。しかし、この判決も妨害の事実を知らなければ留保所有権者は使用料相当の損害金の賠償責任を負わないとしている。弁済期後とはいえ、実行着手前の留保所有権者を一般的に完全な意味での所有者であると早計にいうべきではない。たとえば、この判決後も、留保所有権者は運行供用者と評価されない限り、自動車損害賠償保障法上の損害賠償責任を負わないだろう（最判昭46・1・26民集25巻1号126頁を参照）。このように問題となる規範毎に検討せざるをえないことになろう。

2 買主から転得した第三者との関係

(1) 一般の場合

所有権不移転構成によれば、代金完済前の買主の処分は、原則として無権利者の処分であり、第三者が即時取得（192条）の要件を備えなければ、売主は第三者に対しても対象物の返還を請求できる（最判昭42・4・27判時492号55頁。古物商が事情を知りえたとして即時取得を否定）。すなわち、前頁のCase 44において、Xは、Yの悪意や過失を基礎づける事実など即時取得の成立を阻止する事実を立証すれば、Yに甲の返還を求めることができる（立証責任につき『物権法』212頁以下の補足*）。さらに、AのYへの譲渡が譲渡担保である場合には、判例では占有改定による即時取得は成立しないので（最判昭58・3・18判時1095号104頁。筆者は即時取得の余地を認めてよいとの見解を採る。『物権法』221頁以下の2）、このような立証を要することなくXの請求が認められる。

これに対し、担保の実質を重視すれば、買主には物権的期待権があるか、留保所有権という担保権の付着した所有権があると解することになる。即時取得により善意無過失の第三者が負担のない所有権を取得するとの結論は所有権不移転構成と同じである。これに対して、悪意者や善意有過失者も物権的期待権あるいは留保所有権によって制約された所有権を取得できるが、買主の債務の物上保証人的地位に立つ。担保権の実行の要件が備わるまでは無条件の返還請求はできないことになろう。

(2) 流通過程における所有権留保
　転売を予定している商品についても所有権留保が行われている。この場合、上述のような善意取得の成否による問題処理では、買主の転売が困難になる。同業者などは所有権留保特約を知っており善意取得が成立しないので危険を考慮して買い受けないからである。とりわけ善意取得が成立しない動産では、善意無過失の第三者が不当に害される。たとえば、383頁のCase 44において、甲が登録済自動車であれば即時取得は成立せず（『物権法』208頁の(a)）、たとえば販売店Aに代金全額を支払って甲の引渡しを受けたYは、Xの所有権留保について善意無過失であっても甲の所有権を取得できないことになる。
　この種の事例につき、ディーラーXがサブディーラーAの自動車販売に協力しながら所有権に基づいて、ユーザーYに自動車の引渡しを求めるのは、代金回収不能の危険をYに転嫁して不測の損害を与えるもので権利濫用として許されないとした判例がある（最判昭50・2・28民集29巻2号193頁。特殊事情を考慮して権利濫用を否定した例として最判昭56・7・14判時1018号77頁）。これを支持する説もあるが（平野334頁-335頁注482、松尾＝古積433頁[古積]など）、多数の学説は、YがXに対する積極的な権利行使（自動車では登録名義の変更請求）をできないことや、所有権留保特約を知りえたYが所有権を取得できないなど、Yの保護が不十分であることを問題とする。そして、XはAに有効な転売を行うことを授権しているものと解されるから、Yは代金を完済すれば確定的に甲の所有権を取得できる、とする（近江327頁、安永438頁-439頁など）。本書は、Aの通常の営業の範囲内の転売につい

て、これを支持する。ただ、XはYがAに代金を支払う前にAの転売代金債権を差し押さえて物上代位権を行使できる（382頁の冒頭の2)。即時取得の要件には代金完済が入っていないこととの対比からも、Yの代金完済は不可欠ではない。物上代位よりも確実なXの自衛策は、Aとの間でAが将来の顧客（その時点では不特定）に対して取得することになる代金債権について将来債権譲渡担保契約を結び、債権譲渡登記を備えることである。

3 買主の債権者との関係

譲渡担保権設定者の債権者が差し押さえたり、設定者が倒産した場合とほぼ同じである。

(1) 買主の債権者による差押え

買主の債権者が対象物を差し押さえた場合、売主は、実行前であっても、留保所有権に基づいて第三者異議の訴え（民執38条）によって執行を排除できる（最判昭49・7・18民集28巻5号743頁）。担保権の実質を重視する考え方は、第三者異議の訴えの一部認容か配当要求（民執133条）の類推によって優先弁済を認めれば足りると主張しているが（高木384頁など）、動産譲渡担保権の場合と同様、私的実行の利益を考慮して第三者異議の訴えを認めるべきである（338頁以下の(a)）。

(2) 買主の倒産

売主の債務は実質的に履行済であるから、未履行双務契約に関する規律（破産53条、会更61条、民再49条）は適用されない。

形式を重視すれば、所有者である売主は取戻権（破産62条、会更64条、民再52条）を有することになるのが自然である。これに対して、担保の実質を重視する学説によれば、売主は担保権者として扱われれば十分であろう（破産65条と民再53条の別除権、会更2条10項の更生担保権。道垣内367頁は取戻権を承認したうえで中止命令でコントロールするべきだとするが、中止命令の対象は所有権に基づく取戻しではなく担保権実行ではなかろうか）。

もっとも、会社更生の場合には、譲渡担保権者の場合（339頁以下の(b)）

と同様に、所有権不移転構成を採っても更生担保権しか認めないという考え方も十分成り立つ。また、弁済禁止の保全処分後に残代金債務の弁済期が到来した事例において、「会社更生の申立ての原因となるべき事実が発生したときは、催告を要せず売買契約を解除できる」とのいわゆる更生申立解除特約は、会社更生手続の趣旨および目的を害し無効であり、売主は取戻権を主張できないとした判例がある（最判昭57・3・30民集36巻3号484頁）。この判例は、解除がされない場合にも取戻権を認めない趣旨と理解できる（竹下守夫「判批」505号278頁）。さらに、最近の判例・裁判例は、買主の民事再生の場合に売主が別除権者となることを前提としているものが多い（たとえば、340頁の最判平22・6・4）。買主倒産時の所有権留保は、法的構成にかかわらず、担保権として処遇するべきである（山野目381頁も同旨）。

第4節　所有権留保の消滅

　売買代金等の被担保債権が完済されれば所有権が買主に確定的に移転して、留保所有権は消滅する。さらに、売主が所有権留保の実行に着手した場合でも、買主は被担保債権全額を提供して（この段階まで来ると売主は受領しないかもしれないからである）、所有権取得を確定させることができると考えるべきであろう。売主は売買代金を確保するという当初の目的を達成できるからである。譲渡担保と同様の理由で（331頁以下の(1)）、これを形成権と構成し、受戻権あるいは物権的期待権の行使と表現してもよい。

　なお、宅地建物取引業者が売主となる不動産売買では、原則として、代金額の10分の3以上の支払によって買主に所有権が移転し、留保所有権は消滅する（宅建43条1項。同条の違反の私法上の効果には争いがあるが、買主保護の規範目的を重視して無効と解するべきであろう）。

[文献]

　米倉明『所有権留保の実証的研究』（商事法務、1977年）、『所有権留保の研究』、『担保法の研究』（共に新青出版、1997年）が先駆的で今も代表的な研究である。最近のものとして、歴史的経緯や米倉研究後のドイツ法の展開について詳しい石口修『所有権留保の現代的課題』（成文堂、2006年）と田村耕一『所有権留保の法理』（信山社、2012年）がある。

第9章…物権法の意義と限界

　姉妹編の『物権法』では、所有権と用益物権を念頭に置いて、物権と債権を対照的な権利として理解することの当否を論じた（『物権法』289頁以下の第5章）。その結論は、次のとおりである。

　物権の絶対性と債権の相対性の区別は、物権と債権の根本的な権利構造の違いとして維持するべきである。すなわち、物権が対象についての独占的・排他的な支配権であり、対象から得られる利益の享受をだれに対しても主張できるという意味で絶対的な権利であるのに対して、債権は債務者の給付行為を求める請求権であり、債務者にしか権利の実現や利益享受の正当性を主張できない相対的な権利である、と。

　本章では、まず、このような理解が担保物権にも当てはまることを明らかにして、担保物権を含めて物権をどう定義するのかという問題に対する私なりの答えを示す（第1節）。

　次いで、ある権利が物権から債権に変化する場合に法的保護が著しく低下するという問題に対して、どういう方向で解決方法を考えていくべきかを論じる（第2節）。この問題は、物権法の意義と限界という本章の表題を検討する格好の素材である。

　最後に、物権法の意義と限界について述べる（第3節）。

第1節　物権の概念

第1項　担保物権の物権性

1　通説的見解

　通説的な理解では、担保物権は当然に物権として認められているが、担保物権の物権性をどのように説明するのかは、必ずしも明らかでない。

　旧民法はフランス民法を承継し、所有権以外の物権、債権および著作権などを無体物として例示し（財産編6条）、物一般に所有権が成立するとしていた（同30条1項）。これに対して、物を有体物に限る現行規定（85条）は、ドイツ民法草案等の当時の新しい立法例にならったものである（水津太郎「物概念論の構造」新世代法政策学研究12号（2011年）330頁-332頁）。その主たる理由は、旧民法の規律によると、財産権を物権と債権に分けるパンデクテン体系を採用しながら、債権の上に所有権を認めることになって、両者の関係が混乱するからであった。

　旧民法では無体の権利も動産・不動産に分けられ、権利質は動産質、用益物権上の抵当権は不動産抵当と構成されていた。しかし、物を有体物に限る現行民法ではこのような構成は許されず、無体の権利上には物権が成立しないのが原則であるから、これらの権利の上に担保物権の設定を特に認めることを明らかにする必要があると位置づけられていた。すなわち、これらの無体物上の担保物権は本来は物権でないが、有体物の規定を「準用」すると説明されている（速記録二586頁［富井政章］、785頁-786頁［梅謙次郎］）。もっとも規律内容は実質的には旧民法の規定を整理しつつ構成を変えて承継したにすぎず、権利の上の担保物権を物権あるいはそれに準じるものとして扱う理論的根拠は見いだせない（佐野智也「物権体系における『準物権』の地位」法論250号（2013年）197頁-198頁は、立法者の説明は主に便宜という消極的理由だったと指摘しつつ、わかりやすさという観点を加えるが、準用の根拠としては弱い）。

その後の理解にはいささか混乱が見られる。たとえば、「債権は、所有権その他物権の客体とはならない。しかし、債権の上の支配は可能であるから（債権譲渡や債権質入れは、債権の上の支配の成立を認めなければ、説明がつかないであろう）、その上に支配権（所有権ではない）は、成立しうるものと考える」（新注民(6)16頁［舟橋諄一＝徳本鎮］）、との説明がある。この論理では、債権質は物権とは位置づけられず、物上代位も（担保）物権の効力と説明することが困難である。

　権利質の性格についてもかつては盛んに議論された。しかし、有体物上の質権と本質的に変わらないと解された（注民(8)328頁-329頁［林良平］）。最近の通説的な見解は、物権は有体物の排他的支配権であると述べながら、担保物権の対象が債権等にも拡張されていることと物権の定義との関係に全く言及しないものが多い。たとえば、最も詳細な注釈書も、有体物でない地上権・永小作権に抵当権が成立する理由を説明せず、「抵当制度に対する経済的需要の拡大と登記・登録の技術的工夫」を、特別法による抵当権の対象財産の拡大の根拠として示唆しているのみである（新注民(9)13頁［高木多喜男］）。

　このような状況は、物権・債権の峻別を否定して、両者の区別を相対化・柔軟化する考え方が主流となったこと（『物権法』291頁以下のⅡ）とも対応している。たとえば、権利質が物権であるか否かを議論するのは生産的でなく、問題は、物権や質権に関する規定がどれだけ権利質に適用（ないし準用）されるべきかを確定することだとする指摘がある（鈴木334頁。物権概念一般についても437頁で同旨が述べられる）。また、権利質や一般の先取特権を「有体物との関係が切断された物権」と認め、有体物を中心として物権を構成しつつ、その定義を明確に拡張するものもある（加藤4頁）。

　これらは、問題性を自覚した鋭い指摘ではあるが、どういう根拠や基準で有体物以外を対象とした担保物権の成立を認めるのかについては十分な説明はない。そのため、こうした説明は、「物権とは物や権利を支配する権利で民法や他の法律により物権として規定されたものをいう」（石田10頁）との形式的定義と結果的には差がない。

2　物権性否定説

　物権は有体物の支配権に限られるべきであるとして担保物権の物権性を全面的に否定する主張が最近登場している（加賀山33頁-34頁・39頁-52頁・56頁-59頁・178頁-181頁ほか）。起草者も有体物を対象としないものは物権ではなく準物権だとしていたが（390頁以下の1）、加賀山説は、この考え方を担保物権全般に拡張する。

　すなわち、加賀山説によれば、債権においても対世効・対抗力や追及効が認められるものがあり（不動産賃借権、債権譲渡、詐害行為取消権）、対世効は物権だけに特有の効力ではない。他方で、物権においても追及効が欠けるものがある（留置権、先取特権、動産質権）。所有権でさえ、対抗要件を備えなければ対抗力を欠く。また、権利を対象とする物的担保（物上代位、債権質、地上権・永小作権上の抵当権）や特定の物との関係を有しない一般の先取特権は、有体物に対する権利である「物権」とはいえない。相殺のような人的担保にも事実上または法律上の優先弁済権が肯定されていることからみて、優先弁済権は「物権」特有の効力ではない。さらに、担保物権の独立性を認めることは、債権に対する付従性（＝非独立性）と矛盾する。物的担保を第三者に主張する場面には、物権総則の対抗要件の規律（177条・178条）は適用されない（339条・352条・377条など。116頁以下の第1項で述べたように、同一土地に設定された抵当権と賃借権は、一般的には対抗関係に立つと理解されている。加賀山325頁ほかは、これに反対して、抵当権設定後に設定された賃借権は抵当権の実行によっても覆らないとする）。そもそも、「担保物権」という法令用語はなく、民法は「他の債権者に先立って自己の債権の弁済を受ける権利を有する」と共通して優先弁済権のみを規定している。通説的見解のように、債権の摑取力に関する問題を担保物権の効力と解することは、債権の上の所有権（物権）という考え方に行き着き、物権と債権の区別を崩壊させる。要するに担保物権という物権は存在せず、優先弁済権は、債権の効力の一環として認められている摑取力を民法が拡張しているものにすぎない、というのである。

3 検討

(1) 担保物権の独立性

たしかに物権を有体物支配権に限定する見解を徹底すれば、加賀山説のような帰結となるかもしれない。その意図は、物的担保と人的担保に共通の担保法理を構築しようとするところにあり、その点ではたいへん興味深い思考実験として評価するべきである。しかし、その主張には賛成できない。

「他の債権者に先立って自己の債権の弁済を受ける権利」は、たんに「弁済を受ける権利」ではなく、「他の債権者に先立って」という部分が、被担保債権を発生させる契約とは独立した担保物権設定契約または法律の規定によって債権に付加されており、この付加された部分は債権者平等を破る物権の排他性や優先的効力の現れと考えられる（396頁の(3)）。物的担保は、歴史的には担保のための所有権移転から始まっている（10頁の補足）。現在の非典型担保も含め、担保物権の優先弁済権は、対象物の価値を独占的に支配できることをだれに対しても主張できるという所有権の性質を応用したものであり、排他性および絶対性（対世効）の発現として基礎づけられてきた。それはまさしく物権に与えられる効力である。

また、被担保債権と切り離して抵当権のみの処分が可能であるから（376条。161頁以下の第8節）、抵当権は債権から独立した権利である。担保物権を債権の摑取力の拡張と位置づける加賀山説は、この規律と整合しない。比較的わかりやすい転抵当の場合を例にとって説明しよう。GはSに対する抵当権に転抵当権を設定できるが、Gが複数の融資者であるXとYに多重に転抵当権を設定した場合には、XとYの優劣は177条に準じて付記登記の先後により決まる（376条2項）。377条が467条により転抵当権の設定についてSへの通知または承諾を対抗要件とするのは、被担保債権の弁済を制約して抵当権の対象となっている原抵当権を消滅させないためであり、同条の対抗要件は転抵当権の帰属の優劣を争う対抗要件ではない（164頁の(4)）。担保物権は債権担保という目的の範囲で存続すれば足りるから、それが被担保債権の不発生・移転・消滅に付従することは、その独立性とは矛盾しない。

登記制度は、設定されていることが外部からはわからない抵当権を公示するところから始まり、それが観念化された所有権移転の公示方法にも拡大さ

れたという歴史を有する（『物権法』101頁の コラム ）。抵当権の設定等には177条が適用され、同一不動産上の所有権その他の物権の変動と対抗関係に立つと解するのを原則とみるべきである。もっとも、制限物権の権利内容は多様であり、それに応じて物権総則の対抗要件の規律と異なる特則が置かれることは、なんら不思議でも矛盾でもない。たとえば、登記した不動産保存や不動産工事の先取特権がすでに登記を備えた抵当権に優先する（339条）ことには理由がある。抵当権設定後の保存や工事による抵当不動産の価値の上昇は、抵当権者に利益となっている。価値上昇分にまで先順位抵当権者の優先を認めると、価値の上昇に寄与した者を犠牲にして、期待しない利益を先順位抵当権者に与えることになって公平でない。このような根拠付けは、共益費用の先取特権が一般債権者に優先することとも共通している。加賀山説は法定担保物権に妥当する法理を過度に一般化しており、利用権と担保権とが対抗関係に立たないという主張は、395条・民事執行法59条などの規律と整合しない。

(2) 担保物権に共通する基本的機能と対象
 (a) 交換価値の支配権
　被担保債権が債務不履行に陥れば、対象を換価して他の債権者に先立って自己の債権の弁済を受けるというのが担保物権に共通する基本的機能である。対象が有体物であるか否かの区別は、こうした担保機能にとって重要でない。債権質などの権利質、質権を対象とする転質、地上権または永小作権を対象とする抵当、抵当権を対象とする転抵当など、民法においてもすでに広く権利の上の担保物権が認められている。さらに、債権はもとより、譲渡ができるものであれば契約上の地位やのれんなど権利以外のものも譲渡担保の対象になる。これらに共通するのは、対象の有する交換価値に対する支配権であるという点であり、このことこそが、換価可能な権利や利益に担保物権の成立が広く認められる根拠である（つとに注民(8)5頁・329頁-330頁［林］）。
 (b) 支配する交換価値の内容
　用益物権である地上権や永小作権に設定された抵当権は（369条2項）、これらの用益物権のみを対象としている（『物権法』3頁の補足＊＊）。それゆえ、

債務不履行があった場合に抵当権の実行としての競売の対象となるのは、これらの用益物権であって、土地自体を競売することはできない。

次に、たとえば地上権設定後の土地への抵当権設定および土地共有者の一人の共有持分上への抵当権設定を考えてみよう。これらの抵当権が支配対象としているのは、土地全体の交換価値ではなく、使用・収益権能を地上権者に委譲した後の所有権（地代収取権化した「虚有権」とも表現される・残りの交換価値の支配権）や共有持分権の交換価値である。それゆえ、土地上の抵当権は、土地そのものではなく、地上権や共有権によって制限された所有権を対象としていると考えることができる。

(c) 準物権構成の当否

立法者は、権利の上の抵当権や質権を、有体物を対象とする本来の担保物権ではないから準物権であるとしたうえで、これらの権利の上の担保権につき、有体物担保権の規定を広く準用するものとした。

しかし、有体物を対象とする担保物権においても、対象の価値が変形したものに対する物上代位は、広く債権を対象としており、対象の有体性を原則とみる理解は維持できない。上記(b)で述べたように、有体物上の担保権も所有権を対象とする担保権と考えることができる。むしろ、基本的機能から見て、担保物権は、対象の有体性にかかわりなく、権利を対象としてその交換価値を支配できる権利であると理解する方が素直である。すなわち、有体物担保と無体物担保の異質性を強調しつつ前者の規律を後者に準用すると考えるのではなく、担保物権の交換価値支配性に着目するからこそ共通の規律を用いうると理解するべきである。

|補足| **抵当権と質権の違い**

抵当権と質権のいずれも権利を対象とすると理解するとすれば、両者の違いは、次のように考えることになろう。抵当権は、対象となる権利の行使を許容し、換価金から優先弁済を受けること（交換価値の直接支配としての優先弁済権）のみに純化された担保権である（価値権性・非占有担保性）。これに対して、質権は、対象となる権利の行使を制約し（不動産質ではさらに使用・収益権能をも質権者に委ねる）、被担保債務の弁済への心理的圧力を加える。権利質において、有体物質権の場合の直接占有の移転に相当するものは、対象となる権利の行使への制約（民法典の構成に強いて当てはめれば準占有の取得）と解される（222頁以下の第1項の権利行使制約力）。

(3) 優先弁済権の対世効

　担保物権の優先順位決定の基準は、対抗要件の先後（質権・抵当権の場合）のみではなく、事実上の最優先であったり（留置権の場合）、権利内容に応じて独自に法定されていたり（先取特権の場合）、と多様である。しかし、留置権者以外の担保物権者は、債務名義を要することなく対象となる権利を換価し、その順位に従って、すなわち先順位の担保物権者は後順位の担保物権者や一般債権者より優先して、売得金から弁済を受けることができる（留置権もそれに類比可能な性質を有する。下記の補足）。競売の場合、担保物権に対抗できない利用権が消滅するとの規律（民執59条2項）によって、用益物権との関係でも担保物権の交換価値支配が保障される。任意売却の場合に受領した金銭の保持を正当化するのも担保物権である。担保物権の順位にそわない配当受領が、債権の弁済として法律上の原因のある受益であるにもかかわらず不当利得となるのは（85頁の補足）、第三者に対する優先が担保物権によって正当化できないからである。

補足　**留置権の物権性**
　　留置権は優先的な債権回収を事実上認められるにすぎず（239頁以下の第4章）、優先弁済を受けることができる権利である他の担保物権とは異質な面を有する。しかし、被担保債権の弁済があるまでだれからの引渡請求も拒める点で留置権には対世効があるうえ、留置権者の優先的な債権回収は、留置権によって、他の債権者との関係でも正当化される。こうした点に着目すれば、留置権は、かろうじて物権であると性格付けることができる。立法論としては、換価権と優先弁済権を認め、物権性を明確にするべきである（256頁のコラム）。

(4) 担保物権の追及効

　登記による公示がされる担保物権の設定と所有権や用益物権の取得との関係には、原則として物権総則の177条が適用され、対抗要件具備の先後で優劣が決まる。担保物権が優先するときは、担保物権の負担の付着した権利が取得される。すなわち、担保対象財産が譲渡された場合において、対抗力を有する担保物権者は、第三取得者の財産をも換価することができる。また、担保物権に劣後する用益物権等の権利は競売時に効力を失う（民執59条2

項)。追及効は、所有権の対世効を応用した担保物権の効力である。

たしかに、追及効はすべての担保物権に認められるわけではなく、動産上の先取特権は追及効を欠く（333条）。占有を失った動産質権や留置権も第三者には占有回収の訴えによる保護を求めることができるだけで、本権に基づく返還請求ができない（302条・353条）。

しかし、動産上の先取特権の場合、対象物についての債務者の処分権を保障し、先取特権の追及を遮断することによって、取引の安全が図られている。その一方で、先取特権の優先弁済権は、代償財産への物上代位によって補われ、一般債権者に対しては優先を主張できる（273頁以下の(1)および285頁以下の第2項）。通常の営業の範囲内では対象財産の処分を有効とする流動財産譲渡担保の場合にも、取引安全の保護に対する類似した考慮が働いている（366頁以下の1。価値支配性を補うのは主として新得財産に担保権の効力が及ぶことによる）。動産質権や留置権には占有継続をだれに対しても主張できる対世効があるにもかかわらず、占有喪失によって追及効が失われるのは、これらの担保権に本質的な留置的効力が欠けることになるからである。このように追及効の有無は、各担保物権の性質を反映するものであって、物権性の有無・強弱とは直結しない。

(5) 特定性原則・公示原則の広狭

一般に、物権は支配権であるから、その支配の及ぶ対象が特定され、公示されなければならないと言われる。所有権は、対象物の有体性と結び付いて、対象が明確に特定され、占有によって支配対象が（不完全であっても）公示されることが普通である。用益物権も、他人の土地を対象とするため、所有権同様に対象が特定され、公示される。もっとも、取引の要請に応じつつ、登記等の対抗要件による権利の公示の仕組みを用いて取引の安全へ配慮することで、物の一部や複数の物に所有権や用益物権が成立することも認められている（『物権法』18頁以下の(2)の一物一権主義の例外・231頁以下の1の区分地上権など）。

担保物権の場合には、特定性や公示の要請は、所有権や用益物権の場合に比して緩やかである（鈴木450頁-451頁がすでにこの対比をしている）。添付し

た財産上の担保の処遇（247条2項）、総財産上に成立する一般の先取特権（306条）並びに企業担保権、設定後の付加一体物への抵当権の拡張（370条）および流動財産の譲渡担保などは、特定性が緩和されている例である。

担保物権は、対象を有体物に限らない交換価値の支配権であるから、支配権が及ぶ範囲は設定の際の合意や法の規定によることになる。約定担保物権には公示原則が適用され、対抗要件を備えない担保物権は、原則として優先権を主張できない。公示によって対象が特定されるのである（もっとも、公示を優先権の必要条件と解するべきでないことについては補足も参照）。これに対して、法定担保物権は、対抗要件を備える必要がないものが多い。追及効や優先弁済効を制限することによって、取引の安全や一定の債権者の保護に配慮がされ、特定性や公示性の欠如が補われている。

> 補足　**対抗要件を備えていない物権の効力**
>
> 対抗要件については、さまざまな理解が対立するが、筆者は、次のような見解に立っている（『物権法』136頁以下の(6)・195頁以下の3）。対抗要件制度は、隠れた物権取得により第三者が不測の損害を受けることを防ぐため、対抗要件を備えなければ物権変動を第三者に対して主張できないとするものである。
>
> このルールの適用には次の2つの制約がかかる。第1に、対抗要件を備えない者が対抗不能という不利益を受けるのは、対抗要件を備えることが法的に期待できたのにそれを怠っていた場合に限られる。第2に、第三者も限定される。物権変動の当事者やそれに準じる者は第三者ではない。また、「物的支配を相争う相互関係に立つ者」（競争者）以外は第三者ではない。さらに、競争者であっても、物権変動を知っていた悪意者や取引上必要な注意をすれば知ることができた有過失者は、第三者でない。悪意者や有過失者は、物権変動がないことに対する正当な信頼を有しておらず、不測の損害を受けることがないからである。
>
> 以上のように、対抗要件を備えることが期待できない場合や、紛争の相手方が第三者でない場合には、物権変動および物権は、対抗要件を備えなくても対世効を主張することができる。対抗要件を備えていない場合の物権の効力を特定物債権の効力と同等と見るのは、この点を軽視していて適切でない。

第2項　物権概念の再定義

前項で検討したことをふまえると、民法の物権は、①有体物（の使用価値と交換価値）を全面的に支配することができる権利（所有権）、②土地の使用

価値を支配することができる権利（用益物権）、および、③財産権の交換価値を支配することができる権利（担保物権）、と対象毎の多元的な定義を有することになる。占有権は、一定の場合に対世効を有する点に着目して民法の物権編に規定されているが、有体物を現に支配している事実（事実的支配）に対して与えられる多様な効果を総称するものであり、支配することができることを内容とする物権（支配を正当化する権利）には含まれない。

　物権概念は、所有権を範型として、支配権としての内容とその支配に対する対世的保護を、用益物権と担保物権に拡張したものである。どういう権利を制限物権として法律に規定するかは、歴史的な経緯をふまえた立法政策の問題である。それゆえ、物権の種類や内容については、各国の法制で異なっている。

　日本民法は、慣習によって内容が定まる入会権を認め、留置権や先取特権という法定担保物権を定めている点に特徴があるが、制限物権の種類は多くない。不足する部分は、一方で、特別法により補われている。新種の物権であることを明記しないまま、必要な場面で必要に応じて多様な物権的効力が付与されていることも多い（『物権法』251頁以下のⅢ、本書209頁以下の第12節および267頁の補足）。他方で、判例は、物権法定主義（175条）を目的論的に解釈することで、慣習法による多くの新たな物権を承認し、少なくとも他の債権者に対する優先などの物権的効力を付与してきた（『物権法』252頁以下の2および本書第6章以下の非典型担保物権）。物権も物権的効力も、このように柔軟な一面を有する概念である。

第2節　物権的効力の拡張

第1項　「格下げ問題」とは

> Case 45　次の各場合、XはAの債権者Yの差押えを排除できるか。
> ［1］Aが占有していたX所有の絵画甲をYが差し押さえた。
> ［2］AがXの所有物である甲を自己の所有物としてBに100万円で

売る契約を結び、甲を善意・無過失のBに引き渡した。YがAのBに対する100万円の代金債権αを差し押さえた。
[3] Aは、200万円相当の雑穀乙を所有していた。AがX所有の雑穀丙（100万円相当）を盗み、丙は乙と混和して混和物丁となった。Yが丁を差し押さえた。

「格下げ問題」とは、ある人の有する権利が、その意思に基づかずに物権から債権へと変わることによって、その保護が著しく低下することを指す。Case 45（『物権法』294頁以下の例を変形し追加した）を用いて説明する。

[1]の場合、甲はXの所有物でありAの責任財産ではない。Yが善意・無過失であっても即時取得は適用されない。[3]において、混和物丁がAとXの共有とされた場合（244条・245条）、Aの責任財産となるのは、Aの共有持分権のみである。いずれの場合も、Xの第三者異議の訴え（民執38条）が認められて、Yの差押えは空振りに終わる。所有権を有するXの保護は厚い。

これに対して、[2]において、Xは、Bの善意取得（192条）により、甲の所有権を失ってAに対する損害賠償債権（709条）や不当利得返還債権（703条）を有するにすぎない。αはAがBとの契約により取得した債権であり、Aに帰属する。[3]において、丁がAの単独所有となった場合も（243条・245条）、XはAに対する100万円相当の償金債権（248条）を有するにすぎない。いずれの場合も、Aの責任財産に対するYの差押えは適法であり、Xは差押えを排除できない。

Aに資力があれば、Xは、Aから債権の弁済を受けることができ、所有権を失ったことは、それによって価値的には補填される。しかし、Yから差押えを受ける状況では、Aは無資力である場合が多く、XのAに対する債権は無価値である。XとYは債権者として平等の地位にはあるが、Xはほとんどの場合に債務名義を未取得であるから、Yの差押えに対して配当要求をして平等弁済を主張する余地すらない。

このように、Aの責任財産でなかった甲や丙は、転売や混和によってα

債権や丁に変化すると、Aの責任財産となってしまう。XをYと平等な債権者であるとすると、Xの犠牲の下に、期待できない偶然の利益をYに与える結果となり、不公平で不合理である。

金銭の場合には、いっそう不合理が目立つ。次の事例で説明しよう。

> **Case 46** 次の場合、XはAの債権者Yの差押えを排除できるか。
> [1] XはAに騙されて100万円をAに交付したところ、Yが、その100万円を差し押さえた。
> [2] XがBに対する債務を弁済するつもりで、振込先を同名のAと間違えて100万円を振り込んだため、Aの預金口座の残高が200万円に増えた。Xが銀行を通じてAに組戻し（振込処理の撤回）への同意を求める前に、YがAの預金債権を差し押さえた。

金銭は占有を離れて所有を語ることができず（「占有＝所有」理論）、法律上の原因がなくても占有が移転すれば所有権も移転する、と無因的に扱われる（『物権法』87頁のコラム・199頁の(d)）。Case 46の[1]において、Xの100万円はAの所有物となり、Xの権利はAに対する債権に変わるから、Yの差押えを排除できない（最判昭39・1・24判時365号26頁）。

[2]の誤振込の場合も、預金債権200万円がAに帰属し、Xは、Aに対する不当利得返還債権（703条・704条）を取得するにすぎず、預金債権の譲渡を妨げる権利を有するとはいえないから、Yの差押えに対する第三者異議の主張は認められない（最判平8・4・26民集50巻5号1267頁。学説には賛否両論がある）。

いずれの場合も、Xは100万円の返還を受けられれば足り、所有していた特定の金銭を返還してもらうことについては保護に値する利益を有しない。Xの権利は、特定物を対象とする物権ではなく、金銭債権である。Aに他に十分な財産がある場合には、XはAから100万円の返還を受けることができ、Yの差押えを排除する必要は乏しい。しかし、Aに他にめぼしい財産がない場合には、やはり、Xの犠牲の下にYが偶然の利益を得ることに

なる。

第2項　対処の構想

前項で示したように、多様な形態で生じている問題に共通しているのは、「格下げ問題」の不公平で不合理な結論である。本項では、この問題への対処方法の基本的な構想について述べる。

1　物権の維持

考えられる方法の1つは、できるかぎり原権利者Xに所有権（一般化すれば原権利の帰属）を維持させて、Aの責任財産の増大を否定することである。具体的には、400頁のCase 45の[3]において混和後の丁をAとXの共有とする解釈、前頁のCase 46の[2]において振込に対応するAの100万円の預金債権を不成立とする解釈を採ることが考えられる。しかし、このような方法には限界がある（誤振込事例について、松岡久和「判批」ジュリ1113号74頁-75頁）のみならず、個別事例への対応に終始するため、同じ「格下げ問題」である他の問題との共通性を見いだせず、不合理・不公平な結論が広く残ってしまう。たとえば、Case 45の[2]やCase 46の[1]では、原権利の帰属の維持は困難である。

金銭価値について物権的保護を拡張するべきだという主張（物権的価値返還請求権説）は、対象を価値と捉える点で示唆に富み、Case 46の[1]の場合にXを保護することができる。しかし、有体物への類比にこだわって現金の占有移転のみを対象とすることは、発展性が乏しく、「格下げ問題」のごく一部を解決するにとどまる。Case 46の[2]において、Xの誤振込が現金支払によってではなく、Xの口座から行われたとすると、出発点として有体物所有権を観念できないので物権的価値返還請求権は成り立たないだろう。これは、経済的には等価値の現金と銀行口座上の債権の間で合理的でない差別扱いをすることになる（その他の批判として『物権法』42頁 コラム ）。また、たとえば騙取金でAが善意の債権者に対して弁済を行ったときのように有体的な利益が存在しない場合には、Xの権利は債権としか構成されず、「格

下げ問題」は残る。

　金銭や預金債権の帰属が原因関係に左右されないというのは、その後に利害関係を有するに至る第三者の取引の安全を保護するためである。物権的価値返還請求権が第三者に対してもXの追及を許すとするのは、このような趣旨と整合しない。また、400頁のCase 45の[3]や401頁のCase 46の[2]の場合、Xは100万円の返還を受けられれば足り、Yの差押えの排除を認めるのは、過剰な保護手段である。このように、原権利者の物権を維持する方法は、射程が狭く、Xの保護の目的に必ずしも適合しない。

2　債権的価値帰属権

　そこで、Xの有する権利を金銭債権としたうえで、一定の場合にそれに優先弁済権を認めるという方策が考えられる。ごく少数の学説ではあるが、「格下げ問題」を自覚的に捉え、財産価値の帰属を保障する侵害利得返還債権に対して、優先権付与を主張する見解がある（川村泰啓「『所有』関係の場で機能する不当利得制度(13)」判評144号（1971年）3頁以下、四宮和夫『事務管理・不当利得・不法行為法（上）』（青林書院、1981年）187頁-188頁）。さらに、オーストリアおよびドイツにおいても、価値追跡という考え方が主張されている（松岡久和「ベールの『価値追跡』について」龍法22巻2号（1989年）1頁以下）。それによれば、信用を付与することなく対象物の権利や占有を手放した者は、その物自体またはその代償財産が返還義務者の下に現存する限り、返還義務者の債権者に優先してその物または代償財産の返還を請求できる、とされる。筆者は、これらの考え方を受け継いで、批判的に発展させるものである（松岡久和「債権的価値帰属権についての予備的考察」龍社16号（1986年）68頁以下、同「アメリカ法における追及の法理と特定性」林献呈『現代における物権法と債権法の交錯』（有斐閣、1998年）357頁以下）。本書は、原財産権（所有権を典型とするがそれに限らない）の価値の帰属が債権に対する優先弁済権の付与により保障される、という構造を考えるので、優先弁済権を与えられるこの種の債権を債権的価値帰属権と呼ぶ。その要点は次のとおりである。

(1) 債権という権利形態

債権的価値帰属権は債権である。この債権は、権利者が原財産権を失うことを価値的に補塡するものである。それは、原財産権の価値の返還を求める金銭債権の形態を採り、特定の有体物を対象とする物権ではない。

(2) 債権者平等の原則

金銭債権は、債務者の責任財産が不足すれば、債権者平等の原則に服する。すなわち、債権者は、一般的には債務者の無資力危険を負担する。たとえば、債務者に金銭を貸し付ける場合、債権者は、債務者に金銭所有権を移転してその処分を許しその責任財産を増やす。債権者は、そのことと引換えに貸金債権を取得するが、その債権は、契約の性質上、一定期間経過後にしか履行を請求できない（貸与と返還は同時交換の関係にない）。債権者は、担保の設定を受けて自衛することもできたのにしなかったのであれば、債務者に信用を付与したものと評価され、債務者の無資力危険を覚悟しなければならない。契約上の合意に基づいて自らの給付を先履行し、代金を後払いとした者も、代金の債務者に信用を付与した債権者として、同様に無資力危険を負担するのが原則である。

(3) 原財産権の喪失を補塡する金銭債権の実現

しかし、「格下げ問題」が生じる場合の債権者は、信用を与えて債務者の責任財産を増やしたものではない。取引の安全や混和物の再分離費用などの考慮から、債務者への原財産権の移転が認められたにすぎない。債権者の原財産権の喪失だけが生じるのは不公平で不合理である。債権者は、原財産権の喪失を補うものとしてそれと交換的に金銭債権を取得したのであり、この金銭債権が履行されて初めて原財産権の価値的な保障が実現し、原財産権の喪失が正当化され、交換的な価値の均衡による「あるべき責任財産」の状態が回復する。ところが、債権者は、この債権に約定担保の設定を受けてその履行を確実にすることができない。債権的価値帰属権が優先を必要とする根拠の1つはこの点にある。

(4) 一般債権者の地位

これに対して、上述のような特殊な事情を持たない一般債権者は、債務者の責任財産に対する支配権を持たず、差押えをしたからといって、当然に債務者から財産権を取得した第三者と同等の保護に値する、というわけではない（『物権法』129頁 コラム ）。債務者以外の者に帰属する財産権は債務者の責任財産を構成しないから、一般債権者は、その財産権が債務者に帰属すると過失なく信じて差し押さえても、差押えが無駄に終わる結果を甘受しなければならない（399頁の Case 45 の[1]の場合および混和物が共有となるときの[3]の場合）。

原財産権が債務者に移転して、債務者の責任財産が増えた場合においても、その増加（原財産権の喪失と表裏一体）は、それと交換的な関係にある債権的価値帰属権が実現されることで正当化される。原財産の価値が債務者の下に残っている限り、その限度で増加分の価値を債権者に返還しても、原財産権移転前からの増減のない「あるべき責任財産」が回復されるのみであり、債務者には特段の不利益とはならない（次頁の 補足 ）。債務者の一般債権者は、債務者の有する以上の権利を有しないから、債権的価値帰属権が優先的に実現されることを甘受しなければならない。

(5) 追及効の欠如

債権的価値帰属権は、原財産権の価値的な補塡をするものであるが、金銭債権の形態を採るから、特定の有体物を対象としない。そのため、第三者への追及効は原則として認められない。金銭債権者として、詐害行為取消権（424条）により悪意の受益者に追及ができるだけである（筆者が第三者に対する直接の不当利得返還請求権に消極的なことについては、松岡久和「騙取金による債務の弁済」『法形式と法実質の調整に関する総合研究Ⅱ　報告書（トラスト60研究叢書）』（関西信託研究会、2000年）91頁以下）。

(6) 代償財産に対する優先の存続

追及効がない代わりに、原財産権の処分と引換えに債務者が代償財産を取得する場合には、原財産権の価値やその変形が債務者の下に存在する限りで、

優先の根拠は存続する。代償財産がさらに形を変えた場合も同様である。これに対して、破壊や浪費によって原財産権もその変形した価値も債務者から失われると、優先の根拠も失われる。

(7) 小　括

以上の分析をふまえて債権的価値帰属権の要件・効果として整理すると、要件は、①原財産権の喪失を補塡する金銭債権の取得、②信用を付与していないこと、③原財産権またはその代償財産の価値が債務者の下に残っていること、の３つであり、その効果は、残存価値の限度での優先である。

> [補足] **物権的返還請求権と侵害利得返還債権**
> 　物権的返還請求権は無権原占有という不適法状態があれば発生し、返還義務者の故意や過失を要しない。占有権原のない物を返還しても占有者の固有の財産には不利益が生じないからである。不当利得返還債権（703条）の１類型の侵害利得返還債権の成立に故意や過失を要しないのも同じ理由である。現存する価値を限度として本来その価値が帰属するべき原権利者にそれを返還しても、返還債務者の固有の財産には不利益が生じない。物権的返還請求権と侵害利得返還債権は、有体物の返還なら前者、価値の返還なら後者という形で機能を分担している。もっとも、侵害利得返還債権は、無権利者の債権行使や他人の労務による受益など、当初から無体の価値を返還する場合を含むので、有体物に限定することなく広く財貨帰属を保護する機能を果たしている。

3　根拠規定

(1) 概　要

「格下げ問題」に自覚的に対応しようとした物権的価値返還請求権説以下の少数説（403頁以下の2）が共通に抱えている難点は、実定法上の根拠が、非常に乏しいことである（破産64条の代償的取戻権など）。また、これらの考え方に対しては、優先の付与は解釈により先取特権を認めることになり物権法定主義に反する、債務者が倒産した場合に配当原資となる責任財産を減らして他の債権者を害する点で倒産法秩序と整合しない、などの批判がある。

本書は、批判を逆手にとるように、優先弁済権を基礎づけるために、先取特権の規定の類推適用を主張するとともに、倒産法の中にもこの考え方を根

拠付ける規定が少なくないことを示す（先取特権制度の応用については、安達三季生「試論　先取り特権の概念による『価値のレイ・ビンディカチオ、騙取金による弁済、預金の帰属者、転用物訴権および直接訴権など』の構成(1)(2)」志林 110 巻 3 号 149 頁、4 号 217 頁（2013 年）の発想に拠るところが多い）。

(2)　動産の先取特権の類推適用

　まず、403 頁以下の 2 で述べたことは、民法が先取特権を認めている根拠とほぼ重なる。X が A に自己の所有物甲を売却して引き渡した場合を考えよう。X は、売買代金債権とその利息を被担保債権として、A に所有権が移転した甲の上に動産売買先取特権（321 条）を取得し、甲から優先弁済を受けることができる。A が甲を B に転売した場合、X は、甲を追及することはできないが（333 条）、転売代金債権には物上代位することができる（304 条）。

　このように、X が自らの意思で所有権を A に移転した場合ですら、失われた所有権は価値的に補填される。価値の交換の一方だけが実現されるのは公平ではないという考慮が非常に強く働いている（575 条に対応して買主の果実収取と交換的な利息も被担保債権に含まれる）。また、担保権設定による自衛が期待できないことから、先履行義務を負う売主であっても、買主に信用を付与し無資力危険を引き受けた、とは評価されない。価値の交換が実現された結果である A の「あるべき責任財産」状態を、A の債権者 Y は甘受しなければならない。その結果が X への先取特権という物権の付与によって達成されているのである。

　X の所有物甲が A によって B に売られ即時取得された例（399 頁の Case 45 の [2]）をこの動産売買先取特権の場合と比較すれば、自らの意思で所有権を失ったわけでなく、担保による自衛の余地がない X は、いっそう強い保護を受けてしかるべきである。それゆえ、X は、321 条の類推適用により、動産売買先取特権と同等の順位で（330 条 1 項 3 号）、先取特権を主張することができ、甲の代償財産である転売代金債権 α に物上代位ができる。

　それ以外の「格下げ問題」も基本的には同じ構造を有し、債務者に信用を付与したとは評価されない状況の下で、債務者の特定できる財産の中に原財

産権の価値が残る限り、価値の返還債権者は、先取特権による優先を主張できる。たとえば、401頁のCase 46の[2]の誤振込の事例では、XはYの差押えに対して、配当要求（民執154条1項。「文書により先取特権を有することを証明した」という要件をどこまで緩められるかが鍵）により先取特権を主張し、配当異議訴訟で優先権を争うことになろう。第三者異議による差押え全部の排除や誤振込分の預金債権の不成立は、過剰な保護になるので認められない。また、第三者への追及効も認められないので、Yが執行によって銀行から受けた払戻しは、それによってXの優先弁済権が害される結果となっても有効であり、Xが執行後にYに対して受領額の返還を求めることはできない（333条の類推適用。Yは、払戻額に対応してAに対する差押債権を失うので有償の転得者と同等の保護を受ける）。

また、有効な契約がないのに債務者に対して行われた労務や役務の価値が債務者の下で特定の財産として残っている場合には、相当額の不当利得返還債権を被担保債権として、その特定の財産を対象とする動産の先取特権が与えられる（323条・324条の類推適用）。

(3) 一般の先取特権の類推適用

次に、一般の先取特権の類推適用の余地がある。次の例で説明しよう。

Case 47　AはBとYに各100万円の債務を負っており、財産は150万円相当の甲のみを有していた。AはXを騙して受け取った100万円によりBに対する債務を弁済した。Yが甲を差し押さえた場合、XはYに対して優先を主張できるか。

Xは、金銭所有権の喪失と引換えにAに対する100万円の金銭債権を取得する。金銭の高度の流通性を考慮した取引安全のため、Xは、弁済受領者Bには原則として追及できない。Aは、Xの損失により100万円の債務の消滅という利益を受けているが、その利益は特定の代償財産の形を採らない。そのため、有体物との類比によって、「原財産権の価値が特定された形

で存在すること」を優先権の根拠であると考える説では、Xに優先権を認めることはできない。

　しかし、先取特権制度は、それとは異なる衡量を行っている。すなわち、債務者の財産の増加が、役務提供や容易に費消される物による場合であっても、その価値が残っていると考えられる一定の限度内で、債務者の財産全体を対象とする最劣位の優先弁済権が認められている（308条–310条）。さらに、同じく全財産を対象としていても、共益費用については最優先である（307条）。これは、全債権者が共同の利益を受けていることから、先に投じられた費用の価値が残っていると考えられ、その償還の優先的実現こそが公平だからである。いずれの先取特権の場合にも、債務者が節約できた価値が債務者の下に残っていれば、それを先に償還しても「あるべき責任財産」に戻るだけであり、他の一般債権者はその結果を甘受しなければならない。

　なお、動産の先取特権と一般の先取特権は、労務の提供による場合と同様に（308条と323条・324条）、二重に成立しうる（280頁の④）。

(4) 複数の優先権の間の優劣関係

　「格下げ問題」の各場面毎の特色を考慮して、要件や効果を精細化する検討がさらに必要であるが、大枠としては、以上のように、債権的価値帰属権は、先取特権によって優先弁済を得ることができる。

　債権的価値帰属権が一般債権者には優先するとしても、たとえば、多数の者から金銭を騙し取った債務者が、やはり多数の担保付債権者に対しても債務を負う場合のように、複数の債権的価値帰属権と他の担保権が競合する場面の処理をさらに考えておく必要がある。その優劣関係についても、先取特権について民法および特別法が用意している規範に従えばよかろう（278頁以下の第2項）。債務者が無資力であれば、同順位の債権的価値帰属権者は債権者平等の原則に服する（332条）。

(5) 物権法定主義との関係

　物権法定主義は、物権の「創設」を禁じるものであり、慣習法による物権の生成や物権的効力の付与を完全に否定するものではない（399頁の第2項末

尾)。立法による明確な規定が望ましいが、既存規定の解釈による展開も認められよう。

(6) 倒産法との整合性

　有体物所有権に類比して優先権を考える説では、代償的取戻権程度しか倒産法に手掛かりを見いだせなかったが、本書の考え方では、先取特権の種類に応じたさらに肌理の細かい段階的な保護の規定を、倒産法に見いだすことができる。優先的破産債権（破産98条）・優先的更生債権（会更168条1項2号）・一般優先債権（民再122条）、財団債権（破産149条）・共益債権（会更130条）、別除権（破産65条、民再53条）・更生担保権（会更2条10項）である。
　より重要なのは、未履行双務契約には手厚い保護があることである（破産53条～55条、会更61条・62条、民再49条・50条）。これは、価値の交換の不実現による不公平を回避するという債権的価値帰属権の重要な根拠の1つが、倒産法に見られることを意味する。
　さらに、更生債権・更生担保権・再生債権のうち中小企業者の有するものや少額のものについては、弁済の禁止の例外が定められている（会更47条2項・5項、民再85条2項・5項）。この制度については、債権者数の削減による手続進行の迅速化・円滑化や事業継続の容易化などが根拠として挙げられる（倒産法概説68頁・77頁［沖野］・418頁［笠井正俊］・488頁［中西正］）。本書から見ると、定型的に担保を取りにくい者の債権の保護を強化して、一般の先取特権を拡張する性質をも有すると考えうる。そのような視点が「中小企業」や「少額債権」の解釈について、対象を適切に限定する手掛かりの1つとなりうるのではないかと思う。このことから逆に、民法の動産売買先取特権についても、担保設定が期待できる対等企業間の高額の売買契約については、信用付与を認めて適用を制限することを検討する余地がある。
　以上のように、債権的価値帰属権の発想は、倒産法の考え方と整合する。

第3節　物権法の限定性と有用性

　権利一般や無体の利益についても排他的な帰属の割当てを語ることはでき、それらは、有体物所有権と共通性を有する。物権法の部分性・限定性を自覚しつつ、新たにより広い財貨帰属秩序を考えようとする試みがある（後掲の川村や広中の見解）。また、フランスでは、むしろ所有や資産の概念を無体物に拡げる考え方が有力である（片山直也「財産」北村一郎編『フランス民法典の200年』（有斐閣、2006年）177頁以下、横山美夏「フランス法における所有概念」新世代法政策学研究12号（2011年）257頁以下）。物権法自体をそのような観点で捉え直そうとするものもある（河上1-18頁。もっとも、「物」「財」「財貨」「財産」「資産」が定義なく混用されていて未整理な試論にとどまる）。今後の研究課題となるが、拡げられた所有や財の概念は、財貨帰属の考え方と実質的に近似するように思われる。いずれにせよ、物権・債権の関係を問う議論は、必然的に、財産法全体の構造の再検討へと展開する。その際には、一方で、上記の試みのように、物権法は、（無体物を含む）財貨帰属を規律する法領域の中核を占めるが、その一部にすぎないこと（限定性）を意識する必要がある。

　他方で、物権法は、たんに克服の対象となる古いものではなく、より広い規律の体系への発展を構想するために、最も有用な手がかりを提供している。本書は、無体の権利の交換価値に対する支配権として、担保物権を理解することを試みた。そして、有体物所有権の規律を担保物権に拡張する考え方の手がかりが、民法典の中にすでに埋め込まれており、民法典の物権概念や物権法定主義は固定的なものではなく、柔軟な発展の余地を含む、と考えている。「格下げ問題」について本書が展開したのは、民法典に内在する考え方を引きだし、それを用いて規範の継続的形成を図り、それによって欠けている規律を補おうとする試みである。

> 補足　**有体物所有権と利益の帰属の割当て**
> 　有体物所有権は支配対象が明確であると言われるが、有体物に関する利益の帰属のすべてが所有者に排他的に割り当てられているわけではない。物を活用した収益は競争を確保するため所有者の独占が許されない。物のイメージや名前は、所有者が支配

できるものではない（最判平 16・2・13 民集 58 巻 2 号 311 頁：著名な競走馬の名前を所有者に無断でコンピュータゲームに用いた者に対し、所有者の損害賠償と差止めを否定）。生活妨害に対する差止請求において所有権侵害を理由とするのは必ずしも適切でない。同地域に住む賃借人も等しく被害を受けていることを考えると、侵害されているのは所有権そのものではなく、その上に展開されている生活の利益（人格的利益を含む）であり、それは所有者に排他的に割り当てられてはいないからである。これに関連して、アレクサンダー・ポイケルト（水津太郎訳）「所有権と自由」慶應ロー 19 号（2011 年）425 頁以下が興味深い。同論文は、利益の排他的割当てによる所有者の自由は、内容の形成を私的自治に委ねて積極的な割当てを行わない一般的な自由とは異質であり、所有権を一般的自由権のような自然権と理解するべきでない、という。

文献

新しい体系の構築を模索するものとして、川村泰啓『商品交換法の体系 I〔増補版〕』（勁草書房、1982 年）、広中俊雄『物権法〔第 2 版〕』（青林書院、1982 年）、同『民法綱要　第 1 巻　総論　上』（創文社、1989 年）。日本私法学会のシンポジウムで物権論を含む財産法全体が取り上げられている。ジュリ 1229 号（2002 年）65 頁以下の 6 本の論文とシンポジウムでの議論を採録した私法 65 号（2003 年）53 頁以下、2014 年のシンポジウムの際に出版された吉田克己＝片山直也編『財の多様化と民法学』（商事法務、2014 年）とシンポジウムでの議論を再録した私法 77 号（2015 年）1 頁以下は、いずれも非常に刺激的で面白い。もっとも、広範で斬新な問題提起に答えるのは、今後の課題である。

事項索引

ABL ……………………………352, 379

あ

明渡請求 …………………………………102
明渡猶予 …………126, 249, 302, 334, 338
遺言による抵当権設定 ……………………18
異時配当 …………………………184, 188, 193
一部抵当 ………………………………23, 39
一括競売権 ………………………………156
一括売却 ………………………82, 158, 184
一体的処分の原則 ………………147, 154
一般債権者 ……4, 61, 85, 197, 269, 274, 318, 360, 396, 405
一般の先取特権 ……………264, 398, 408
違法な処分 ……245, 252, 332, 341, 348, 350
違約金 ………………………………41, 378
受戻権……298, 329, 331, 341, 345, 350, 383, 387
売渡担保 …………………………308, 318
永小作権…………………………26, 215, 394
延長された所有権留保 ……………378, 382

か

買受人…31, 82, 103, 117, 126, 145, 156, 231, 250
会社更生……90, 99, 203, 256, 305, 314, 339, 386
買戻し ……………11, 57, 216, 291, 308, 318
価格減少行為……………………94, 108, 110
格下げ問題 ………………………………400
拡大された所有権留保 …………………378
確定日付のある証書 ……221, 322, 362, 369
過誤配当………………………………………85
貸金債権……………………22, 24, 72, 404
果実…49, 65, 86, 93, 229, 253, 269, 280, 326, 382
過剰担保 ……………………………359, 376
価値権 ……34, 54, 65, 92, 104, 117, 132, 395
価値変形物 ………12, 54, 226, 326, 353
株券 …………………………………217, 221
仮処分 …………………………………277, 383
仮登記担保…10, 78, 133, 244, 287, 308, 329, 331, 334
仮登記の順位保全効 …………288, 295, 302
代担保 ……………………………113, 247, 255
換価権 ………………………13, 93, 106, 156, 396
慣習法 …9, 195, 287, 311, 316, 379, 399, 409
元本債権 ……………………………31, 39, 275
元本の確定 …………………………196, 199
管理占有 ……………………………………109
企業担保権 ………………………………267
期限の利益の喪失 ……………7, 59, 98, 381
帰属清算 ……………………328, 343, 369, 382
求償権……………………………21, 171, 188, 207
共益債権 ……………………………278, 410
共益費用の先取特権 …………264, 394, 409
競合する権利との優劣 ………………61, 68
供託金還付請求権……60, 227, 234, 301, 345
共同担保目録……………………………35, 182
共同抵当……………27, 45, 53, 137, 143, 180
共同根抵当権 ……………………………208
共有持分権……………………27, 318, 395, 400
極度額…32, 195, 199, 203, 215, 229, 318
極度額減額請求 …………………………204
近代的抵当権論……………………………34
区分所有建物……………………27, 147, 154
クレジット契約 …………………………380
クロスデフォルト条項……………………60
形式競売権 ………………………………253
競売手続 …………13, 79, 106, 226, 275, 293

競売申立権 …………………………293, 300
契約上の地位 ………………………318, 394
原状回復請求 ………………………………101
建設協力金返還債権………………………72
権利移転的構成 …………………………312
権利行使制約力 …………211, 222, 235, 395
権利質 ………………………………213, 391
権利取得的効力……………………14, 293, 308
権利保護資格要件 ………………………286
牽連性 ………………………………243, 252
交換価値……1, 13, 16, 26, 67, 102, 162, 219, 394
公示の原則 ………………………5, 348, 397
後順位担保権者…41, 172, 183, 192, 197, 206, 295, 299, 371
後順位担保権者の代位…………53, 184, 187
工場抵当権…………………………………52
公信力 …………………………………34, 83
更生担保権…91, 226, 256, 278, 305, 339, 347, 386, 410
公的実行……………………………………77
効力が及ぶ対象の範囲……43, 229, 250, 273, 294, 325
国税債権 ……………………………282, 339
固定化 ………………352, 354, 360, 368, 370
誤振込 ……………………………………401
個別価値考慮説 …………………………138
雇用関係の先取特権 ………………265, 272
ゴルフ会員権 ……………………………318
混同消滅 ……………………141, 143, 170, 315
混和 ………………………………………400

さ

財貨帰属 ……………………………406, 411
債権契約……………………19, 214, 236, 290, 317
債権者平等の原則………………………2, 16, 404
債権譲渡登記 ………………322, 362, 365, 386
債権的価値帰属権 …………………403, 410
再生債権…………………………………410

財団債権 ……………………………278, 410
財団抵当権 ………………………………209
再売買の予約 …………………11, 14, 308, 318
債務超過………………………………………4, 90
債務超過型不動産 …………………118, 121
サイレントな譲渡 …………………363, 365
詐害行為取消権 ……………354, 392, 405
先取特権…………7, 13, 60, 75, 259, 371, 406
差押え…………59, 274, 338, 344, 371, 386
差押債権者……61, 76, 81, 135, 169, 206, 298, 344, 371, 386
差押時基準説……………………63, 70, 74
指図による占有移転 ………………217, 232
更地 ……………………132, 135, 144, 158, 160
敷金 …………………72, 74, 127, 247, 269, 282
時効中断 ……………………………179, 222, 251
自己借地権 …………………133, 140, 148, 154
事実上の優先弁済権 ……………………249
事前求償権 ………………………………21
質入裏書 …………………………………221
質権 ………8, 13, 63, 163, 211, 280, 346, 395
執行異議……………………………………81, 278
執行官保管…………………………………97, 109
私的実行……13, 77, 294, 304, 308, 338, 371, 376, 386
指名債権 ……………………218, 221, 322, 370
収益執行……14, 36, 50, 67, 86, 202, 226, 275
収益的効力……………………………………13, 229
集合財産の補充 …………………………368, 372
集合物 …………………………209, 351, 353
従たる権利 …27, 47, 132, 142, 170, 229, 326
従物 ………44, 46, 101, 229, 250, 294, 326
順位上昇……………………………33, 166, 337
準共有 ………………………………25, 162, 207
純粋共同根抵当権 …………………202, 208
準物権……………………………………392, 395
使用・収益権能 ……………………212, 395
償金請求権 ………………………………285, 400
条件付債権………………………………22, 215

事項索引　415

証券的債権 ……………………………217
消除主義 ……83, 87, 136, 144, 171, 250, 257
商事留置権 ……………241, 245, 256, 271
承諾擬制 ……………………………123
承諾転質 ……………………………232
譲渡証明書 …………………………380
譲渡性………………………………11, 215
譲渡担保……10, 42, 120, 194, 236, 244, 281, 291, 307, 378
譲渡予約 ……………………………363
消滅原因 ………169, 235, 254, 284, 305, 346
消滅時効 …………………………172, 175, 333
消滅請求 …………………………286, 305, 315
将来債権……22, 51, 215, 291, 317, 322, 356, 364, 366, 386
処分権限……28, 219, 242, 318, 327, 344, 360, 366, 368, 379
処分授権 ……………………336, 353, 367
処分清算 ……………………………328, 382
所有権に基づく物上代位 ………327, 382
所有権留保……………………10, 353, 375
自力救済 ……………………………382
侵害に対する保護……………92, 334, 369
侵害利得返還債権 ……………403, 406
人的担保………………………………4, 12, 255
信用不安 ……………………321, 362, 365
随伴性…12, 162, 196, 203, 205, 240, 263, 289, 316
清算期間 ……………………………332
清算義務…11, 14, 78, 228, 289, 294, 309, 327, 382
清算金請求権 ……………298, 337, 341
責任財産……3, 261, 263, 379, 400, 402, 404, 409
責任転質 ……………………………232
セキュリティ・トラスト………………26
絶対性………………………………12, 389
善管注意義務 ……………224, 235, 254, 324
全体価値考慮説 ……………137, 152, 181

先着手主義 ……………………………300
「占有＝所有」理論…………………………401
占有回収の訴え ………………220, 255, 397
占有改定…217, 321, 336, 353, 361, 362, 379, 384
占有の継続 ……………………………220, 397
相殺………………………………6, 71, 90, 99
造作 ……………………………………245, 250
葬式費用の先取特権 ………………266
損害賠償額の予定………………………41, 378
損害賠償債権……58, 114, 244, 246, 253, 268, 291, 294, 368

た

代位請求 ……………………104, 108, 110
代価弁済 ……………118, 172, 236, 286, 305
対抗関係 …101, 116, 132, 139, 145, 299, 394
対抗問題………30, 127, 314, 341, 348, 350
対抗要件……29, 164, 219, 233, 292, 319, 361, 379
対抗要件否認 ……………………………363
第三債務者 ……………………………362, 366
第三債務者保護説 ………61, 64, 69, 75, 274
第三者異議……101, 231, 300, 338, 344, 371, 386, 400, 408
第三取得者……17, 42, 117, 172, 175, 185, 193, 286, 396
代償財産 ……………………397, 403, 406
代償的取戻権 ……………………406, 410
対世効 ……………………………240, 392
代替的物上代位 ……………53, 56, 294, 327
代物弁済予約 ……………………104, 288
代理受領 ………………………………………7
多重設定………………29, 217, 318, 337, 371
立替払い ……………………………380, 384
建付減価 ……………………………157, 160
建物買取請求権 ……………………245, 250
建物の合体………………………………53

建物の再築 …………………………………137
短期賃貸借 ………………………102, 125, 302
担保権消滅請求 ……………………………340
担保権的構成 …………………………312, 377
担保権の存在を証する文書…………59, 275
担保の発展 ……………………………………10
担保評価……5, 47, 67, 94, 130, 133, 135, 140, 142, 151, 155
担保物権の物権性………………………5, 11, 390
担保不動産競売　⇒競売手続
担保不動産収益執行　⇒収益執行
担保保存義務 ………………………191, 208
地役権 ……………………………………26, 48
地上権 ……………………………26, 48, 119, 394
直接支配性………………………………………11
賃借人の相殺 …………………………………71
賃料債権…………50, 64, 69, 86, 87, 202, 357
追及効……39, 57, 94, 117, 223, 240, 286, 396, 405
通常の営業の範囲 …365, 367, 370, 385, 397
通知留保 ………………………………………363
停止条件付譲渡 ……………………………363
停止条件付代物弁済契約 …………………288
抵当権……………………8, 15, 256, 288, 346, 395
抵当権消滅請求 ……………………………119
抵当権侵害 ……………………………………92
抵当権設定契約 ………………………………18
抵当権設定登記 ………………………………30
抵当権の効力 …………………………………34
抵当権の実行 …………………………………30
抵当権の消滅 ………………………………169
抵当権の消滅時効 ………………172, 175, 178
抵当権の処分 ……………………………161, 393
抵当権の対象 …………………………………26, 170
抵当権の放棄 ……………………………170, 190
抵当直流 ………………………………………78
抵当証券 ……………………………………34, 210
抵当不動産所有者……16, 49, 53, 66, 90, 93, 116, 160, 162, 164, 171

抵当不動産の時効取得 ……………………174
手形・小切手上の請求権 …………………198
滌除 …………………………………120, 309, 315
適正評価額 …………………………………329
手続費用………………………………………84
典型担保 ………………………………………7, 312
電子記録債権 ………………………………218
転質 …………………………………………232
転貸料債権 ……………………………………70, 269
転抵当 ……………………………162, 206, 393
転売授権 ……………………………………379
転売代金債権 ……………………………273, 378, 407
添付 ……………………………………285, 397
転付命令…………………………60, 62, 68, 274
同一所有者要件 ……………………………140
同意引受 ……………………………………129
登記原因証明情報 ……………………19, 320
登記時基準説……………………………63, 73, 75
登記事項証明書 ……30, 35, 59, 80, 221, 365
登記による公示 …………………17, 52, 396
倒産……90, 172, 226, 256, 278, 304, 339, 345, 386, 410
動産債権譲渡特例法 …………321, 361, 366
動産質 …………………………………213, 371
動産譲渡登記 …………………319, 321, 361, 366
動産抵当 ……………………………………210, 310
動産の先取特権 ……………………268, 397, 407
動産売買の先取特権…60, 270, 371, 407, 410
同時配当 ……………………………184, 187, 192
同時履行の抗弁権／同時履行の関係…241, 254, 271, 295, 297, 331, 342, 376
特定性 …………………………………358, 397
特定性維持説…………………………………60
土地賃借権 ……………………26, 48, 132, 218
特権説…………………………………………54, 60
取立権 …………………………326, 343, 364, 367
取戻権 ……………………314, 331, 339, 386, 387

な

流抵当 …………………………………14, 78
日用品供給の先取特権 …………………266
任意売却………22, 78, 91, 101, 124, 190, 396
根抵当権…………32, 168, 195, 289, 291, 315
根抵当権消滅請求 ………………………204
根抵当権の譲渡 …………………………207
売却代金債権………………………57, 353

は

背信的悪意者 …176, 179, 252, 299, 341, 343
排他性…………………………12, 319, 393
配当異議訴訟……………………85, 408
配当手続……………………84, 250, 282, 371
配当要求の終期 ………62, 81, 204, 274, 304
破産…3, 90, 202, 241, 256, 278, 304, 339, 345, 386
伐木……………………………………52, 370
払渡し又は引渡し……55, 58, 61, 63, 69, 73, 274
パンデクテン体系 ………………………390
引受主義 …………………………………250
引換給付判決 ……………………251, 298
引渡命令 ……………85, 97, 104, 117, 128
非占有担保…8, 16, 65, 93, 102, 236, 289, 310, 395
被担保債権（効果）…38, 200, 228, 275, 294, 303, 325
被担保債権（要件）…22, 197, 215, 243, 264, 291, 317, 378
必要費 ………………………………244, 251
非典型担保……………………9, 13, 287, 307, 375
否認権 ……………………………322, 354, 364
費用償還請求権 …………124, 245, 294
付加一体物………………………44, 229, 326
付加の物上代位 ……………………56, 64, 327
不可分性……12, 20, 100, 118, 222, 240, 249, 263, 289, 316

付記登記 …………164, 185, 206, 233, 393
付合物………………………………45, 250, 326
付従性……12, 23, 32, 171, 196, 240, 263, 289, 316, 346
負担割付 …………………184, 186, 191, 193
復帰的物権変動 ………………341, 346, 348
物権・債権の峻別 ……………………391
物権契約／物権行為……………………19, 214
物権的価値返還請求権 …………………402
物権的期待権…313, 350, 379, 381, 383, 385, 387
物権的請求権…………12, 100, 230, 315, 334
物権的返還請求権 …230, 255, 272, 367, 406
物権の概念 ………………………………390
物権法定主義 …………9, 195, 311, 399, 409
物件明細書………………………………82
物上代位……12, 53, 112, 226, 273, 294, 327, 369, 382
物上保証と保証の併用……………………21
物上保証人 ……………5, 20, 42, 172, 187
物的担保 ……………………………5, 10, 13
物的編成主義 ……………………………380
物的有限責任………………20, 114, 181, 226
不動産質 ……………………………………213
不動産商事留置権 …………………256, 272
不動産賃貸の先取特権 …………………268
不動産の先取特権 ………………………271
不動産売買の先取特権 …………………271
不動産保存・工事の先取特権 ……271, 394
不当利得返還請求 ………………70, 85, 110
振込指定 ……………………………………7
分析論 ………………………………………353
分離物………………………………………51, 100
併用賃借権 ……………………………104, 115
別除権…91, 226, 256, 278, 304, 339, 347, 386, 410
弁済者代位 ………………………………171, 188
妨害除去責任 ……………………………384
妨害排除請求 ………………100, 104, 255

妨害予防請求 …………………100, 255
包括根質 …………………………215, 241
包括根譲渡担保 …………………318, 378
包括根抵当権 ………………………197
法定果実……………………65, 229, 253, 327
法定借地権 …………………………301, 334
法定代位 ……………………………380, 383
法定担保物権 ……………9, 239, 259, 399
法定地上権 …………………131, 157, 181
法定納期限 …………………279, 339, 364
保険金請求権………………58, 60, 63, 369
補償金債権および清算金債権…………58
保全処分………………95, 105, 109, 114

ま

増担保 ………………………59, 99, 335, 382
未完成の建物…………………………28
未履行双務契約 ……………………386, 410
民事再生……90, 99, 203, 256, 278, 304, 339, 345, 386
民事留置権 …………………………241, 256
無記名債権 …………………………217, 221
無効登記の流用………………………32
無条件肯定説…………………………65
無剰余執行の禁止……………………80
無資力危険…2, 9, 54, 118, 248, 376, 404, 407
明認方法………………………………49, 321

や

約定担保物権…9, 16, 18, 214, 267, 289, 316, 377
約定利用権 …………140, 146, 149, 151, 157
有益費 ………………………244, 247, 251
有価証券 ……………………………217, 219
優先権保全説…………………………60
優先順位………………30, 36, 85, 279, 396
優先的更生債権／優先的破産債権……278, 410
優先弁済権／優先弁済効…5, 13, 16, 34, 225, 249, 272, 324, 368, 381
要物性…………………………………24, 214
預金債権 ……………………………216, 401

ら

利息・遅延損害金…………40, 228, 303, 325
略式質権 ……………………………221
流質………………………14, 216, 228, 297, 311
留置権 …8, 239, 299, 329, 331, 341, 350, 396
留置的効力………13, 212, 217, 222, 249, 397
流通過程における所有権留保 …………385
流抵当 ………………………………14, 78
流動財産譲渡担保 …………………351, 397
立木 ……………………………49, 52, 209
留保所有権 ………377, 379, 384, 385, 387
累積共同根抵当権 ……………………208

判例索引

[明治]

大判明32・11・13民録5巻10輯40頁 ……29
大判明33・3・9民録6輯3巻48頁………48
大判明36・11・13民録9輯1221頁 ………52
大判明37・4・5民録10輯431頁…………228
大判明38・6・26民録11輯1022頁………142
大判明38・9・22民録11輯1197頁………143
大判明38・12・6民録11輯1653頁 ………24
大判明39・3・3民録12輯435頁…………317
大判明40・3・12民録13輯265頁 …………58
大判明41・3・20民録14輯313頁…………78
大判明41・5・11民録14輯677頁 ………134
大判明42・11・8民録15輯858頁 ………242
大判明44・3・20刑録17輯420頁 ………232

[大正]

大判大2・6・21民録19輯481頁 …………50
大判大3・7・4民録20輯587頁 …………269
大判大4・1・25民録21輯45頁 …………323
大判大4・3・6民録21輯363頁……………60
大判大4・6・16民録21輯971頁 …………94
大判大4・6・30民録21輯157頁 …………58
大判大4・9・15民録21輯1469頁…………42
大決大4・10・23民録21輯1755頁 ………29
大判大4・12・23民録21輯2173頁………101
大判大5・5・31民録22輯1083頁 ……44, 52
大判大5・6・28民録22輯1281頁……58, 169
大判大5・9・20民録22輯1821頁 ………323
大判大5・12・25民録22輯2509頁………236
大判大6・1・22民録23輯14頁……………58
大判大6・1・25民録23輯24頁 …………334
大判大6・4・12民録23輯695頁 …………46
大判大6・7・26民録23輯1203頁 ………286
大判大6・10・3民録23輯1639頁 ………215
大判大6・10・18民録23輯1592頁………101

大決大7・1・18民録24輯1頁……………216
大判大7・11・5民録24輯2122頁 ………316
大判大7・12・6民録24輯2302頁 ………134
大連判大8・3・15民録25輯473頁 ………46
大決大8・8・28民録25輯1524頁 ………185
大判大8・12・9民録25輯2268頁 ………349
大判大9・1・29民録26輯89頁……………32
大判大9・3・29民録26輯411頁…………223
大判大9・5・5民録26輯1005頁 ………145
大判大9・6・29民録26輯949頁 …………42
大判大9・7・16民録26輯1108頁 ………175
大判大9・9・25民録26輯1389頁 ………341
大判大9・12・18民録26輯1951頁 ………41
大判大10・3・5民録27輯475頁…………327
大判大10・12・23民録27輯2175頁 ……248
大判大11・2・13新聞1969号20頁………191
大判大11・8・21民集1巻498頁…………245
大判大11・11・24民集1巻738頁 ………170
大連判大12・4・7民集2巻209頁 ……58, 60
大判大12・7・11新聞2171号17頁………335
大連判大12・12・14民集2巻676頁 ……143
大判大13・6・12民集3巻272頁…………216
大連判大13・12・24民集3巻555頁
　…………………………………………312, 323
大連決大14・7・14刑集4巻484頁………232
大連判大15・4・8民集5巻575頁 …184, 185
大判大15・10・26民集5巻741頁…………38

[昭和]

大決昭2・4・2新聞2686号15頁 ………123
大判昭3・8・1民集7巻671頁………100, 113
大判昭4・1・30新聞2945号12頁 ………188
大決昭5・9・23民集9巻918頁 …………60
大判昭5・12・18民集9巻1147頁…………47
大判昭6・1・17民集10巻6頁……………245

大判昭7・4・20新聞3407号15頁……52, 100
大判昭7・5・27民集11巻1289頁………112
大決昭7・8・29民集11巻1729頁………165
大判昭7・10・21民集11巻2177頁………139
大判昭8・3・27新聞3543号11頁………143
大判昭8・4・26民集12巻767頁…………170
大判昭8・11・7民集12巻2691頁…………33
大判昭9・2・28新聞3676号13頁………144
大判昭9・3・8民集13巻241頁……………47
大判昭9・3・31新聞3685号7頁…………218
大判昭9・6・2民集13巻931頁 …………225
大判昭9・6・15民集13巻1164頁 ………113
大判昭9・6・27民集13巻1186頁 ………244
大判昭9・6・30民集13巻1247頁 ………245
大判昭9・7・2民集13巻1489頁 …………48
大判昭10・4・23民集14巻601頁 ………192
大判昭10・5・13民集14巻876頁 …244, 251
大判昭10・8・10民集14巻1549頁 ………137
大判昭10・12・24新聞3939号17頁 ……251
大判昭11・1・14民集15巻89頁 …………33
大判昭11・2・25新聞3959号12頁………216
大判昭11・7・14民集15巻1409頁………190
大判昭13・2・12判決全集5輯6号8頁……177
大判昭13・5・25民集17巻1100頁………137
大判昭13・10・12民集17巻2115頁 ……345
大判昭14・4・28民集18巻484頁 ………244
大判昭14・7・26民集18巻772頁 ………142
大判昭14・12・19民集18巻1583頁 ……145
大判昭15・5・14民集19巻840頁 ………101
大判昭15・8・12民集19巻1338頁………177
大判昭15・11・26民集19巻2100頁………173
大判昭18・2・18民集22巻91頁…………245
大判昭18・3・6民集22巻147頁…………269
東京高判昭24・7・14高民集2巻2号124頁
……………………………………244, 254
最判昭29・1・14民集8巻1号16頁………245
最判昭29・12・23民集8巻12号2235頁…147
最判昭30・3・4民集9巻3号229頁………251
最判昭30・6・2民集9巻7号855頁………321

最判昭30・7・15民集9巻9号1058頁……24
福岡高宮崎支判昭32・8・30下民集8巻8号
1619頁……………………………………64
最判昭33・3・13民集12巻3号524頁……251
最判昭33・5・9民集12巻7号989頁………22
最判昭34・9・3民集13巻11号1357頁
……………………………………245, 341
最判昭35・12・15民集14巻14号3060頁
………………………………………324
最判昭36・2・10民集15巻2号219頁……135
最判昭37・3・15集民59号243頁…………33
最判昭37・6・22民集16巻7号1389頁……27
最判昭37・8・10民集16巻8号1700頁……29
最判昭37・9・4民集16巻9号1854頁……143
最判昭38・1・18民集17巻1号25頁……327
最判昭38・3・1民集17巻2号269頁……168
最判昭38・5・31民集17巻4号570頁……255
最判昭38・8・27民集17巻6号871頁……126
最大判昭38・10・30民集17巻9号1252頁
……………………………………222, 252
最判昭39・1・24判時365号26頁………401
最判昭39・2・4民集18巻2号233頁……121
最判昭39・6・19民集18巻5号795頁……126
最判昭39・12・25民集18巻10号2260頁…32
最判昭40・5・4民集19巻4号811頁 …27, 48
最判昭40・7・15民集19巻5号1275頁
……………………………………235, 251
最判昭40・12・17民集19巻9号2159頁
………………………………………314
最判昭41・3・3民集20巻3号386頁……248
最判昭41・4・26民集20巻4号849頁 ……24
最判昭41・4・28民集20巻4号900頁
……………………………………314, 339
最判昭41・9・29民集20巻7号1408頁…308
最判昭41・11・22民集20巻9号1901頁…177
最判昭42・2・23金法472号35頁…………27
最判昭42・4・27判時492号55頁………384
最判昭42・7・21民集21巻6号1643頁…177
最判昭42・11・16民集21巻9号2430頁…289

最判昭43・2・29民集22巻2号454頁……293
最判昭43・11・21民集22巻12号2765頁
　………………………………………245
最判昭43・12・24民集22巻13号3366頁
　………………………………………177
最判昭44・2・14民集23巻2号357頁……141
最判昭44・3・28民集23巻3号699頁
　………………………………44, 46, 101
最判昭44・4・18判時556号43頁 …139, 145
最判昭44・7・3民集23巻8号1297頁
　………………………………………188, 190
最判昭44・7・4民集23巻8号1347頁 ……24
最判昭44・9・2民集23巻9号1641頁……265
最判昭44・11・4民集23巻11号1968頁…147
最判昭45・4・21民集24巻4号283頁……317
最大判昭45・6・24民集24巻6号587頁 …73
最判昭45・7・16民集24巻7号965頁 ……58
最判昭45・12・4民集24巻13号1987頁…219
最判昭46・1・26民集25巻1号126頁……384
最判昭46・3・25民集25巻2号208頁
　………………………………309, 328, 331
最判昭46・7・16民集25巻5号749頁……248
東京地判昭46・7・20金法627号37頁 …144
東京高判昭46・7・29下民集22巻7・8号825
　頁 ……………………………………341
最判昭46・10・21民集25巻7号969頁 …266
最判昭46・11・5民集25巻8号1087頁 …177
最判昭46・12・21民集25巻9号1610頁…148
最判昭47・11・2判690号42頁 …136, 142
最判昭47・11・16民集26巻9号1619頁…244
最判昭47・11・24金法673号24頁………331
最判昭48・2・2民集27巻1号80頁 ……72
最判昭48・7・12民集27巻7号763頁……125
最判昭48・9・18民集27巻8号1066頁 …140
最判昭48・10・4判時723号42頁 ………203
最判昭48・12・14民集27巻11号1586頁
　………………………………………173
最判昭49・7・18民集28巻5号743頁……386
最判昭49・9・2民集28巻6号1152頁……247

最大判昭49・10・23民集28巻7号1473頁
　………………………………………289, 300
最判昭49・12・24民集28巻10号2117頁…33
最判昭50・2・28民集29巻2号193頁……385
最判昭50・7・25民集29巻6号1147頁
　………………………………………331, 342
最判昭51・6・4金法798号33頁…………330
最判昭51・6・17民集30巻6号616頁
　………………………………………246, 248
最判昭51・9・21判時832号47頁 ………330
最判昭51・9・21判時833号69頁 …326, 330
最判昭51・10・8判時834号57頁 ………141
最判昭52・3・11民集31巻2号171頁…27, 48
最判昭52・10・11民集31巻6号785頁 …137
最判昭53・7・4民集32巻5号785頁 ……188
最判昭53・9・29民集32巻6号1210頁
　………………………………………140, 142
東京高決昭53・12・6判時919号70頁 …141
最判昭53・12・15判時916号25頁…356, 358
東京高判昭53・12・26判タ383号109頁…47
最判昭54・2・15民集33巻1号51頁
　………………………………353, 358, 361
最判昭56・7・14判時1018号77頁………385
最判昭56・7・17民集35巻5号950頁……302
最判昭56・12・17民集35巻9号1328頁…338
最判昭57・1・22民集36巻1号92頁
　………………………………………332, 333
最判昭57・3・12民集36巻3号349頁 ……52
最判昭57・3・30民集36巻3号484頁……387
最判昭57・9・28判時1062号81頁…315, 334
最判昭57・10・14判時1060号78頁 ……358
最判昭58・2・24判時1078号76頁………338
最判昭58・3・18判時1095号104頁 ……384
最判昭58・3・31民集37巻2号152頁
　………………………………………244, 299
最判昭58・6・30民集37巻5号835頁……221
最判昭58・12・8民集37巻10号1517頁 …62
大阪高判昭59・1・24判タ525号121頁…297
東京高判昭59・1・31判時1106号73頁…297

判例索引　421

最判昭59・2・2民集38巻3号431頁…61, 274
東京高決昭59・10・2判時1137号57頁…277
大阪高決昭60・2・15判時1157号123頁
　　　　　　　　　　　　　　　　　　…277
東京地決昭60・3・15判時1156号80頁…277
東京高決昭60・5・16判時1157号118頁
　　　　　　　　　　　　　　　　　　…277
最判昭60・5・23民集39巻4号940頁
　　　　　　　　　　　　　　　　…185, 207
最判昭60・7・19民集39巻5号1326頁
　　　　　　　　　　　　　　　　　…61, 274
東京高判昭60・9・24判時1181号107頁
　　　　　　　　　　　　　　　　　　…302
東京高決昭60・11・29判時1174号69頁
　　　　　　　　　　　　　　　　　　…277
最判昭61・4・11民集40巻3号584頁
　　　　　　　　　　　　　　　…296, 300
最判昭61・4・11金法1134号42頁……305
広島高決昭61・6・10判時1200号82頁…277
名古屋高金沢支判昭61・9・8判時1221号59頁 …………………………………291
最判昭62・2・12民集41巻1号67頁
　　　　　　　　　　　　　　…329, 332, 342
最判昭62・4・2判時1248号61頁 ……276
東京高判昭62・9・29金法1197号27頁…298
最判昭62・11・10民集41巻8号1559頁
　　　　　　　　　　　…281, 286, 358, 371
最判昭62・11・12判時1261号71頁 ……343

[平成]
最判平元・6・5民集43巻6号355頁
　　　　　　　　　　　　　　　…104, 115
東京地判平元・6・29判時1338号123頁
　　　　　　　　　　　　　　　　　　…291
大阪高決平元・9・29判タ711号232頁…277
最判平元・10・27民集43巻9号1070頁
　　　　　　　　　　　　　　　　…50, 65
最判平2・1・22民集44巻1号314頁 ……142
最判平2・4・19判時1354号80頁………47

最判平2・12・18民集44巻9号1686頁……21
最判平3・3・22民集45巻3号268頁 ……105
最判平3・3・22民集45巻3号322頁………85
東京高決平3・7・3判時1400号24頁…277
最判平3・7・16民集45巻6号1101頁……249
最判平4・4・7金法1339号36頁………169
最判平4・11・6民集46巻8号2625頁
　　　　　　　　　　　　　　　…189, 190
最判平5・1・19民集47巻1号41頁……199
最判平5・2・26民集47巻2号1653頁……315
最判平5・3・30民集47巻4号3300頁……276
最判平5・12・17民集47巻10号5508頁 …83
最判平6・1・25民集48巻1号18頁 ……53
最判平6・2・22民集48巻2号414頁
　　　　　　　　　　　　　　　…328, 342
最判平6・4・7民集48巻3号889頁………150
最判平6・9・8判時1511号71頁………332
最判平6・12・20民集48巻8号1470頁
　　　　　　　　　　　　　　　…149, 155
最判平7・3・10判時1525号59頁 ………172
最判平7・9・19民集49巻8号2805頁……243
最判平7・11・10民集49巻9号2953頁
　　　　　　　　　　　　　　　…122, 315
最判平8・4・26民集50巻5号1267頁……401
東京高判平8・5・28高民集49巻2号17頁
　　　　　　　　　　　　　　　　　　…241
最判平8・11・22民集50巻10号2702頁…333
最判平9・2・14民集51巻2号375頁
　　　　　　　　　　　　　　　…137, 139
最判平9・4・11集民183号241頁
　　　　　　　　　　　　…244, 331, 342
最判平9・6・5集民51巻5号2096頁 ……122
最判平9・6・5民集51巻5号2116頁
　　　　　　　　　　　　　　　…139, 144
最判平9・7・3集民51巻6号2500頁 ……255
最判平9・7・17民集51巻6号2882頁……314
最判平10・1・30民集52巻1号1頁
　　　　　　　　　　　　　　…61, 63, 69
最判平10・3・26民集52巻2号483頁……62

最判平10・3・26民集52巻2号513頁
　…………………………………85, 192
最決平10・12・18民集52巻9号2024頁…274
最判平11・1・29民集53巻1号151頁
　…………………………………357, 359
最判平11・2・26判時1671号67頁………252
東京地判平11・3・12判時1699号93頁…324
最決平11・4・16民集53巻4号740頁……223
最判平11・4・22判時1677号66頁………282
最決平11・5・17民集53巻5号863頁
　………………………………315, 327, 382
最判平11・10・21民集53巻7号1190頁…173
最大判平11・11・24民集53巻8号1899頁
　…………………………105, 107, 108, 110
最判平11・11・30民集53巻8号1965頁 …57
最決平12・4・7民集54巻4号1355頁……223
最決平12・4・14民集54巻4号1552頁……71
最決平12・4・21民集54巻4号1562頁
　…………………………………358, 359
最判平13・3・13民集55巻2号363頁 ……72
最判平13・10・25民集55巻6号975頁
　……………………………………59, 276
最判平13・11・22民集55巻6号1056頁…364
最判平13・11・27民集55巻6号1090頁…364
最判平14・1・22判時1776号54頁………271
最判平14・3・12民集56巻3号555頁…61, 76
最判平14・3・28民集56巻3号689頁
　……………………………………74, 127
最判平14・9・12判時1801号72頁…291, 308

最判平14・10・22判時1804号34頁 ……191
最判平16・2・13民集58巻2号311頁……412
東京地判平16・4・13金法1727号108頁
　……………………………………………378
最判平16・7・16民集58巻5号1744頁…364
最判平17・2・22民集59巻2号314頁……274
最判平17・3・10民集59巻2号356頁
　……………………………106-110, 334
最判平17・11・11判時1919号103頁……316
最判平18・1・17民集60巻1号27頁……176
最判平18・2・7民集60巻2号480頁……309
最判平18・7・20民集60巻6号2499頁
　………………………316, 337, 367, 370-371
最判平18・10・20民集60巻8号3098頁…344
最判平19・2・15民集61巻1号243頁……364
最判平19・7・5判時1985号58頁 ………199
最判平19・7・6民集61巻5号1940頁
　………………………………137, 142-143
東京高決平20・12・19判タ1314号300頁
　……………………………………………128
最判平21・3・10民集63巻3号385頁……384
最判平21・7・3民集63巻6号1047頁 ……89
最判平22・6・4民集64巻4号1107頁
　………………………………340, 380, 387
最決平22・12・2民集64巻8号1990頁 …369
最判平23・11・22民集65巻8号3165頁…317
最判平24・3・16民集66巻5号2321頁 …176
東京地判平25・6・6判タ1395号351頁…187
最決平26・11・26金判1476号15頁………36

松岡 久和（まつおか・ひさかず）

［略歴］
1956年　滋賀県に生まれる
1979年　京都大学法学部卒業
1983年　京都大学大学院法学研究科博士後期課程中途退学
1983年　龍谷大学常勤講師
　　　　同助教授、教授、神戸大学法学部教授を経て
現　在　京都大学大学院法学研究科教授

［主要著作］
http://matsuokaoncivillaw.private.coocan.jp/ の業績一覧に要旨付で著書・論文を研究領域毎に分類して掲載している。

担保物権法
たんぽぶっけんほう

2017年3月17日　第1版第1刷発行
2021年9月30日　第1版第2刷発行

著　者――松岡久和
発行所――株式会社日本評論社
　　　　　〒170-8474　東京都豊島区南大塚3-12-4
　　　　　電話　03-3987-8621（販売）　-8592（編集）
　　　　　FAX　03-3987-8590（販売）　-8596（編集）
　　　　　振替　00100-3-16
印　刷――株式会社精興社
製　本――株式会社松岳社

Printed in Japan © Matsuoka Hisakazu 2017　装幀／林　健造
ISBN978-4-535-52185-8

JCOPY 〈(社)出版者著作権管理機構委託出版物〉
本書の無断複写は著作権法上での例外を除き禁じられています。複写される場合は、そのつど事前に、(社)出版者著作権管理機構（電話03-5244-5088、FAX03-5244-5089、e-mail: info@jcopy.or.jp）の許諾を得てください。また、本書を代行業者等の第三者に依頼してスキャニング等の行為によりデジタル化することは、個人の家庭内の利用であっても、一切認められておりません。

日本評論社の法律学習基本図書

日評ベーシック・シリーズ

憲法 I 総論・統治[第2版] **／II** 人権[第2版]
新井 誠・曽我部真裕・佐々木くみ・横大道 聡[著]
●各2,090円

行政法
下山憲治・友岡史仁・筑紫圭一[著] ●1,980円

租税法
浅妻章如・酒井貴子[著] ●2,090円

民法総則[補訂版]
原田昌和・寺川 永・吉永一行[著] ●1,980円

物権法[第2版]
秋山靖浩・伊藤栄寿・大場浩之・水津太郎[著] ●1,870円

担保物権法[第2版]
田髙寛貴・白石 大・鳥山泰志[著] ●1,870円

債権総論
石田 剛・荻野奈緒・齋藤由起[著] ●2,090円

契約法
松井和彦・岡本裕樹・都筑満雄[著] ●2,090円

事務管理・不当利得・不法行為
根本尚徳・林 誠司・若林三奈[著] ●2,090円

家族法[第3版]
本山 敦・青竹美佳・羽生香織・水野貴浩[著] ●1,980円

会社法
伊藤雄司・笠原武朗・得津 晶[著] ●1,980円

刑法 I 総論 **刑法 II** 各論
亀井源太郎・和田俊憲・佐藤拓磨
小池信太郎・薮中 悠[著]
●I:2,090円 II:2,200円

民事訴訟法
渡部美由紀・鶴田 滋・岡庭幹司[著] ●2,090円

労働法[第2版]
和田 肇・相澤美智子・緒方桂子・山川和義[著] ●2,090円

基本憲法 I 基本的人権
木下智史・伊藤 建[著] ●3,300円

基本行政法[第3版] 中原茂樹[著] ●3,740円

基本刑法
I 総論[第3版] II 各論[第2版]
大塚裕史・十河太朗・塩谷 毅・豊田兼彦[著]
●I=4,180円 II=4,290円

基本刑事訴訟法 ●各3,300円
I 手続理解編 II 論点理解編
吉開多一・緑 大輔・設楽あづさ・國井恒志[著]

憲法 I 基本権 **II** 総論・統治
渡辺康行・宍戸常寿・松本和彦・工藤達朗[著]
●各3,520円

スタートライン民法総論[第3版]
池田真朗[著] ●2,420円

スタートライン債権法[第7版]
池田真朗[著] ●2,640円

民法入門 債権総論[第4版]
森泉 章・鎌野邦樹[著] ●3,300円

〈新・判例ハンドブック〉
●物権法:1,430円 ほか:各1,540円
憲法[第2版] 高橋和之[編]
民法総則 河上正二・中舎寛樹[編著]
物権法 松岡久和・山野目章夫[編著]
債権法 I・II ●I:1,540円 II:1,650円
潮見佳男・山野目章夫・山本敬三・窪田充見[編著]
親族・相続 二宮周平・潮見佳男[編著]
刑法総論／各論 ●総論1,760円 各論1,650円
高橋則夫・十河太朗[編]
商法総則・商行為法・手形法
鳥山恭一・高田晴仁[編著]
会社法 鳥山恭一・高田晴仁[編著]

日本評論社
https://www.nippyo.co.jp/

※表示価格は消費税込みの価格です。